Miriam Grüning | Sabine Martschinke | Julia Häbig | Sonja Ertl (Hrsg.)
Mitbestimmung von Kindern

Miriam Grüning | Sabine Martschinke |
Julia Häbig | Sonja Ertl (Hrsg.)

Mitbestimmung von Kindern

Grundlagen für Unterricht, Schule und Hochschule

BELTZ JUVENTA

MIX
Papier aus verantwortungsvollen Quellen
FSC® C089473

Dieses Buch ist erhältlich als:
ISBN 978-3-7799-6558-9 Print
ISBN 978-3-7799-6559-6 E-Book (PDF)

1. Auflage 2022

Herstellung: Ulrike Poppel
Satz: Helmut Rohde, Euskirchen
Druck und Bindung: Beltz Grafische Betriebe, Bad Langensalza
Beltz Grafische Betriebe ist ein klimaneutrales Unternehmen (ID 15985-2104-100)
Printed in Germany

Weitere Informationen zu unseren Autor_innen und Titeln finden Sie unter: www.beltz.de

Inhalt

Einleitung

Sonja Ertl, Miriam Grüning, Julia Häbig und
Sabine Martschinke

> „Die Vertragsstaaten sichern dem Kind, das fähig ist, sich eine eigene Meinung zu bilden, das Recht zu, diese Meinung in allen das Kind berührenden Angelegenheiten frei zu äußern, und berücksichtigen die Meinung des Kindes angemessen und entsprechend seinem Alter und seiner Reife" (UN-Ausschuss für die Rechte des Kindes, 2009, S. 5).

Artikel 12 der UN-Kinderrechtskonvention sichert den Kindern das Recht auf Mitbestimmung zu. Doch wie lässt sich dieses Recht juristisch, gesellschaftlich und pädagogisch begründen? Was verbirgt sich hinter dem Begriff der Mitbestimmung? Wie werden Kinderrechte überhaupt in Deutschland umgesetzt? Wie erleben Kinder die Umsetzung des Rechts auf Mitbestimmung in der Schule? Welche Möglichkeiten der Mitbestimmung werden in welchem Ausmaß genutzt? Welche Herausforderungen sind mit der Mitbestimmung von Kindern verbunden? Diesen und weiteren Fragen wird im vorliegenden Band nachgegangen. Dabei haben wir den Schwerpunkt bewusst auf die Grundschule gelegt, da hier die Kinderrechte bzw. das Recht auf Mitbestimmung nicht nur zu beachten, sondern auch explizit Thema der schulischen Bildung sind.

Den Impuls zu diesem Buch lieferte die Tagung „Menschenrechte von Kindern und Jugendlichen im Kontext Schule" im Oktober 2019 an der Friedrich-Alexander Universität Erlangen-Nürnberg anlässlich des 30. Jahrestages der UN-Kinderrechtskonvention. Im Rahmen dieser Tagung wurde von uns ein Panel mit dem Titel „Das Recht auf Mitbestimmung und Partizipation" gestaltet. Im Nachgang entstand die Idee eines zweiteiligen Bandes: Im ersten, dem hier vorliegenden Band liegt der Schwerpunkt auf Beiträgen, die aus wissenschaftlicher Perspektive einen Überblick über die eingangs gestellten Fragen zum Thema der Mitbestimmung geben und aktuelle (inter-)nationale empirische Ergebnisse darstellen. Im geplanten zweiten Band sollen konkrete Beispiele zur Umsetzung der Mitbestimmung aus der Praxisperspektive vorgestellt werden.

Wir haben uns bei der Wahl des Titels bewusst für den *Begriff der Mitbestimmung* entschieden, da dieser unserer Ansicht nach mit Fokus auf Art. 12 der UN-KRK günstiger erscheint als der Begriff der Partizipation. Partizipation wird häufig in einem weiten Kontext von Inklusion und Teilhabe verwendet, ohne die Mitbestimmung explizit zu berücksichtigen, die unserer Meinung nach jedoch nur in einem inklusiven, also alle Kinder berücksichtigenden, Unterricht gelingen kann; gleichwohl ist uns bewusst, dass der Begriff der Mitbestimmung Überschneidungen mit anderen Begriffen in sich trägt und dass er durch eine alltagssprachliche Verwendung einen großen semantischen Bedeutungshof umfasst. Im vorliegenden Band werden aufgrund der synonymen Verwendung insbesondere mit dem Begriff der Partizipation auch Beiträge dargestellt, die den Begriff der Partizipation verwenden, aber inhaltlich auf Art. 12 der UN-KRK fokussieren.

Der vorliegende Band ist in drei Teile gegliedert: theoretische Grundlagen, empirische Befunde und Stellschrauben.

Im *ersten Teil* werden zunächst auf theoretischer Ebene aus verschiedenen Perspektiven – (menschen-)rechtlich, gesellschaftlich und (grundschul-)pädagogisch – die Bedeutung des Rechts auf Mitbestimmung und was sich genau hinter dem Begriff der Mitbestimmung verbirgt, dargestellt und begründet sowie Möglichkeiten aufgezeigt, um den Kindern mehr Mitbestimmung zu ermöglichen. Zu Beginn betrachten *Markus Krajewski* und *Tina Brosi* den Zusammenhang von Menschenrechten und Kinderrechten aus juristischer Perspektive. Im Fokus steht dabei eine völkerrechtliche Sicht, wonach die Kinderrechtskonvention als Teil des Menschenrechtsschutzes zu sehen ist. Rechtliche Grundlagen und die Kontrolle der Umsetzung der Kinderrechte werden aufgezeigt. Daran schließt sich der Beitrag von *Claudia Kittel* an, die einen Überblick über die Umsetzung der Kinderrechte in Deutschland gibt und damit verbundene Probleme und Herausforderungen aufzeigt. Sie stellt dabei auch dar, wie die Umsetzung der Kinderrechte erfasst und überprüft wird. *Judith Feige* setzt das Recht auf Bildung sowie das Recht auf Gehört-Werden und Berücksichtigung der Meinung des Kindes in Beziehung. In diesem Zusammenhang zeigt sie nicht nur die Bedeutung der Menschenrechtsbildung als Grundlage auf, sondern auch die Wichtigkeit damit verbundener Beschwerderechte sowie die Bedeutung des Diskriminierungsverbots im inklusiven Kontext.

Während die ersten drei Beiträge auf der Darstellung der rechtlichen und gesellschaftlichen Bedeutung und Umsetzung der Kinderrechte fokussieren, nehmen die folgenden drei Beiträge explizit die schulische Perspektive in den Blick. *Daniela Müller-Kuhn* und *Julia Häbig* gehen der Frage nach, ob es sich bei Partizipation, Mitbestimmung, Teilhabe etc. um Synonyme oder doch um unterschiedliche Konstrukte handelt. Sie suchen nach Überschneidungen und Abgrenzungen der Begrifflichkeiten und zeigen auf, wie unterschiedlich diese Begriffe in der Literatur verwendet werden und wie wichtig eine Klärung des jeweiligen Begriffsverständnisses ist. Daran schließen *Sonja Ertl, Sabine Martschinke und Miriam Grüning* mit einer grundschulpädagogischen Perspektive auf Mitbestimmung an. Nach Einordnung des Rechts auf Mitbestimmung in verschiedene Begründungslinien arbeiten sie verschiedene Facetten der Mitbestimmung heraus und stellen dar, wie diese in Schule und Unterricht qualitätvoll umgesetzt werden können. Der erste Teil des Bandes schließt mit der Diskussion einer spezifischen Möglichkeit der Mitbestimmung im Unterricht durch *Laura Lundy und Amy Hanna* aus internationaler, kinderrechtlicher Perspektive. Im Mittelpunkt der Diskussion steht dabei ein wechselseitiges Feedback zwischen Kindern und Erwachsenen. Berücksichtigt werden dabei verschiedene Ebenen – Klasse, Schule und Bildungspolitik.

Im *zweiten Teil* werden empirische Befunde in Hinblick auf die Umsetzung des Kinderrechts auf Mitbestimmung insbesondere in der Schule, aber auch im familiären Umfeld, vorgestellt. Da die Umsetzung der Mitbestimmung im schulischen Kontext im Fokus steht, werden die Perspektiven von Kindern und (angehenden) Lehrpersonen in den Blick genommen. Es werden vorwiegend Studien mit Kindern im Grundschulalter berichtet, aber auch die weiterführende Schule wird berücksichtigt. Ein weiterer Beitrag nimmt Studierende des Lehramts an Grundschulen und deren Erfahrungen mit Mitbestimmung sowohl retrospektiv als auch aktuell über die Erfahrungen in Schulpraktika in den Blick.

Julia Häbig, Enikö Zala-Mezö und *Johanna Egli* führten Gruppeninterviews mit Primarschüler*innen, um herauszufinden, welche Mitbestimmungsmöglichkeiten sie in der Schule wahrnehmen. Dabei wird das Spannungsfeld von Kindern als „kompetenten Akteur*innen" und das hierarchische Machtgefälle in Schule und Unterricht berücksichtigt. Ebenfalls aus Kinderperspektive erfassten *Susanne Gerleigner, Ursula Winklhofer* und *Alexandra Langmeyer* wahrgenommene Mitbestimmungsmöglichkeiten, und zwar sowohl im Unterricht als auch in der Familie. Sie gehen der Frage nach, ob sich Zusammenhänge oder auch Kompensationen der wahrgenommenen Mitbestimmung in Schule und Familie ergeben. Hierzu bilden sie fünf unterschiedliche Klassen, die die wahrgenommene Mitbestimmung abbilden – unter Berücksichtigung beeinflussender Variablen wie dem Geschlecht, der besuchten Schulform und dem Bildungsstatus der Eltern. In einer explorativen Studie untersuchten *Katja Maischatz, Elke Hildebrandt* und *Sabine Campana* die Sicht der Kinder und der Lehrpersonen auf Partizipation. Zudem erfassten sie, was aus Sicht der Lehrkräfte als partizipationsfördernd gilt, aber auch welche Aspekte sich hemmend auf Partizipation auswirken können und in welchen Bereichen sich Kinder Partizipation wünschen. In ein partizipatives Forschungsprojekt wurden die teilnehmenden Kinder der Studie von *Petra Büker* und *Birgit Hüpping* eingebunden. Die Schulkinder waren hierbei als Forscher*innen im Schulentwicklungsprozess einer Grundschule tätig. Es werden das Projekt, die Forschung der Kinder mit ihren Ergebnissen und Herausforderungen beschrieben sowie explizit die Partizipationserfahrungen der Kinder, die mittels Interviews erfasst wurden. Welche Mitbestimmungsmöglichkeiten und Herausforderungen sich für

Jugendliche in einem Klassenrat ergeben und welche weiteren Kompetenzen – auch im Bereich des demokratischen Lernens – dabei erworben werden können, zeigen *Elisa Lehnerer*, *Martina Ott*, *Alessandro Renna* und *Gudrun Quenzel* in einer Fallanalyse mit einer Mittelschulklasse der Jahrgangsstufe 8 in Österreich auf. Neben der Perspektive der Schüler*innen wird auch die der Lehrperson berücksichtigt. Abschließend nehmen *Miriam Grüning* und *Sabine Martschinke* die Sicht der Studierenden des Lehramts für Grundschulen in den Blick. Sie untersuchten, welche Gewinne und Herausforderungen diese bei der Umsetzung von Mitbestimmung wahrnehmen und inwiefern Erfahrungen aus der eigenen Schulzeit oder in Schulpraktika diese Einschätzung beeinflussen.

Im *dritten Teil* werden – mit Bezug auf die theoretischen und empirischen Beiträge – Stellschrauben für mehr Mitbestimmung und entsprechende Umsetzungsmöglichkeiten in Schule, Unterricht und Hochschule herausgearbeitet und beispielhaft konkretisiert. Dieser Teil dient zugleich als Ausblick auf Band II, in dem dann konkrete praktische Umsetzungsmöglichkeiten für mehr Mitbestimmung im Fokus stehen.

Literatur:

UN-Ausschuss für die Rechte des Kindes (2009). *Allgemeine Bemerkung Nr. 12: Das Recht des Kindes auf Gehör.* www.institut-fuer-menschenrechte.de/fileadmin/user_upload/Publikationen/Information/Information_GC12_barrierefrei_geschuetzt.pdf

Teil 1: Theoretische Grundlagen

Menschenrechte und Kinderrechte – Zusammenhänge aus juristischer Perspektive

Markus Krajewski und Tina Brosi

Der Beitrag stellt die rechtlichen Funktionen, Inhalte und Zusammenhänge von Menschenrechten und Kinderrechten heraus und zeigt die Bedeutung des Verständnisses von Kinderrechten als Menschenrechte aus juristischer Sicht. Der Fokus liegt auf einer völkerrechtlichen Dimension, es wird jedoch auch kurz die verfassungsrechtliche Perspektive aufgegriffen. Es werden Kinderrechte und die Kinderrechtskonvention in das System des völkerrechtlichen Menschenrechtsschutzes eingeordnet und die Aufgaben und Funktionen des UN-Kinderrechtsausschusses als Vertragsorgan der Kinderrechtskonvention beleuchtet. Welches Potenzial, aber auch welche Grenzen sich aus einer spezifisch rechtlichen Perspektive auf Kinderrechte als Menschenrechte für die Fragen nach Partizipation ergeben, wird aufgezeigt.

Schlüsselworte: Kinderrechte, Menschenrechte, Kinderrechtskonvention, UN-Kinderrechtsausschuss

1. Einleitung

Menschenrechte und Kinderrechte sind Begriffe, die in unterschiedlichen Diskursen unterschiedliche Inhalte aufweisen und unterschiedliche Funktionen erfüllen. Als alltagsweltliche Begriffe, die auch in politischen Debatten oder erziehungswissenschaftlichen Kontexten verwendet werden, beziehen sie sich typischerweise auf Rechte, die als besonders beachtens- und schützenswert angesehen werden. Zugleich geht mit dem Bezug auf Kinder- und Menschenrechte ein partizipativer und den Einzelnen befähigender Ansatz (*empowerment*) einher. In den Debatten wird dabei oft Bezug auf das Übereinkommen der Vereinten Nationen über die Rechte des Kindes (Kinderrechtskonvention, KRK) genommen (Kerber-Ganse, 2019, S. 13; Kaletsch & Gebhard, 2019, S. 14). Hinter den Begriffen Menschenrechte und Kinderrechte stehen jedoch auch spezifische juristische Konzeptionen, die sich teilweise, aber nicht vollständig, mit den Begriffsverwendungen in anderen Kontexten decken.

Der folgende Beitrag soll daher die rechtlichen Funktionen, Inhalte und Zusammenhänge von Menschenrechten und Kinderrechten herausstellen und dabei insbesondere aufzeigen, welche Bedeutung die Aussage „Kinderrechte sind Menschenrechte“ (Geiger, 2011) aus juristischer Sicht hat und welche rechtlichen Folgen sich daraus ergeben. Dabei wird die völkerrechtliche Dimension im Mittelpunkt stehen, die jedoch zu Beginn des Beitrags kurz von der verfassungsrechtlichen Perspektive auf das Thema Menschen- und Kinderrechte abgegrenzt wird. Für die völkerrechtliche Betrachtung der Thematik stellen sich dann zwei zentrale Fragen: Wie sind Kinderrechte und die Kinderrechtskonvention in das System des völkerrechtlichen Menschenrechtsschutzes einzuordnen und welche Folgen ergeben sich für das Verständnis der in der Kinderrechtskonvention verankerten Rechte, wenn man sie als Menschenrechte im völkerrechtlichen Sinne versteht? Welche rechtliche Bedeutung entfaltet der Kinderrechtsausschuss als Vertragsorgan, d. h. als besonderer institutioneller Rahmen der Kinderrechtskonvention auf internationaler Ebene und wie sind seine Berichte und Bemerkungen rechtlich einzuordnen? Insgesamt soll in diesem Beitrag gezeigt werden, welches Potenzial, aber auch welche Grenzen sich aus einer spezifisch rechtlichen Perspektive auf Kinderrechte als Menschenrechte für die Fragen nach Partizipation ergeben.

2. Menschenrechte und Kinderrechte im Verfassungsrecht

Das deutsche Verfassungsrecht verfügt über kein einheitliches und klares Verständnis des Begriffs Menschenrechte, was zunächst überraschen mag. Tatsächlich wird der Begriff im Verfassungsrecht unterschiedlich benutzt. Nach Artikel 1 Absatz 2 des Grundgesetzes (GG) bekennt sich das deutsche Volk zu „unverletzlichen und unveräußerlichen Menschenrechten als Grundlage jeder menschlichen Gemeinschaft, des Friedens und der Gerechtigkeit in der Welt“. Der Bezug dieser Vorschrift auf Menschenrechte wird unterschiedlich gedeutet: Zum Teil wird vertreten, dass hier auf ein vorrechtliches und überpositives Verständnis von Menschenrechten abgestellt wird, und zum Teil wird der Begriff mit Blick auf die völkerrechtlichen Menschenrechte interpretiert. Die Vorschrift selbst entfaltet eine Brückenfunktion zwischen der in Absatz 1 des gleichen Artikels verankerten Menschenwürde und den in Absatz 3 erwähnten Grundrechten. Teilweise werden auch die im Grundgesetz als sogenannte „Jedermann“-Rechte, wie z. B. die Meinungsfreiheit (Art. 5 GG), als „Menschenrechte“ bezeichnet, da sie – anders als die sogenannten „Deutschen-“ oder „Bürgerrechte“, wie z. B. die Versammlungsfreiheit (Art. 8 GG) – nicht nur für deutsche Staatsbürger*innen gelten. Die praktische Bedeutung dieser Differenzierung ist jedoch gering und wird zunehmend als anachronistisch angesehen.

Kinder werden nicht ausdrücklich als Träger*innen von Grundrechten im Grundgesetz genannt (Schmahl, 2017, S. 52). Gleichwohl gelten die Grundrechte des Grundgesetzes grundsätzlich auch für Kinder, jedenfalls soweit diese als „grundrechtsmündig" angesehen werden, was z. B. für die Ausübung der Religionsfreiheit typischerweise erst ab einem gewissen Alter anerkannt wird. Andere Grundrechte, wie das Recht auf Leben, Gesundheit und persönliche Freiheit gelten altersunabhängig. Forderungen nach einer Berücksichtigung von Kinderrechten im Grundgesetz zielen also nicht darauf ab, Kindern erstmals Grundrechte zu verleihen, sondern die Rechte von Kindern stärker zu berücksichtigen. Entsprechende Vorschläge würden keine neuen Kinderrechte in das Grundgesetz einführen, sondern die Verpflichtung des Staates, die Rechte des Kindes zu achten und zu schützen, das Wohl des Kindes angemessen zu berücksichtigen sowie den verfassungsrechtlichen Anspruch von Kindern auf rechtliches Gehör zu wahren. Damit würde eine entsprechende Ergänzung des Grundgesetzes eine Auslegungshilfe für die Grundrechte darstellen, aber keine Norm, auf die sich ein Kind unmittelbar vor Gericht berufen kann. Damit würde eine derartige Änderung auch keine neuen Rechte eines Kindes begründen, sondern Gerichte und andere staatliche Stellen verpflichten, die (bestehenden) Rechte von Kindern bei der Anwendung der Grundrechte und des einfachen Rechts besonders zu berücksichtigen (DIMR, 2019).

3. Menschenrechte und Kinderrechte aus völkerrechtlicher Perspektive

Als Völkerrecht bezeichnet man diejenigen Rechtsregeln, die zwischen Staaten und anderen Völkerrechtssubjekten gelten (Krajewski, 2020, S. 20). Typischerweise finden sich diese Regeln in völkerrechtlichen Verträgen und zu einem gewissen Grad auch im sogenannten Völkergewohnheitsrecht. Menschenrechte im völkerrechtlichen Sinne sind daher diejenigen Rechte eines Einzelnen, die diesem aufgrund seines Menschseins zukommen und die in völkerrechtlichen Verträgen oder dem Gewohnheitsrecht verankert sind (Krajewski, 2020, S. 285). Die Kinderrechtskonvention ist in diesem Sinne Teil des völkerrechtlichen Menschenrechtsschutzes.

3.1 Grundlagen des völkerrechtlichen Menschenrechtsschutzes

Der völkerrechtliche Menschenrechtsschutz wird in regionalen Übereinkommen, wie der Europäischen Konvention zum Schutz der Menschenrechte und Grundfreiheiten (Europäische Menschenrechtskonvention, EMRK), und in globalen Übereinkommen, die auf der Ebene der Vereinten Nationen ausgehandelt wurden, verankert. Ausgangspunkt des völkerrechtlichen Menschenrechtsschutzes ist die Allgemeine Erklärung der Menschenrechte (AEMR) von 1948, die als Erklärung der Generalversammlung der Vereinten Nationen jedoch keine formale Rechtsverbindlichkeit entfaltet. Rechtsverbindlich sind dagegen die auf der Basis der AEMR entwickelten völkerrechtlichen Verträge. Zu diesen zählen der Internationale Pakt über bürgerliche und politische Rechte (IPbpR, Zivilpakt) von 1966, der Internationale Pakt über wirtschaftliche, soziale und kulturelle Rechte (IPwskR, Sozialpakt) ebenfalls von 1966 und weitere Übereinkommen, die Personen in besonders vulnerablen Situationen zusätzlich und mit einem spezielleren Fokus schützen. Dazu zählen unter anderem das Übereinkommen zur Beseitigung jeder Form von rassistischer Diskriminierung von 1965, das Übereinkommen zur Beseitigung jeder Form von Diskriminierung der Frau von 1979, das Übereinkommen über die Rechte von Menschen mit Behinderungen von 2006 und die Kinderrechtskonventionen von 1989.

Die jeweiligen Übereinkommen sind völkerrechtlich verbindlich, wenn ein Staat Vertragspartei geworden ist, was regelmäßig nicht durch die bloße Unterzeichnung des Abkommens durch die Regierung erfolgt, sondern eine parlamentarische Zustimmung und Ratifikation erfordert. Menschenrechtliche Verpflichtungen aus völkerrechtlichen Verträgen gelten für alle staatlichen Handlungsebenen, also sowohl für den Bund, die Länder und Gemeinden sowie für andere Körperschaften des öffentlichen Rechts als auch gegenüber allen Staatsfunktionen wie der Gesetzgebung, der Exekutive und der Rechtsprechung.

In der aktuellen menschenrechtlichen Praxis und Wissenschaft werden die staatlichen Pflichten, die sich aus Menschenrechtsübereinkommen ergeben, in drei Dimensionen unterteilt (Kälin & Künzli, 2019).

Die *Achtungspflicht* wird als Abwehrfunktion des Einzelnen gegenüber dem Staat verstanden, sodass der Staat verpflichtet wird, die Rechte des Einzelnen zu achten und Eingriffe zu unterlassen, sofern diese nicht gerechtfertigt sind. Diese Funktion würde ein Kind z. B. vor der gewaltsamen Trennung von seinen Eltern durch eine Einwanderungsbehörde oder vor körperlichen Misshandlungen durch Lehrer*innen schützen.

Die *Schutzpflicht* verpflichtet den Staat, menschenrechtlich geschützte Rechtsgüter durch legislative, administrative oder judikative Maßnahmen vor Gefahren sowie Beeinträchtigungen durch Dritte zu schützen. Dies erfasst den staatlichen Schutz vor Beeinträchtigungen durch Private wie im Kontext von Kinderrechten beispielsweise durch Sorgeberechtigte, medizinisches Personal oder Unternehmen (Tobin, 2019, S. 417). Ein gesetzliches Verbot von Kinderarbeit ist Ausdruck der Schutzpflicht.

Die *Erfüllungspflicht* erfasst schließlich konkrete institutionelle oder materielle Leistungspflichten des Staates, mit denen der Staat die volle Verwirklichung der Rechte fördert und sicherstellt. Diese Dimension spielt vor allem für wirtschaftliche, soziale und kulturelle Rechte, wie z. B. dem Recht auf Gesundheit oder Bildung, eine wichtige Rolle. So ist die Einrichtung von Schulen, die ausreichende Bezahlung von Lehrkräften und die Ausrichtung des Unterrichts an menschenrechtlichen Maßstäben Teil der Erfüllungspflicht.

3.2 Kinderrechtskonvention

Die Kinderrechtskonvention wurde am 20. November 1989 von der Generalversammlung der Vereinten Nationen verabschiedet. Die Kinderrechtskonvention ist das Menschenrechtsübereinkommen, das mit 197 Vertragsparteien den höchsten Ratifikationsstand aufweist. Bis auf die USA, welche die Kinderrechtskonvention nur unterzeichnet haben, sind sämtliche Mitgliedsstaaten der Vereinten Nationen Vertragsparteien. Für Deutschland ist die Kinderrechtskonvention am 5. April 1992 in Kraft getreten.[1] Die Kinderrechtskonvention wird durch drei zusätzliche Fakultativprotokolle ergänzt, die bestimmte Materien ausführlicher regeln. Diese betreffen die Beteiligung von Kindern an bewaffneten Konflikten, den Verkauf von Kindern, die Kinderprostitution und die Kinderpornographie sowie das Individualbeschwerdeverfahren zum Kinderrechtsausschuss. Die Zusatzprotokolle weisen einen geringeren Ratifikationsstand auf als die Konvention selbst. Deutschland ist auch diesen Fakultativprotokollen beigetreten.

Die Kinderrechtskonvention enthält 54 Artikel, die sich in drei Abschnitte aufteilen. Artikel 1 bis 41 KRK enthalten die einzelnen Menschenrechtsverbürgungen und umfassen sowohl bürgerliche und politische als auch wirtschaftliche, soziale und kulturelle Rechte. Diese beruhen auf den im Zivil- und Sozialpakt verankerten Rechten, entwickeln diese jedoch unter besonderer Berücksichtigung der Bedürfnisse und Situation von Kindern weiter. So enthält die KRK z. B. ein ausdrückliches Recht auf Eintragung in das Geburtenregister, das sich nicht direkt im Zivilpakt findet, jedoch von großer praktischer Bedeutung ist. Artikel 42 bis 45 KRK normieren die Überwachung und Umsetzung der Kinderrechtskonvention, während Artikel 46 bis 54 die für völkerrechtliche Verträge üblichen Schlussbestimmungen enthalten.

Nach Artikel 1 KRK sind Kinder im Sinne der Kinderrechtskonvention Menschen, die das achtzehnte Lebensjahr noch nicht vollendet haben, sofern die Volljährigkeit national nicht anders bestimmt ist. Die Kinderrechtskonvention ist das erste völkerrechtliche Rechtsinstrument, in dem Kinder nicht nur als Schutzbedürftige, sondern auch als individuelle Rechtsträger*innen angesehen werden, denen Rechte ebenso zustehen, wie Erwachsenen, selbst wenn dies eine kinderorientierte Anpassung an die Ausgestaltung der Rechte erfordert (Schmahl, 2017, S. 59). Das Leitmotiv der Kinderrechtskonvention ist das Kindeswohl nach Artikel 3 KRK. Das Kindeswohl ist in sämtlichen privaten und öffentlichen Entscheidungen und Handlungen, die Kinder betreffen, einzubeziehen (CRC, 2013). Kinderrechte betreffen verschiedene Bereiche des Alltags,

---

1 BGBl. 1992 II S. 121.

was neben der Gesundheit, Ernährung und Erziehung auch die Partizipation beinhaltet.

Die zur Umsetzung der Kinderrechtskonvention ergriffenen Maßnahmen können anhand von Kinderrechte-Indikatoren analysiert und bewertet sowie Verbesserungsvorschläge entwickelt werden (CRC, 2003; DIMR, 2018). Die Indikatoren sollen von Staaten jeweils selbstständig entwickelt werden, um die nationale soziale, politische und wirtschaftliche Lage zu berücksichtigen. Diese Methode wird als eine grundlegende Voraussetzung für die effektive Umsetzung der Kinderrechtskonvention von Staaten angewandt. Bislang mangelt es jedoch an entsprechenden Indikatoren in Deutschland, sodass keine kinderrechtsbasierten Datenerhebungen zur Lebenssituation in Deutschland vorliegen und daher die Umsetzung der KRK nur schwer analysiert werden kann (DIMR, 2018).

3.3 Konkretisierung von Kinderrechten durch den Kinderrechtsausschuss

Für die Überwachung der Einhaltung der Kinderrechtskonvention ist auf der Ebene der Vereinten Nationen der Ausschuss für die Rechte der Kinder (Kinderrechtsausschuss) zuständig, der aus 18 unabhängigen Menschenrechtsexpert*innen besteht. Nach Artikel 44 Absatz 1 KRK sind Staaten dazu verpflichtet, zwei Jahre nach Inkrafttreten und anschließend alle fünf Jahre Berichte zu ihrem Fortschritt in Bezug auf die Umsetzung der Kinderrechtskonvention zu verfassen. Diese Berichte und die allgemeine Staatenpraxis in Bezug auf Kinderrechte werden vom Kinderrechtsausschuss beurteilt. Der Ausschuss veröffentlicht auf dieser Basis Abschließende Beobachtungen (Concluding Observations) zu den Staatenberichten.

Der aktuelle deutsche Staatenbericht zur Kinderrechtskonvention wurde im April 2019 eingereicht. Die Monitoring-Stelle für die Kinderrechtskonvention am Deutschen Institut für Menschenrechte hat einen Parallelbericht im Oktober 2019 an den Ausschuss übergeben, in dem auf weitere Punkte eingegangen und der Staatenbericht kommentiert wurde. Zusätzlich haben einige zivilgesellschaftliche Akteure Parallelberichte eingereicht. Der Kinderrechtsausschuss hat seine Fragenliste (List of Issues) für die Berichtsprüfung am 4. März 2021 veröffentlicht. Nachdem die Bundesregierung diese Fragen beantwortet hat, wird der Ausschuss mit ihr in einen kritischen Dialog eintreten, und im Abschluss seine Bemerkungen zum deutschen Staatenbericht abgeben. Aus diesem dürften sich zahlreiche Hinweise zur Verbesserung der Umsetzung der Kinderrechtskonvention in Deutschland ergeben.

Zudem veröffentlicht der Kinderrechtsausschuss Allgemeine Bemerkungen (General Comments) zur Auslegung der Kinderrechtskonvention,[2] welche zwar keinen verpflichtenden Charakter haben, jedoch aufgrund der Expertise eine hohe Autorität zukommt, sodass sie als Interpretationshilfe dienen (Schmahl, 2017, S. 59). Daher sind diese Allgemeinen Bemerkungen wichtige zusätzliche Quellen für die Konkretisierung der einzelnen Rechte, die sich aus der Kinderrechtskonvention ergeben.

4. Partizipation aus kinderrechtlicher Sicht

4.1 Mitspracherecht gemäß Art. 12 KRK

Artikel 12 Absatz 1 KRK normiert das Mitspracherecht jedes Kindes. Dieses Recht umfasst das Recht eines Kindes, das fähig ist, sich eine eigene Meinung zu bilden, diese Meinung in allen das Kind berührenden Angelegenheiten frei zu äußern, und das Recht, dass diese Meinung des Kindes angemessen und entsprechend seinem Alter und seiner Reife berücksichtigt wird (Schmahl, 2017, S. 51, 199). Die Kinderrechtskonvention begründet damit erstmals das Recht von Kindern auf Partizipation in allen sie berührenden Bereichen, sodass deren Teilhabe nicht mehr nur von den Eltern abhängt. Partizipation beschreibt den Prozess eines auf Respekt beruhenden Dialogs zwischen Kindern und Erwachsenen, bei dem Kinder erfahren, wie sowohl ihre Ansichten als auch die der Erwachsenen berücksichtigt werden (CRC, 2009). Dabei darf das Kind keinem Druck ausgesetzt werden und frei entscheiden, ob und wie es sich äußern möchte (CRC, 2009). Das verlangt auch, dass Kinder ausreichend über die Entscheidung und mögliche Konsequenzen informiert werden (Schmahl, 2017, S. 189).

Das Mitspracherecht setzt kein Mindestalter voraus, sodass bei Kleinkindern auch nonverbale Kommunikationsformen als Form der Meinungsäußerung erfasst werden (Schmahl, 2017, S. 189). Sowohl Sorgeberechtigte als auch pädagogisches Personal sind für die dem Alter angemessene Berücksichtigung der Mitsprache und deren Vorteile zu sensibilisieren (CRC, 2018a). Dies gilt selbst dann, wenn die Entscheidungen schlussendlich nicht von den Kindern selbst getroffen werden (Schmahl, 2017, S. 57). Je weiter sich Kinder entwickeln, desto bedeutsamer wird deren Mitspracherecht und desto weniger Anleitung durch die Sorgeberechtigten wird benötigt (Schmahl, 2017, S. 199). Artikel 12

2 Zugang zu den Allgemeinen Bemerkungen erfolgt über die Internetseite des Ausschusses: www.ohchr.org/EN/HRBodies/CRC/Pages/CRCIndex.aspx. Das Deutsche Institut für Menschenrechte hat die Allgemeine Bemerkung Nr. 12 und Nr. 14 ins Deutsche übersetzt, vgl. www.institut-fuer-menschenrechte.de/themen/kinderrechte.

Absatz 1 KRK normiert das Mitspracherecht in Bezug auf sämtliche Bereiche, die das Kind selbst berühren und demnach individuell betreffen. Dazu zählen neben Gesundheitsmaßnahmen (CRC, 2019a), die politische Bildung etwa in Kinderparlamenten (CRC, 2020), die Mitsprache in Bezug auf den Klimawandel und Umweltkatastrophen (CRC, 2019b) und die kinderorientierte Umsetzung der 17 nachhaltigen Entwicklungsziele der Vereinten Nationen (CRC, 2020a). Die Mitsprache im familiären und bildungsnahen Kontext wird ebenfalls erfasst (CRC, 2020a).

4.2 Mitspracherecht im Rahmen der Bildung

Bereits in seiner ersten Allgemeinen Bemerkung zum Recht auf Bildung machte der Kinderrechtsausschuss deutlich, dass Bildung unter Achtung der Menschenwürde erfolgen muss, sodass sich das Mitspracherecht nach Artikel 12 KRK auch auf die Partizipation im Schulleben erstreckt (CRC, 2001). Dabei erfasst die Kinderrechtskonvention sowohl das Recht auf Bildung nach Artikel 28 KRK als auch die Förderung und den Schutz von Menschenrechten in der Bildung und die Förderung von Menschenrechten durch Bildung. Somit sollen durch Bildung grundlegende Fähigkeiten erworben und geistige und soziale Fähigkeiten vermittelt werden, um die Persönlichkeit weiterzuentwickeln und Chancengleichheit zu ermöglichen. Dabei hat die Partizipation von Kindern unter Berücksichtigung des Gleichbehandlungsgrundsatzes nach Artikel 2 Absatz 1 KRK zu erfolgen (Schmahl, 2017, S. 199).

Das Mitspracherecht wird durch die Meinungsfreiheit, die Religionsfreiheit und die Vereinigungsfreiheit der Kinder bekräftigt und umfasst sämtliche Aspekte der Bildung (UNICEF, 2007, S. 36). Das Mitspracherecht involviert verschiedene Konstellationen wie pädagogische Verhältnisse im Klassenzimmer, in sämtlichen Schulbereichen und der Entwicklung von Gesetzen und Maßnahmen im schulischen Kontext, aber auch darüber hinaus. Dies verlangt neben der Ermutigung von Kindern, sich für die Realisierung ihrer Rechte einzusetzen, auch die staatliche Umsetzung der verstärkten Teilhabe von Kindern in Schulen durch die Gesetzgebung und Handlungsansätze (UNICEF, 2007a, S. 37). Insoweit sollte im Gesetzgebungsprozess der spätere Einfluss auf Kinder und Jugendliche berücksichtigt werden. Auch soll Kindern aufgezeigt werden, wo sie konkret auf lokaler Ebene nationale und lokale Entscheidungsprozesse beeinflussen können (CRC, 2018b). Beispielsweise können sich Kinder vor anliegenden Entscheidungen in öffentlichen Foren einbringen und durch ihre Meinung Maßnahmen vor Ort beeinflussen (CRC, 2019c). Durch die Partizipation von Kindern sollen deren Perspektiven und Erfahrungen eingebracht werden (CRC, 2009), die durch Erwachsene eventuell nicht bedacht werden, um das Kindeswohl in sämtlichen Aspekten zu integrieren.

Wenn Kinder die Umsetzung dieser Standards der Mitsprache in der Schule und in ihrer Gemeinschaft erleben, erlernen sie zugleich, wie sich Menschenrechte konkret auswirken (CRC, 2009). Dabei können Kinder durch die Schaffung von Schulgruppen, Schüler*innenvertretungen (CRC, 2018c), die Bildung und Beratung durch Gleichaltrige und die Einbeziehung in schulischen Disziplinarverfahren (CRC, 1999a) die Realisierung ihrer Rechte erfahren (CRC, 2009). In Bezug auf die Meinungsfreiheit ist das Recht der Kinder, eine Schüler*innenzeitung zu organisieren und daran mitzuwirken, hervorzuheben (UNICEF, 2007b, S. 167). Kinder können durch die Mitwirkung in Ausschüssen, in denen sie sich in der Entwicklung und Verwirklichung der Schulpolitik und der Schulregeln einsetzen, beteiligt werden (CRC, 2009). Mitwirkung und Mitsprache können auch im Unterricht selbst umgesetzt werden (Ertl, Martschinke & Grüning in diesem Band). Ebenso können Kinder darüber abstimmen, welche Aspekte der Kinderrechtskonvention für sie am bedeutsamsten sind, um diesbezüglich Initiativen im Schulumfeld zu realisieren (CRC, 1999b; CRC, 2018b). Gerade in Einrichtungen, in denen Kinder mit anderen Kindern oder Erwachsenen interagieren, reflektieren sie, inwieweit Kinderrechte und insbesondere ihre Meinungen berücksichtigt werden, sodass die kinderrechtliche Praxisumsetzung für die weitere Menschenrechtsbildung und deren späteres Verhalten besonders relevant ist (CRC, 2009).

Beim Erstellen und Evaluieren von Lehrplänen, inklusive der Entwicklung der Unterrichtsmethoden können Kinder aktiv miteinbezogen werden, um deren Teilhabe am Lernprozess zu steigern. Demnach sollte sich die Bildung um Kinder zentrieren (CRC, 2006). Neben kollektiven Rechten von Kindern werden auch deren individuelle Rechte erfasst, sodass Kinder an Entscheidungsfindungen und administrativen Aspekten wie der Wahl der Schule oder einem Schulverweis beteiligt werden sollen (UNICEF, 2007b, S. 167). Disziplinarmaßnahmen setzen neben der Wahrung des Diskriminierungsverbots die Beteiligung von Kindern insoweit voraus, als dass sie sich zur Sache äußern dürfen und dies bei der Beratung und Festlegung zu berücksichtigen ist (Schmahl, 2017, S. 337). Dies beinhaltet, dass Kinder ihre Interessen darstellen und ein Mitspracherecht bei schulischen Entscheidungen haben (CRC, 2020b).

Menschenrechtsbildung soll Teil der Lehrpläne sein, um Kinder mit ihren grundlegenden Rechten und Umsetzungsmöglichkeiten bekannt zu machen (CRC, 2006). Dazu gehören auch die Rechte der Kinderrechtskonvention. Dies kann in Programmen für Lehrende und Schüler*innen erfolgen, bei denen diese über die Rechte und Pflichten von Kindern und Jugendlichen durch regelmäßige Kurse zur Kinderrechtskonvention und deren Fakultativprotokolle aufgeklärt werden (CRC, 2018c). Kinder, die um ihre Rechte wissen, können sich effektiver gegen Diskriminierung, Gewalt und körperliche Züchtigung einsetzen (CRC, 2006). Insbesondere Mädchen, Kinder mit Behinderungen und Kinder, die Minderheiten angehören, sollen in ihren Teilhabemöglichkeiten und in deren Umsetzung unterstützt werden (CRC, 2019b). Kinder können durch das Aufzeigen von verschiedenen Partizipationsoptionen und in dem Wissen, dass ihre Interessen und Meinungen ernst genommen werden, ihre Persönlichkeit und Kompetenzen vollständig entwickeln und somit im Sinne des Artikel 29 Absatz 1 Buchstabe a) KRK durch Bildung ihr volles Potenzial ausschöpfen. Folglich können Kinder durch ein schützendes und partizipatives Umfeld auf eine aktive Rolle in der Gesellschaft vorbereitet werden (CRC, 2009).

5. Zusammenfassung

Die vorstehenden Ausführungen haben gezeigt, dass ein völkerrechtliches Verständnis von Menschen- und Kinderrechten dazu beitragen kann, diese in konkreten Bildungskontexten umzusetzen. Von Bedeutung sind dabei vor allem die Konkretisierung der allgemeinen Anforderungen des Mitspracherechts nach Artikel 12 Absatz 1 KRK durch die Bemerkungen des Kinderrechtsausschusses. Diese sind zwar keine rechtsverbindlichen Vorgaben, sie tragen aber zur Interpretation der rechtsverbindlichen Vorgaben der Kinderrechtskonvention als einem verbindlichen internationalen Übereinkommen bei. Da die Kinderechtskonvention nicht nur den Bund, sondern auch alle Landes- und Kommunalbehörden als unmittelbar geltendes Recht bindet, sind auch die Bildungsministerien und die Träger der Bildungseinrichtungen verpflichtet, diese Vorgaben in Bildungsplänen umzusetzen und zugleich Lehrer*innen und pädagogische Fachkräfte in diesem Sinne aus- und weiterzubilden.

Literatur

Committee on the Rights of the Child (CRC, 1999a). Concluding Observations: Mali, CRC/C/15/Add. 113, 2 November 1999.

Committee on the Rights of the Child (CRC, 1999b). Concluding Observations: Belize, CRC/C/15/Add. 99, 10 May 1999.

Committee on the Rights of the Child (CRC, 2003). General comment no. 5 (2003): General measures of implementation of the Convention on the Rights of the Child, CRC/GC/2003/5, 27 November 2003.

Committee on the Rights of the Child (CRC, 2006). Day of general discussion on the right of the child to be heard, Forty-Third Session, 29 September 2006.

Committee on the Rights of the Child (CRC, 2018a). Concluding observations on the combined fifth and sixth periodic reports of Norway, CRC/C/NOR/CO/5-6, 4 July 2018.

Committee on the Rights of the Child (CRC, 2018b). Concluding observations on the combined fifth and sixth periodic reports of Spain, CRC/C/ESP/CO/5-6, 5 March 2018.

Committee on the Rights of the Child (CRC, 2018c). Concluding observations on the combined fifth and sixth periodic reports of Panama, CRC/C/PAN/CO/5-6, 28 February 2018.

Committee on the Rights of the Child (CRC, 2019a). Concluding observations on the combined fifth and sixth periodic reports of Portugal, CRC/C/PRT/CO/5-6, 9 December 2019.
Committee on the Rights of the Child (CRC, 2019b). Concluding observations on the combined fifth and sixth periodic reports of Australia, CRC/C/AUS/CO/5-6, 1 November 2019.
Committee on the Rights of the Child (CRC, 2019c). Concluding observations on the combined fifth and sixth periodic reports of Belgium, CRC/C/BEL/CO/5-6, 28 February 2019.
Committee on the Rights of the Child (CRC, 2020a). Concluding observations on the combined fifth and sixth periodic reports of Austria, CRC/C/AUT/CO/5-6, 6 March 2020.
Committee on the Rights of the Child (CRC, 2020b). Concluding observations on the combined second to fifth periodic reports of the Cook Islands, CRC/C/COK/CO/2-5, 2 April 2020.
Committee on the Rights of the Children (CRC, 2009). General comment No. 12 (2009): The right of the child to be heard, CRC/C/GC/12, 20 July 2009.[3]
Committee on the Rights of the Children (CRC, 2013). General comment No. 14 (2013) on the right of the child to have his or her best interests taken as a primary consideration (art. 3, para. 1), CRC/C/GC/14, 29 May 2013.[4]
Deutsches Institut für Menschenrechte (DIMR, 2018). Monitoring-Stelle UN-Kinderrechtskonvention, Die Umsetzung der UN-Kinderrechtskonvention messbar machen: Anforderungen der Vereinten Nationen an Kinderrechte-Indikatoren. Berlin: DIMR 2018.
Deutsches Institut für Menschenrechte (DIMR, 2019). Monitoring-Stelle UN-Kinderrechtskonvention, Stellungnahme: Kinderrechte ins Grundgesetz – Zum Referentenentwurf eines Gesetzes zur Änderung des Grundgesetzes zur ausdrücklichen Verankerung der Kinderrechte. Berlin: DIMR 2019.
Ertl, S., Martschinke, S. & Grüning, M. (2022). Lasst uns mitbestimmen! Grundschulkinder und ihr Recht auf Mitbestimmung. In M. Grüning, S. Martschinke, J. Häbig & S. Ertl (Hrsg.), *Mitbestimmung von Kindern – Grundlagen für Unterricht, Schule und Hochschule* (S. 74–91). Weinheim, Basel: Beltz Juventa.
Geiger, G. (Hrsg.). (2011). *Kinderrechte sind Menschenrechte!* Opladen: Barbara Budrich.
Kaletsch, C. & Gebhard, J. (2019). *Kinderrechte in der KiTa.* Frankfurt am Main: Debus Pädagogik.
Kälin, W. & Künzli, J. (2019). *Universeller Menschenrechtsschutz – Der Schutz des Individuums auf globaler und regionaler Ebene* (4. Auflage). Baden-Baden: Nomos.
Kerber-Ganse, W. (2019). Die UN-Kinderrechtskonvention – eine allgemeine Einführung. In W. Edelstein, L. Krappmann & S. Student (Hrsg.), *Kinderrechte in die Schule: Gleichheit, Schutz, Förderung, Partizipation* (3. Auflage, S. 13–32). Frankfurt am Main: Debus Pädagogik.
Krajewski, M. (2020). *Völkerrecht* (2. Auflage). Baden-Baden: Nomos.
Schmahl, S. (2017). *Kinderrechtskonvention mit Zusatzprotokollen – Handkommentar* (2. Auflage). Baden-Baden: Nomos.
Tobin, J. (2019). *The UN Convention on the Rights of the Child: A Commentary.* Oxford: OUP.

3 Deutsche Übersetzung unter www.institut-fuer-menschenrechte.de/publikationen/detail/allgemeine-bemerkung-nr-12-2009.
4 Deutsche Übersetzung unter www.institut-fuer-menschenrechte.de/publikationen/detail/allgemeine-bemerkung-nr-14-2013.

UNICEF (2007a). A human rights-based approach to education for all. New York: UNICEF/UNESCO, 2007.
UNICEF (2007b). Implementation Handbook for the Convention on the Rights of the Child. Genf: UNICEF, 2007.

Die Umsetzung der Kinderrechte in Deutschland

Claudia Kittel

Die Frage, ob die UN-Kinderrechtskonvention in Deutschland umgesetzt wird oder nicht, lässt sich nicht mit einem einfachen „Ja“ oder „Nein“ beantworten. Auch die Vereinten Nationen erwarten von den Vertragsstaaten nicht, dass sie das Abkommen unmittelbar nach Ratifizierung vollumfänglich umsetzen (können). Dennoch müssen die Vertragsstaaten ihren Verpflichtungen aus der Konvention kontinuierlich nachkommen. „Treibender Motor“ für den Fortschritt ist der gesellschaftspolitische Diskurs und das Zusammenspiel von Politik, Zivilgesellschaft und nicht zuletzt von Kindern und Jugendlichen selbst – als eigenständigen Akteur*innen im Einsatz für ihre Rechte. Der Beitrag gibt einen Einblick in die unterschiedlichen Rollen in diesem Diskurs und stellt Probleme und Herausforderungen dar.

Schlüsselwörter: Kinderrechte, Umsetzung, Staatenberichtsverfahren, Nichtregierungsorganisationen, Beteiligungsrechte, Monitoring

1. Die UN-Kinderrechtrechtskonvention von 1989

Das Übereinkommen über die Rechte des Kindes der Vereinten Nationen (UN-Kinderrechtskonvention/UN-KRK) vom 20. November 1989 ist eines von derzeit neun Menschenrechtsabkommen der Vereinten Nationen (United Nations, im Folgenden UN). 196 Staaten[1] weltweit haben das Übereinkommen ratifiziert und sich damit freiwillig verpflichtet, die Kinderrechte in ihrem Land zu verwirklichen.[2]

1 Einzig die USA hat die UN-Kinderrechtskonvention lediglich gezeichnet und nicht ratifiziert. Mehr als die Hälfte aller Vertragsstaaten ratifizierte die UN-Kinderrechtskonvention innerhalb der ersten zwei Jahre nach Verabschiedung durch die Generalversammlung der Vereinten Nationen. Zuletzt haben Somalia und der Südsudan im Oktober 2012 ratifiziert.

2 Gleiches gilt für die inzwischen drei Zusatzprotokolle zur UN-KRK: das Zusatzprotokoll über die Beteiligung von Kindern an bewaffneten Konflikten (2000), das Zusatzprotokoll über den Verkauf von Kindern, die Kinderprostitution und Kinderpornografie (2000), das Zusatzprotokoll über ein Individualbeschwerdeverfahren für Kinder (2011).

Selbstverständlich galten schon vor Verabschiedung der UN-KRK auch für Kinder[3] die universellen Menschenrechte, dennoch bestand innerhalb der Vereinten Nationen Einigkeit darüber, dass es auch eine Konvention braucht, die Kinder als Träger*innen von Menschenrechten explizit herausstellt. Das Besondere an der UN-KRK von 1989 ist, dass sie – entgegen ihren Vorläufern[4] – dabei nicht nur den Schutz von Kindern als Staatenpflicht betont, sondern auch andere unmittelbare Verpflichtungen des Staates gegenüber Kindern als eigenständige Träger*innen von Rechten: die UN-Kinderrechtskonvention enthält also Schutzrechte, aber auch Förder- und Beteiligungsrechte von Kindern.[5]

Die Drei P der Konvention

- *Schutzrechte (protection)*: Zu den Schutzrechten gehören unter anderen das Recht auf Schutz der Identität, das Recht auf Schutz der Privatsphäre, das Recht auf Schutz vor schädigenden Einflüssen durch Medien und das Recht auf Schutz vor jeder Form körperlicher oder geistiger Gewalt.
- *Förderrechte (provision)*: Zu den Förderrechten gehören unter anderem das Recht auf Gedanken-, Gewissens- und Religionsfreiheit, das Recht auf Gesundheitsfürsorge, das Recht auf einen angemessenen Lebensstandard, das Recht auf Bildung und das Recht auf Ruhe, Freizeit, Spiel und Erholung.
- *Beteiligungsrechte (participation)*: Zu den Beteiligungsrechten gehört insbesondere das Recht auf freie Meinungsäußerung, das Recht auf Information, das Recht auf Teilhabe am kulturellen und künstlerischen Leben sowie das Recht auf Gehör und Berücksichtigung der Meinung des Kindes (Maywald, 2019).

Im Zusammenspiel von Schutz-, Förderung- und Beteiligungsrechten wird der emanzipatorische Ansatz der UN-KRK deutlich: Erwachsene sollen nicht mehr allein darüber entscheiden, was für Kinder am besten ist. Oder anders formuliert, ist der Schutz vor Gewalt nicht ohne die Verwirklichung von Beteiligungsrechten zu erreichen bzw. muss ein Bildungsangebot für Kinder, diese auch immer vor beispielsweise Diskriminierung schützen.

---

3 Im folgenden Text wird aus Gründen der besseren Lesbarkeit das Wort „Kinder“ entsprechend der Vorgaben aus Artikel 1 UN-Kinderrechtskonvention für alle Menschen verwandt, die das 18. Lebensjahr noch nicht vollendet haben, auch wenn hier im Deutschen Sprachgebrauch eher von Kindern und Jugendlichen gesprochen würde.

4 Dazu zählen die „Genfer Erklärung“ von 1924, die vom Völkerbund – einem Vorläufer der Vereinten Nationen – verabschiedet wurde und die „Erklärung der Rechte des Kindes“ der Vereinten Nationen von 1959.

5 Im Englischen wird hier von den drei P der Konvention gesprochen: *protection, provision* und *participation.*

Ganz besonders deutlich wird dieser Grundsatz der Konvention mittels der Vorgaben aus Artikel 3 Absatz 1 der UN-Kinderrechtskonvention: „Bei allen staatlichen Maßnahmen, die Kinder betreffen, gleichviel ob sie von öffentlichen oder privaten Einrichtungen der sozialen Fürsorge, Gerichten, Verwaltungsbehörden oder Gesetzgebungsorganen getroffen werden, ist das Wohl des Kindes ein Gesichtspunkt, der vorrangig zu berücksichtigen ist" (Art. 3 Abs. 1 UN-KRK).

Dieser Vorrang des Kindeswohls („best interests of the child"), der in Artikel 3 Absatz 1 UN-KRK normiert ist, hat seine Berechtigung dadurch, dass Kinder in der Machtasymmetrie zwischen Erwachsenen und Minderjährigen bei Interessensabwägungen oder gar Konflikten aufgrund ihres Kindseins „benachteiligt" sind und eine ausgleichende Unterstützung brauchen (vgl. Abb. 1). Die UN-Kinderrechtskonvention hat also das Ansinnen, hier einen „Nachteilsausgleich" herzustellen, damit die „best interests of the child" bei staatlichen Maßnahmen nicht weniger gewichtet werden, als die von Erwachsenen.

Abbildung 1: Die UN-Kinderrechtskonvention versucht einen „Nachteilsausgleich" hinsichtlich der Gewichtung der Interessen von Kindern bei staatlichen Maßnahmen herzustellen.

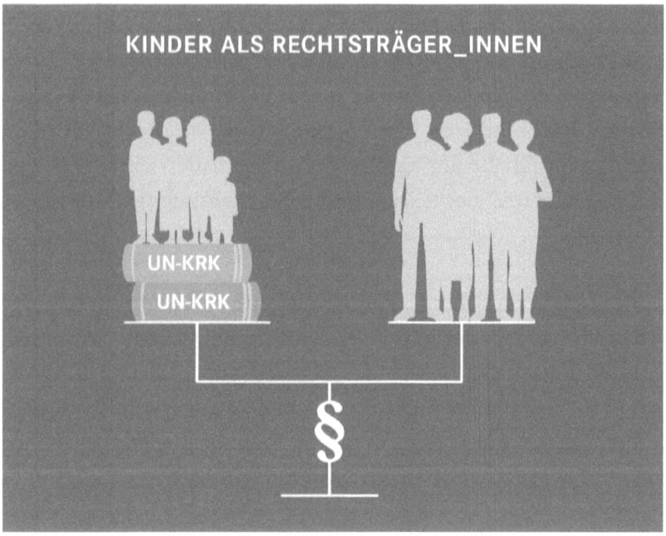

Kinder und ihre „best interests" sollen besser sichtbar sein und besser wahrgenommen werden. Dazu beitragen soll auch, wie in der sogenannten Allgemeinen Bemerkung (General Comment) zu Artikel 3 UN-KRK, einer Art Interpretationshilfe erläutert, dass für die Ermittlung des Kindeswohls auch den Vorgaben aus Artikel 12 UN-KRK entsprochen werden muss (UN, Committee on the Rights of the Child, 2014, Ziffer 42).[6] Artikel 12 UN-KRK umfasst das Recht des Kindes auf Gehör und Berücksichtigung seiner Meinung. Er wird meist als der Artikel bezeichnet, in dem die Beteiligungsrechte von Kindern festgeschrieben sind. Sucht man aber in der deutschen amtlichen Übersetzung der UN-Kinderrechtskonvention per Suchfunktion nach dem Wort „Beteiligung", so wird man höchstens im Vorwort der Ministerin fündig. Das, was hier in Artikel 12 UN-KRK festgeschrieben ist, ist eine sehr grundlegende Idee von Mitsprache von Kindern in allen sie betreffenden Angelegenheiten – auch gesamtgesellschaftlichen Fragen. Wir würden heute vielleicht eher von „Teilhabe" sprechen. Und es geht dabei nicht darum, dass Kinder hier bestimmen sollen, sondern darum, dass ihrer Meinung und ihren Ansichten Gehör geschenkt und das Gehörte dann bei der Entscheidungsfindung auch berücksichtigt werden soll, es soll Teil des Abwägungsprozesses sein (Feige & Gerbig, 2019). Im Gegensatz zu Kindern können sich Erwachsene als Bürger*innen auf geregelte Verfahren stützen, in deren Rahmen sie ihre Interessen einbringen können, wenn es beispielsweise um die Interessen von Fahrradfahrer*innen im Stadtverkehr geht und der ADFC die Möglichkeit hat, dazu eine Stellungnahme abzugeben. Solche Verfahren und auch Vertretungen sind für Kinder nur sehr vereinzelt gegeben. Und das sollte sich ändern – in allen das Kind berührenden Angelegenheiten, sei es in familiengerichtlichen Verfahren, der Bildung, der Gesundheitsversorgung oder der Unterbringung außerhalb der Familie, um nur einige Beispiele zu nennen.

Dieser vor nunmehr 30 Jahren bahnbrechende Ansatz der Konvention – die Beteiligung von Kindern verpflichtend einzufordern – ist heute, sollte man denken, längst gelebte Wirklichkeit. Schließlich haben wir die Beteiligungsverfahren im schulischen Kontext fest verankert und auch seit dem Bundeskinderschutzgesetz 2012 als Bedingung für die Betriebserlaubnis von beispielsweise Kindertagesstätten festgeschrieben (Art. 45 SGB VIII). Sind die Kinderrechte also längst umgesetzt in Deutschland?

2. Staatenpflichten

Mit Ratifizierung der UN-Kinderrechtskonvention verpflichten sich die Vertragsstaaten, die Kinderrechte von nun an „unter Ausschöpfung ihrer verfügbaren Mittel" (Art. 4 UN-KRK) schrittweise umzusetzen. Dabei gilt – wie auch bei anderen Menschenrechtsabkommen – der sogenannte Ressourcenvorbehalt;

6 Der verbindliche englische Text wurde von der Monitoring-Stelle UN-Kinderrechtskonvention mit Unterstützung einer Redaktionsgruppe und des Bundesministeriums für Familie, Senioren, Frauen und Jugend ins Deutsche übersetzt und ist in dieser deutschen Fassung verfügbar unter: www.kinderrechtekommentare.de.

die Staaten müssen dabei also zielgerichtet vorgehen und dürfen nicht ohne Grund Rückschritte unternehmen. Beispielsweise darf der Zugang zu einer *primary education* nicht mit Gebühren belegt werden, wenn vorher der Besuch der Grundschule, wie von der UN-KRK in Artikel 28 Absatz 1 Buchstabe a) gefordert, kostenfrei war.

Die Vertragsstaaten gehen mit Ratifizierung der Kinderrechte zudem die Staatenpflicht ein, die Kinderrechte zu achten, zu schützen und zu gewährleisten, was allgemein unter dem Begriff der Pflichtentrias zusammengefasst wird.[7]

- Die Achtungspflicht fordert, dass der Staat Kinder nicht an der Ausübung ihrer Rechte hindert und Sorge dafür trägt, dass diese auch durch andere staatliche Akteur*innen, wie beispielsweise Lehrkräfte oder Polizeibeamt*innen, geachtet werden.
- Die Schutzpflichten betreffen den Schutz der Kinder vor Übergriffen durch Dritte (auch durch die Eltern) oder wirtschaftlicher Ausbeutung.
- Die Gewährleistungspflichten beziehen sich auf alle weiteren Maßnahmen, die zu einer verbesserten Verwirklichung der Kinderrechte beitragen sollen, wie beispielsweise kindgerechte Beschwerdeverfahren, eine am Kindeswohl („best interests of the child" gemäß Art. 3 Abs. 1 UN-KRK) orientierte Sozialpolitik oder die Bereitstellung einer Infrastruktur mit Schulen und kinderärztlicher Versorgung in Krankenhäusern (Würth & Simon, 2012).

Die Achtungspflicht sollte also auch mit sich bringen, dass beispielsweise Lehrkräfte oder Polizeibeamt*innen und viele mehr, die mit oder für Kinder arbeiten, in ihrer Ausbildung Informationen über die völkerrechtlich verbrieften Kinderrechte erhalten. Und hinsichtlich der Schutzpflichten des Staates, sollte es klare gesetzliche Grundlagen geben, wie es in Deutschland mittels des Gesetzes zur Ächtung der Gewalt in der Erziehung der Fall ist. Hierzu zählen aber auch Mechanismen und Verfahren, beispielsweise in Form von Gewaltschutzkonzepten, als Verpflichtung für alle Einrichtungen, in denen Kinder leben. Davon sind wir in Deutschland noch weit entfernt, denn diese gelten zwar für Einrichtungen der Kinder- und Jugendhilfe, nicht aber für Gemeinschaftsunterkünfte für geflüchtete Menschen oder Krankenhäuser. Und gerade hinsichtlich der Gewährleistungspflichten sehen sich die Vertragsstaaten großen Herausforderungen gegenüber, wenn es beispielsweise um die Bemessung von Sozialhilfeleistungen geht, bei denen nicht selten, wie auch in Deutschland, bei Kindern nur ein anteiliger Prozentsatz dessen, was hier für Erwachsene berechnet wurde, herangezogen wird.

---

7 Im Englischen wird diese Pflichtentrias mit „respect, protect and fulfil" wiedergegeben.

Ob die Vertragsstaaten ihren Pflichten als Vertragsstaat auch wirklich nachkommen, prüft ein Gremium der Vereinten Nationen, dem 18 gewählte unabhängige Expert*innen „[...] von hohem sittlichen Ansehen und anerkannter Sachkenntnis [...]“ (Art. 43 Abs. 1 UN-KRK) angehören. Dieser sogenannte UN-Ausschuss für die Rechte des Kindes prüft zunächst zwei Jahre nach Ratifizierung und dann alle fünf Jahre mittels eines Staatenberichtsverfahrens (Art. 44 Abs. 1 Buchstaben a und b UN-KRK), welche Fortschritte hinsichtlich der Verwirklichung der Kinderrechte gemacht wurden und an welchen Stellen es Schwierigkeiten gab.[8]

3. Deutschland als Vertragsstaat

Auch Deutschland hat die UN-Kinderrechtskonvention ratifiziert und diese trat am 5. April 1992 in Deutschland in Kraft. Genauer betrachtet bedeutet dies, dass nach Unterzeichnung der Konvention, diese noch die Zustimmung von Bundestag und Bundesrat über ein sogenanntes Zustimmungsgesetz erlangen musste und dann, nach Veröffentlichung im Bundesgesetzblatt, in Kraft treten konnte (Bundesgesetzblatt, Jahrgang 1992 Teil II, S. 990).

Teil der Veröffentlichung im Bundesgesetzblatt ist auch eine Denkschrift anlässlich des Inkrafttretens der Konvention in Deutschland. Der Blick in die Denkschrift macht schnell deutlich, welchen Stellenwert man der UN-Kinderrechtskonvention damals beimaß: „Das Übereinkommen setzt Standards, die in der Bundesrepublik verwirklicht sind, und bietet keinen Anlass, grundlegende Änderungen oder Reformen des innerstaatlichen Rechts zu betreiben“ (BMFSFJ, 2018, S. 40).

Eine solche Haltung gegenüber der UN-KRK war unter den Staaten des „globalen Nordens“ nicht unüblich, die zu dieser Zeit noch davon überzeugt waren, dass die Konvention vor allen Dingen die Situation von Kindern im Blick hätte, denen in ihren Heimatländern der Zugang zu sauberem Trinkwasser, ausreichend Ernährung oder grundlegender Bildung generell verwehrt war. Mit Blick auf den in Kapitel 1 erläuterten emanzipatorischen Ansatz der UN-KRK ein absolutes Unterschätzen der UN-KRK.

Sicher ist jedenfalls, dass offensichtlich auch damals schon einige Verantwortliche etwas genauer hingeschaut haben. Denn mit der Ratifizierung der

8 Weitere Informationen (inklusive eines dreiminütigen Erklärfilms) zum Staatenberichtsverfahren, seinem generellen Ablauf und den bisher erfolgten sowie dem 2019 gestarteten aktuellen Staatenberichtsverfahren Deutschlands vor dem UN-Ausschuss für die Rechte des Kindes sind auf den Internetseiten des Deutschen Instituts für Menschenrechte abrufbar unter: www.institut-fuer-menschenrechte.de/das-institut/monitoring-stelle-un-krk/staatenberichtsverfahren.

UN-KRK hat Deutschland auch eine Erklärung hinterlegt, die besagte, dass man durchaus Probleme hinsichtlich der nationalen Rechtsprechung sehe. Fünf sogenannte Vorbehalte wurden seinerzeit in dieser Erklärung von Deutschland bei den Vereinten Nationen hinterlegt, die schon ahnen ließen, dass die Konvention auch für eine Land wie Deutschland einige Herausforderungen enthielt. So gab es einen Widerspruch hinsichtlich der von der Konvention geforderten Gleichstellung ehelicher und unehelicher Kinder, die damals in Deutschland noch nicht gesetzlich verankert war.[9] Darüber hinaus erklärte Deutschland, dass man sich vorbehalte, weiterhin Unterschiede zwischen deutschen und ausländischen Kindern zu machen. Diese Erklärung hatte fatale Folgen für Kinder ohne deutschen Pass, die beispielsweise im Asylverfahren bereits ab 16 als verfahrensfähig eingestuft wurden und nicht erst, wie von der Konvention gefordert, mit Vollendung des 18. Lebensjahres.

Deutschland nahm schließlich 2010 alle Vorbehalte zurück und hinterlegte eine entsprechende Erklärung bei den Vereinten Nationen. Spätestens seit 2010 hat also die UN-KRK uneingeschränkte Gültigkeit in Deutschland (Cremer, 2012). Die UN-KRK als völkerrechtlicher Vertrag hat in Deutschland den Rang eines Bundesgesetzes (vgl. Schmahl, 2013). Sie hat also die gleiche bindende Wirkung wie auch das Kinder- und Jugendhilfegesetz, das Strafgesetzbuch oder das Bürgerliche Gesetzbuch. Mit einem großen Unterschied: Die UN-Kinderrechtskonvention ist weniger bekannt – leider auch bei den Rechtsanwender*innen und in der Rechtspraxis.

4. Zivilgesellschaft als „treibender Motor" der Umsetzung

Die Verwirklichung von Menschenrechtsabkommen ist, wie eingangs erläutert, eher als Prozess zu verstehen, der dem Ressourcenvorbehalt unterliegt und von daher keine unbegründeten Rückschritte duldet. Die Geschwindigkeit, mit der die Umsetzung von Rechten vorankommt, hängt daher nicht nur vom politischen Willen einer Regierung ab, sondern auch vom öffentlichen Diskurs. Neben den Vertragsstaaten als Verantwortungsträger*innen mit den oben erläuterten Pflichten kommt den zivilgesellschaftlichen Akteur*innen in einem Vertragsstaat eine nicht minder große Bedeutung zu. Sie sind in ihrer Arbeit im direkten Kontakt mit den Rechteinhaber*innen, also in diesem Falle den Kindern, und können sehen, wo „der Schuh drückt" und welche Rechte für welche Kinder, gegebenenfalls auch Gruppen von Kindern nicht verwirklicht sind.

---

9 Dies erfolgte erst durch das sogenannte Kindschaftsrechtsreformgesetz, das am 1. Juli 1998 in Kraft trat, BGBl. I 1997 Nr. 84 vom 16. Dezember 1997.

In Deutschland gründeten schon bald nach Inkrafttreten der Konvention 40 Verbände und Organisationen, die sich teils schon seit vielen Jahren für Kinderrechte in Deutschland stark machten, ein „Bündnis für Kinderrechte". 1995 wurde so die National Coalition für die Umsetzung der UN-KRK unter dem Dach der Arbeitsgemeinschaft für Kinder- und Jugendhilfe e. V. ins Leben gerufen. Sie setzte sich zum Ziel, „Verantwortungsträger*innen auf Ebene von Bund, Ländern und Gemeinden sowie auf EU-Ebene immer wieder deutlich zu machen, welche Verpflichtungen aus der UN-Kinderrechtskonvention folgen und welche politischen Anstrengungen noch unternommen werden müssen, um die Rechte des Kindes in Deutschland zu verwirklichen" (Arbeitsgemeinschaft für Kinder- und Jugendhilfe e. V., 2005, S. 7). Das Bündnis wuchs schnell an und wurde zu einer starken Stimme für die Kinderrechte auf Bundesebene, die heute nicht mehr wegzudenken ist. Dem heute eigenständigen Verein „Netzwerk Kinderrechte zur Umsetzung der UN-Kinderrechtskonvention – National Coalition Deutschland e. V." gehören über 100 Verbände und Organisationen an.[10] Dem Bündnis kam auch bald eine wichtige Rolle im Rahmen des bereits erwähnten Staatenberichtsverfahrens vor den Vereinten Nationen zu: Die National Coalition war eingeladen, dem UN-Ausschuss für die Rechte des Kindes einen sogenannten Ergänzenden Bericht zum Staatenbericht vorzulegen und den Stand der Umsetzung der Kinderrechte in Deutschland um den Blickwinkel der sogenannten Nichtregierungsorganisationen zu ergänzen. Bereits im zweiten Staatenberichtsverfahren zu Deutschland wurde ein solcher Parallelbericht von der National Coalition eingereicht und auch in Genf präsentiert.

Das Zusammenspiel aus der Selbsteinschätzung der Vertragsstaaten und dem kritischen Blick der Zivilgesellschaft, und bestenfalls dabei auch von Kinder- und Jugendorganisationen (in denen Kinder und Jugendliche selbst sich für ihre Rechte stark machen), soll es dem UN-Ausschuss für die Rechte des Kindes ermöglichen, ein umfassendes Bild vom Stand der Umsetzung der UN-KRK in Deutschland zu bekommen.

Seit 2015 wird dies durch den Blickwinkel einer unabhängigen Monitoring-Stelle UN-Kinderrechtskonvention ergänzt. Diese ist Teil des Deutschen Instituts für Menschenrechte – der nationalen Menschenrechtsinstitution Deutschlands nach Vorgaben der sogenannten Pariser Prinzipien der Vereinten Nationen. Die Rolle der Monitoring-Stelle ist es, sowohl in Richtung Zivilgesellschaft als auch in Richtung politischer Verantwortungsträger*innen die Vorgaben der Konvention zu erläutern und Lösungsvorschläge für eine bessere Umsetzung der Kinderrechte zu entwickeln. Grundlage dafür ist neben der Auswertung der Kommentare und Dokumente der Vereinten Nationen auch der ständige Aus-

---

10 Mehr Informationen findet man auf den Internetseiten des Bündnisses unter www.netzwerk-kinderrechte.de.

tausch mit zivilgesellschaftlichen Akteur*innen und der politischen Verantwortungsträger*innen auf Ebene von Bund und Ländern. Auch gehört es zur Arbeit der Monitoring-Stelle, Informationen und Daten zur Verwirklichung der Kinderrechte zu sammeln und kritisch auszuwerten sowie gegebenenfalls eigene Forschung zu initiieren. Eine internationale Vergleichsstudie, die von UNICEF International 2012 zu unabhängigen Kinderrechtsinstitutionen durchgeführt wurde, hat für deren Rolle ein sehr treffliches Bild gefunden, indem sie diese als „Öl im Getriebe“ zwischen den politischen und zivilgesellschaftlichen Akteur*innen für die Umsetzung der Kinderrechte bezeichnete (Kinderhilfswerk der Vereinten Nationen, 2012, S. 5).

5. Stand der Umsetzung

Die Frage, ob denn die Kinderrechte in Deutschland umgesetzt sind, ist vergleichbar mit der Frage, ob das Glas halb voll oder halb leer ist.

Wie bereits erläutert, wird von den Vertragsstaaten nicht erwartet, dass sie gleich alle Rechte der UN-Kinderrechtskonvention innerstaatlich umsetzen; sie müssen aber einen Prozess beginnen, der grundsätzlich keine Rückschritte erlaubt. Vor diesem Hintergrund lässt sich durchaus sagen, dass es in Deutschland seit Inkrafttreten der Konvention stetig voranging und -geht – zumindest mit Blick auf die strukturelle Seite der Verwirklichung der Kinderrechte. Wenn es jedoch um bestimmte Lebensbereiche oder bestimmte Gruppen von Kindern geht, müssen mehrere Zugänge und Informationen betrachtet werden und die Beantwortung der Frage fällt dementsprechend differenzierter aus.

Im Folgenden werden unterschiedliche Zugänge genauer beleuchtet:

1. der Blick aus der internationalen Perspektive des UN-Ausschusses für die Rechte des Kindes,
2. der Blick aus der Perspektive zivilgesellschaftlicher Organisationen und Verbände sowie
3. der Blick von Kindern und Jugendlichen selbst – zumindest soweit ihn bundesweite Zusammenschlüsse oder entsprechende Befragungen von Kindern und Jugendlichen in Deutschland zum Ausdruck bringen.

5.1 Der internationale Blickwinkel

Eine Einschätzung des Umsetzungsstandes in Deutschland bieten die Abschließenden Bemerkungen (Concluding Observations) des UN-Ausschusses für die Rechte des Kindes am Ende eines jeden Staatenberichtverfahrens. Sie enthalten sozusagen die „Hausaufgaben“, die der UN-Ausschuss Deutschland als Vertragsstaat in Form von Empfehlungen (zuletzt 2014[11]) mit auf den Weg gibt. Im internationalen Vergleich steht Deutschland hier, mit Blick auf die eingangs erwähnte Kindersterblichkeit oder den Zugang zu sauberem Trinkwasser und einer *primary education*, durchaus sehr gut da. Jedoch tauchen bestimmte Themen in den Concluding Observations immer wieder auf – die also weiterhin nicht erledigte „Hausaufgaben" sind (UN, Committee on the Rights of the Child, 2014). Sie geben einen Einblick, wo es für Deutschland noch Herausforderungen hinsichtlich der Umsetzung der Kinderrechte gibt.

So empfiehlt der Ausschuss Deutschland, wiederholt und mit besonderem Nachdruck,

- die Kinderrechte mit Verfassungsrang auszustatten,
- eine*n Kinderbeauftragte*n mit Beschwerdemechanismus für Kinder auf nationaler Ebene zu schaffen,
- ein umfassendes Datensystem zu den Kinderrechten zu entwickeln,
- den Schutz asylsuchender Kinder zu verbessern,
- der Diskriminierung von Kindern aus Einwandererfamilien aktiv entgegenzuwirken,
- den Schutz von Kindern vor allen Formen von Gewalt zu verbessern,
- den Dialog mit Bürger*innen aufzunehmen, um dem Ziel einer inklusiven Bildung näherzukommen,
- die Bemühungen zur Bekämpfung von Kinderarmut zu intensivieren sowie
- die Ursachen für ungleiche Bildungschancen in Deutschland zu identifizieren und zu beheben (Kittel, 2020).

Diese wiederkehrenden Empfehlungen zeigen vor allem an, dass in Deutschland zum einen starke Durchsetzungsinstrumente fehlen, damit bei allen staatlichen Maßnahmen Kinder und deren Rechte nicht unberücksichtigt bleiben, wie wir es 2020 zu Beginn der Corona-Pandemie leider erleben mussten.[12] Und zum anderen macht sich der Eindruck breit, dass es Gruppen von Kindern gibt, denen der Zugang zu ihren Rechten aufgrund ihrer Lebensumstände besonders

---

11 Deutschland hat zuletzt am 5. April 2019 einen zusammengelegten 5. und 6. Staatenbericht eingereicht. Das damit verbundene Staatenberichtverfahren wurde jedoch durch die Corona-Pandemie unterbrochen bzw. verzögert, sodass die Abschließenden Bemerkungen voraussichtlich erst 2022 zu erwarten sind.

12 Mehr Informationen zum Thema „Corona und Kinderrechte" bieten eine Anhörung der Kinderkommission des Deutschen Bundestages, deren Protokoll und Livestream unter www.youtube.com/watch?v=UXsovK5qWEU abgerufen werden kann, sowie der Human-Rights FAU Podcast #6 des Center for Human Rights Erlangen-Nürnberg: www.podbean.com/media/share/pb-uthpp-edcca3?utm_campaign=w_share_ep&utm_medium=dlink&utm_source=w_share.

erschwert ist – sei es, weil sie mit ihren Eltern auf der Flucht sind, weil ihre Eltern sozioökonomisch schlechter aufgestellt sind als andere, weil die Kinder Gewalt erfahren, durch ihre Eltern oder andere Menschen, oder weil sie Menschen mit Behinderungen sind. Es geht um besonders schutzbedürftige Gruppen, denen Deutschland als Vertragsstaat mit gezielten Maßnahmen den Zugang zu ihren Rechten erleichtern müsste oder zumindest klare Strategien dazu vorlegen sollte, wie daran gearbeitet wird.

5.2 Der Blickwinkel zivilgesellschaftlicher Kinderrechtsorganisationen in Deutschland

Einen weiteren Zugang zur Beantwortung der Frage, wie es mit der Umsetzung der Kinderrechte in Deutschland aussieht, erlauben die Berichte und Erhebungen zivilgesellschaftlicher Kinderrechtsorganisationen in Deutschland. So veröffentlicht das deutsche Komitee von UNICEF bereits seit vielen Jahren einen „Report zur Lage der Kinder in Deutschland“[13], das Kinderhilfswerk World Vision die sogenannte „Kinderstudie“[14] und das Deutsche Kinderhilfswerk einen „Kinderreport“.[15] Bemerkenswert bei letzterem ist, dass die sich die Zahl derer, die bei der Frage, wer denn die Kinderrechte in Deutschland tatsächlich kennt (und nicht nur von ihnen gehört hat), schon lange nicht nennenswert weiterentwickeln, sondern sogar von gerade einmal 18 % (2017) auf 16 % (2018) gesunken sind (Deutsches Kinderhilfswerk, 2018). Dabei gehört doch schon dieses Wissen zu den Grundlagen der Verwirklichung der Menschenrechte. Denn nur wer seine Rechte kennt, kann sich auch für sie stark machen. Und bei Kindern kommt noch hinzu, dass sie abhängig sind vom Wissen der erwachsenen Menschen, die mit Kindern und für Kinder arbeiten und sich mit ihnen für ihre Rechte einsetzen könnten. Auch für die Erwachsenen gilt, dass sie erst einmal von ihren und den Rechten der Kinder, mit und für die sie arbeiten, wissen müssten. Die Ergebnisse des schon zitierten „Kinderreports“ des Deutschen Kinderhilfswerkes hinsichtlich der Frage, wer denn die Kinderrechte tatsächlich kennt, fallen bei den befragten Erwachsenen noch geringer aus. Hier antworteten lediglich 12 % der Befragten 2018 positiv und damit ganze 3 % weniger als noch 2017. Machen Sie doch einmal selbst das Gedankenspiel: Kennen Sie die Kinderrechte? Wissen Sie, welche Rechte von Kindern festgeschrie-

13 Die Berichte kann man auf den Internetseiten von UNICEF Deutschland finden: www.unicef.de/kinderbeiuns.

14 Die Berichte kann man auf den Internetseiten von World Vision finden: www.worldvision.de/informieren/institut/vierte-kinderstudie.

15 Die Berichte kann man auf den Internetseiten des Deutschen Kinderhilfswerkes finden: www.dkhw.de/schwerpunkte/kinderrechte/kinderreport-2020-die-bedeutung-des-draussenspielens-fuer-kinder/.

ben sind und wie bindend diese für Ihr Handeln in Ihrem Arbeitsfeld sind? Der vorliegende Herausgeberband wird sicherlich einen wichtigen Beitrag dazu leisten können, eventuell in diesem Bereich vorhandene Lücken mit Blick auf die Profession der Lehrkräfte zu schließen.

Auch der ergänzende Bericht des eingangs schon erwähnten Netzwerks Kinderrechte zur Umsetzung der UN-Kinderrechtskonvention – National Coalition Deutschland e. V. an die Vereinten Nationen komplettiert den Blick auf die Frage nach der Umsetzung der UN-Kinderrechtskonvention. Neben den schon erwähnten strukturellen Bedarfen finden sich hier noch Empfehlungen:

- mit Blick auf die Beteiligung von Kindern im Verwaltungshandeln und gerichtlichen Verfahren,
- zu den Bedarfen hinsichtlich des Schutzes und der Stärkung von Kompetenzen von Kindern im digitalen Raum,
- zum Erhalt von spezifischen Kinderabteilungen und -kliniken in Deutschland,
- im Hinblick auf Zeit und Raum für Ruhe, Freizeit und Spiel im Bildungsbereich innerhalb der stetig wachsenden Angebote der Ganztagsbetreuung und
- zu einer gezielten Veränderung der Leistungsbemessung mit Blick auf Kinderarmut (Netzwerk zur Umsetzung der UN-Kinderrechtskonvention, 2019).

5.3 Der Blickwinkel von Kindern und Jugendlichen aus Deutschland

Und last but not least gehört zu einem Blick auf die Umsetzung der UN-Kinderrechtskonvention in Deutschland natürlich auch der Blick von Kindern und Jugendlichen selbst. Das Netzwerk Kinderrechte zur Umsetzung der UN-Kinderrechtskonvention hat auch im aktuellen Berichtsverfahren einen Kinderrechtereport veröffentlich, an dessen Erarbeitung, unter anderem mittels einer Onlinebefragung 2.725 Kinder zwischen 6 und 17 Jahren beteiligt waren.[16] Zu den Forderungen im Kinderrechtereport gehören unter anderem, dass:

- Kinder und Jugendliche an Entscheidungen, die sie betreffen, verpflichtend beteiligt werden sollen,
- Kinder und Jugendliche wählen dürfen (je regionaler, desto früher),

---

16 Der Kinderrechtereport nutzte darüber hinaus auch die Ergebnisse aus Workshops, beispielsweise mit Kindern in Kindertageseinrichtungen, sowie die Ergebnisse zahlreicher Untersuchungen, Befragungen, unter anderem aus ihren Mitgliedsorganisationen.

- Kinder und Jugendliche besser über das Thema Cybermobbing aufgeklärt werden (und Schulen sich damit auseinandersetzen),
- Schulen sich an Projekten und Programmen gegen Rassismus beteiligen sollen,
- es klare Anlaufstellen und Ansprechpartner*innen für Kinder und Jugendliche geben soll, wenn sie Gewalt erfahren,
- Erwachsene besser für das Thema Privatsphäre von Kindern und Jugendlichen sensibilisiert werden sollen,
- Kinder und Jugendliche, die in Heimen leben, nicht mehr von ihren Geschwistern getrennt werden sollen,
- Kinder und Jugendliche nicht mehr auf der Straße leben sollen,
- es ein Recht auf eine gesunde Umwelt geben soll,
- es genügend günstigen Wohnraum für Familien geben soll und
- Kinder und Jugendliche genug Freizeit und weniger Leistungsdruck haben sollen (Netzwerk zur Umsetzung der UN-Kinderrechtskonvention, 2019).

Diese Forderungen der Kinder und Jugendlichen zusammen mit den Ergebnissen der Umfrage des deutschen Komitees von UNICEF anlässlich des 30-jährigen Bestehens der UN-KRK (UNICEF, 2019) lassen erkennen, dass Kinder in Deutschland mehr Mitbestimmungsrechte wollen – im politischen Raum, aber auch in ihrem direkten Lebensumfeld. Laut der UNICEF-Umfrage wünschten sich die Kinder mit einem deutlichen Votum innerhalb der Schule mehr Mitsprache darüber, welche Regeln in der Klasse gelten sollen und wie die Sitzordnung in der Klasse ist, aber auch darüber, was im Unterricht gelernt werden soll und welches Essen in der Schule angeboten wird.

Kinder fordern von erwachsenen Verantwortungsträger*innen aber auch Schutz ein, insbesondere mit Blick auf die digitale Welt und den Schutz vor Gewalt – nicht nur körperlicher oder sexualisierter Gewalt. Und sie fordern die aktive Förderung insbesondere ihrer Gesundheit mit Blick auf den Erhalt einer intakten Umwelt und der Förderung von Kindern, deren Eltern von Armut betroffen sind. Zu Recht – denn dies alles sind Rechte, die in der UN-KRK von 1989 festgeschrieben sind.

6. Vorläufiges Fazit

Den politischen Verantwortungsträger*innen würde eine systematische Auswertung der vorliegenden Informationen die Möglichkeit eröffnen, mit konkreten und gezielten Maßnahmen zu reagieren, um die Umsetzung der Kinderrechte ein deutliches Stück voranzubringen.

Empfohlen werden von den Vereinten Nationen immer wieder sogenannte Nationale Aktionspläne, mit denen eine Regierung ihren Willen hinsichtlich einer verbesserten Umsetzung der Kinderrechte unterstreichen und konkrete und messbare Maßnahmen auf den Weg bringen könnte.

In Deutschland gab es 2005 einmal einen solchen Prozess, den Nationalen Aktionsplan „für ein kindgerechtes Deutschland 2005–2010" (BMFSFJ, 2006). Leider wurden die darin in einem vorbildlich partizipativen Verfahren von Politik, Zivilgesellschaft und auch Kindern erarbeiteten Empfehlungen nie mittels Zielvereinbarungen nachvollzogen oder nachgeprüft.

Das lag oftmals daran, dass der Nationale Aktionsplan der Bundesregierung immer wieder Themenbereiche behandelte, die in den Zuständigkeitsbereichen der Bundesländer liegen. Ein empfehlenswerter Ansatz wäre es daher, Aktionspläne auf Ebene der Länder zu befördern. Hessen hat mit Einrichtung des Amtes einer*eines Kinderbeauftragten hier einen ersten Schritt gemacht. Die Beauftragte der Landesregierung für Kinderrechte hatte nach ihrer Einführung ins Amt zunächst den Auftrag, einen Bericht als „Ist-Stands-Erhebung" zu erarbeiten, und so entstand 2018 die „Hessische Kinder- und Jugendrechte-Charta". Darin wird als Ziel angeführt, „die Rechte von Kindern und Jugendlichen in Hessen bekannter zu machen und Wege aufzuzeigen, wie sie möglichst weitreichend verwirklicht werden können. Es geht also darum, die Diskrepanzen zwischen formalen Rechten und konkreten Lebenswirklichkeiten abzubauen und im Idealfall zu überwinden" (Hessisches Landesministerium für Soziales und Integration, 2018). Andere Bundesländer könnten diesem Beispiel folgen.

Abschließend bleibt festzuhalten: Bei der Umsetzung der UN-Kinderrechtskonvention ist der Weg gleichzeitig auch das Ziel, denn es geht um den Diskurs und die Auseinandersetzung über die Kinderrechte. Und da ist Deutschland auf einem guten Weg.

Damit die Rechte der Kinder langfristig im Lebensalltag eines jeden Kindes in Deutschland ankommen, bräuchte es jedoch verlässliche Strukturen und starke Durchsetzungsinstrumente, damit auch in Krisenzeiten – oder wenn Verantwortungsträger*innen sich verweigern – die Kinderrechte nicht einfach übergangen werden können. Und hinsichtlich dieser Strukturen ist in unserem halb vollen oder halb leeren Glas eindeutig noch viel „Luft nach oben".

Die Aufnahme der Kinderrechte in das Grundgesetz würde die Zielrichtung – einer verbesserten Wahrnehmung von Kindern als Träger*innen von Grundrechten, denen gegenüber der Staat in der Pflicht steht – noch einmal deutlich unterstreichen. Ein erstmalig durch die Regierung eingebrachter Gesetzentwurf ist im Juni 2021 gescheitert. Man war sich hinsichtlich der Reichweite der Beteiligungsrechte von Kindern innerhalb der Regierungskoalition uneins – und die Vorgaben der UN-Kinderrechtskonvention zur Beteiligung und zum Vorrang des Kindeswohls wurden von Teilen der Regierung als zu weitreichend empfunden. Angesichts der aktuellen Corona-Pandemie ein eher ernüchterndes Fazit. Denn gerade jetzt wäre eine Aufnahme der Kinderrechte in das Grundgesetz als ein klares Bekenntnis für Kinder inklusive der Vorgaben aus

Artikel 3 (Vorrang Kindeswohl/best interests of the child) und Artikel 12 (Gehör und Berücksichtigung der Meinung des Kindes) angebracht gewesen. Denn leider mussten wir zu Beginn der Pandemie beobachten, dass selbst die vorhandenen Strukturen und Verfahren zur Beteiligung von Kindern wie selbstverständlich ausgesetzt wurden und sämtliche Entscheidungen über Maßnahmen, die Kinder sogar ganz unmittelbar betreffen, wie beispielsweise die Ausgestaltung von digitalem Lernen im Lockdown, ausschließlich von erwachsenen Verantwortungsträger*innen im regelrechten Alleingang entschieden wurden. Dabei wäre es genau hier geboten gewesen, den Meinungen und Ansichten von Kindern bei der Abwägung der staatlichen Maßnahmen Gehör zu schenken. Denn genau dazu haben sich die Vertragsstaaten der UN-KRK von 1989 verpflichtet.

Literatur

Arbeitsgemeinschaft für Jugendhilfe e. V. (Hrsg.). (2005). *10 Jahre National Coalition. Dokumentation der Jubiläumsfeier anlässlich des 10-jährigen Bestehens der National Coalition.* Berlin.

Bundesministerium für Familie, Senioren, Frauen und Jugend (BMFSFJ, Hrsg.). (2018). *Übereinkommen über die Rechte des Kindes, VN-Konvention im Wortlaut mit Materialien.* Denkschrift zu dem Übereinkommen, Bundestags Drucksache 12/42 vom 24.01.1991, S. 33. www.bmfsfj.de/bmfsfj/service/publikationen/uebereinkommen-ueber-die-rechte-des-kindes/86530

Bundesministerium für Familie, Senioren, Frauen und Jugend (BMFSFJ, Hrsg.). (2006). *Nationaler Aktionsplan 2005–2010. Für ein kindergerechtes Deutschland.* Berlin. www.bmfsfj.de/bmfsfj/service/publikationen/fuerein-kindergerechtes-deutschland-2005-2010/86990

Cremer, H. (2012). *Die UN-Kinderrechtskonvention. Geltung und Anwendbarkeit in Deutschland nach Rücknahme der Vorbehalte.* Berlin: Deutsches Institut für Menschenrechte.

Deutsches Kinderhilfswerk (Hrsg.). (2018). *Kinder- und Jugendreport. Eine Studie von Kantar Public im Auftrag des Deutschen Kinderhilfswerkes e. V.* Aus den Ergebnissen der repräsentativen Umfrage. www.dkhw.de/schwerpunkte/kinderrechte/kinderreport-2018-kinderarmut-in-deutschland/

Feige, J. & Gerbig, S. (2019). *Das Kindeswohl neu denken! Kinderrechtebasierte Ermittlung und Bestimmung des Kindeswohls.* Berlin: Deutsches Institut für Menschenrechte.

Hessisches Ministerium für Soziales und Integration (Hrsg.). (2018). *Hessische Kinder- und Jugendrecht-Charta.* Wiesbaden. www.soziales.hessen.de/sites/default/files/media/hsm/rz_charta_webfassung_doppelseiten.pdf

Kittel, C. (2013). Die UN-Kinderrechtskonvention und die Nichtregierungsorganisationen. In L. Krappmann, W. Kerber-Ganse, A. Prengel & H. Schmitt (Hrsg.), *Die Sehnsucht nach Anerkennung – Kinderrechte in Geschichte und Gegenwart* (S. 110–119). Rochow-Museum Reckahn.

Kittel, C. (2020). Drei Jahrzehnte UN-Kinderrechtskonvention. *Aus Politik und Zeitgeschichte (APUZ)*, 70(20), 26–32.

Maywald, J. (2019). 30 Jahre UN-Kinderrechtskonvention – kinderrechtliche Impulse für die Zukunft der Kinder- und Jugendhilfe. In *Forum Jugendhilfe*, 03, 44–51.

Netzwerk zur Umsetzung der UN-Kinderrechtskonvention (Hrsg.). (2019). *Die Umsetzung der UN-Kinderrechtskonvention in Deutschland. 5./6. Ergänzender Bericht an die Vereinten Nationen*. Berlin.

Schmahl, S. (2013). *Kinderrechtskonvention mit Zusatzprotokollen. Handkommentar*. Baden-Baden: Nomos.

UN, Committee on the Rights of the Child (2014). *Concluding observations on the combined third and fourth periodic reports of Germany*. UN-Doc. CRC/C/DEU/CO/3-4.

UN, Committee on the Rights of the Child (2019). *General Comment No. 14 on the right of the child to have his or her best interests taken as a primary consideration*. UN Doc. CRC/C/GC/14. www.docstore.ohchr.org/SelfServices/FilesHandler.ashx?enc=6QkG1d%2fPPRiCAqhKb7yhsqIkirKQZLK2M58RF%2f5F0vEAXPu5AtSWvliDPBvwUDNUfn%2fyTqF7YxZy%2bkauw11KClJiE%2buI1sW0TSbyFK1MxqSP2oMlMyVrOBPKcB3Yl%2fMB

UNICEF Deutschland (Hrsg.). (2019). *Deutschlandweite Umfrage: My Place, My Rights. Jetzt rede ich! Gesamtbericht zu den Umfrageergebnissen*. Köln. www.unicef.de/blob/203480/978a77a60948bedc3dc07e6388021029/zusammenfassung-umfrage-data.pdf

UNICEF, Kinderhilfswerk der Vereinten Nationen (2012). *Einsatz für Kinderrechte. Eine globale Studie unabhängiger Menschenrechtsinstitutionen für Kinder – Zusammenfassender Bericht*. www.unicef.de/informieren/materialien/einsatz-fuer-kinderrechte/47776

Würth, A. & Simon, U. (2012). Die UN-Kinderrechtskonvention. Der normative Rahmen. *Aus Politik und Zeitgeschichte (APUZ)*, 43. www.bpb.de/apuz/146103/die-un-kinderrechtskonvention-der-normative-rahmen?p=all

Das Recht auf Partizipation in der Bildung – eine kinderrechtliche Perspektive

Judith Feige

Das Recht auf Gehör und Berücksichtigung der Meinung des Kindes (Partizipation/Art. 12 UN-Kinderrechtskonvention) ist ein Grundprinzip der UN-Kinderrechtskonvention und damit Querschnittsanliegen – bei der Auslegung aller weiteren Rechte der Konvention. Partizipation bedeutet in diesem Verständnis nicht nur Teilhabe, sondern auch Mitbestimmung. Der vorliegende Beitrag beleuchtet das Recht auf Bildung in der UN-Kinderrechtskonvention und verknüpft es mit dem Recht auf Partizipation (mit dem Fokus auf Bildungskontexte). Das menschenrechtliche Diskriminierungsverbot wird dabei ebenfalls in den Fokus gerückt und es ist genau zu beobachten, welche Kinder und Jugendliche von Diskriminierung betroffen sind, benachteiligt oder sogar gänzlich von Bildung ausgeschlossen werden. Menschenrechtsbildung ist ein ebenso wichtiger Bestandteil des Rechts auf Bildung wie das Recht auf Beschwerde, wenn das Recht auf Gehör und Berücksichtigung der Meinung des Kindes nicht umgesetzt ist.

Schlüsselwörter: UN-Kinderrechtskonvention, Recht auf Partizipation, Recht auf Bildung, Menschenrechtsbildung, Beschwerdeverfahren

1. Einführung UN-Kinderrechtskonvention

Die UN-Kinderrechtskonvention (UN-KRK) ist der aktuell meistgezeichnete völkerrechtliche Vertrag der Vereinten Nationen. Nach Zustimmung von Bundestag und Bundesrat ist die Konvention am 5. April 1992 für die Bundesrepublik Deutschland völkerrechtlich in Kraft getreten[1] und gilt gemäß Artikel 59 Absatz 2 Satz 1 Grundgesetz (GG) im Rang eines einfachen Bundesgesetzes.[2] Die UN-KRK formuliert die Rechte aller Menschen, die „das achtzehnte Lebensjahr noch nicht vollendet“ haben (Art. 1 UN-KRK).[3] Die Bundesrepublik

1 Zunächst mit Vorbehalten. 2010 hat die Bundesregierung, die bei der Unterzeichnung erklärten Vorbehalte zurückgenommen und das Übereinkommen ist seitdem uneingeschränkt verbindlich geltendes Recht in Deutschland.

2 Laut Artikel 20 Absatz 3 GG sind sie von allen staatlichen Organen wie auch von der vollziehenden Gewalt als anwendbares Gesetz des Bundes umzusetzen und einzuhalten.

3 Vgl. Zustimmungsgesetz: BGBl. II 1992, S. 121.2; Bundesverfassungsgericht (2006): Beschluss vom 19.09.2006, Aktenzeichen 2 BvR 2115/01, Ziff. 52; Cremer, 2012, S. 16.

Deutschland ist verpflichtet, die in der UN-Konvention und ihren derzeit drei Zusatzprotokollen verbrieften Rechte von Kindern zu achten, zu schützen und zu gewährleisten.[4] Die sogenannten drei P (protection, provision and participation) der Konvention bündeln die besonderen Schutz-, Fürsorge- und Beteiligungsrechte von Kindern als eigenständigen Träger*innen von Menschenrechten.

Dabei umfassen die Schutzrechte unter anderem das Recht auf Schutz der Identität, Schutz der Privatsphäre und das Recht auf Schutz vor jeder Form körperlicher Gewalt. Diese sind eng verbunden mit den Förderrechten der Konvention. Zu diesen zählen das Recht auf Gedanken-, Gewissens und Religionsfreiheit, das Recht auf einen angemessenen Lebensstandard sowie das Recht auf Bildung und das Recht auf Ruhe, Freizeit, Spiel und Erholung. Zu den Beteiligungsrechten der Konvention gehören insbesondere das Recht auf freie Meinungsäußerung, das Recht auf Information sowie das Recht auf Gehör und Berücksichtigung der Meinung des Kindes (Maywald, 2020, o. S.).

Die grundlegenden Rechte der UN-KRK werden vom UN-Ausschuss für die Rechte des Kindes (KRK-Ausschuss) interpretiert und in seinen Allgemeinen Bemerkungen (General Comments) erläutert.

Die UN-KRK verdeutlicht die Rechtsstellung und die Menschenwürde von Kindern, indem sie unter anderem festhält, dass jedes Kind spezielle Fähigkeiten, Begabungen, Interessen, Eigenschaften und Lernbedürfnisse hat, die es bei der Verwirklichung des Rechtes auf Bildung zu berücksichtigen gilt. Jedes Kind soll sein Recht auf Bildung diskriminierungsfrei und vollumfänglich wahrnehmen können. Hierzu gehört auch, dass sein Recht auf Teilhabe (Inklusion) und Mitbestimmung (Partizipation) in Bildungskontexten berücksichtigt wird (vgl. CRC/GC/2001/1, Ziffer 8). Daneben sollen Lernangebote so umgesetzt und gestaltet werden, dass zu jeder Zeit das Kindeswohl[5] sowie die Entwicklung des Kindes berücksichtigt und gefördert werden (vgl. Feige/Gerbig, 2019, S. 4). Eng verbunden ist das Recht auf Bildung sowie das Recht auf Partizipation mit dem Strukturprinzip der Nicht-Diskriminierung. Dies umfasst auch solche Diskriminierungsformen, die sich nicht direkt, sondern indirekt ergeben, beispiels-

---

4 Das erste Zusatzprotokoll (2000) über die Beteiligung von Kindern an bewaffneten Konflikten ist in Deutschland seit Januar 2005 in Kraft. Das zweite Zusatzprotokoll (2000) über den Verkauf von Kindern, die Kinderprostitution und Kinderpornografie ist in Deutschland seit August 2009 in Kraft. Das dritte Zusatzprotokoll (2011) über ein Individualbeschwerdeverfahren für Kinder hat die UN-Generalversammlung im November 2011 verabschiedet. Es gilt seit November 2012 in Deutschland.

5 Die offizielle deutsche Übersetzung der UN-KRK hat sich für den Begriff „Kindeswohl“ entschieden, in der englischen Originalfassung der Konvention wird von „best interests of the child“ gesprochen. UN-CRC: Allgemeine Bemerkung Nr. 14 (2013) zum Recht des Kindes auf Berücksichtigung seines Wohls als ein vorrangiger Gesichtspunkt (Art. 3 Abs. 1), Ziffer 43.

weise wenn Menschen aufgrund ihrer Religion, ihrer sozialen oder ethnischen Herkunft, ihres Geschlechts, ihrer Behinderungen oder wegen eines anderen „sonstigen Status“ benachteiligt werden.

In einer Umfrage des Deutschen Instituts für Menschenrechte bei den Bildungs- und Sozialministerien der Länder wurde deutlich, dass in Bildungsbereichen unterschiedliche Auslegungen des Konzepts Partizipation von Kindern und Jugendlichen bestehen (vgl. Reitz & Rudolf, 2014, S. 25). Als Beispiele für Möglichkeiten der Partizipation von Kindern und Jugendlichen wurden Streitschlichtung, Lernhilfe, Schüler*innenzeitung genannt. Das Partizipationsverständnis in den Menschenrechtsverträgen reicht jedoch weiter: Die UN-KRK versteht unter Partizipationsprozessen, Kinder und Jugendliche in allen sie betreffenden Bereichen zu beteiligen, damit sie aktiv teilhaben, mitgestalten und mitbestimmen können. Der vorliegende Text möchte im Rahmen des Buches „Mitbestimmung von Kindern – Grundlagen für Unterricht, Schule und Hochschule“ einen Beitrag aus der Perspektive der UN-KRK mit dem Schwerpunkt auf das Recht auf Bildung in Verbindung mit dem Recht auf Gehör und Berücksichtigung der Meinung des Kindes legen. Unterstützt wird dies durch die Allgemeinen Bemerkungen des UN-Ausschusses für die Rechte des Kindes (General Comments) sowie die Ausführungen zum Recht auf Menschenrechtsbildung sowie des Rechts auf Beschwerde. Umrandet wird der Beitrag mit dem menschenrechtlichen Strukturprinzip des Diskriminierungsschutzes.

2. Das Recht auf Bildung im Verständnis der Vereinten Nationen

Das Recht auf Bildung spielt eine entscheidende Rolle, wenn es um die wirtschaftliche, soziale, kulturelle und auch politische Teilhabe in unserer Gesellschaft geht, und ist damit wesentlicher Bestandteil der internationalen Menschenrechtskonventionen. Es wird als ‚empowerment right‘ (Befähigungsrecht) verstanden und kann ein Schlüssel zur möglichen späteren, beispielsweise politischen Teilhabe sein. Staatliche Pflicht ist es, ein Bildungssystem vorzuhalten, das auf der Grundlage der Chancengleichheit jedem Menschen ein höchstmögliches Maß an Bildung zuteilwerden lässt (vgl. Allmendinger & Wrase, 2020, o. S.). Das Recht auf Bildung ist mit der staatlichen Pflichtentrias Achtung, Schutz und Gewährleistung eng verbunden: Bildung soll frei verfügbar, diskriminierungsfrei und für alle zugänglich bereitgestellt werden. Dies ergibt sich aus den universellen Menschenrechten, sie gelten überall, sie sind unteilbar und miteinander verbunden. Darüber hinaus bedingen sie sich gegenseitig und beziehen sich aufeinander (interdependent). Jedes einzelne Menschenrecht ist gleich viel wert. Die Anwendung und Auslegung der Menschenrechte wird von wichtigen Prinzipien begleitet. Zu diesen sogenannten menschenrechtlichen Strukturprinzipien zählen das Verbot von Diskriminierung sowie das Recht auf Teilhabe (Inklusion) und das Recht auf Mitgestaltung (Partizipation), beispielsweise in der Lehrplanentwicklung oder Ausgestaltung von Freizeitangeboten (vgl. Feige & Günnewig, 2018, S. 5).

Je nach Menschenrechtsvertrag werden die Ziele und Vorgaben des Rechts auf Bildung spezifiziert. Gemäß dem Internationalen Pakt über wirtschaftliche, soziale und kulturelle Rechte (UN-Sozialpakt) soll „Bildung auf die volle Entfaltung der menschlichen Persönlichkeit und des Bewusstseins ihrer Würde gerichtet sein und die Achtung vor den Menschenrechten und Grundfreiheiten stärken" (Art. 13 UN-Sozialpakt). Der UN-Ausschuss für wirtschaftliche, soziale und kulturelle Rechte (UN-Sozialpaktausschuss) hat zudem Kriterien erstellt, die für die Umsetzung des Rechts auf Bildung maßgeblich sind. Sie sind als 4-A-Schema bekannt und halten fest, dass Bildung für alle Menschen verfügbar (availability), zugänglich (accessibility), akzeptabel (acceptability) und angemessen (adaptability) sein muss.[6]

Was unter den Begriffen grundsätzlich zu verstehen ist, wird in der Allgemeinen Bemerkung Nr. 13 des UN-Sozialpakts ausgeführt und in der folgenden Tabelle zusammengefasst dargestellt (vgl. E/C.12/1999/10, Ziffer 6).

Tabelle 1: 4-A-Schema

Zugänglichkeit (accessibility)	Menschen in vulnerablen Lebenssituationen sollen besonders freien Zugang zu Bildung haben. Dies umfasst die wirtschaftliche als auch die physische Zugänglichkeit. Bildung soll frei von formaler und faktischer Diskriminierung sein, physische Zugänglichkeit sowie wirtschaftliche Zugänglichkeit ist zu gewährleisten.
Verfügbarkeit (availability)	Bildungseinrichtungen und benötigte Ressourcen sollen in ausreichendem Maße zur Verfügung stehen und funktionsfähig sein (je nach Kontext).
Annehmbarkeit (acceptability)	Die Bildungsziele, die in der UN-Konventionen festgelegt sind, sind zu beachten. Form und Inhalt von Bildung sollen auf die Bedürfnisse und Lebenslagen der Kinder abgestimmt sein (d. h. relevant, kulturell angemessen, hochwertig und sich auf die Lebenslage beziehen).
Adaptierbarkeit (adaptability)	Bildung soll flexibel sein: Sie soll sich an gesellschaftliche Veränderungen und verändernde Lebenslagen anpassen sowie die Bedürfnisse der Lernenden berücksichtigen.

Die UN-Behindertenrechtskonvention (UN-BRK) konkretisiert in Artikel 24 unter anderem, dass Kinder mit Behinderungen durch Bildung zu einer wirkli-

6 Allgemeine Bemerkung Nr. 13 des UN-Ausschusses für wirtschaftliche, soziale und kulturelle Rechte E/C.12/1999/10, Ziffer 6, vgl. auch Lohrenscheit (2020), Reitz & Niendorf (2016). Für die Überprüfung der Umsetzung des Menschenrechts auf Bildung haben sich auf UN-Ebene die vier Begriffe Verfügbarkeit, Zugänglichkeit, Annehmbarkeit und Adaptierbarkeit durchgesetzt. Insbesondere die Sonderberichterstattung zum Recht auf Bildung und der Ausschuss für wirtschaftliche, soziale und kulturelle Rechte nutzen diese Einteilung.

chen Teilhabe an einer freien Gesellschaft befähigt werden sollen. Um dies umsetzen zu können, sollen angemessene Vorkehrungen für die Bedürfnisse jedes einzelnen Kindes innerhalb des allgemeinen Bildungssystems getroffen werden (vgl. Art. 24 UN-BRK). Die UN-BRK verpflichtet dazu, ein inklusives Bildungssystem „auf allen Ebenen" zu gewährleisten.[7] In einigen Bundesländern gibt es diesbezüglich bereits Novellierungen der Schulgesetze; Kinder mit Behinderungen haben dort einen expliziten Anspruch auf den Zugang zu einer allgemeinen Schule, dies gilt es in Deutschland flächendeckend zu gewährleisten (vgl. Aichele & Kroworsch, 2017, S. 1). Der Begriff Inklusion ist stark von der UN-BRK geprägt. Die menschenrechtliche Perspektive auf Inklusion geht jedoch weiter und wird umfassender verstanden (vgl. Niendorf & Reitz, 2016, S. 12 f.). Die Salamanca-Erklärung der UNESCO 1994 zeigt ein sehr weites Verständnis von Inklusion in der Bildung: „Das Leitprinzip, das diesem Rahmen zugrunde liegt, besagt, dass Schulen alle Kinder, unabhängig von ihren physischen, intellektuellen, sozialen, emotionalen, sprachlichen oder anderen Fähigkeiten, aufnehmen sollen [...]" (UNESCO Weltkonferenz, 1994, Ziffer 3).

Wird Inklusion also weiter verstanden und als menschenrechtliches Prinzip, ist es erforderlich, eine starke Verknüpfung mit dem Gebot der Nicht-Diskriminierung herzustellen und auf Teilhabebarrieren sowie Exklusionsmechanismen in Bildungseinrichtungen zu achten, die beispielsweise Kinder mit Migrationsgeschichte ausschließen können.

3. Das Recht auf Bildung in der UN-Kinderrechtskonvention

Im Kern der UN-KRK stehen neben den Schutz-, Förder- und Beteiligungsrechten die vier Grundprinzipien, die wegweisend für die Umsetzung aller Rechte der Konvention sind: das Recht auf Nicht-Diskriminierung (Art. 2 UN-KRK), das Recht auf Leben und Entwicklung des Kindes (Art. 6 UN-KRK), das Recht auf vorrangige Berücksichtigung des Kindeswohls (Art. 3 Abs. 1 UN-KRK) und das Recht auf Gehör und Berücksichtigung der Meinung des Kindes (Partizipation/Beteiligung) (Art. 12 UN-KRK).

Diese vier Prinzipien sind eine wichtige Basis und grundlegend für die umfassende Umsetzung aller substanziellen Rechte der UN-KRK. Sie kennzeichnen die Stellung von Kindern und Jugendlichen als Rechtssubjekte und machen unter anderem deutlich, dass die sich entwickelnden Fähigkeiten von Kindern zu berücksichtigen sind. Laut Artikel 3 Absatz 1 UN-KRK ist „bei allen Maßnahmen, die Kinder betreffen, gleichviel ob sie von öffentlichen oder privaten

7 Das Übereinkommen über die Rechte von Menschen mit Behinderungen vom 13. Dezember 2006 ist in Deutschland seit 2009 gültig, BGBl. II, 2008, S. 1419.

Einrichtungen der sozialen Fürsorge, Gerichten, Verwaltungsbehörden oder Gesetzgebungsorganen getroffen werden, [...] das Wohl des Kindes ein Gesichtspunkt, der vorrangig zu berücksichtigen ist" (CRC/C/GC/14, Ziffer 43). Seit Verabschiedung der Konvention hat sich eine Praxis verbreitet, die vom Begriff „Partizipation" geprägt ist und die Beteiligungsrechte, darunter auch die Vorgaben aus Artikel 12 „Recht auf Gehör und Berücksichtigung der Meinung des Kindes" bündelt, obwohl dieser Begriff im Wortlaut von Artikel 12 so nicht vorkommt. Für diese unterschiedlichen Formen der Einbindung wird universell der Begriff Partizipation verwandt (vgl. CRC/GC/2001/1, Ziffer 3, 86).

Die vier Grundprinzipien sind grundlegend für die umfassende Umsetzung aller weiteren Rechte der UN-KRK, somit auch, wenn es um die Umsetzung des Rechts auf Bildung geht. Das Recht auf Bildung ist in Artikel 28 und Artikel 29 der UN-Kinderrechtskonvention verankert. Artikel 28 UN-KRK fokussiert inhaltlich auf den Zugang zum Recht auf Bildung, während Artikel 29 (1) UN-KRK die Bildungsziele bzw. die Qualität in der Bildung umfasst. Das Wohl von Kindern und Jugendlichen soll demnach bei der Umsetzung des Rechts auf Bildung ein Hauptkriterium sein (vgl. E/C.12/1999/10, Ziffern 6–7).

Die UN-KRK konkretisiert das Recht auf Bildung und legt fest, dass Kinder und Jugendliche durch Bildung auf ein verantwortungsbewusstes Leben in einer freien Gesellschaft vorbereitet werden sollen und ihnen die Achtung vor den Menschenrechten vermittelt wird (vgl. Art. 29 Abs. 1 b) und d) UN-KRK). Unerlässlich dafür ist der Einsatz von partizipativen und inklusiven Lehrmethoden und -materialien, die sich an menschenrechtlichen Werten und Normen orientieren sowie an die Bedürfnisse der Lernenden angepasst sind (vgl. Lohrenscheit, 2020, S. 2). Die Qualität in der Bildung sowie der diskriminierungsfreie Zugang zu Bildung für alle sind in der UN-KRK festgeschrieben und werden durch die Allgemeine Bemerkung Nr. 1 des KRK-Ausschusses von 2001 mit dem Fokus auf Bildungsziele erläutert (vgl. CRC/GC/2001/1). Die Weiterentwicklung hin zu einem inklusiven Bildungssystem und die Umsetzung inklusiver Bildungsangebote trägt dazu bei, das Recht auf Bildung für Kinder und Erwachsene erfahrbar zu machen. Aus diesem Grund stärkt Artikel 29 (1) UN-KRK die Rechte aller Kinder und Jugendlichen und unterstützt den Abbau von Vorurteilen, beispielsweise gegenüber Kindern mit Behinderungen oder geflüchteten Kindern (vgl. Diskriminierungsverbot in Artikel 2 UN-KRK). Der KRK-Ausschuss macht in seinen Ausführungen deutlich, dass das Recht auf Bildung auf die ganzheitliche Entfaltung der vollen Potenziale von Kindern gerichtet ist, außerdem auf die Vermittlung und Achtung von Menschenrechten, ein gestärktes Identitäts- und Zugehörigkeitsgefühl sowie auf die Sozialisierung des Kindes in seiner Umwelt. Artikel 29 UN-KRK unterstreicht das Recht auf eine qualitativ hochwertige Bildung. Hier wird bereits die Reichweite der UN-Konvention deutlich, sie bezieht sich auf das Verhältnis zwischen Menschen und Staat; damit sind auch Organisationen, Vereine und Fachkräfte, die im staatlichen Auftrag handeln, wie beispielsweise Erzieher*innen und Lehrkräfte, aufgerufen, Menschenrechte einzuhalten und umzusetzen (vgl. Fremuth, 2015; Günnewig & Reitz, 2016; Feige & Günnewig, 2019; Kittel, 2020).

3.1 Das Recht auf Partizipation in der UN-KRK

Wie steht es um die Umsetzung der Partizipation im Bildungskontext? Sicher ist, dass Partizipation von Kindern in verschiedenen Formen in Bildungskontexten angekommen ist, auch wenn sie unterschiedlich interpretiert und umgesetzt wird. In einigen Programmen und Dokumenten, beispielsweise im Rahmen der Demokratie-Pädagogik sowie in Bildungsplänen, Kindergartengesetzen und Schulgesetzen ist Partizipation bereits teilweise verankert (vgl. Reitz, 2020, S. 34). Die Jugendminister- und Kultusministerkonferenz 2004 hat sich darüber hinaus für einen „gemeinsamen Rahmen für frühe Bildung in Kindertageseinrichtungen" ausgesprochen, der eine „entwicklungsgemäße Beteiligung der Kinder an den ihr Leben in der Einrichtung betreffenden Entscheidungen" anstrebt (vgl. Jugendministerkonferenz & Kultusministerkonferenz, 2004, S. 4). Das deutsche Kinder- und Jugendhilferecht sieht außerdem vor, dass in Kindertageseinrichtungen die „Entwicklung des Kindes zu einer eigenverantwortlichen und gemeinschaftsfähigen Persönlichkeit gefördert werden" soll (vgl. § 22 SGB VIII). Positiv ist auch einzustufen, dass § 45 SGB VIII vorsieht, dass Einrichtungen zur konzeptionellen Festschreibung von Verfahren der Beteiligung und Beschwerde verpflichtet sind.

Das Recht auf Partizipation ist eng mit den menschenrechtlichen Verpflichtungen der Inklusion verbunden. Alle Kinder gehören von Anfang an dazu, jede*r soll eingebunden sein, mitgestalten und mitbestimmen können, in ausnahmslos allen Lebensbereichen (vgl. Gummich, 2014, o. S.).

Partizipation, also das Recht aller Kinder, gehört und ernst genommen zu werden, ist in der UN-KRK sehr weit zu verstehen und mit einer Reihe anderer Rechte der UN-Konvention eng verbunden (z. B. Art. 13 (Meinungs- und Informationsfreiheit) und Art. 17 (Zugang zu Medien)).

Der Wortlaut des Artikel 12 UN-KRK zum Recht auf Gehör und Berücksichtigung der Meinung von Kindern lautet wie folgt:

Artikel 12 des Übereinkommens über die Rechte des Kindes

(1) Die Vertragsstaaten sichern dem Kind, das fähig ist, sich eine eigene Meinung zu bilden, das Recht zu, diese Meinung in allen das Kind berührenden Angelegenheiten frei zu äußern, und berücksichtigen die Meinung des Kindes angemessen und entsprechend seinem Alter und seiner Reife.

(2) Zu diesem Zweck wird dem Kind insbesondere Gelegenheit gegeben, in allen das Kind berührenden Gerichts- oder Verwaltungsverfahren entweder unmittelbar

oder durch einen Vertreter oder eine geeignete Stelle im Einklang mit den innerstaatlichen Verfahrensvorschriften gehört zu werden (BMFSFJ 2018).

Artikel 12 Absatz 1 sichert jedem Kind, das fähig ist, sich eine eigene Meinung zu bilden, das Recht zu, diese in allen Angelegenheiten zu äußern (vgl. CRC/C/GC/12, Ziffer 1). Nach Auffassung des KRK-Ausschusses sind die Vertragsstaaten und damit staatliche Akteur*innen verpflichtet, dem Kind zu ermöglichen und es zu ermutigen, seine Perspektive mitzuteilen, eine eigene Meinung zu entwickeln, auszudrücken und diese dann auch anzuerkennen. Ein Kind muss eben nicht nachweisen, dass es zur Meinungsbildung fähig ist, damit es sein Recht auf Gehör ausüben kann, jedes Kind hat ausdrücklich das Recht, seine Meinung zu äußern (vgl. CRC/C/GC/12, Ziffer 21). Die volle Umsetzung von Artikel 12 UN-KRK verlangt die Anerkennung und Achtung sowohl verbaler als auch nonverbaler Kommunikationsformen, wie sie beispielsweise im Spiel, in der Körpersprache, im Gesichtsausdruck oder beim Malen verwendet werden, mit denen sich unter anderem junge Kinder ausdrücken (vgl. CRC/C/GC/12, Ziffer 21 (1)). Boban und Hinz (2020) haben in einem ihrer Beiträge zu Recht auf eine vermeintlich missverständliche Formulierung in Artikel 12 Absatz 1 UN-KRK hingewiesen und machen in ihrem Beitrag dahingehend die Verbindung von Inklusion und Partizipation deutlich. Sowohl Partizipation als auch Inklusion gilt es ohne Einschränkungen umzusetzen (vgl. Boban & Hinz, 2020, S. 107).

Ergänzend verdeutlicht die UN-KRK, dass die aktive und informierte Partizipation von Kindern mit Behinderungen in allen sie betreffenden Entscheidungen eine grundsätzliche Voraussetzung für eine gleichberechtigte Teilhabe ist. So sollen Kinder, Jugendliche und Erwachsene mit Behinderungen, ungeachtet ihrer Beeinträchtigungen, an allen sie betreffenden Entscheidungsprozessen beteiligt sein. Dabei sollte es sich nicht um eine punktuelle Einbeziehung handeln, sondern um geregelte Prozesse in Strategien, Programmen und Maßnahmen, die alle wichtigen Lebensbereiche von Kindern umfassen (vgl. CRC/C/GC/12, Ziffer 13).

Staaten, die die UN-KRK unterzeichnet haben, sollen die Meinung des Kindes in Übereinstimmung mit seinem Alter und Entwicklungsstand bei allen das Kind betreffenden Angelegenheiten angemessen berücksichtigen (vgl. CRC/C/GC/12, Ziffer 2). Das Recht des Kindes, gehört zu werden, verdeutlicht, dass Kinder nicht Gegenstand von Entscheidungen sind, sondern immer reifer werdende Personen mit eigenen Ansichten und Interessen. An Entscheidungsprozessen beteiligt zu werden, wenn sie hiervon betroffen sind, ist ein Recht von Kindern. Der UN-Ausschuss für die Rechte des Kindes betont, dass die Ermittlung des Kindeswohls (Art. 3 Abs. 1 UN-KRK) nur dann sachgerecht erfolgt, wenn die Vorgaben aus Artikel 12 UN-KRK – Recht auf Gehör und Berücksichtigung der Meinung des Kindes – eingehalten werden (vgl. CRC/C/

GC/14, Ziffer 43). Das Recht, „in allen das Kind berührenden Gerichts- und Verwaltungsverfahren gehört zu werden" („in any judicial and administrative proceedings affecting the child") betrifft auch Verwaltungsverfahren, wie beispielsweise Disziplinarmaßnahmen, die die Bildung von Kindern betreffen (vgl. CRC/C/GC/12, Ziffer 32).

Die Kriterien für die Beteiligung von Kindern, die der UN-Ausschuss wie eine Checkliste erstellt hat, lassen sich wie folgt zusammenfassen (vgl. CRC/C/GC/12, Ziffer 134).

Beteiligungsverfahren sollen demnach:

- transparent und informativ sein, damit Kinder verstehen und nachvollziehen können;
- freiwillig sein – denn Kinder sind nicht verpflichtet, ihre Meinung zu äußern;
- respektvoll sein – denn die Meinungen von Kindern müssen geachtet werden;
- bedeutsam sein für die Bedürfnisse und den Erfahrungsschatz von Kindern;
- kinderfreundlich sein, d. h., so gestaltet sein, dass sie für alle Kinder zugänglich sind und alle Kinder ermutigen;
- inklusiv sein, damit alle Kinder ihr Recht auf Partizipation ohne Diskriminierung ausüben können;
- unterstützt durch Bildungsmaßnahmen für beteiligte Erwachsene und Angehörige sein, um die Rechte des Kindes zu schützen;
- schützend und feinfühlig sein in Bezug auf das Risiko, das mit Meinungsäußerungen einhergehen kann;
- rechenschaftspflichtig sein mittels Rückmeldung, Monitoring und Evaluation.

Partizipation kann einen Beitrag dazu leisten, die Qualität von Maßnahmen zu verbessern und die Akzeptanz von Entscheidungen zu erhöhen. Partizipation dient der Anerkennung von Kindern als Rechtssubjekten und Träger*innen eigener menschlicher Würde.

3.2 Das Recht auf Partizipation in der Bildung

Vieles aus dem Bereich der Schutz-, Förder- und Beteiligungsrechte von Kindern und Jugendlichen wird bereits in kinderfreundlichen Einrichtungen, Programmen und Lehrplänen umgesetzt und weiterentwickelt. Kinder werden so auf ein Miteinander in der jeweiligen Bildungseinrichtung, aber auch in der Gesellschaft vorbereitet und gestärkt.

Der KRK-Ausschuss hat dennoch Besorgnis darüber zum Ausdruck gebracht, dass bei bestehenden Missständen bezüglich der Umsetzung des Rechts auf Bildung und des Rechts auf Partizipation nach wie vor Strukturen und Systeme fehlen, die die Rechte von Kindern und Jugendlichen ausreichend würdigen. Zu den Missständen gehören unter anderem Machtstrukturen oder -hierarchien, direkte und indirekte Diskriminierungen, Missachtung der Bedürfnisse und Individualität von Kindern sowie verschiedene Formen der Gewalt, die nach Feststellung des KRK-Ausschusses weltweit den Alltag in vielen Schulen und Bildungseinrichtungen prägen. Der KRK-Ausschuss empfiehlt, dass in allen Bildungseinrichtungen, „einschließlich solcher für Kinder in den frühen Lebensjahren, [...] die aktive Rolle der Kinder in einem partizipativen Lernumfeld gefördert werden [sollte]. Lehren und Lernen müssen die Lebensbedingungen und Perspektiven der Kinder berücksichtigen. Aus diesem Grund müssen die Verantwortlichen des Bildungswesens die Meinung der Kinder und ihrer Eltern in die Ausarbeitung von Lehrplänen und Schulprogrammen einbeziehen“ (CRC/C/GC/12, Ziffer 105).[8]

Es ist nach Auffassung des KRK-Ausschusses unabdingbar, die Beteiligung von Kindern durch entsprechende Rahmenbedingungen zu fördern, um der Meinung von Kindern angemessenes Gewicht zu geben, und so den Alltag in der Bildungseinrichtung positiv zu fördern – dies zielt beispielsweise auf die Prävention von Diskriminierungen, Mobbing unter Kindern und auf disziplinarische Maßnahmen von Erwachsenen ab. Peer Education und Peer Counseling gilt es ebenso zu fördern wie die dauerhafte Beteiligung in beispielsweise Klassenräten, Schüler*innenräten sowie -vertretungen und sonstigen Schulgremien. Die Umsetzung darf nicht nur auf gutem Willen beruhen oder punktuell geschehen, sie ist in entsprechenden Kita- und Schulgesetzen sowie sonstigen Richtlinien zu verankern.[9] Umfasst sind formelle wie auch informelle Angebote wie Schulpläne, Lehrmethoden, Strukturfragen, Haushaltsfragen und Schutzkonzepte für Kinder und Jugendliche.

Der KRK-Ausschuss regt an, unabhängige Schüler*innenorganisationen zu fördern. Sie sollen Kinder und Jugendliche darin unterstützen, ihre Beteiligung im Bildungssystem sicherzustellen. Auch in Bezug auf mögliche Disziplinarmaßnahmen ist das Recht auf Gehör sowie das Kindeswohl zu gewährleisten und voll zu respektieren[10] (vgl. CRC/C/GC/12, Ziffer 108).

---

8 Vgl. auch UNICEF/UNESCO 2007.

9 Das gleiche gilt auf der lokalen und nationalen Ebene.

10 Die Vertragsstaaten sollten die Allgemeine Bemerkung Nr. 8 des Ausschusses (2006) über „Das Recht des Kindes auf Schutz vor Körperstrafe und anderen grausamen und erniedrigenden Formen der Bestrafung“ heranziehen, die partizipatorischen Vorgehensweisen zur Beendigung der Körperstrafe erläutert (CRC/C/GC/8).

3.3 Partizipation versus Beschwerderechte

Artikel 12 UN-KRK macht die staatliche Verpflichtung deutlich, die Meinung von Kindern in allen sie betreffenden Angelegenheiten zu berücksichtigen. Daraus ergibt sich, dass alle Kinder die Gelegenheit haben müssen, ihre Meinung zu äußern und damit gehört zu werden. Was aber, wenn Kinder in der Kita oder Schule nicht gehört werden?

Das Recht auf Gehör gilt auch für Verfahren, die vom Kind in Gang gesetzt wurden, z. B. bei Beschwerden über benachteiligende Behandlung in der Kita oder Einspruch gegen den Ausschluss von der Schule (vgl. CRC/C/GC/12, Ziffer 33). In Zusammenspiel mit dem Recht auf Gehör des Kindes (Partizipation) sind bestehende Disziplinarmaßnahmen im Bildungsbereich zu überprüfen. Dabei ist nicht nur die Meinung von Kindern relevant, sondern ebenso die aller am Bildungsprozess beteiligten Akteur*innen; dazu zählen unter anderem Eltern, Lehrkräfte, Mitarbeitende der Bildungsverwaltung. Beschwerdeverfahren können Missstände deutlich machen und Kinder und ihre Rechte sowie die Rechte aller im Bildungsbereich Tätigen schützen. Sie sollten ebenfalls regelmäßig in ihrer Wirksamkeit überprüft werden (vgl. CRC//GC/2001/1, Ziffer 25). Nach Auffassung des KRK-Ausschusses sollten die Vertragsstaaten der Konvention Verfahren etablieren, die greifen, wenn Beschwerden auftreten sollten, die die mangelhafte Umsetzung von Artikel 28 und 29 UN-KRK betreffen (vgl. CRC/GC/2001/1, Ziffer 25; Niendorf & Reitz 2016).

Es ist erforderlich, dass Kinder und ihre Sorgeberechtigten wissen, wo sie entsprechende Stellen und Personen finden. Diese Stellen und Personen sollten außerhalb der Einrichtung angesiedelt sein, denn der Verweis auf Lehrkräfte oder Schulleitungen kann insofern problematisch sein, als es sich hierbei nicht um unabhängige Stellen handelt. Dadurch könnten Kinder, Jugendliche oder Eltern abgehalten werden, sich über diskriminierendes Verhalten von Lehrkräften zu beschweren, die zudem über ihre Benotung und Schullaufbahn entscheiden (CRC/GC/C/12, Ziffern 46–47; Niendorf & Reitz, 2016).

In Deutschland sind individuelle Beschwerdemöglichkeiten für Kinder und ihre Sorgeberechtigten vermehrt im direkten Lebensumfeld, wie Kindertageseinrichtung und Schule, zu finden. Diese sind meist einrichtungsinterne Beschwerdeverfahren nach Vorgaben des § 45 SGB VIII (Kinder- und Jugendhilfegesetz). Die Vorgaben der UN-KRK fordern unabhängige, leicht zugängliche Beschwerdeverfahren, die mittels kindgerechter Verfahren eine effektive Bearbeitung der jeweiligen Beschwerden ermöglichen.

4. Menschenrechtsbildung

Menschenrechtsbildung ist ein wesentlicher Bestandteil der Umsetzung der Menschenrechte, denn sie hat zum Ziel, Menschenrechte bekannter zu machen und Menschenrechtsverletzungen vorzubeugen. In Bildungsinstitutionen, in denen Menschenrechte voll umgesetzt werden, können Kinder, Jugendliche, sorgeberechtigte Erwachsene sowie Fachkräfte und Leitungen in ihren eigenen Rechten bestärkt werden. Menschenrechtsbildung ist ein Teil des Rechts auf Bildung und ein lebenslanger Prozess, sie befasst sich nicht nur mit der Wissensvermittlung zu Menschenrechten, sondern stärkt Menschen, sich für die eigenen Rechte und die Rechte anderer einsetzen. Für die Umsetzung von Menschenrechtsbildung gilt es besonders, die menschenrechtlichen Prinzipien wie Partizipation, Inklusion und Diskriminierungsschutz zu beachten.[11]

Mit der UN-Deklaration zu Menschenrechtsbildung und -training (UN-Deklaration MRBT) aus dem Jahr 2012 wurde ein Instrument geschaffen, dass sich ausschließlich mit der Menschenrechtsbildung befasst. Zuvor wurde die Menschenrechtsbildung vorwiegend aus dem Recht auf Bildung in den internationalen Konventionen abgeleitet, durch die UN-Deklaration wird sie gestärkt und erhält eine größere Reichweite. Die UN-Deklaration verdeutlicht, dass Menschenrechtsbildung in allen denkbaren Bildungskontexten relevant ist und umgesetzt werde soll (Art. 3 (2) UN-Deklaration MRBT). Menschenrechtsbildung und -training umfasst die Bildung über, durch und für Menschenrechte. Was dies bedeutet, ist in Art. 2 (2) der UN-Deklaration festgeschrieben:

a) Bildung *über* Menschenrechte; dies umfasst die Bereitstellung von Wissen und das Verständnis für Normen und Prinzipien der Menschenrechte sowie der ihnen zugrundeliegenden Werte und Mechanismen zu ihrem Schutz;
b) Bildung *durch* Menschenrechte; dies umfasst Formen des Lernens und Unterrichtens, welche die Rechte sowohl der Lehrenden als auch der Lernenden achten;
c) Bildung *für* Menschenrechte; dies bedeutet Menschen darin zu stärken, ihre Rechte wahrzunehmen und auszuüben sowie die Rechte anderer zu achten und hochzuhalten.

---

11 Siehe hierzu auch die Internetseite der Abteilung Menschenrechtsbildung des Deutschen Instituts für Menschenrechte: www.institut-fuer-menschenrechte.de/themen/menschenrechtsbildung sowie die UN-Erklärung zu Menschenrechtsbildung und -training in deutscher Sprache, abrufbar unter www.institut-fuer-menschenrechte.de/fileadmin/Redaktion/PDF/Menschenrechtsbildung/Erklaerung_der_Vereinten_Nationen_ueber_Menschenrechtsbildung_und_training.pdf [08.01.2021].

Diese drei Dimensionen lassen sich nicht voneinander trennen und bedingen einander. In der Hauptverantwortung für die Umsetzung dieser drei Dimensionen stehen Staaten und alle zuständigen staatlichen Behörden. Sie sind zur Förderung und Bereitstellung von Menschenrechtsbildung und -training verpflichtet, „die in einem Geist der Partizipation, Inklusion und Verantwortung zu entwickeln und umzusetzen ist“ (Art. 7 (1) UN-Deklaration MRBT).

Auch die Kultusministerkonferenz erkennt die Bedeutsamkeit von Menschenrechtsbildung an und hebt hervor:

> „Die Menschenrechte einschließlich des Menschenrechts auf Bildung sowie die Verwirklichung der Kinderrechte gehören zum Kernbereich des Bildungs- und Erziehungsauftrages der Schule und sind auch in Schulgesetzen verankert [...] Dies ist Aufgabe aller Lehrer[*]innen [und Lehrer] sowie aller in Schulen tätigen Fachkräfte und ein wichtiger Gegenstand in der Zusammenarbeit von Schule und häuslichem Umfeld. Dazu gehört in besonderem Maße die Ermutigung und Unterstützung der Schüler[*]innen [und Schüler] zur Wahrnehmung ihrer eigenen Rechte und zum Eintreten für die Rechte anderer“ (KMK 1980/2018, S. 3 ff.).

Alle Lehrenden und Lernenden sollen an diesen Prozessen gleichermaßen teilhaben und aktiv mitgestalten. Niemand soll ausgeschlossen werden, aber ebenso wenig zur Teilhabe und Mitgestaltung gezwungen werden. Prozesse, in denen sich alle mit ihren jeweiligen Bedürfnissen und Fähigkeiten einbringen, führen oft zu überraschenden und weitreichenden Ergebnissen. Deswegen sind ergebnisoffene Prozesse mit Spielräumen, sich einbringen zu können, unerlässlich. Diese sollten dann auch nicht statisch bestehen bleiben, sondern regelmäßig überprüft, neuverhandelt und langfristig etabliert werden (vgl. Klein, 2017; Feige & Günnewig, 2018). Als Praxisbeispiel für Materialien der Menschenrechtsbildung kann an dieser Stelle der „Kompass: Handbuch zur Menschenrechtsbildung für die schulische und außerschulische Bildungsarbeit“ genannt werden.

5. Fazit

Die UN-KRK stärkt die Rechte von Kindern und macht deutlich, dass Vertragsstaaten, und somit auch die Bundesrepublik Deutschland, die eindeutige und unmittelbare Verpflichtung haben, Kinder in allen sie berührenden Angelegenheiten zu hören und ihre Meinung angemessen zu berücksichtigen. Nur so kann das Recht auf Partizipation von Kindern und Jugendlichen verwirklicht werden. Es gilt, dieses Recht ohne jede Form der Diskriminierung zu gewährleisten, was auch bedeutet, Vorurteilen und Zweifeln gegenüber den Fähigkeiten von Kindern vorzubeugen und ein Umfeld zu schaffen, in dem es Kindern möglich ist, sich im Sinne der Menschenrechte zu entwickeln. Daher sollen umfassende Maßnahmen und Strategien ergriffen werden, um Erzieher*innen, Lehrkräfte und alle Personen, die mit Kindern, Jugendlichen und ihren Familien arbeiten, in den Vorgaben der UN-Konventionen zu schulen und weiterzubilden (vgl. CRC/C/GC/12, Ziffer 135). Um den Zugang zu Bildung und deren Qualität für alle Kinder sicherzustellen, bedarf es maximaler finanzieller und personeller Ressourcen in allen Bundesländern und Kommunen (Art. 4 UN-KRK sowie CRC/GC/2001/1, Ziffer 28). Lehrpläne, Lehrmaterialien, gesetzliche Regelungen sowie Bildungspolitiken, ob in Kindertageseinrichtungen, Schule, Hochschule oder beruflicher Bildung, sollten noch stärker mit Blick auf die Inhalte der UN-KRK reflektiert werden und Lehrkräfte sowie alle Mitarbeitenden im Bildungskontext geschult werden.

Literatur

Aichele, V. & Kroworsch, S. (2017). *Inklusive Bildung ist ein Menschenrecht. Warum es die inklusive Schule für alle geben muss.* Berlin: Deutsches Institut für Menschenrechte.

Allmendinger, J. & Wrase, M. (2020). *Das Recht auf Bildung verwirklichen. Herausforderungen für Schule und Bildungspolitik in Deutschland.* www.bpb.de/apuz/schule-2020/322695/das-recht-auf-bildung-verwirklichen

Allmendinger, J. (2012). *Schulaufgaben. Wie wir das Bildungssystem verändern müssen, um unseren Kindern gerecht zu werden.* München: Pantheon.

Arbeitsgemeinschaft für Kinder- und Jugendhilfe (AGJ, 2018). *Das Recht gehört zu werden (Art. 12, UN-Kinderrechtskonvention). Partizipation in der Kindertagesbetreuung. Positionspapier der Arbeitsgemeinschaft für Kinder- und Jugendhilfe.* www.agj.de/fileadmin/files/positionen/2018/recht_gehoert_zu_werden.pdf

Boban, I. & Hinz, A. (2020). Partizipationsmöglichkeiten für alle erweitern – und erkennen, was wirklich von Bedeutung ist. In I. Boban & A. Hinz (Hrsg.). *Inklusion und Partizipation in Schule und Gesellschaft. Erfahrungen, Methoden, Analysen* (S. 107–117). Weinheim, Basel: Beltz Juventa.

Bundesministerium für Familie, Senioren, Frauen und Jugend (BMFSFJ, 2018). *Übereinkommen über die Rechte des Kindes – VN-Kinderrechtskonvention im Wortlaut mit Materialien.* www.bmfsfj.de/resource/blob/93140/78b9572c1bffdda3345d8d393acbbfe8/uebereinkommen-ueber-die-rechte-des-kindes-data.pdf

CRC/C/GC/12. UN, Committee on the Convention on the Rights of the Child (2009). *General Comment No. 12 (2009): The right of the child to be heard. CRC/C/GC/12.* www.refworld.org/docid/4ae562c52.html. Der verbindliche englische Text wurde von der Monitoring-Stelle UN-Kinderrechtskonvention mit Unterstützung einer Redaktionsgruppe und des Bundesministeriums für Familie, Senioren, Frauen und ins Deutsche übersetzt. www.institut-fuer-menschenrechte.de/publikationen/detail/allgemeine-bemerkung-nr-12-2009

CRC/C/GC/14. UN, Committee on the Rights of the Children (2014). *General Comment No. 14 (2013) on the right of the child to have his or her best interests taken as a primary consideration (Article 3, para. 1).* CRC/C/GC/14. docstore.ohchr.org/SelfServices/FilesHandler.ashx?enc=6QkG1d%2fPPRiCAqhKb7yhsqIkirKQZLK2M58RF%2f5F0vEAXPu5AtSWvliDPBvwUDNUfn%2fyTqF7YxZy%2bkauw11KClJiE%2buI1sW0TSbyFK1MxqSP2oMlMyVrOBPKcB3Yl%2fMB. Der verbindliche englische Text wurde von der Monitoring-Stelle UN-Kinderrechtskonvention mit Unterstützung einer Redaktionsgruppe und des Bundesministeriums für Familie, Senioren, Frauen und ins Deutsche übersetzt. www.institut-fuer-menschenrechte.de/publikationen/detail/allgemeine-bemerkung-nr-14-2013

CRC/GC/2001/1. UN, Committee on the Convention on the Rights of the Child (2001). *General Comment No. 1 (2001). Article 29 (1): The aims of Education.* CRC/GC/2001/1. tbinternet.ohchr.org/_layouts/treatybodyexternal/Download.aspx?symbolno=CRC%2fGC%2f2001%2f1&lang=en

Cremer, H. (2012). *Die UN-Kinderrechtskonvention – Geltung und Anwendbarkeit in Deutschland nach der Rücknahme der Vorbehalte.* Berlin: Deutsches Institut für Menschenrechte.

Cremer, H. (2019). *Das Neutralitätsgebot in der Bildung. Neutral gegenüber rassistischen und rechtsextremen Positionen von Parteien?.* Berlin: Deutsches Institut für Menschenrechte.

E/C.12/1999/10. UN, Committee on Economic, Social and Cultural Rights (1999). *General Comment No. 13 – The Right to Education (Article 13 of the Covenant).* E/C.12/1999/10. www.undocs.org/E/C.12/1999/10

Feige, J. & Gerbig, S. (2019). *Das Kindeswohl neu denken! Kinderrechtsbasierte Ermittlung und Bestimmung des Kindeswohl.* Berlin: Deutsches Institut für Menschenrechte.

Feige, J. & Günnewig, K. (2018). *Kinder- und Menschenrechtsbildung in der Kita.* www.kita-fachtexte.de/de/fachtexte-finden/kinder-und-menschenrechtsbildung-in-der-kita

Fremuth, M.-L. (2015). *Menschenrechte: Grundlagen und Dokumente.* Bonn: Bundeszentrale für politische Bildung.

Gummich, J. (2017). Zukunft feiern – Menschenrechte verwirklichen. Anmerkungen zu der wenig beachteten Verbindung von Menschenrechten und ‚Persönlicher Zukunftsplanung'. In R. Kruschel (Hrsg.). *Menschenrechtsbasierte Bildung. Inklusive und Demokratische Lern- und Erfahrungswelten im Fokus* (S. 267–283). Bad Heilbrunn: Julius Klinkhardt.

Günnewig, K. & Reitz, S. (2016). *Menschenrechtsbildung von Anfang an. Die Bedeutung frühkindlicher Menschenrechtsbildung.* Berlin: Deutsches Institut für Menschenrechte.

Hirschberg, M. (2010). *Partizipation – ein Querschnittsanliegen der UN-Behindertenrechtskonvention.* Berlin: Deutsches Institut für Menschenrechte. Monitoring-Stelle zur UN-Behindertenrechtskonvention. Position Nr. 3.

Jugendministerkonferenz & Kultusministerkonferenz (2004). Beschluss der Jugendministerkonferenz vom 13./14.05.2004; Beschluss der Kultusministerkonferenz vom 03./04.06.2004: *Gemeinsamer Rahmen der Länder für die frühe Bildung in Kindertageseinrichtungen.* www.kmk.org/fileadmin/Dateien/veroeffentlichungen_beschluesse/2004/2004_06_03-Fruehe-Bildung-Kindertageseinrichtungen.pdf

Kittel, C. (2020). Drei Jahrzehnte UN-Kinderrechtskonvention. *Politik und Zeitgeschichte,* Jahrgang 2020, Menschenrechte. Berlin: Bundeszentrale für politische Bildung. www.bpb.de/apuz/309085/drei-jahrzehnte-un-kinderrechtskonvention

KMK Kultusministerkonferenz (2006). *Erklärung der Kultusministerkonferenz vom 03.03.2006 zur Umsetzung des Übereinkommens der Vereinten Nationen über die Rechte des Kindes.* www.kmk.org/fileadmin/Dateien/veroeffentlichungen_beschluesse/2006/2006_03_03-Rechte-des-Kindes-UN.pdf

KMK Kultusministerkonferenz (2010). *Pädagogische und rechtliche Aspekte der Umsetzung des Übereinkommens der Vereinten Nationen vom 13. Dezember 2006 über die Rechte von Menschen mit Behinderungen in der schulischen Bildung.* Beschluss der KMK vom 18.11.2010. www.kmk.org/fileadmin/Dateien/veroeffentlichungen_beschluesse/2010/2010_11_18-Behindertenrechtkonvention.pdf

KMK Kultusministerkonferenz (2011). *Inklusive Bildung von Kindern und Jugendlichen mit Behinderungen in Schulen.* Beschluss der KMK vom 20.10.2011. www.kmk.org/fileadmin/veroeffentlichungen_beschluesse/2011/2011_10_20-Inklusive-Bildung.pdf

KMK Kultusministerkonferenz (2018). *Menschenrechtsbildung in der Schule. Beschluss der Kultusministerkonferenz vom 04.12.1980 i. d. F. vom 11.10.2018.* www.kmk.org/fileadmin/Dateien/veroeffentlichungen_beschluesse/1980/1980_12_04-Menschenrechtserziehung.pdf

Lohrenscheit, C. (2020). Das Recht auf Bildung im permanenten Krisenzustand. Zur globalen Bildungssituation. *Politik und Zeitgeschichte*, 2020, Schule. Berlin: Bundeszentrale für politische Bildung. www.bpb.de/apuz/schule-2020/322679/das-recht-auf-bildung-im-permanenten-krisenzustand

Newiger-Addy, G. (2016). *Beteiligung von Kindern und Jugendlichen. Ein Beispiel aus der entwicklungspolitischen Praxis.* Berlin: Deutsches Institut für Menschenrechte.

Niendorf, M. & Reitz, S. (2016). *Das Menschenrecht auf Bildung im deutschen Schulsystem. Was zum Abbau von Diskriminierung notwendig ist.* Deutsches Institut für Menschenrechte.

Reitz, S. & Rudolf, B. (2014). *Menschenrechtsbildung für Kinder und Jugendliche. Befunde und Empfehlungen für die deutsche Bildungspolitik.* Berlin: Deutsches Institut für Menschenrechte.

Reitz, S. (2015). *Kinder und Jugendliche haben ein Recht auf Partizipation. Was aus menschenrechtlicher Sicht im Bildungsbereich getan werden muss.* Berlin: Deutsches Institut für Menschenrechte. Policy Paper Nr. 31.

Reitz, S. (2020). Das Recht auf Partizipation – menschenrechtliche Handlungsnotwendigkeiten im Bildungsbereich. In I. Boban & A. Hinz (Hrsg.). *Inklusion und Partizipation in Schule und Gesellschaft. Erfahrungen, Methoden, Analysen* (S. 33–48). Weinheim, Basel: Beltz Juventa.

UNESCO Weltkonferenz „Pädagogik für besondere Bedürfnisse: Zugang und Qualität" (1994). *Die Salamanca Erklärung und der Aktionsrahmen zur Pädagogik für besondere Bedürfnisse.* www.unesco.at/bildung/basisdokumente/salamanca_erklaerung.pdf

UNICEF/UNESCO (2007). *A human right-based approach to Education for All: A framework for the realization of children's right to education and rights within education.* www.unesdoc.unesco.org/ark:/48223/pf0000154861_eng

Partizipation, Mitbestimmung, Beteiligung …?

Eine begriffliche Differenzierung und damit verbundene Problematiken

Daniela Müller-Kuhn und Julia Häbig
Pädagogische Hochschule Zürich,
Zentrum für Schulentwicklung

Der Beitrag identifiziert zentrale Begriffe aus dem Bereich der Mitbestimmung in der Schule, die im Fachdiskurs häufig verwendet werden und zeigt deren Begriffsverständnisse auf. Partizipation, Mitbestimmung, Mitwirkung, Teilnahme und Beteiligung lassen sich teils schwer voneinander abgrenzen, wobei die Unterschiede einerseits zu groß sind, um von Synonymen zu sprechen, die vorhandenen Ähnlichkeiten es aber zugleich nicht möglich machen, sie in jeder Situation klar voneinander zu unterscheiden. Gerade weil eine übergreifende Definition der Begriffe nicht einfach zu leisten ist, wird die Forderung aufgestellt, beim Umgang mit diesen Begriffen transparent zu machen, welches Verständnis ihnen zugrunde liegt und wie dieses begründet wird.

Schlüsselwörter: Partizipation, Mitbestimmung, Beteiligung, Begriffsbestimmung, Begriffsverständnis

1. Einleitung

Schüler*innen haben in der Schule unterschiedliche Möglichkeiten, den Unterricht und das außerunterrichtliche Schulleben aktiv mitzugestalten. Diese aktive Mitgestaltung wird mit unterschiedlichen Begriffen beschrieben: Mitsprache, Mitbestimmung, Mitwirkung, Partizipation, Teilhabe, Teilnahme, Beteiligung: Allein im deutschsprachigen Raum[1] ist die Vielfalt an Begriffen groß. Die zahlreichen Begriffe können unterschiedliche Bedeutungen haben (bspw. Müller-Kuhn, Häbig, Zala-Mezö, Strauß & Herzig, 2020). Das Be-

1 Im englischsprachigen Raum ist die Rede mitunter von student voice, having a say, participation und student involvement. Da es sich im vorliegenden Buch – mit Ausnahme des Kapitels zur internationalen Perspektive – um deutschsprachige Beiträge handelt, werden die Termini aus dem angelsächsischen Raum außenvorgelassen.

griffsspektrum verzeichnet am einen Ende Partizipation im Sinne von bloßer Teilnahme einer Schülerin oder eines Schülers am Unterricht – eine Begriffsverwendung, die vor allem im Kontext des inklusiven Unterrichts häufig ist (bspw. Fortmüller, Hennies, Hintermair & Nedden, 2016). Zum anderen Ende des Spektrums hin beschreiben die Begriffe, wie initiativ und diskursiv Lernende in Kooperation mit Lehrpersonen agieren, wenn sie einen Teilbereich der Schule verändern möchten. Letztere Lesart wird oftmals im Zusammenhang mit Artikel 12 der UN-Kinderrechtskonvention verwendet, welcher – kurzgefasst – besagt, dass Kinder ihre Meinung kundtun dürfen und diese berücksichtigt wird (UNICEF, 1989).

Diese unterschiedlichen Verständnisse, die hinter den Begriffen stehen, sind Thema des vorliegenden Kapitels: Obwohl der Titel des Buchbands auf Mitbestimmung abzielt, soll in diesem Beitrag eine begriffliche Öffnung erfolgen. Dies soll zeigen, dass Mitbestimmung ein Begriff von mehreren verschiedenen – oder eher ähnlichen – Begriffen ist, die in der Diskussion verwendet werden und nicht immer eindeutig voneinander abgegrenzt werden können. Ziel des vorliegenden Kapitels ist es, eine begriffliche Differenzierung der verschiedenen Terminologien aus dem Bereich der Mitbestimmung in der Schule vorzunehmen.

1.1 Modelle aus dem Bereich der Mitbestimmung

Die unterschiedlichen Varianten des Mitbestimmens im Unterricht und bezüglich des außerunterrichtlichen Schullebens werden nicht nur begrifflich gefasst, sondern auch in Modellen dargestellt. So werden zunächst einige Modelle vorgestellt, bevor danach ausgewählte Begriffe differenziert werden. Eine populäre Darstellungsweise sind Stufen- oder Leitermodelle, die auf Hart (1992) respektive Arnstein (1969) zurückgehen. Zahlreiche Autor*innen haben die Leitermetapher im Zusammenhang mit den verschiedenen Varianten des Mitbestimmens aufgenommen und weiterentwickelt (vgl. bspw. Oser & Biedermann, 2006; Peschel, 2012; Shier, 2001). Diese Modelle bilden – kurzgefasst – das Konzept ab, dass es mehrere Stufen gibt, die erreicht werden können. Die Verwendung des Bildes der Leiter suggeriert das Ziel, die oberste Sprosse zu erreichen, womit meistens die gemeinsame Aushandlung und geteilte Verantwortung von Lehrenden und Lernenden gemeint ist, bei der Schüler*innen ihre Ideen mit der Lehrperson besprechen. McMellon und Tisdall (2020, S. 161) kritisieren an den Stufenmodellen, dass sie Kinder und Erwachsene in zwei Gruppen unterteilen, aber Unterschiede innerhalb der Gruppen sowie Kontextfaktoren nicht berücksichtigen.

Andere Modelle bilden unterschiedliche Machtverteilungen ab (bspw. Wong, Zimmerman & Parker, 2010), wobei ersichtlich wird, wie groß der Anteil an Entscheidungsmacht ist, der bei der Lehrperson respektive bei den Schüler*innen liegt.

Nebst diesen zwei Modelltypen existieren weitere Modelle, wie beispielsweise das Dimensionsmodell von Driskell (2001), das eine Verortung verschiedener Partizipationsdimensionen in einem Koordinatensystem ähnlichen, zweidimensionalen Spektrum vornimmt, der Partizipationskreis von Treseder (1997), welcher die Kategorien aus den Stufenmodellen kreisförmig anordnet oder der Partizipationswürfel von Abs (2006), der die drei Dimensionen Formen, Modi und Bereiche von Partizipation vereint. Außerdem gibt es besonders kreative Modelle wie den Partizipationsbaum von Shier (2009), in welchem Partizipation von Schüler*innen mit dem Wachstum und den Bestandteilen eines Baums assoziiert wird. Die verschiedenen Modelle enthalten dabei schon viele Hinweise darauf, wie Begriffe verwendet werden bzw. konzeptioniert sind, die genaue Betrachtung von (einigen zentralen) Begriffen gibt dann mehr Aufschluss, was sich hinter ihnen verbirgt.

1.2 Identifizieren der zentralen Begriffe

Um die verschiedenen Begriffe aus dem Bereich der Mitbestimmung in der Schule differenzieren zu können, braucht es zunächst die Identifikation der zentralen Begriffe, die im Diskurs verwendet werden. Hierfür wurde eine Suche in der Datenbank FIS Bildung durchgeführt, die als wichtige Referenz für den deutschsprachigen Raum gelten kann.

Für die Überprüfung, welche Begriffe in der Literatur gemäß der Datenbank von FIS Bildung wie häufig verwendet worden sind, haben wir diverse Begriffe in der Rubrik *Schlagwort* bei FIS Bildung eingegeben. Abbildung 1 kann entnommen werden, dass mit Abstand am häufigsten der Begriff *Partizipation* verwendet wird (3695 Treffer). Auch *Mitbestimmung* (1553), *Teilnahme/Beteiligung* (1235 Treffer[2]) sowie *Mitwirkung* (749 Treffer) sind häufig genutzte Begriffe. Mitgestaltung (20) und Mitsprache (2) führen zu bedeutend weniger Publikationen. Die Suche nach den Schlagworten Teilhabe, Teilnehmen, Teilhaben, Mitwirken, Mitbestimmen, Mitreden, Mitentscheiden und Mitentscheidung führt auf FIS Bildung zu keinen Treffern. Wir schließen daraus, dass letztere Begriffe in der Diskussion nur marginal relevant sind und beschränken uns daher auf die Differenzierung der Begriffe Partizipation, Mitbestimmung, Teilnahme, Beteiligung und Mitwirkung.

2 Teilnahme und Beteiligung führen auf FIS Bildung zu exakt denselben Publikationen.

Abbildung 1: Anzahl deutschsprachiger Publikationen, die aus den Suchen nach verschiedenen Schlagworten auf FIS Bildung hervorgingen (Stand der Recherche: 11.06.2021)

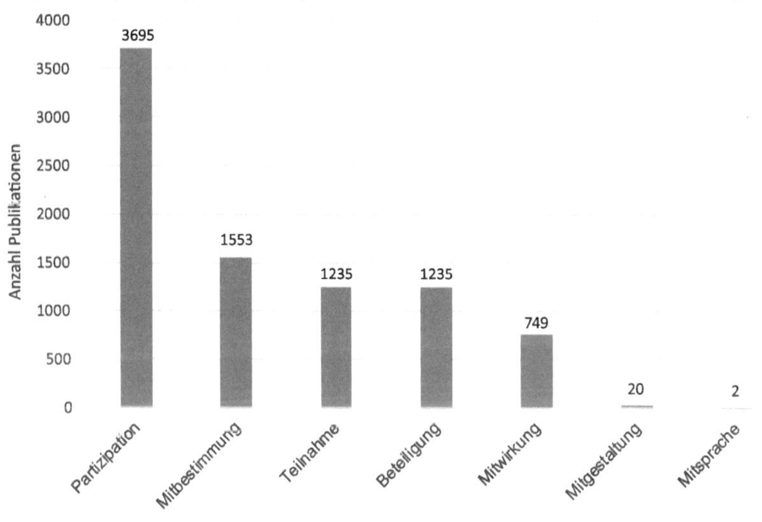

2. Begriffliche Differenzierung

Ausgehend von den Ergebnissen der Suche werden in diesem Unterkapitel drei zentrale Begriffe bzw. Begriffspaare genauer beleuchtet und eine begriffliche Differenzierung vorgenommen: Partizipation (2.1), Mitbestimmung und Mitwirkung (2.2) sowie Teilnahme und Beteiligung (2.3). Die Gliederung der Unterkapitel verweist dabei schon auf die inhaltliche Nähe der einzelnen Begriffe. So weisen Mitbestimmung und Mitwirkung einige Gemeinsamkeiten auf, wie auch Teilnahme und Beteiligung.

Dennoch lässt sich übergreifend festhalten, dass die Definitionen eher überlappend statt trennscharf sind und man in der Literatur auf ein breites Spektrum trifft, was unter den jeweiligen Begriffen in unterschiedlichen Kontexten verstanden wird.

2.1 Partizipation

Beim Begriff Partizipation handelt es sich einerseits um einen „umbrella term“, worauf die nachfolgende Umschreibung verweist: „Partizipation wird heute häufig als Sammelbegriff für Teilhabe, Teilnehmen, Einbindung und Beteiligung verwendet und so sind damit Begriffe wie Demokratie, Selbstbestimmung, Emanzipation, Integration, Gerechtigkeit oder Inklusion eng verknüpft“ (Reisenauer, 2020, S. 4). Andererseits verwenden andere Autor*innen den Begriff

Partizipation nicht als übergeordneten Begriff, sondern als Fachausdruck, um einen konkreten Prozess zu beschreiben, wie die nachfolgende Auswahl an solchen Partizipationsdefinitionen zeigt:

> „Partizipation bedeutet nicht, ‚Kinder an die Macht' zu lassen oder ‚Kindern das Kommando zu geben'. Partizipation heißt, Entscheidungen, die das eigene Leben und das Leben der Gemeinschaft betreffen, zu teilen und gemeinsam Lösungen für Probleme zu finden. Kinder sind dabei nicht kreativer, demokratischer oder offener als Erwachsene, sie sind nur anders, und bringen aus diesem Grunde andere, neue Aspekte und Perspektiven in die Entscheidungsprozesse hinein" (Schröder, 1995, S. 14).

> „Partizipation von Kindern und Jugendlichen ist die verbindliche Einflussnahme von Kindern und Jugendlichen auf Planungs- und Entscheidungsprozesse, von denen sie betroffen sind, mittels ihnen angepasster Formen und Methoden" (Jaun, 1999, S. 266).

> „So verstanden, bedeutet Partizipation von Kindern und Jugendlichen – in Übereinstimmung mit dem ursprünglichen lateinischen Wortsinn (partem capere) –, einen Teil der Verfügungsgewalt über die eigene Lebensgestaltung von den Erwachsenen zu übernehmen" (Fatke & Schneider, 2005, S. 7).

> „[...] vor allem wenn Partizipation in einem stärkeren bzw. engeren Sinne verstanden wird, namentlich als Einbindung von Individuen in Entscheidungs- und Willensbildungsprozesse" (Reichenbach, 2006, S. 54).

> „Die Synthese [...] des Begriffs Schülerpartizipation führt zu folgender Umschreibung: Schülerinnen und Schüler kooperieren untereinander sowie mit den Lehrpersonen und den Schulleitungen innerhalb der institutionellen Rahmenbedingungen nach demokratischen Prinzipien, um Belange der Schule zu gestalten, die die Beteiligten betreffen" (Rüedi, 2017, S. 217).

Partizipation wird in der Literatur in zahlreichen Variationen beschrieben. Die hier aufgeführten Zitate sind nur ein kleiner Ausschnitt davon. In Anbetracht der Vielzahl und Unterschiedlichkeit der Definitionen überrascht die Beschreibung „Partizipation – ein Begriff, der ein Meister der Verwirrung ist" von Oser und Biedermann (2006, S. 17) nicht. Die beiden kritisieren, „dass deskriptive und normative Aspekte häufig durcheinandergeworfen werden" (ebd.), worauf auch Hauser und Nell-Tuor Bezug nehmen und die Dimension deskriptiv-normativ als eine wichtige Beschreibungsdimension für Partizipation aufführen (Hauser & Nell-Tuor, 2019, S. 10 ff.). Oser und Biedermann (2006) lösen das Problem der fehlenden Systematik, indem sie eine sogenannte Hierarchie von Partizipationsintensitäten – ein Stufenmodell, das bereits im Kapitel 1.1 erwähnt wurde – entwerfen: Die stärkste Partizipationsintensität verkörpert die vollkommene Partizipation. Danach folgen die bereichsspezifische Partizipation, Teilpartizipation in Handlungsinseln, Auftragspartizipation, Freundlichkeitspartizipation, Zugehörigkeitspartizipation und zum Schluss folgt die Pseudopartizipation (ebd., S. 29 ff.). Nebst diesen verschiedenen Ausprägungen der Partizipation werden in den Modellen oftmals zusätzlich zur Partizipation Vorstufen der Partizipation oder Prozesse, die noch nicht Partizipation sind, aber doch irgendwie dazugehören, genannt. So unterscheiden beispielsweise Wright, Block und Unger (2008, S. 751) Vorstufen der Partizipation, worunter sie Information, Anhörung und beratende Einbeziehung verstehen, und echte Partizipation, wozu sie Mitbestimmung, teilweise Entscheidungskompetenzen und Entscheidungsmacht zählen. Insofern nutzen auch diese Autor*innen den Begriff Partizipation als Sammelbegriff, um verschiedene Partizipationsarten zu subsumieren.

Ergänzend zur Unterscheidung, ob Partizipation als Fachausdruck, der konkrete Prozesse beschreibt, oder als „umbrella term" für verschiedene Begriffe verwendet wird, können weitere Unterscheidungen vorgenommen werden: Liening-Konietzko (2017, S. 36) beispielsweise weist auf folgende zwei Dimensionen von Partizipation hin: Es gibt „eine personale, auf das eigene Lernen gerichtete lerntheoretische Dimension", welche die Unterrichtsebene anvisiert, und „eine soziale, auf das Zusammenleben mit anderen ausgerichtete demokratietheoretische Dimension". Die bereits oben erwähnte Differenzierung nach Hauser und Nell-Tuor (2019) beruht ebenfalls auf zwei Dimensionen: Partizipation lässt sich ihnen zufolge zwischen den Polen holistisch und spezifisch einerseits sowie deskriptiv und normativ andererseits aufspannen, womit sie Partizipation als Kontinuum sehen.

2.2 Mitbestimmung und Mitwirkung

Eine Begriffsgruppe, die mögliche Aktivitäten von Kindern und Jugendlichen in der Schule beschreibt, folgt dem Präfix „Mit": Mitbestimmung, Mitwirkung. Schon das Präfix „Mit" suggeriert, dass es sich dabei um etwas Kollektives handelt. Das Quartett komplettieren würden die Mitsprache und die Mitgestaltung. Da diese Begriffe seltener verwendet werden (vgl. Abb. 1), erwähnen wir sie hier nur am Rande.

Im Vergleich zu den vielzähligen Definitionen und Begriffsverständnissen von Partizipation fallen jene zu Mitbestimmung und Mitwirkung eher bescheiden aus. Obwohl es auch viele Texte über Mitbestimmung und Mitwirkung gibt, werden die Begriffe seltener explizit erläutert. Der Begriff wird vielerorts genutzt, ohne dass eine explizite Definition erfolgt (vgl. bspw. Bohnsack, 2013; Gamsjäger & Wetzelhütter, 2020; Rieker, Mörgen, Schnitzer & Stroezel, 2016). Insbesondere bei der Mitbestimmung liegt das möglicherweise daran, dass der

Begriff selbsterklärend zu sein scheint. Des Weiteren werden die Begriffe Mitbestimmung und Mitwirkung auch verwendet, um den Begriff der Partizipation zu erklären oder Teilbereiche davon auszuweisen (vgl. bspw. Derecik, Goutin & Michel, 2018; Fatke & Schneider, 2005, S. 7, 13; Rieker et al., 2016, S. 4).

2.2.1 Mitbestimmung

Essenziell und im Sinne von Artikel 12 der UN-Kinderrechtskonvention sowie der Ausformulierung durch Lundy (2007) ist, dass Kinder und Jugendliche nicht nur ihre Meinung mitteilen können, sondern dass dieser auch Gewicht verliehen wird. So reicht bloße Mitsprache nicht, sondern es braucht Mit*bestimmung*. Kurth-Buchholz (2011, S. 15) verdeutlicht dies, indem sie Schüler*innenmitbestimmung als „das Anhören und Berücksichtigen von Schülermeinungen, -ideen und Schülerinteressen in allen Entscheidungsprozessen innerhalb des Unterrichts" definiert und weiter präzisiert: „Betont werden muss hierbei die *Mitbestimmung*. Schüler bestimmen nicht allein den Unterricht, sondern sie werden als Interaktionspartner der Lehrer betrachtet und berücksichtigt" (ebd.; Hervorhebung im Original).

Mitbestimmung war schon vor rund 40 Jahren ein Gesprächsthema. Damals verstand Gehmacher (1979) unter Mitbestimmung ein „Klima der Kooperation zwischen Schülern und Lehrern, mit einem breiten Spektrum an Mitsprachemöglichkeiten für die Schülermitverwaltung oder auch für individuelle Initiativen von Schülergruppen" (ebd., S. 35, zitiert nach Eder, 1998, S. 20). Gamsjäger und Wetzelhütter (2020) skizzieren, was dieses breite Spektrum – in Bezug auf Mitbestimmung – alles beinhalten kann. Aus ihrer Operationalisierung von Mitbestimmung lässt sich folgendes Begriffsverständnis erschließen: Mitbestimmung zeigt sich einerseits in Form der demokratischen Mitbestimmung, bei der Schüler*innen bei wichtigen Entscheidungen über mehrere Alternativen abstimmen können, um eine Wahl zu treffen, und andererseits in Form der Mitgestaltung, worunter verstanden wird, dass Schüler*innen eigene Projekte vorschlagen können, bei welchen sie von den Lehrpersonen und der Schulleitung unterstützt werden. Mitbestimmung bezieht sich dabei auf die drei Bereiche Schulorganisation, Schulgestaltung und Unterricht/Lernen. Des Weiteren werden die formelle sowie die informelle Einbindung unterschieden – formell wäre, wenn die Schüler*innen bei Sitzungen der Schüler*innenvollversammlung mitgemacht hätten und informell würde sich z. B. auf eine Besprechung mit der Klassenlehrperson beziehen (ebd., S. 100 ff.).

Nicht nur Gamsjäger und Wetzelhütter (2020), sondern auch zahlreiche weitere Autor*innen, nennen Mitbestimmung in Verbindung mit Demokratielernen oder demokratischen Prinzipien. So klassieren Abs, Roczen und Klieme (2007) Mitbestimmung – ergänzend zu Gleichberechtigung, Transparenz und Meinungspluralismus – als ein zentrales demokratisches Prinzip, was auch

Jaitner und Linck (2012, S. 149) teilen: „Mitbestimmung ist eine Primärgrundlage eines demokratisch organisierten Zusammenlebens. Darin enthalten sind ein Recht auf freie Meinungsäußerung, die Gewährleistung, die soziale Umwelt durch eigene Ideen mitgestalten zu können und die Funktionsweise von Abstimmungsmechanismen zu Gunsten einer Mehrheitsentscheidung". Auch Derecik et al. (2018) schlagen eine Brücke zwischen Demokratie und Mitbestimmung. Sie tun das, indem sie Mitbestimmung als einen Teilbereich der demokratischen Partizipation sehen: Derecik et al. (2018) verbinden Mitbestimmung und Entscheidung miteinander[3] und meinen damit „die repräsentativen Arten von Mitbestimmungen, die in Form von Wahlen, Abstimmungen und Meinungsabfragen umgesetzt werden (z. B. durch Gremien, Fragebögen oder mündliche Befragungen)" (ebd., S. 20). Sie präzisieren mit Bezugnahme auf Eikel (2007, S. 16 f.), dass Mitbestimmung grundsätzlich gleiche Stimmrechte für alle bedeutet, wobei in der Schule einige Ausnahmen gemacht werden können. Die Schüler*innen müssen außerdem Zugang zu Informationen und Wissen bekommen, um urteils- und entscheidungsfähig zu werden. Weiter wird präzisiert, dass es bei der Mitbestimmung sowohl um die Vertretung der eigenen Interessen – solange damit die Interessen anderer nicht eingeschränkt werden – als auch um Gruppeninteressen geht.

Eine andere Perspektive vertritt Eder (1998). Er sieht Mitbestimmung als eine „eher informelle […] Form der Beteiligung" (ebd., S. 19) und führt sie als Kontrast zu „schuldemokratischen Einrichtungen" (ebd.) wie beispielsweise der Schulsprecher*innen auf. Unter Mitbestimmungsfähigkeit versteht er außerdem „Lernen, zu argumentieren; anderen gegenüber einen Standpunkt zu vertreten; sich an Aufgaben zu beteiligen" (ebd., S. 99).

Stärker praxisorientierte Texte wie beispielsweise das neue Schweizer Französischlehrmittel „dis donc!" fokussieren gezielt auf den Unterricht und darauf, dass Schüler*innen und Lehrpersonen „Tiefe, Dauer und Art der Bearbeitung mitbestimmen" (Schiller, 2017). In einem weiteren Lehrmittel, dem Schweizer Lehrmittel für den Sportunterricht (Ernst & Bucher, 2005) gehen die Autoren vertiefter darauf ein, was unter Mitbestimmung verstanden wird respektive auf welche Bereiche sich Mitbestimmung bezieht. Unter Mitbestimmung wird hier verstanden, dass Lehrpersonen und Schüler*innen Lernziele gemeinsam setzen, gemeinsam über Lerninhalte entscheiden, Methoden respektive Lernwege gemeinsam wählen, Materialien gemeinsam gesucht werden und dass am Schluss eine gemeinsame Auswertung erfolgt (ebd., S. 55). Ähnliche Forderungen stellt auch Brügelmann (2016), der Mitbestimmung aus den Kinderrechten ableitet

3 Derecik et al. (2018) verbinden des Weiteren Mitsprache und Aushandlung sowie Mitgestaltung und Engagement miteinander.

und auf „Entscheidungen über Ziele, Themen und Lernwege“ (ebd., S. 137) bezieht.

Auch wenn der Begriff Mitbestimmung ebenfalls ein breites Verwendungsspektrum aufweist, wird oft der Bezug zum demokratischen Kontext in der Verwendung augenscheinlich, weshalb sich der Begriff, wie im vorliegenden Sammelband, gut dazu eignet, die gesetzliche Verankerung vor dem Hintergrund der Kinderrechtskonvention hervorzuheben.

2.2.2 *Mitwirkung*

Mitwirkung wird in der gängigen Literatur mit Teilhabe (Edelstein, 2009), aber auch mit aktiver Gestaltung (Speck, Schubarth, von Berg & Barth, 2010) verbunden. Oft wird Mitwirkung auch im Zusammenhang mit der Implementierung von Ganztagsschulen genannt, wobei beispielsweise Edelstein (2009, S. 90) dabei auf eine demokratische Schulkultur verweist und für die Beschreibung Begriffe wie Anerkennung, Selbstwirksamkeit und Verantwortungsübernahme verwendet. Mitwirkung scheint insbesondere auch im Kontext organisatorischer Belange als Begriff verwendet zu werden; beispielsweise: Mitwirkung einer Schüler*innen-Arbeitsgruppe (Holland, 2009, S. 171). In Nordrhein-Westfalen ist schulische Mitwirkung in einem eigenen Gesetz verankert und wird folgendermaßen definiert: „Die Mitwirkung umfasst die Entscheidung, die Beteiligung sowie die dazu erforderliche Information“ (Gesetz über die Mitwirkung im Schulwesen – Schulmitwirkungsgesetz (SchMG), 1977, § 1 (2)).

Auf der konkreten Ebene der Unterrichtspraxis wird Mitwirkung beispielsweise bei der Unterrichtsgestaltung, der Themenwahl, der Festlegung von Regeln und Terminen sowie bei der Notengebung verwendet (Fatke & Schneider, 2005, S. 15; Speck, 2010, S. 74), aber auch im Zusammenhang mit dem Klassenrat (Leipold, 2010, S. 259), dem Schülerrat oder bei der Gestaltung des Stundenplans (Abs, 2010, S. 182).

2.3 Teilnahme und Beteiligung

Ähnlich wie bei Mitbestimmung und Mitwirkung werden auch Teilnahme und Beteiligung nicht in der Fülle definiert, wie es Partizipation wird. Außerdem werden in einigen Texten, in welchen der Titel oder das Abstract auf Teilnahme oder Beteiligung schließen lassen, schlussendlich andere Begriffe – häufig Partizipation – verwendet (so bspw. in Molitor, 2019).

2.3.1 *Teilnahme*

Teilnahme wird in der Literatur vor allem im Sinne des physischen Teilnehmens verwendet: Teilnahme an Ganztagsangeboten (Tillmann et al., 2018), Teilnahme an einem Projekt (bspw. Keuler, 2020) oder Teilnahme an Wahlen,

Beratungen und Entscheidungen (Gesetz über die Mitbestimmung und Mitwirkung im Schulwesen – Schulmitbestimmungsgesetz (SchumG), 1974, § 20 (3)) sowie an Klassen- und Lehrer*innenkonferenzen (vgl. Zusammenstellung in Hofmann et al., 2019). Teilnahme weist dabei kaum einen Prozesscharakter auf und verweist kaum auf tiefergehende Vorgänge. Sobald es um mehr als um Teilnahme im Sinne von Anwesenheit geht, scheint es, würden andere Begriffe (wie Beteiligung respektive beteiligt sein oder Mitwirkung) verwendet werden. Der nachfolgende Textausschnitt zeigt dies exemplarisch: „In Bezug auf die Entschcidung für die Teilnahme am Ganztagsbetrieb zeigt sich, dass die Schüler/innen in der Sekundarstufe überwiegend zumindest an der Entscheidung beteiligt sind" (Fischer, Kuhn & Tillack, 2016, S. 21 mit Bezugnahme auf Steiner & Fischer, 2011).

2.3.2 Beteiligung

Eine explizite Begriffsklärung zu Beteiligung lässt sich beispielswcise bei Banneyer et al. (2015) finden. Sie verbinden die Beteiligung stark mit Entscheidungsräumen und einer Machtverschiebung zugunsten der Schüler*innen: „Beteiligung zielt darauf ab, Entscheidungsräume für junge Menschen zu öffnen und damit vonseiten der Erwachsenen Macht abzugeben. Eine Verschiebung von Entscheidungsmacht zugunsten der Kinder und Jugendlichen ist ein wesentlicher Bestandteil von ernst gemeinter Partizipation" (ebd., S. 7). In einem weiteren Verständnis wird Beteiligung nicht mit Entscheidungsmacht, sondern mit Verantwortungsübernahme in Verbindung gebracht: Schlesinger (2011) tut dies und verdeutlicht, dass Beteiligung und Verantwortungsübernahme bedeuten, dass die Schüler*innen das Gefühl bekommen, „dass nicht nur ihre Anwesenheit, sondern vor allem auch ihre Mitwirkung entscheidend ist für den Erfolg des Unterrichts" (ebd., S. 1). Konkret bedeutet Beteiligung, dass die Lehrperson kooperative Lernformen einsetzt, sich selbst zurücknimmt und kritikfähig ist und, dass die Schüler*innen eigene Ideen einbringen, Unterrichtssequenzen selbst entwickeln und Teilverantwortungen übernehmen (ebd.).

Sowohl bei Banneyer et al. (2015) als auch bei Schlesinger (2011) zeigt sich eine Vermischung der Begriffe – im ersteren Fall von Beteiligung und Partizipation, im zweiten von Beteiligung und Mitwirkung. Außerdem findet sich in der Literatur die Praxis, dass ein Begriff mit einem anderen Begriff versucht wird zu erklären. So umschreiben beispielsweise Andresen, Wilmes, Möller, Nolting und Cinar (2019, S. 17) Beteiligung „als Möglichkeit der Mitbestimmung".

Eine weitere Problematik stellt die fehlende begriffliche Eindeutigkeit dar, auf die Kurth-Buchholz (2011) hinweist. Aus ihren kritischen Anmerkungen gehen außerdem einige Praxisbeispiele für Beteiligung hervor: „Nicht immer eindeutig ist dabei, was praktisch darunter vorstellbar ist: Ist es das Einbeziehen von Schülermeinungen bei der Unterrichtsplanung oder rein der Einsatz schülerzentrierter Unterrichtsmethoden? Der Begriff ‚Beteiligung' könnte daneben interpretiert werden als reine mündliche und schriftliche Beteiligung der Schüler am Unterrichtsgeschehen, sozusagen als das Antworten auf Lehrerfragen oder als Reaktionen auf durch den Lehrer gestellte Arbeitsaufträge in mündlicher oder schriftlicher Form. Inwieweit hier Schüler mitbestimmen können, wie sie sich am Unterricht beteiligen und welcher Inhalt mit ihrer Beteiligung erarbeitet werden soll, impliziert dieser Begriff der Mitbeteiligung nicht" (Kurth-Buchholz, 2011, S. 15).

3. Diskussion und Fazit

Im vorliegenden Buchkapitel sind verschiedene Begriffsverständnisse von Partizipation, Mitbestimmung, Mitwirkung, Teilnahme und Beteiligung dargelegt worden. Einzelne Herausforderungen im Zusammenhang mit klaren Begriffsdefinitionen haben wir an den entsprechenden Stellen schon angedeutet. Im Schlusskapitel möchten wir den Blick nun nochmals etwas weiten und die Begriffsdiskussion losgelöst von den einzelnen Termini fortführen.

Großzügig betrachtet lässt sich sagen, dass sich die Begriffe in Kapitel 2.1, 2.2 und 2.3 nicht wesentlich voneinander unterscheiden. Die Begriffe weisen auf unterschiedliche Schwerpunkte hin, meinen insgesamt aber immer das aktive Wirken – sei es verbaler oder tatkräftiger Art – der Schüler*innen in Absprache mit Peers und/oder der Lehrperson. Insofern sind die Begriffe Partizipation, Mitbestimmung, Mitwirkung, Teilnahme und Beteiligung aufgrund der jeweiligen Schwerpunktsetzung zu unterschiedlich, um von Synonymen zu sprechen, aber gleichzeitig sind sie zu ähnlich, um sie in jeder Situation klar voneinander abgrenzen zu können. Was die Auseinandersetzung mit den einzelnen Begriffen jedoch ergab, ist, dass der Differenzierungsgrad unterschiedlich ausfällt. So stehen hinter den Begriffen „Teilnahme", „Beteiligung" und „Mitwirkung" weniger differenzierte Verständnisse als hinter den Begriffen „Partizipation" und „Mitbestimmung", was zugleich mit der Popularität der jeweiligen Begriffe im wissenschaftlichen Diskurs einhergeht, wie die quantitative Recherche gezeigt hat.

3.1 Uneinheitliche Verwendungen der Begriffe

Der weitere Blick in die Literatur zeigt, dass die Begriffe oft nicht trennscharf verwendet werden. So wurden beispielsweise in einer großen Studie die schulischen Mit*gestaltungs*möglichkeiten erfasst, indem die Schüler*innen gefragt wurden, in welchen Bereichen sie mit*bestimmen* konnten. Es standen drei Antwortmöglichkeiten zur Verfügung, unter anderem mit*beraten* und mit*entscheiden* (Abs et al., 2007, S. 56). Auch bei Fatke und Schneider (2005) lässt sich ein Beispiel finden, das zeigt, dass nicht in jedem Fall der selbe Begriff verwendet werden konnte: „[…] der Begriff [Partizipation wurde] vorwiegend mit ‚Mitwirkung' übersetzt (manchmal, wenn der Zusammenhang es geraten erscheinen ließ, auch mit ‚Beteiligung' und ‚Mitbestimmung'), und es wurde betont, dass damit stets die ‚aktive Teilnahme an Planungen, Entscheidungen und deren Verwirklichungen, die deinen Lebensraum betreffen', gemeint sei" (Fatke & Schneider, 2005, S. 13). Auch in der Aufarbeitung des Forschungsstandes in einem Kapitel über Wertebildung und Partizipation (Speck, 2010, S. 74) werden die Begriffe Partizipationsmöglichkeiten, Einbeziehung, Mitgestaltungsspielräume und Mitwirkungsmöglichkeiten praktisch synonym verwendet.

Andernorts wird auf die begriffliche Nähe explizit eingegangen: So lehnt sich Kurt-Buchholz (2011) mit ihrer Definition von Mitbestimmung ausdrücklich an die Definition von Meyer, Schmidt und Keuffer (2000) an, die mit ihrer Definition aber nicht Mitbestimmung, sondern Mitbeteiligung beschreiben. Kurth-Buchholz (2011, S. 16) begründet, weshalb sie nicht den Begriff *und* die Definition der Kollegen übernommen hat, sondern bloß die Definition, die sie dann dem Begriff Mitbestimmung zuordnet, der ihr schärfer als der im Original verwendete Begriff der Mitbeteiligung erscheint. Solche Prozesse haben wohl zuhauf stattgefunden und zur vorliegenden Vielfalt in der Begriffsverwendung geführt.

Eine weitere uneinheitliche Praxis in der Literatur stellt die Relation zur Selbstbestimmung dar. Ob diese von Partizipation, Mitbestimmung, Teilnahme, Beteiligung und Mitwirkung abgegrenzt werden muss oder ob Selbstbestimmung auch dazugezählt wird, wird in der Literatur unterschiedlich gehandhabt. Einige Autor*innen setzen Selbstbestimmung respektive selbstbestimmtes Lernen und Partizipation, Mitbestimmung, Teilnahme etc. nahezu gleich (bspw. Ammann, 2020; Budde, 2010). Berücksichtigt man jedoch den Aspekt des Kollektivs, der wie gezeigt in vielen Begriffsverständnissen eine Rolle spielt, ist fraglich, ob Selbstbestimmung als ein Element von Partizipation, Mitbestimmung, Mitwirkung, Teilnahme und Beteiligung gesehen werden kann.

3.2 Forderung nach Begriffstransparenz und Einordnung der verwendeten Begriffe

Nebst den Schlagworten für partizipative Prozesse, die in den vorherigen Teilkapiteln ausgeführt worden sind, gibt es auch Definitionen, die das Phänomen stärker umschreiben, als es mit einem einzelnen Begriff zu benennen. Dazu gehören beispielsweise Begriffsverständnisse, in welchen die Rede ist von kollektiven Aushandlungsprozessen (Häbig, Zala-Mezö, Müller-Kuhn & Strauß,

2018, S. 175) oder einer Einbindung in Entscheidungs- und Willensbildungsprozesse (Reichenbach, 2006, S. 54). Rieker et al. (2016) sowie Reichenbach (2006) unterscheiden hierbei Begriffsverständnisse im weiten Sinn, zu welchen Bezeichnungen wie Partizipation, Mitbestimmung und Teilnahme gehören, und solche im engeren Sinn, womit sie Umschreibungen wie jene mit der Einbindung in Entscheidungs- und Willensbildungsprozesse (ebd., S. 54) meinen. Reichenbach (2006) plädiert für eine enge Definition, damit nicht jede soziale Interaktion als Partizipation gilt. Diese Position verdeutlicht die Wichtigkeit einer genauen Definition, um transparent zu machen, was unter dem jeweiligen Begriff verstanden wird. Somit kann der Kritik entgegengewirkt werden, dass es in sozialen Interaktionen per se um Partizipation, Mitbestimmung, Mitwirkung, Teilnahme und Beteiligung geht.

Diese Diskussion zeigt, dass die Art der Definition bzw. der Beschreibung an sich bereits von Bedeutung ist: Handelt es sich um eine Definition im Sinne einer möglichst klaren, engen Fassung, die ein Phänomen trennscharf gegenüber anderen abgrenzt? Oder geht es um ein Konzept, ein Verständnis, das umfassender ist? Und weiter, wie lassen sich die gewählte Begrifflichkeit und das Verständnis dahinter in bestehende Modelle und Diskurse einbetten?

Die Zusammenschau der unterschiedlichen Verwendungsweisen der verschiedenen Begriffe hat gezeigt, dass komplexere Begriffsbeschreibungen vor allem für Partizipation vorliegen, was sich im wissenschaftlichen Diskurs ein Stück weit als zentraler Begriff etabliert hat, der oft auch als „umbrella term" verwendet wird. In schulpraxisnäheren Beiträgen ist die Rede eher von Mitbestimmung oder Mitwirkung, was Bezeichnungen sind, die auf den ersten Blick viel klarer wirken. Innerhalb des Partizipationsdiskurses wiederum sind Stufenmodelle dominant, was sicher auch damit zusammenhängt, dass es sich aufgrund der UN-Kinderrechtskonvention (UNICEF, 1989) und lokaler Schulgesetzgebungen (wie bspw. dem Volksschulgesetz (2006) aus dem Kanton Zürich in der Schweiz) um ein normativ besetztes Thema handelt und diese Normativität in den Stufenmodellen zumindest implizit enthalten ist. Als Alternative zu den Stufenmodellen kann Partizipation stärker prozessual gedacht werden, im Sinne, dass bei der Planung von Prozessen Partizipation der Beteiligten grundsätzlich mitgedacht wird. Auf einer abstrakteren Ebene sind dann Konzeptionen wie die von Hauser und Nell-Tuor (2019) zu verorten. Sie erachten Partizipation als ein Kontinuum, das sich auf zwei Achsen abbilden lässt: Die horizontale Achse in ihrem Vierfelder-Schema reicht von deskriptiv bis normativ, die vertikale Achse von holistisch bis spezifisch. Während die Dimensionen der horizontalen Achse im vorliegenden Beitrag nur am Rande hinsichtlich der Normativität, thematisiert wurde, waren die Dimensionen holistisch und spezifisch präsenter: Insbesondere am Beispiel der Partizipation wird erkennbar, dass sowohl ein allgemeines, weites, holistisches Begriffsverständnis als auch spezifische Definitionen vorhanden sind.

3.3 Fazit

Aufgrund der bestehenden Vielzahl und Vielfalt an Begriffen sowie der nachvollziehbaren Forderung nach Kontextadäquatheit (vgl. Fatke & Schneider, 2005, S. 13; Kurth-Buchholz, 2011, S. 216), wäre eine Forderung nach einer einheitlichen Begriffsverwendung unangemessen.

Um die vorhandene Begriffsvielfalt jedoch nicht beliebig zu erweitern, ist gerade in dem bereits umfassend etablierten Diskurs eine reflektierte Verwendung von Begriffen vonnöten, was mit der Forderung nach klarer Definition des*der jeweils verwendeten Begriffe/s einhergeht: Der im eigenen Vorhaben verwendete Begriff soll bewusst gewählt und klar definiert werden.

Dabei macht die Unterscheidung zwischen engeren und weiteren Begriffsverständnissen deutlich, dass die Forderung nach Transparenz und Explizit-Machung über die Entscheidung, ob von Partizipation, Mitbestimmung oder Teilhabe etc. die Rede ist, hinausgehen muss. Es sollte auch reflektiert und möglichst offengelegt werden, wann eine eng gefasste Definition zum Einsatz kommt und warum diese notwendig ist, wann und weshalb ein breiteres Verständnis angebrachter ist. Je nach Kontext kann eine eng gefasste Definition hilfreich sein und für Klarheit sorgen. Weiter gefasste Begriffsverständnisse, welche eher mit Dimensionen anstatt mit konkreten Definitionen und Abgrenzungen arbeiten, können wiederum hilfreich sein, um ein Spektrum von Möglichkeiten des Mitbestimmens in der Schule abzubilden. Es lohnt sich folglich, sich nicht nur mit dem Begriff, um den es geht, zu befassen, sondern ebenfalls die Art der Beschreibung und die Verortung in einem oder mehreren Modellen zu berücksichtigen und für das eigene Vorhaben festzulegen.

Ein solcher Umgang mit Begriffen kann dazu beitragen, den wissenschaftlichen Diskurs um das Thema Partizipation, Mitbestimmung und Beteiligung zu bereichern. Die Berücksichtigung der jeweils spezifischen Kontexte und das Eingehen auf vorhandene Verständnisse, kann dann anstelle von Verwirrung zu Klärung und Schärfung und der Weiterentwicklung von bestehenden Konzepten führen.

Literatur

Abs, H. J. (2006). *Der Partizipationswürfel. Ein Modell zur Beobachtung und Begleitung demokratiepädagogischer Praxis.* Hamburg: Landesinstitut für Schule. www.ingo-veit.de/blk/pdf_doc/publik/partwue.pdf

Abs, H. J. (2010). Gelegenheitsstrukturen zur Partizipation in Schulen und Partizipationsbereitschaft von Schülern/Schülerinnen. In W. Schubarth, K. Speck & H. L. von Berg (Hrsg.), *Wertebildung in Jugendarbeit, Schule und Kommune: Bilanz und Perspektiven* (S. 177–188). Wiesbaden: VS Verlag für Sozialwissenschaften.

Abs, H. J., Roczen, N. & Klieme, E. (2007). *Abschlussbericht zur Evaluation des BLK-Programms „Demokratie lernen und leben"* (Materialien zur Bildungsforschung, Band 19). Frankfurt am Main: Gesellschaft zur Förderung Pädagogischer Forschung.

Ammann, M. (2020). Regionale stakeholderorientierte Schulentwicklung – oder warum die Einführung eines Schulparlaments noch nicht zwangsläufig mit Partizipation zu tun hat. In S. Gerhartz-Reiter & C. Reisenauer (Hrsg.), *Partizipation und Schule: Perspektiven auf Teilhabe und Mitbestimmung von Kindern und Jugendlichen* (S. 41–60). Wiesbaden: Springer.

Andresen, S., Wilmes, J., Möller, R., Nolting, P. & Cinar, D. (2019). *Children's Worlds+: Eine Studie zu Bedarfen von Kindern und Jugendlichen in Deutschland.* www.doi.org/10.11586/2019007

Arnstein, S. R. (1969). A Ladder Of Citizen Participation. *Journal of the American Institute of Planners*, 35(4), 216–224. www.doi.org/10.1080/01944366908977225

Banneyer, H., Bergner, H.-P., Frye, S., Giese, C., Knauer, R., Marquard, P., Meeder, K., Meinhold-Henschel, S., Oppermann, J., Steimle, H., Terzioglu, E., Winklhofer, U., Wolff, M. & Zinser, C. (2015). *Qualitätsstandards für Beteiligung von Kindern und Jugendlichen. Allgemeine Qualitätsstandards und Empfehlungen für die Praxisfelder Kindertageseinrichtungen, Schule, Kommune, Kinder- und Jugendarbeit und Erzieherische Hilfen.* Berlin: Bundesministerium für Familie, Senioren, Frauen und Jugend.

Bohnsack, F. (2013). *Wie Schüler die Schule erleben: Zur Bedeutung der Anerkennung, der Bestätigung und der Akzeptanz von Schwäche.* Opladen: Barbara Budrich.

Brügelmann, H. (2016). Kinderrechte und Schulqualität: Plädoyer für eine pädagogische Lern- und Leistungskultur. In L. Krappmann & C. Petry (Hrsg.), *Worauf Kinder und Jugendliche ein Recht haben. Kinderrechte, Demokratie und Schule: ein Manifest* (S. 137–148). Schwalbach am Taunus: Debus Pädagogik.

Budde, J. (2010). Inszenierte Mitbestimmung?! Soziale und demokratische Kompetenzen im schulischen Alltag. *Zeitschrift für Pädagogik*, 56(3), 384–401.

Derecik, A., Goutin, M.-C. & Michel, J. (2018). Demokratische Partizipation. In A. Derecik, M.-C. Goutin & J. Michel (Hrsg.), *Partizipationsförderung in Ganztagsschulen: Innovative Theorien und komplexe Praxishinweise* (S. 17–37). Wiesbaden: Springer.

Driskell, D. (2001). *Creating Better Cities with Children and Youth: A Manual for Participation.* London: Routledge.

Edelstein, W. (2009). Partizipation und Demokratielernen in der Ganztagsschule. In S. Appel, H. Ludwig, U. Rother & G. Rutz (Hrsg.), *Leben – Lernen – Leisten* (S. 80–93). Schwalbach am Taunus: Wochenschau.

Eder, F. (1998). *Schule und Demokratie. Untersuchungen zum Stand der demokratischen Alltagskultur an Schulen* (Band 14). Innsbruck: StudienVerlag.

Eikel, A. (2007). Demokratische Partizipation in der Schule. In A. Eikel & G. d. Haan (Hrsg.), *Demokratische Partizipation in der Schule. Ermöglichen, fördern, umsetzen* (S. 7–40). Schwalbach am Taunus: Wochenschau.

Ernst, K. & Bucher, W. (2005). *Sporttheoretische und sportdidaktische Grundlage, Band 1, Broschüre 1* (7. Auflage). Bern: Eidgenössische Sportkommission ESK.

Fatke, R. & Schneider, H. (2005). *Kinder- und Jugendpartizipation in Deutschland: Daten, Fakten, Perspektiven.* Gütersloh: Bertelsmann.

Fischer, N., Kuhn, H. P. & Tillack, C. (2016). Warum können Ganztagsschulen besonders gute Schulen sein? Spezifische Qualitätsmerkmale der Ganztagsschule. In N. Fischer, H. P. Kuhn & C. Tillack (Hrsg.), *Was sind gute Schulen? Teil 4. Theorie, Praxis und Forschung zur Qualität von Ganztagsschulen* (S. 10–40). Immenhausen bei Kassel: Prolog.

Fortmüller, N., Hennies, J., Hintermair, M. & Nedden, T. (2016). Kommunikative Partizipation und Integrationserleben hörgeschädigter Schülerinnen und Schüler an einer Schwerpunktschule. *Empirische Sonderpädagogik*, 8(2), 153–170.

Gamsjäger, M. & Wetzelhütter, D. (2020). Mitbestimmung von Schüler/innen in der Schule. Eine repräsentative Befragung österreichischer Schüler/innen der Sekundarstufe II. *Journal für Educational Research Online*, 12(1), 91–118.

Gehmacher, E. (1979). *Die Schule im Spannungsfeld von Schülern, Eltern und Lehrern.* Wien: Österreichischer Bundesverlag und Jugend & Volk.

Gesetz über die Mitbestimmung und Mitwirkung im Schulwesen – Schulmitbestimmungsgesetz (SchumG, 1974). www.bildungsserver.de/onlineressource.html?onlineressourcen_id=11511

Gesetz über die Mitwirkung im Schulwesen – Schulmitwirkungsgesetz (SchMG, 1977). www.recht.nrw.de/lmi/owa/br_show_historie?pid=2456

Häbig, J., Zala-Mezö, E., Müller-Kuhn, D. & Strauß, N.-C. (2018). Partizipation von Schülerinnen und Schülern schriftlich fixiert. *Zeitschrift für Bildungsforschung*, 8(2), 173–187. www.doi.org/10.1007/s35834-018-0215-x

Hart, R. A. (1992). *Children's participation: From tokenism to citizenship.* UNICEF Innocenti Research Centre.

Hauser, S. & Nell-Tuor, N. (2019). Sprache und Partizipation – eineiige Zwillinge oder zwei ungleiche Geschwister? In S. Hauser & N. Nell-Tuor (Hrsg.), *Sprache und Partizipation im Schulfeld* (S. 9–17). Bern: hep.

Hofmann, H., Bär, D., Heerdt, D., Kamp, U., Kaufhold, B., Kohn, S. & Schiller, S. (2019). *Beteiligungsrechte von Kindern und Jugendlichen in Deutschland. Eine Zusammenstellung der gesetzlichen Bestimmungen auf Bundesebene und ein Vergleich der Bestimmungen in den Bundesländern und auf kommunaler Ebene* (3., komplett überarbeitete Auflage). Berlin: Dt. Kinderhilfswerk.

Holland, D. (2009). Interne Evaluation der Georg-Forster-Gesamtschule Wörrstadt mit Hilfe von SEIS. In S. Appel, H. Ludwig, U. Rother & G. Rutz (Hrsg.), *Leben – Lernen – Leisten* (S. 162–175). Schwalbach am Taunus: Wochenschau.

Jaitner, D. & Linck, D. (2012). Mitbestimmung im Sportunterricht. Ein Beitrag zur Demokratiepädagogik in der Schule. *Sportunterricht*, 61(5), 147–151.

Jaun, T. (1999). Durch Identifikation zu Verantwortungsbewusstsein: Die Partizipation von Kindern und Jugendlichen als Chance für eine nachhaltige Entwicklung. In R. Kaufmann-Hayoz & C. Künzli (Hrsg.), *„... man kann ja nicht einfach aussteigen": Kinder und Jugendliche zwischen Umweltangst und Konsumlust* (S. 261–274). Zürich: vdf.

Keuler, C. (2020). Schülervertretung: Gelingensbedingungen einer verfassten demokratischen Beteiligung. *mateneen: Praxishefte Demokratische Schulkultur*, 5, 5–12.

Kurth-Buchholz, E. (2011). *Schülermitbestimmung aus Sicht von Schülern und Lehrern: Eine vergleichende Untersuchung an Gymnasien in Brandenburg und Nordrhein-Westfalen.* Münster: Waxmann.

Leipold, R. (2010). Wertebildung und demokratiepädagogische Schulentwicklung: Ein Schulbeispiel. In W. Schubarth, K. Speck & H. L. von Berg (Hrsg.), *Wertebildung in Jugendarbeit, Schule und Kommune: Bilanz und Perspektiven* (S. 251–262). Wiesbaden: VS Verlag für Sozialwissenschaften.

Liening-Konietzko, A. (2017). *Schülerpartizipation ermöglichen. Erfahrungen von Lehrerinnen und Lehrern an Gemeinschaftsschulen.* Opladen: Barbara Budrich.

Lundy, L. (2007). „Voice" is not enough: Conceptualising article 12 of the united nations convention on the rights of the child. *British Educational Research Journal*, 33(6), 927–942. www.doi.org/10.1080/01411920701657033

McMellon, C. & Tisdall, E. K. M. (2020). Children and Young People's Participation Rights: Looking Backwards and Moving Forwards. *The International Journal of Children's Rights*, 28(1), 157–182. www.doi.org/10.1163/15718182-02801002

Meyer, M. A., Schmidt, R. & Keuffer, J. (2000). Einleitung: Zugänge zur Schülermitbeteiligung über Unterrichtsforschung. In M. A. Meyer & R. Schmidt (Hrsg.), *Schülermitbeteiligung im Fachunterricht: Englisch, Geschichte, Physik und Chemie im Blickfeld von Lehrern, Schülern und Unterrichtsforschern* (S. 11–17). Wiesbaden: VS Verlag für Sozialwissenschaften.

Molitor, A. (2019). Beteiligung von Lernenden an der Unterrichtsgestaltung am Lycée Ermesinde. *Praxisheft Demokratische Schulkultur*, 9–12. www.doi.org/10.25353/UBTR-MADE-4984-89C7

Müller-Kuhn, D., Häbig, J., Zala-Mezö, E., Strauß, N.-C. & Herzig, P. (2020). „So richtig Einfluss auf den Unterricht haben wir nicht" – Wie Schülerinnen und Schüler Partizipation wahrnehmen. In S. Gerharz-Reiter & C. Reisenauer (Hrsg.), *Partizipation und Schule – Wege für mehr Selbstbestimmung in Bildungsverläufen* (S. 187–206). Wiesbaden: Springer.

Oser, F. & Biedermann, H. (2006). Partizipation – ein Begriff, der ein Meister der Verwirrung ist. In C. Quesel & F. Oser (Hrsg.), *Die Mühen der Freiheit: Probleme und Chancen der Partizipation von Kindern und Jugendlichen* (S. 17–37). Zürich, Chur: Rüegger.

Peschel, F. (2012). *Offener Unterricht: Idee, Realität, Perspektive und ein praxiserprobtes Konzept in der Evaluation. Teil 1* (4. Auflage). Baltmannsweiler: Schneider.

Reichenbach, R. (2006). Diskurse zwischen Ungleichen. Zur Ambivalenz einer partizipativen Pädagogik. In C. Quesel & F. Oser (Hrsg.), *Die Mühen der Freiheit. Probleme und Chancen der Partizipation von Kindern und Jugendlichen* (S. 39–61). Zürich, Chur: Rüegger.

Reisenauer, C. (2020). Kinder- und Jugendpartizipation im schulischen Feld – 7 Facetten eines vielversprechenden Begriffs. In S. Gerhartz-Reiter & C. Reisenauer (Hrsg.), *Partizipation und Schule: Perspektiven auf Teilhabe und Mitbestimmung von Kindern und Jugendlichen* (S. 3–22). Wiesbaden: Springer.

Rieker, P., Mörgen, R., Schnitzer, A. & Stroezel, H. (2016). *Partizipation von Kindern und Jugendlichen. Formen, Bedingungen sowie Möglichkeiten der Mitwirkung und Mitbestimmung in der Schweiz.* Wiesbaden: VS Verlag für Sozialwissenschaften.

Rüedi, S. (2017). *Kooperation und demokratisches Prinzip. Ein Beitrag zur Klärung des Begriffs Schülerpartizipation.* Wiesbaden: VS Verlag für Sozialwissenschaften.

Schiller, H. (2017). „dis donc!" – das neue Französischlehrmittel für die 5. bis 9. Klasse. *Magazin ilz.ch*, 1, 4–6.

Schlesinger, I. (2011). Selbstbestimmtes Lernen im Sport: Ein Ratgeber. Didaktisch-methodischer Kommentar. In *Motivation im Sportunterricht* (S. 1–4). Wiesbaden: Universum.

Schröder, R. (1995). *Kinder reden mit! Beteiligung an Politik, Stadtplanung und Stadtgestaltung*. Weinheim, Basel: Beltz.
Shier, H. (2001). Pathways to participation: Openings, opportunities and obligations. *Children & Society*, 15(2), 107–117. www.doi.org/10.1002/chi.617
Shier, H. (2009). 'Pathways to participation' revisited. Learning from Nicaragua's child coffee workers. In B. Percy-Smith & N. Thomas (Hrsg.), *A Handbook of Children and Young People's Participation: Perspectives from Theory and Practice* (S. 215–229). London, New York: Routledge.
Speck, K. (2010). Wertebildung und Partizipation von Kindern und Jugendlichen. In W. Schubarth, K. Speck & H. L. von Berg (Hrsg.), *Wertebildung in Jugendarbeit, Schule und Kommune: Bilanz und Perspektiven* (S. 61–90). Wiesbaden: VS Verlag für Sozialwissenschaften.
Speck, K., Schubarth, W., von Berg, H. L. & Barth, J. (2010). Wertebildung und Teilhabe von Jugendlichen in ländlichen Regionen. Ein qualitatives und quantitatives Praxisforschungsprojekt. In W. Schubarth, K. Speck & H. L. von Berg (Hrsg.), *Wertebildung in Jugendarbeit, Schule und Kommune: Bilanz und Perspektiven* (S. 115–144). Wiesbaden: VS Verlag für Sozialwissenschaften. www.doi.org/10.1007/978-3-531-92551-6_6
Steiner, C. & Fischer, N. (2011). Wer nutzt Ganztagsangebote und warum? *Zeitschrift für Erziehungswissenschaft*, 14(3), 185–203. www.doi.org/10.1007/s11618-011-0234-z
Tillmann, K., Sauerwein, M., Hannemann, J., Decristan, J., Lossen, K. & Holtappels, H. G. (2018). Förderung der Lesekompetenz durch Teilnahme an Ganztagsangeboten? – Ergebnisse der Studie zur Entwicklung von Ganztagsschulen (StEG). In M. Schüpbach, L. Frei & W. Nieuwenboom (Hrsg.), *Tagesschulen: Ein Überblick* (S. 289–307). Wiesbaden: Springer.
Treseder, P. (1997). *Empowering Children & Young People – Training Manual: Promoting Involvement in Decision-making*. London: Save the Children.
UNICEF (1989). *Konvention über die Rechte des Kindes*. www.unicef.ch/sites/default/files/attachements/konvention-ueber-die-rechte-des-kindes.pdf
Volksschulgesetz (VSG, 2006). www.2.zhlex.zh.ch/appl/zhlex_r.nsf/0/13EF955B1682B079C12573B50025B2CC/$file/412.100_7.2.05_59.pdf
Wong, N. T., Zimmerman, M. A. & Parker, E. A. (2010). A Typology of Youth Participation and Empowerment for Child and Adolescent Health Promotion. *American Journal of Community Psychology*, 46(1–2), 100–114. www.doi.org/10.1007/s10464-010-9330-0
Wright, M., Block, M. & Unger, H. v. (2008). Partizipation in der Zusammenarbeit zwischen Zielgruppe, Projekt und Geldgeber. *Das Gesundheitswesen*, 70(12), 748–754. www.doi.org/10.1055/s-0028-1102955

Lasst uns mitbestimmen!

Grundschulkinder und ihr Recht auf Mitbestimmung

Sonja Ertl, Sabine Martschinke und Miriam Grüning

Grundschulkinder können und sollen informiert, ihre Anliegen gehört werden; sie sollen und können mitplanen und mitberaten, mitgestalten und mitwirken sowie letztlich auch mitentscheiden. Neben dem Rechtsanspruch der Kinder ergibt sich diese Notwendigkeit auch aus lernpsychologischer Sicht und dem Bildungsauftrag der Grundschule. Vorliegende Befunde zeigen, dass Mitbestimmung in der Schule aber nur teilweise und vorrangig im Bereich des Schullebens umgesetzt wird. Daher werden im Beitrag Möglichkeiten aufgezeigt, wie Kinder in der Grundschule über institutionalisierte Formen und im Unterricht mitbestimmen können.

Schlüsselwörter: Mitbestimmung, Mitentscheidung, Kinderrechte, grundschulpädagogischer Auftrag

1. Was bedeutet Mitbestimmung für Grundschulkinder?

Mitbestimmung, Partizipation und Teilhabe werden häufig synonym verwendet, unterscheiden sich jedoch in ihrer Bedeutung. Nach Derecik und Kolleg*innen (2013, S. 43) ist Partizipation nicht als Synonym zu diesen Begriffen zu verstehen, sondern als Sammelbegriff. Partizipation umfasst sowohl Teilhabe als auch Mitbestimmung (z. B. Eikel, 2007; Reisenauer, 2020). Mitbestimmung im inklusiven Verständnis setzt sogar Teilhabe voraus (Reisenauer, 2020). Im Folgenden werden der Begriff und die Umsetzung der Mitbestimmung aus grundschulpädagogischer Perspektive betrachtet.

Die inhaltliche Basis und der Anspruch auf Mitbestimmung liegen in *Artikel 12 der UN-Kinderrechtskonvention* begründet: „Die Vertragsstaaten sichern dem Kind, das fähig ist, sich eine eigene Meinung zu bilden, das Recht zu, diese Meinung in allen das Kind berührenden Angelegenheiten frei zu äußern, und berücksichtigen die Meinung des Kindes angemessen und entsprechend seinem Alter und seiner Reife“ (UN-Ausschuss für die Rechte des Kindes, 2009, S. 5). Jedes Kind wird demnach als Subjekt wahrgenommen, das sich beteiligen kann, darf und soll (Hilbrandt, 2018). Lundy (2007; siehe dazu auch Lundy & Hanna in diesem Band) legt Artikel 12 so aus, dass auf einer ersten Stufe Kindern Raum gegeben werden muss und sie aber auch darin gefördert werden müssen, ihre Meinung zu sagen (space und voice). Auf einer höheren Stufe der Mitbestimmung muss Kindern zugehört werden (audience), zugleich müssen sich Erwachsene – so weit wie möglich – nach dieser Meinung richten (influence). Eine günstige Voraussetzung für Mitbestimmung ist die Bereitschaft der Kinder sich zu beteiligen und Verantwortung übernehmen zu wollen (Grundmann, Kötters & Krüger, 2000, S. 271).

Durch „kollektive Aushandlungsprozesse" (Häbig, Zala-Mezö, Müller-Kuhn & Strauss, 2018, S. 175) kann Mitbestimmung sowohl als Bildungsziel als auch als Bildungsmittel (Neumann, Kuhn, Hekel, Brandenberg & Tinguely, 2019, S. 323) fungieren, um erfolgreiche Lernprozesse zu initiieren (Bendig, 2018, S. 111). Damit steht ein fundamentales Kinderrecht der pädagogischen Herausforderung gegenüber (Maywald, 2016), das hierarchische Machtverhältnis zwischen Kindern und Erwachsenen zumindest für bestimmte Kontexte neu zu definieren, also eine Balance zwischen fremdbestimmtem, mitbestimmtem und selbstbestimmtem Handeln der Lernenden zu finden (Derecik, Kaufmann & Neuber, 2013, S. 63).

Das Recht auf Mitbestimmung beinhaltet *verschiedene Facetten*, die als Prozesse und gleichzeitig als Ziele verstanden werden können. Die folgende Konkretisierung und Operationalisierung der Mitbestimmung – die sowohl für die Mitbestimmung einer Gruppe als auch für die Mitbestimmung einzelner Personen bezüglich der Gestaltung der eigenen Lebenswelt, individueller Lernprozesse etc. gilt – ordnet die verschiedenen Facetten graduell nach dem Maß der Mitbestimmung, aber auch nach den Machtverhältnissen, die sich zunehmend auf die Seite der Kinder neigen (vgl. Abb. 1):

a) *Das Recht auf Information und Gehört-Werden:* Hier geht es um ein kommunikatives Verhältnis auf Augenhöhe.
b) *Das Recht auf Mitplanung und Mitberatung*: Im Fokus steht hier der Austausch von Kindern und Lehrkraft zu Unterricht und Schulleben, wobei die Entscheidungshoheit bei der Lehrkraft bleibt.
c) *Das Recht auf Mitgestaltung und Mitwirkung:* Hier wird in Absprache mit der Lehrkraft mehr oder weniger Beteiligung und Verantwortung an die Kinder übertragen.
d) *Das Recht auf Mitentscheidung*: Es geht um individuelle, aber auch kollektive Entscheidungsprozesse und demokratische Entscheidungsformen sowie das Stellvertreter*innenprinzip in einer Gruppe (Abs, 2006). Das Machtgefälle verlagert sich in Richtung der Kinder.

Abbildung 1: Mitbestimmungsrechte aus Kinderperspektive:
„So fordern Kinder ihr Recht auf Mitbestimmung“

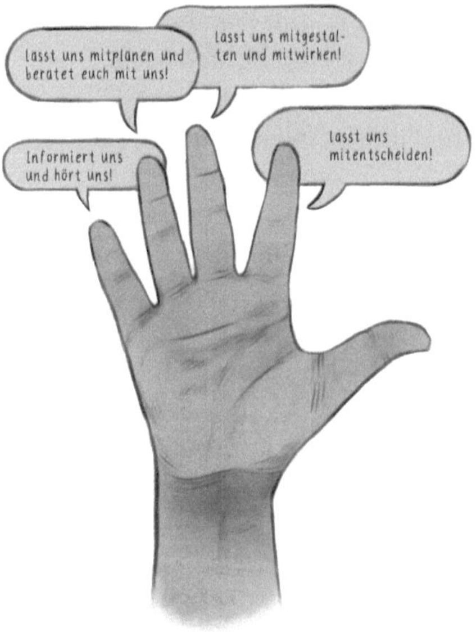

Abbildung 1 zeigt, dass und wie Kinder ihr Recht auf Mitbestimmung einfordern können. Im Folgenden wird aufgezeigt, warum dies aus grundschulpädagogischer Sicht so wichtig ist (Abschnitt 2), nur begrenzt gelingt (Abschnitt 3) und wie eine Konkretisierung der einzelnen Facetten in der Schulpraxis aussehen kann (Abschnitt 4).

2. Mitbestimmung schon in der Grundschule?

Für den grundschulpädagogischen Kontext fokussieren wir neben der rechtlichen Begründung psychologische und pädagogische Theorien bzw. Ansätze, vor allem aber den (grund-)schulpädagogischen Auftrag (im Überblick: Fleming, 2015).

2.1 Mitbestimmung als Kinderrecht

Allem voran ist den Kindern durch die UN-Kinderrechtskonvention von 1989 im Artikel 12 das Recht auf Mitbestimmung gegeben. Die in der Konvention niedergeschriebenen Rechte gelten unabhängig von der Herkunft der Kinder und der individuellen Situation ihres Aufwachsens (für einen detaillierten Überblick des Kinderrechts auf Mitbestimmung aus (menschen-)rechtlicher Perspektive siehe Krajewski & Brosi in diesem Band). Zahlreiche Befunde zeigen (s. Abschnitt 3), dass auch das Recht auf Mitbestimmung nur teilweise umgesetzt wird und die Kinder und Jugendlichen mehr mitbestimmen wollen. Obwohl sich die Bundesregierung im Januar 2021 einig war, dass die Kinderrechte im deutschen Grundgesetz aufgenommen werden sollen und endlich umgesetzt werden sollte, was bereits seit 2007 vom „Aktionsbündnis Kinderrechte" (Deutsches Kinderhilfswerk e. V., 2020) gefordert wird, nämlich den Rechten der Kinder mehr Nachdruck zu verleihen und ihre konsequente und erfolgreiche Umsetzung zu gewährleisten (UNICEF, 2021), ist dies für die aktuelle Legislaturperiode im Bundestag gescheitert. Die Fraktionen konnten sich nicht auf einen gemeinsamen Wortlaut einigen. Der vorgeschlagene Wortlaut für die Verfassungsänderung lässt erkennen, dass die Mitbestimmung der Kinder auch aus Sicht der Regierung von großer Bedeutung ist, denn dort heißt es: „Der verfassungsrechtliche Anspruch von Kindern auf rechtliches Gehör ist zu wahren" (Deutscher Bundestag, 2021). Insbesondere für den schulischen Bereich fordert unter anderem UNICEF (2021), die Kinderrechte konsequent zu fördern, sodass die Kinder „ihre Rechte kennen und ermutigt werden, für sie einzutreten". Die Kultusministerkonferenz hat bereits 1980 (aktuelle Fassung Kultusministerkonferenz, 2018a) einen Beschluss zur Menschenrechtsbildung in der Schule erlassen, in dem festgehalten ist, dass die „Verwirklichung der Kinderrechte […] zum Kernbereich des Bildungs- und Erziehungsauftrages der Schule [gehört] und […] auch in Schulgesetzen verankert" (ebd., S. 3) ist.

2.2 Psychologische Bedeutung von Mitbestimmung

Nach der Selbstbestimmungstheorie der Motivation von Deci und Ryan (z. B. Deci & Ryan, 1993; Ryan & Deci, 2020) ist für (intrinsische) Motivation und Wohlbefinden die Erfüllung von drei Grundbedürfnissen bedeutend: Kompetenzerleben, Autonomieerleben und soziale Eingebundenheit. Werden die Grundbedürfnisse unterstützt, so wirkt sich dies auch positiv auf schulische Leistungen aus (im Überblick: Ryan & Deci, 2020). Werden dagegen eines oder mehrere dieser Bedürfnisse nicht erfüllt, ist davon auszugehen, dass sich dies negativ auf die intrinsische Motivation und langfristig auch auf die psychische Gesundheit auswirkt (z. B. Gnabs & Hanfstingl, 2016; Ryan & Deci, 2020; Schiefele & Schaffner, 2015). Somit kommt auch aus motivationspsychologischer Sicht der Mitbestimmung – über die soziale Eingebundenheit als auch die Selbstbestimmung der Lernenden – eine große Bedeutung bei.

> „Wenn Kinder auf ihre Belange Einfluss nehmen können und sich dabei als zugleich frei und eingebunden erleben, so sind damit zentrale Qualitäten partizipativer Pädagogik angesprochen; und mit dem Bedürfnis nach Eingebundenheit wird deutlich, dass Autonomie und Freiheit nicht als isolierend und konkurrierend, son-

dern im Modus gegenseitiger Anerkennung aufzufassen sind, um den Grundbedürfnissen zu entsprechen" (Prengel, 2016, S. 16).

Die gegenseitige Anerkennung bezieht sich dabei sowohl auf die Anerkennung zwischen Lehrpersonen und Schüler*innen als auch zwischen den Kindern (Prengel, 2016). Dies bedeutet, dass sowohl die Erwachsenen die Kinder als „gleiche" Persönlichkeiten respektieren und „Macht" an sie abgeben sollen als auch, dass die Lernenden die Entscheidungsmacht der Erwachsenen im Sinne ihres Schutzes und des Zusammenlebens respektieren und anerkennen müssen (ebd.). Gerade bei der Umsetzung von Inklusion ist es von besonderer Bedeutung, wenn sowohl in der Lehrpersonen-Schüler*innen- als auch Schüler*innen-Schüler*innen-Interaktion Machtunterschiede durch eine anerkennende Beziehung abgebaut werden (Prengel, 2017).

2.3 Grundlegende, anschlussfähige Bildung und Mitbestimmung

Die Grundschule, als erste gemeinsame Schule für alle Kinder, hat den Auftrag der grundlegenden Bildung mit dem Ziel, einen individuellen Grundstock und ausbaufähige Grundlagen zu schaffen, auf denen die weiterführenden Schulen aufbauen können und die der aktuellen und zukünftigen Bewältigung von Lebenssituationen dienen können (Einsiedler, 2014). Darunter fällt das Erleben und Erlernen demokratischer Handlungskompetenzen, wie es auch die KMK für schulisches Lernen vorsieht (Kultusministerkonferenz, 2018a, S. 3) und wie es in den Lehrplänen und Curricula der einzelnen Länder aufgenommen ist. Die Grundschule stellt hier einen zentralen Bildungsort dar, woraus sich die Verantwortung ableitet, in kindgemäßer Form die Kinder über ihre Rechte zu informieren und ihnen Mitbestimmung zu ermöglichen, damit sie vielfältige Erfahrungen mit der „Demokratie als Lebensform" machen können (Burfeind, Hoffmann, Homann & Reuting, 2011, S. 82). So früh wie möglich sollte Mitbestimmung gefördert werden, um eine positive Grundhaltung gegenüber der Mitbestimmung zu etablieren, die sich beispielsweise dadurch auszeichnet, dass sowohl eigene Bedürfnisse als auch Bedürfnisse der anderen wahrgenommen werden, Verantwortung übernommen oder ein respektvoller Umgang miteinander gepflegt wird (Burfeind et al., 2011, S. 86; Kultusministerkonferenz, 2018b, S. 5 f.).

Sowohl aus rechtlicher als auch aus psychologischer und grundschulpädagogischer Perspektive zeigt sich die Bedeutung der Mitbestimmung bereits für Kinder im Grundschulalter. Inwiefern dieses Recht tatsächlich umgesetzt wird, wird im Folgenden dargestellt.

3. Forschungsstand

3.1 Mitbestimmung in der Wahrnehmung von Kindern – wie viel dürfen Kinder mitbestimmen?

National und international wird Forschung *zu* Kindern und ihren Mitbestimmungsmöglichkeiten und Forschung *mit* Kindern umgesetzt. Dabei spielen auch Perspektiven der Eltern und Lehrkräfte als wichtige Akteur*innen eine bedeutsame Rolle. In der folgenden Darstellung werden auch Studien zu Partizipation und Teilhabe referiert und mit dem hier verwendeten Begriff Mitbestimmung zitiert, wenn sie den Bedeutungskern im vorgeschlagenen Sinne treffen.

Die Gesamtauswertung der *Children's Worlds+-Studie* (Andresen & Möller, 2019) in Deutschland bezieht sich auf 3500 Kinder zwischen acht und 14 Jahren. Bei der Frage nach der Mitbestimmung in der Schule (fünfstufiges Antwortformat von „stimme nicht zu" bis „stimme zu 100 Prozent zu") stimmen immerhin 57,4 % der Kinder aus der Altersgruppe der bis Zehnjährigen (n=886) der Aussage sehr oder zu 100 % zu, dass sie in der Schule mitentscheiden können, 20,8 % sehen keine oder nur geringe Beteiligung für sich. Der Aussage, dass die Lehrer*innen den Kindern zuhören und sie ernst nehmen, stimmen immerhin 79,2 % sehr oder zu 100 % zu. Aber ein Anteil von 7,3 % der Kinder stimmt auch dieser Aussage nicht oder nur ein bisschen zu.

Das *LBS-Kinderbarometer* (Müthing, Razakowski & Gottschling, 2018) erfasst in der aktuellsten Studie das Thema Mitbestimmung – gedeutet als Partizipationsinteresse in der Schule in Bezug auf die Gestaltung der Klassenräume, des Schulhofs, die Verwendung des Geldes aus der Klassenkasse, Klassenfahrten und Ausflüge sowie auf Themen im Unterricht. Im Durchschnitt ist das Partizipationsinteresse (Skala: 1=nicht wichtig bis 5=sehr wichtig) in der Schule geringer als im Kontext Familie. Bei Klassenfahrten und Ausflügen (M=3,9) sowie der Verwendung der Klassenkasse (3,3) finden die Kinder die Mitbestimmung eher wichtig im Vergleich zur Schulhof- und Klassenraumgestaltung (jeweils M=2,7). Nur mittelmäßig wichtig (M=3,0) finden die Kinder die Mitbestimmung bei Unterrichtsthemen.

Die *WorldVision Kinderstudie* (Neumann, Andresen & Schneekloth, 2018) befragt Kinder zwischen sechs und elf Jahren und erhebt unter anderem die Wahrnehmung der eigenen Mitbestimmungsmöglichkeiten. Die Ergebnisse der aktuellsten Befragung zeigen, dass Mitbestimmungsmöglichkeiten in der Schule auf niedrigem Niveau stagnieren. So sind es durchschnittlich zwischen 29 % (Banknachbar*in) und 62 % (Aufstellen der Tische) der Kinder, die hier (fast) nie mitbestimmen können. Bezüglich der Wahl von Aufgaben können in normalen Regelschulen nur 7 % oft, und nur 32 % manchmal mitbestimmen. Bezüglich der Wertschätzung der eigenen Meinung nehmen 26 % eher wenig

Wertschätzung wahr, 32 % erleben die Wertschätzung der eigenen Meinung „mal so, mal so" und nur 33 % berichten von eher viel Wertschätzung. Im internationalen Vergleich, speziell mit Estland, Malta, Norwegen, Polen, Rumänien, Spanien und England, gehört Deutschland neben Estland zu den Ländern mit den geringsten Werten, wenn es um das Zuhören der Lehrkraft und der Berücksichtigung der eigenen Meinung geht (Kutsar et al., 2019).

Berücksichtigt man die Perspektive weiterer Akteur*innen, so zeigen sich *Unterschiede in der Wahrnehmung der Mitbestimmung*. So stimmen 59 % der Schüler*innen der Aussage „wenn Schülerinnen und Schüler gute Vorschläge machen, können sie den Unterricht wirklich in ihrem Sinne beeinflussen" eher oder vollkommen zu, Lehrkräfte dagegen zu 89 % (Grundmann et al., 2000). In einer irischen Studie machen Kinder (zwischen sieben und 17 Jahren) deutlich, dass gerade in der Schule Lehrkräfte und Kinder Mitbestimmungsmöglichkeiten sehr unterschiedlich sehen: Lehrkräfte und Schulleitung sehen vielfältige Möglichkeiten, die Kinder eher wenige, da das hierarchische Gefälle zwischen Erwachsenen und Kindern eine „echte" Mitbestimmung schwierig machen kann (Forde, Horgan, Martin & Parkes, 2018). Aus Elternperspektive schätzen drei Viertel der Eltern von Grundschulkindern das Bedürfnis nach schulischer Mitbestimmung hoch ein (Meier et al., 2011), sehen aber auch, dass Kinder, die unter dem Druck der neuen Leistungsanforderungen stehen, selten bis nie Mitbestimmungs- und Mitgestaltungsmöglichkeiten nutzen (ebd.).

Grundmann et al. identifizieren schon 2000 (n=933, 5.–8. Jahrgangsstufe) als ein Grundproblem, dass die Kinder kaum *Einflussmöglichkeiten auf Lerninhalte und die Gestaltung des Unterrichts* haben; noch geringeres Mitspracherecht besteht bei der Notengebung. In einer aktuellen Schülerbefragung, allerdings mit älteren Kindern bis zu jungen Erwachsenen (12–21 Jahre), zeigen sich auch deutliche Wünsche nach mehr Mitsprache, vor allem im Bereich der Unterrichtsgestaltung, der Lerninhalte und bei der Terminierung von Leistungsfeststellungen (Martinek & Carmignola, 2020).

3.2 Wie hängt Mitbestimmung mit lernrelevanten Faktoren zusammen?

Für Primar- und Sekundarstufenschüler*innen zeigen sich gleichermaßen mäßige positive Effekte von der Mitbestimmung beispielsweise auf das *Selbstwertgefühl, demokratische Fähigkeiten oder auf die Beziehungen zwischen Schüler*innen und Lehrkräften* und sehr geringe Effekte auf Leistung (im Überblick: Mager & Nowak, 2012). Gut untersucht ist der *Zusammenhang von Mitbestimmung und Wohlbefinden*. Die vorliegenden Befunde belegen, dass Kinder bzw. Klassen mit höherer Mitbestimmung/Partizipation nicht nur motivierter, weniger leistungsängstlich und selbstbewusster sind, sondern sich tatsächlich auch wohler fühlen (Bacher, Winklhofer & Teubner, 2007). Darüber hinaus hängt auch das Respektieren von Rechten der Kinder in Familie, Schule und Gemeinschaft mit dem Wohlbefinden der Kinder zusammen (Casas, González-Carrasco & Luna, 2018; Kosher & Ben-Arieh, 2017; Kutsar et al., 2019). Dabei schätzen nicht nur Kinder, die Respekt von Erwachsenen erfahren, sondern auch diejenigen, die mehr über ihre Rechte wissen, ihr Wohlbefinden höher ein (Casas et al., 2018; Corominas, González-Carrasco & Casas, 2020). Über Wohlbefinden hinaus konnte Sauerwein (2019) auf der Basis der StEG-S-Daten auch Auswirkungen von Mitbestimmungsmöglichkeiten von Fünftklässler*innen im Unterricht und in Ganztagsangeboten gleichermaßen auf das Selbstwertgefühl und die soziale Selbstwirksamkeit feststellen.

Des Weiteren liegen Hinweise vor, dass eine *positive Beziehung zur Lehrkraft und ein positives Klassenklima* günstige Faktoren für eine Steigerung der wahrgenommenen Mitbestimmung sein können. So zeigen sich in der Studie von Abs (2010) bezüglich der Mitbestimmung an Entscheidungsprozessen positive signifikante Effekte für ein demokratisches Unterrichtsklima und für die Wertschätzung durch die Lehrkraft. Die Studie von Gamsjäger und Wetzelhütter (2020) belegt, dass ein positives Klassenklima und eine gute Lehrer*innen-Schüler*innen-Beziehung die Mitbestimmung fördern, d. h. dass die Jugendlichen häufiger ihre Meinung einbringen und sich an Entscheidungen beteiligen.

Welche Rolle *Kinder und ihre Hintergrundmerkmale* spielen, macht ein Kinderpanel mit Neun- bis Zehnjährigen (Bacher et al., 2007) deutlich. Es zeigt, dass Merkmale wie Bundesland oder individuelle Merkmale wie z. B. Migrationshintergrund, Wohngegend, Schulform (Ganztags- oder Halbtagsschule) keinen entscheidenden Einfluss auf die schulische Mitbestimmung haben. Eine Ausnahme stellen die *Schichtzugehörigkeit* und die *Klassengröße* dar. Kinder aus einer sehr niedrigen Bildungsschicht erleben seltener sehr hohe Partizipation. In sehr kleinen Klassen (< 19) dagegen lässt sich Mitbestimmung leichter realisieren. Aktuell zeigt eine albanische Studie, dass Mädchen und Kinder aus höheren sozialen Schichten mehr Mitbestimmung bei Entscheidungen wahrnehmen und sich respektierter fühlen (Sianko, Kapllanaj & Small, 2020). Primär, so analysieren Bacher et al. (2007), sind es aber neben der Lehrkraft die Schulkinder, von denen die wahrgenommene Mitbestimmung abhängt. Ein Schwerpunkt der Analyse liegt deswegen auch auf Zusammenhängen zur *kindlichen Persönlichkeit*. Während Externalisierung und motorische Unruhe negativ mit schulischer Mitbestimmung korrelieren, sind ein positives Selbstbild und eine kognitive und soziale Aufgeschlossenheit günstige Prädiktoren für eine hohe schulische Mitbestimmung. Ein *sonderpädagogischer Förderbedarf* dagegen hat keinen Einfluss auf die Partizipation in der sozialen Gruppe (Henke et al., 2017). Casas et al. (2018) machen aber auf den Einfluss des Wissens von Kindern (8–12 Jahre) aufmerksam und sehen dies als Chance, im Bildungsbereich

Kinder über ein Wissen über ihre Rechte entsprechend in ihren Mitbestimmungsmöglichkeiten zu fördern.

Zusammenfassend lässt sich feststellen, dass – besonders in der Grundschule – der Anspruch, alle Kinder zu beteiligen, ihnen zuzuhören und sie mitentscheiden zu lassen, noch nicht eingelöst ist und auch nicht zunehmend eingelöst wird. Mitbestimmungsmöglichkeiten werden von Lehrpersonen und Schüler*innen allerdings unterschiedlich wahrgenommen. Im europäischen Vergleich zeigt sich, dass Deutschland ohne Weiteres Nachholbedarf in der Umsetzung der Mitbestimmung von Kindern hat. Zudem scheint Schülermitbestimmung insgesamt noch zu wenig im Unterricht stattzufinden. Dabei schüren diverse Untersuchungen die empirisch berechtigte Hoffnung, dass Mitbestimmung nicht nur per se ein verfolgenswertes Ziel ist, sondern dass damit unter Umständen günstige Effekte, besonders im Bereich des Wohlbefindens, einhergehen und die Lehrkraft dabei eine wichtige Rolle spielen kann.

4. Umsetzungsmöglichkeiten von Mitbestimmung in der Grundschule

Bevor aufgezeigt wird, wie Mitbestimmung in der Grundschule umgesetzt werden kann, wird auf die qualitative Umsetzung der verschiedenen Facetten eingegangen und die Umsetzung dieser erläutert.

4.1 Qualität der Mitbestimmung

In Kapitel 1 wurden vier verschiedene Facetten von Mitbestimmung vorgestellt: a) Information und Gehört-Werden, b) Mitplanung und Mitberatung, c) Mitgestaltung und Mitwirkung, d) Mitentscheidung. Diese Formen der Mitbestimmung sind nicht hierarchisch gedacht, da jede einzelne in unterschiedlicher Qualität – ähnlich den verschiedenen Stufenleitermodellen zur Partizipation (z. B. Hart, 1992; Schröder, 1995; Biedermann & Oser, 2010) – gewährt werden kann und somit beispielweise ein stark ausgeprägtes Recht auf Mitplanung und Mitberatung mehr Mitbestimmung ermöglichen kann als ein Pseudorecht auf Mitgestaltung und Mitwirkung oder Mitentscheidung.

Hart (1992) unterscheidet in seiner Partizipationsleiter insgesamt acht Stufen der Partizipation, die von „Nicht-Partizipation" bis „echte" Partizipation reichen. Dabei werden die Kinder auf den untersten drei Stufen (Manipulation, Dekoration, Alibiteilnahme) durch die Erwachsenen instrumentalisiert und sie haben nicht wirklich eine Möglichkeit, am Geschehen teilzuhaben. In den fünf Stufen „echter" Partizipation verändert sich sukzessive das Verhältnis zwischen Kindern und Erwachsenen – je höher die Stufe, umso mehr Beteiligungsmöglichkeiten werden den Kindern eröffnet (Wagener, 2013, S. 17). Das Stufenleitermodell ist – ebenso wie das daran orientierte Modell von Schröder (1995) –

aufgrund seiner Darstellung in die Kritik geraten, da die einzelnen Stufen suggerieren, dass zum Erreichen höherer Stufen zunächst weiter unten liegende Stufen erklommen werden müssen (Wagener 2013; Wetzelhütter & Bacher, 2015). Dennoch kann die Idee der unterschiedlichen Qualitäten der Partizipation auf die hier vorgeschlagene Darstellung von Mitbestimmung übertragen werden; allerdings mit der Vorstellung, dass jede der vier verschiedenen Facetten in unterschiedlicher Qualität umgesetzt werden kann und die Kinder entsprechend mehr oder weniger (Mit-)Verantwortung übernehmen können.

Bezugnehmend auf die genannten Facetten zur Operationalisierung der Mitbestimmung könnte dies im Idealfall folgendermaßen aussehen:

a) *Das Recht auf Information und Gehört-Werden:* Für den Unterricht in der Grundschule bedeutet dies, dass (Unterrichts-)Gespräche einen dialogischen Charakter haben und Gesprächsanteile zwischen Lehrkraft und Schüler*innen in einem ausgewogenen Verhältnis stehen. Schüler*innen sollten die Gelegenheit haben, aktiv Gesprächsthemen einzubringen, auf welche die Lehrkraft Bezug nimmt und die individuelle Meinung jedes Kindes anerkennt (Büker, Hüpping, Mayne & Howitt, 2018, S. 109). Ist die Lehrkraft nicht bereit, Anliegen der Schüler*innen umzusetzen, ist sie dennoch in der Pflicht, diese über ihre Beweggründe kindgemäß zu informieren.
b) *Das Recht auf Mitplanung und Mitberatung:* Beim gemeinsamen Planen können die Schüler*innen eigene Ideen einbringen. Auch wenn auf dieser Stufe noch die Lehrkraft die Entscheidungshoheit innehat, so sollte diese Form der Mitbestimmung kooperativ angelegt sein, d. h. die Kinder werden grundsätzlich als Gesprächspartner*innen auf Augenhöhe wahrgenommen.
c) *Das Recht auf Mitgestaltung und Mitwirkung:* Unabhängig davon, ob hier Anliegen von Schüler*innen oder der Lehrkraft eingebracht werden, verschiebt sich zunehmend das Machtgefälle zwischen Kindern und Lehrkraft, da die Kinder ebenfalls Verantwortung übernehmen. Praktisch umgesetzt könnte es bedeuten, dass seitens der Lehrkraft ein Projektthema vorgeschlagen wird, bei dem Schüler*innen für einzelne Teilbereiche die Verantwortung übernehmen.
d) *Das Recht auf Mitentscheidung:* Obwohl die Lehrkraft nicht alle Verantwortung auf die Schüler*innen überträgt, kann es dennoch sein, dass sie Entscheidungen der Schüler*innen, die nicht ihren persönlichen Ansichten entsprechen, akzeptiert. Es sollte auch in der Höchstform der Mitbestimmung nicht darum gehen, Kindern die alleinige Verantwortung zu übertragen, sondern dass Kinder eine Entscheidung treffen können, die dann auch akzeptiert wird. Aufgabe der Lehrkraft kann es sein, diesen Prozess der Entscheidungsfindung zu unterstützen und zusätzliche Aspekte, die es zu berücksichtigen gilt, einzubringen.

Auch wenn hierarchische Strukturen aufgrund des natürlichen Machtgefälles zwischen Lehrpersonen und Schüler*innen nicht vollkommen abgebaut werden können, kann sich die häufig eher asymmetrisch angelegte Beziehung zwischen Lehrkraft und Schüler*innen stärker symmetrisch ausrichten, indem die Kinder (oftmals schrittweise) mehr Verantwortung für schulisches und unterrichtliches Handeln übernehmen können. Umso mehr Kinder mitbestimmen können, umso weniger erfolgt ihr Handeln reaktiv, sondern stärker aktiv, indem sie sich beim eigenen Lernen oder in Diskussionen selbstständig einbringen können.

4.2 Möglichkeiten von Grundschulkindern, im Kontext Schule mitzubestimmen

Schulleben und Unterricht der Grundschule bieten vielfältige Möglichkeiten, bei denen Kinder informiert und ihre Anliegen gehört werden, sie mitplanen, mitberaten, mitgestalten, mitwirken oder mitentscheiden können (Holtappels, 2004). Die Umsetzung der Mitbestimmung kann in verschiedenen Bereichen stattfinden: während des *Unterrichts*, im *Schulleben* oder im institutionell organisierten Rahmen durch *Schüler*innenmitverwaltung/-verantwortung* (Bosenius & Wedekind, 2004, S. 288; Kiper, Pozar & Piper, 1997, S. 36; Krüger, Grundmann & Kötters, 2000, S. 22).

Nach Hildebrandt und Campana (2016, S. 143) kann Mitbestimmung gefördert werden, wenn diese im *Unterricht* selbst zum Thema wird, z. B. wenn die Inhalte der UN-Kinderrechtskonvention oder auch Sinn und Zweck von Klassensprecherwahlen erarbeitet werden. Die konkrete Mitbestimmung der Kinder im Unterricht kann sich auf organisatorische und auf inhaltliche Aspekte beziehen. So kann Kindern die Möglichkeit gegeben werden, beispielsweise den*die Banknachbar*in oder auch die Sozialformen zu wählen. Aber auch die Inhalte des Unterrichts bieten ein großes Spektrum an Mitbestimmungsmöglichkeiten: Kinder können Unterrichtsinhalte oder Projektthemen selbst auswählen, ihre eigenen Fragestellungen und Ideen können in die Unterrichtsplanung einbezogen werden und ihre Meinung kann darüber hinaus auch bei Fragen zur Leistungsfeststellung und -bewertung berücksichtigt werden. Besonders der offene Unterricht bietet in der Grundschule die Möglichkeit, Mitbestimmung im Unterricht umzusetzen. In seinen Oberflächenmerkmalen wird der offene Unterricht durch die Aufgaben- und Organisationform bestimmt (Munser-Kiefer, 2014, S. 366), darunter fallen das Stationenlernen, die Arbeit mit dem Wochenplan, Freiarbeit etc. Häufig existiert unter Lehrkräften ein Verständnis offenen Unterrichts, das lediglich eine Materialzentrierung bedeutet, Eigenverantwortung dabei als Auswahl aus einem vorgegebenen Lernangebot versteht oder selbstgesteuertes Lernen auf die Bestimmung der Reihenfolge, in der Arbeitsaufträgen bearbeitet werden, oder die Wahl des Lernortes beschränkt (Peschel, 2016, S. 8 f.). Anlehnend an Bohl und Kucharz

(2013) entwickelte Gehrig (2018, S. 58) ein Modell, welches zum einen vier Aspekte der Öffnung von Unterricht – sozial, inhaltlich, methodisch und organisatorisch – erfasst und vier Ausprägungen bezüglich des jeweiligen Grads der Öffnung aufzeigt, die ein unterschiedliches Ausmaß an Mitbestimmung ermöglichen:

1) *Keine Öffnung*: Die Lehrperson bestimmt. Die Schüler*innen führen aus.
2) *Geringe Öffnung*: Die Lehrperson bestimmt weitgehend. Die Schüler*innen treffen einzelne, eher einfache Entscheidungen.
3) *Teilweise Öffnung*: Die Lehrperson gibt ein Arrangement vor. Die Schüler*innen arbeiten weitgehend selbstgesteuert.
4) *Weitreichende Öffnung*: Die Lehrperson gibt einen Rahmen vor. Die Schüler*innen arbeiten selbstgesteuert interessenorientiert mit.

Eine weitreichende Öffnung könnte bedeuten, dass Schüler*innen selbstständig, in Absprache mit der gesamten Klasse oder – wenn gewünscht – in Absprache mit der Lehrkraft, einen Wochenplan erstellen und dabei entscheiden, mit welchen Methoden und in welchen Sozialformen sie lernen möchten. Hier kommt die Aufgabe der Lehrkraft zum Tragen, dass sie die Schüler*innen ausreichend an verschiedene Herangehensweisen des Lernens heranführt und diese entsprechend eingeübt werden. Zudem sollten die Kinder über Kriterien der Aufgabenwahl Bescheid wissen, z. B. dass auch gezielt Aufgaben in den Bereichen gewählt werden, die das Kind noch nicht ausreichend beherrscht.

Das *Schulleben* offenbart Mitbestimmungsmöglichkeiten sowohl auf Ebene der Klasse als auch der gesamten Schule. In der Klasse können Kinder unter anderem über die Gestaltung ihres Klassenzimmers, über Klassenregeln oder das Ziel des Klassenausflugs mitbestimmen. Für die gesamte Schule können die Schüler*innen beispielsweise in die Gestaltung eines Schulfestes, des Schulhauses oder in klassenübergreifende Projekte einbezogen werden.

Die *Schüler*innenmitverwaltung/-verantwortung* als eine institutionalisierte Form der Mitbestimmung wird oft so umgesetzt, dass Klassensprecher*innen als gewählte Vertreter*innen ihrer Mitschüler*innen, die Gelegenheit haben, über Belange, die die gesamte Schülerschaft betreffen, mitzubestimmen und Anliegen ihrer Mitschüler*innen an die Schulleitung weiterzuleiten. Mögliche Themen sind hier das Aufstellen von Schulregeln oder die Organisation von Veranstaltungen. Eine weitere basisdemokratische Form der Mitbestimmung stellt der Klassenrat dar, bei dem alle Kinder einer Klasse einbezogen werden (Student & Portmann, 2007), ähnlich wie bei der Schüler*innenvollversammlung, die an alle Schüler*innen einer Schule oder einer Jahrgangsstufe adressiert ist (Gehrig, 2018). Gerade hier besteht eine Gefahr der Scheinpartizipation, da diese Form nicht automatisch Mitbestimmung zulässt, sondern es hier auf die konkrete Umsetzung ankommt (Boer, 2006; Nell-Tuor & Haldimann, 2019).

5. Zusammenfassung und Ausblick

Ziel war es, den Begriff der Mitbestimmung und die Bedeutung von Mitbestimmung aus grundschulpädagogischer Sicht darzulegen, den Ist-Zustand bezüglich der Umsetzung von Mitbestimmung aufzuzeigen und Möglichkeiten zur Umsetzung von Mitbestimmung in der Grundschule darzustellen. Die vorgestellten Forschungsbefunde zeigen, dass Kinder nur teilweise und nicht in ausreichender Qualität Mitbestimmungsmöglichkeiten erleben. Außerdem findet schulische Mitbestimmung meist im Schulleben, weniger beim Lernen im Unterricht statt (Müthing et al., 2018; Neumann et al., 2018). Mögliche Gründe hierfür könnten die hierarchische Ordnung des Systems Schule (Forde et al., 2018) oder ambivalente Einstellungen von Lehrpersonen sein (Coelen & Wagener, 2011; Helsper, 2010; Strauss, Zala-Mezö, Herzig, Häbig & Müller-Kuhn, 2017): Um die Mitbestimmung von Schüler*innen zu ermöglichen, müssen Lehrkräfte bereit sein – zumindest teilweise – die ihnen gegebene Macht an ihre Schüler*innen abzugeben (Debatin, 2019, S. 9). Damit dies möglich ist, benötigen Lehrkräfte neben entsprechenden Einstellungen auch das Wissen über die Mitbestimmungsrechte der Kinder und die Kompetenz, dies in Schulleben und Unterricht umsetzen zu können (siehe dazu auch den Beitrag von Grüning & Martschinke in diesem Band).

Die Qualität der Mitbestimmung ist immer durch die Interaktion zwischen Lehrkraft und Schüler*innen bestimmt. Wichtig ist, dass den Schüler*innen zugehört wird, ihre Anliegen ernstgenommen werden und es gelingt, dass sich wirklich jedes Kind der Klasse einbringen kann. Hierbei gilt es, an die Lernvoraussetzungen jedes einzelnen Kindes anzuschließen. Auch wenn dies in der Grundschule aufgrund der großen Heterogenität eine besondere Herausforderung darstellt, so sollte doch aufgrund der Rechtslage und im Sinne eines inklusiven Gedankengutes, das Partizipation und Teilhabe für alle Kinder einschließt, jedem Kind die Möglichkeit zur Mitbestimmung entsprechend der eigenen Möglichkeiten gegeben werden.

Literatur

Abs, H. J. (2006). *Der Partizipationswürfel. Ein Modell zur Beobachtung und Begleitung demokratiepädagogischer Praxis.* www.ingo-veit.de/blk/pdf_doc/publik/partwue.pdf

Abs, H. J. (2010). Gelegenheitsstrukturen zur Partizipation in Schulen und Partizipationsbereitschaft von Schülern/Schülerinnen. In W. Schubarth, K. Speck & H. L. von Berg (Hrsg.), *Wertebildung in Jugendarbeit, Schule und Kommune: Bilanz und Perspektiven* (S. 177–188). Wiesbaden: VS Verlag für Sozialwissenschaften. www.doi.org/10.1007/978-3-531-92551-6_10

Andresen, S. & Möller, R. (2019). *Children's Worlds+. Eine Studie zu Bedarfen von Kindern und Jugendlichen in Deutschland.* Gütersloh: Bertelsmann. www.doi.org/10.11586/2019030

Bacher, J., Winklhofer, U. & Teubner, M. (2007). Partizipation von Kindern in der Grundschule. In C. Alt (Hrsg.), *Start in die Grundschule. Ergebnisse aus der zweiten Welle* (Schriften des Deutschen Jugendinstituts: Kinderpanel, Band 3, S. 271–298). Wiesbaden: VS Verlag für Sozialwissenschaften.

Bendig, R. (2018). *Handlungskompetenzen entwickeln am Lerngegenstand Kinderrechte. Globales Lernen in Kooperation von Schule, Zivilgesellschaft und Jugendarbeit.* Wiesbaden: Springer VS.

Boer, H. d. (2006). *Klassenrat als interaktive Praxis. Auseinandersetzung – Kooperation – Imagepflege.* Wiesbaden: VS Verlag für Sozialwissenschaften. www.doi.org/10.1007/978-3-531-90436 8

Bohl, T. & Kucharz, D. (2013). *Offener Unterricht heute. Konzeptionelle und didaktische Weiterentwicklung.* Weinheim, Basel: Beltz.

Bosenius, J. & Wedekind, H. (2004). „Mitpestümmen" Schülerstudie 2004 des Deutschen Kinderhilfswerkes und Super RTL zur Partizipation von Viertklässlern. In Deutsches Kinderhilfswerk e. V. (Hrsg.), *Kinderreport Deutschland 2004. Daten, Fakten, Hintergründe* (S. 287–309). München: kopaed.

Büker, P., Hüpping, B., Mayne, F. & Howitt, C. (2018). Kinder partizipativ in Forschung einbeziehen – ein kinderrechtsbasiertes Stufenmodell. *Diskurs Kindheits- und Jugendforschung*, 13(1), 109–114. www.doi.org/10.3224/diskurs.v13i1.10

Burfeind, G., Hoffmann, H., Homann, K. & Reuting, E. (2011). Elementare Demokratiebildung – Zur Förderung und Entwicklung von Alltagspartizipation in der Grundschule. In G. Burfeind, H. Hoffmann, K. Homann & E. Reuting (Hrsg.), *Mitwirkung! Ganztagesschulentwicklung als partizipatives Projekt* (S. 79–106). Berlin: Dt. Kinder- und Jugendstiftung.

Casas, F., González-Carrasco, M. & Luna, X. (2018). Children's rights and their subjective well-being from a multinational perspective. *European Journal of Education*, 53(3), 336–350. www.doi.org/10.1111/ejed.12294

Coelen, T. & Wagener, A. L. (2011). Partizipation an ganztägigen Grundschulen. In S. Appel (Hrsg.), *Mehr als Schule oder doch: mehr als Schule?* (Jahrbuch Ganztagsschule, Band 2011, S. 115–125). Schwalbach am Taunus: Wochenschau.

Corominas, M., González-Carrasco, M. & Casas, F. (2020). The Importance of Feeling Adequately Heard by Adults and Enjoying Time with Family in Relation to Children's Subjective Well-Being. *Child Indicators Research*, 13(1), 193–214.

Debatin, G. (2019). *Partizipation in der Grundschule.* Berlin: Cornelsen.

Deci, E. L. & Ryan, R. M. (1993). Die Selbstbestimmungstheorie der Motivation und ihre Bedeutung für die Pädagogik. *Zeitschrift für Pädagogik*, 39(2), 223–238.

Derecik, A., Kaufmann, N. & Neuber, N. (2013). *Partizipation in der offenen Ganztagsschule. Pädagogische Grundlagen und empirische Befunde zu Bewegungs-, Spiel- und Sportangeboten.* Wiesbaden: Springer VS.

Deutscher Bundestag (2021). *Entwurf eines Gesetzes zur Änderung des Grundgesetzes zur ausdrücklichen Verankerung der Kinderrechte.* www.dip21.bundestag.de/dip21/btd/19/281/1928138.pdf

Deutsches Kinderhilfswerk e. V. (Hrsg.). (2020). *Kinderreport Deutschland 2020. Rechte von Kindern in Deutschland: Die Bedeutung des Draußenspielens für Kinder.* Berlin.

Eikel, A. (2007). Demokratische Partizipation in der Schule. In A. Eikel & G. d. Haan (Hrsg.), *Demokratische Partizipation in der Schule. Ermöglichen, fördern, umsetzen* (Wochenschau Politik, S. 7–39). Schwalbach am Taunus: Wochenschau.

Einsiedler, W. (2014). Grundlegende Bildung. In W. Einsiedler (Hrsg.), *Handbuch Grundschulpädagogik und Grundschuldidaktik* (4., ergänzte und aktualisierte Auflage, S. 225–233). Bad Heilbrunn: UTB.

Fleming, D. (2015). Student Voice An emerging Discourse in Irish Education Policy. *International Electronic Journal of Elementary Education*, 8(2), 223–242.

Forde, C., Horgan, D., Martin, S. & Parkes, A. (2018). Learning from children's voice in schools: Experiences from Ireland. *Journal of Educational Change*, 19(4), 489–509. www.doi.org/10.1007/s10833-018-9331-6

Gamsjäger, M. & Wetzelhütter, D. (2020). Zwischen Scheinpartizipation und tatsächlicher Einflussnahme – Die Bedeutung von Partizipation für das Engagement von SchülerInnen. In S. Gerhartz-Reiter & C. Reisenauer (Hrsg.), *Partizipation und Schule: Perspektiven auf Teilhabe und Mitbestimmung von Kindern und Jugendlichen* (S. 207–231). Wiesbaden: Springer. www.doi.org/10.1007/978-3-658-29750-3_12

Gehrig, H. (2018). *Individualisierende Gemeinschaftsschule. Demokratie und Menschenrechte leben und lernen. Zwölf Impulse* (Impulse zur Unterrichtsentwicklung). Bern: Schulverlag Plus.

Gnabs, T. & Hanfstingl, B. (2016). The decline of academic motivation during adolescence: An accelerated longitudinal cohort analysis on the effect of psychological need satisfaction. *Educational Psychology*, 36, 1698–1712. www.doi.org/10.1080/01443410.2015.1113236

Grundmann, G., Kötters, C. & Krüger, H.-H. (2000). Schulische Partizipationsstrukturen und -möglichkeiten. In H.-H. Krüger, G. Grundmann & C. Kötters (Hrsg.), *Jugendliche Lebenswelten und Schulentwicklung. Ergebnisse einer quantitativen Schüler- und Lehrerbefragung in Ostdeutschland* (Studien zur Schul- und Bildungsforschung, Band 10, S. 257–274). Wiesbaden: VS Verlag für Sozialwissenschaften.

Häbig, J., Zala-Mezö, E., Müller-Kuhn, D. & Strauss, N.-C. (2018). Partizipation von Schülerinnen und Schülern schriftlich fixiert. Eine inhaltsanalytische Untersuchung von Schuldokumenten. *Zeitschrift für Bildungsforschung*, 8(2), 173–187. www.doi.org/10.1007/s35834-018-0215-x

Helsper, W. (2010). „Ich will, dass ihr selbstständig werdet!" Über die Widersprüche im Lehrerberuf. *Friedrich Jahresheft*, 34–37.

Henke, T., Bosse, S., Lambrecht, J., Jäntsch, C., Jaeuthe, J. & Spörer, N. (2017). Mittendrin oder nur dabei? Zum Zusammenhang zwischen sonderpädagogischem Förderbedarf und sozialer Partizipation von Grundschülerinnen und Grundschülern. *Zeitschrift für Pädagogische Psychologie*, 31(2), 111–123. www.doi.org/10.1024/1010-0652/a000196

Hilbrandt, F. (2018). Beteiligung – Ein Kinderrecht und die Verantwortung Erwachsener. Das BikA-Forschungsprojekt. *wamiki*, (3), 42–45.

Hildebrandt, E. & Campana, S. (2016). Partizipation im alltäglichen Unterricht durch Kooperation und Individualisierung in heterogenen Klassen – ein Beitrag zur Demokratiebildung? *International Dialogues on Education*, 3(3), 140–149.

Holtappels, H. G. (2004). Beteiligung von Kindern in der Schule. In Deutsches Kinderhilfswerk e. V. (Hrsg.), *Kinderreport Deutschland 2004. Daten, Fakten, Hintergründe* (S. 259–274). München: kopaed.

Kiper, H., Pozar, T.-S. & Piper, H. (1997). *Selbst- und Mitbestimmung in der Schule. Das Beispiel Klassenrat* (Grundlagen der Schulpädagogik, Band 20). Baltmannsweiler: Schneider-Verlag Hohengehren.

Kosher, H. & Ben-Arieh, A. (2017). What children think about their rights and their well-being: A cross-national comparison. *American Journal of Orthopsychiatry, 87*(3), 256–273. www.doi.org/10.1037/ort0000222

Krajeweski, M. & Brosi, T. (2022). Menschenrechte und Kinderrechte – Zusammenhänge aus juristischer Perspektive. In M. Grüning, S. Martschinke, J. Häbig & S. Ertl (Hrsg.), *Mitbestimmung von Kindern – Grundlagen für Unterricht, Schule und Hochschule* (S. 12–23). Weinheim, Basel: Beltz Juventa.

Krüger, H.-H., Grundmann, G. & Kötters, C. (2000). Jugendliche Lebenswelten und Schulentwicklung. In H.-H. Krüger, G. Grundmann & C. Kötters (Hrsg.), *Jugendliche Lebenswelten und Schulentwicklung. Ergebnisse einer quantitativen Schüler- und Lehrerbefragung in Ostdeutschland* (Studien zur Schul- und Bildungsforschung, Band 10, S. 13–33). Wiesbaden: VS Verlag für Sozialwissenschaften.

Kultusministerkonferenz. (2018a). *Menschenrechtsbildung in der Schule.* Beschluss der Kultusministerkonferenz vom 04.12.1980 i. d. F. vom 11.10.2018

Kultusministerkonferenz. (2018b). *Beschluss der Kultusministerkonferenz: Demokratie als Ziel, Gegenstand und Praxis historisch-politischer Bildung und Erziehung in der Schule.*

Kutsar, D., Soo, K., Strózik, T., Strózik, D., Grigoraş, B. & Bălţătescu, S. (2019). Does the Realization of Children's Rights Determine Good Life in 8-Year-Olds' Perspectives? A Comparison of Eight European Countries. *Child Indicators Research*, 12(1), 161–183. www.doi.org/10.1007/s12187-017-9499-y

Landmann, M., Perels, F., Otto, B., Schnick-Vollmer, K. & Schmitz, B. (2015). Selbstregulation und selbstreguliertes Lernen. In E. Wild & J. Möller (Hrsg.), *Pädagogische Psychologie* (2., vollständig überarbeitete und aktualisierte Auflage, S. 45–65). Berlin, Heidelberg: Springer. www.doi.org/10.1007/978-3-642-41291-2_3

Lundy, L. & Hanna, A. (2022). Delivering children's right to be heard in education: The importance of feedback. In M. Grüning, S. Martschinke, J. Häbig & S. Ertl (Hrsg.), *Mitbestimmung von Kindern – Grundlagen für Unterricht, Schule und Hochschule* (S. 92–107). Weinheim, Basel: Beltz Juventa.

Lundy, L. (2007). ‚Voice' is not enough: conceptualising Article 12 of the United Nations Convention on the Rights of the Child. *British Educational Research Journal*, 33(6), 927–942.

Mager, U. & Nowak, P. (2012). Effects of student participation in decision making at school. A systematic review and synthesis of empirical research. *Educational Research Review*, 7(1), 38–61. www.doi.org/10.1016/j.edurev.2011.11.001

Martinek, D. & Carmignola, M. (2020). Wahrgenommener Druck und der Wunsch nach Partizipation – Selbstbestimmung in der Schule aus der Perspektive der Schülerinnen und Schüler. In S. Gerhartz-Reiter & C. Reisenauer (Hrsg.), *Partizipation und Schule: Perspektiven auf Teilhabe und Mitbestimmung von Kindern und Jugendlichen* (S. 233–251). Wiesbaden: Springer.

Maywald, J. (2016). Das Recht gehört zu werden. Beteiligung als Grundrecht jedes Kindes. In R. Knauer & B. Sturzenhecker (Hrsg.), *Demokratische Partizipation von Kindern* (Studienmodule Kindheitspädagogik, S. 16–30). Weinheim, Basel: Beltz Juventa.

Meier, C., Höfert, W., Paul, S., Hermann, U., Rost, P. & Rothe, M. (2011). *„Partizipation leben in Kindergarten und Grundschule" – Wissenschaftlicher Abschlussbericht.* Vehlefanz: IFK.

Munser-Kiefer, M. (2014). Formen und Qualitätsmerkmale offenen Unterrichts. In W. Einsiedler (Hrsg.), *Handbuch Grundschulpädagogik und Grundschuldidaktik* (4., ergänzte und aktualisierte Auflage, S. 365–369). Bad Heilbrunn: UTB.

Müthing, K., Razakowski, J. & Gottschling, M. (2018). *LBS-Kinderbarometer Deutschland 2018. Stimmungen, Trends und Meinungen von Kindern aus Deutschland.*

Nell-Tuor, N. & Haldimann, N. (2019). Leiten oder leiten lassen? Gesprächsanalytische Beobachtungen zur interaktiven Aushandlung der Leitungsfunktion im Klassenrat. *Zeitschrift für Angewandte Linguistik*, 70(1), 73–104. www.doi.org/10.1515/zfal-2019-2004

Nett, U. E. & Götz, T. (2019). Selbstreguliertes Lernen. In D. Urhahne, M. Dresel & F. Fischer (Hrsg.), *Psychologie für den Lehrberuf* (S. 67–84). Berlin: Springer.

Neumann, S., Andresen, S. & Schneekloth, U. (2018). Herausforderungen an eine Politik für Kinder. In World Vision Deutschland e. V. (Hrsg.), *Kinder in Deutschland 2018. 4. World Vision Kinderstudie* (S. 329–343). Weinheim, Basel: Beltz Juventa.

Neumann, S., Kuhn, M., Hekel, N., Brandenberg, K. & Tinguely, L. (2019). Der institutionelle Sinn der Partizipation. Befunde einer ethnografischen Studie in schweizerischen Kindertageseinrichtungen. In A. Sieber Egger, G. Unterweger, M. Jäger, M. Kuhn & J. Hangartner (Hrsg.), *Kindheit(en) in formalen, nonformalen und informellen Bildungskontexten: Ethnografische Beiträge aus der Schweiz* (S. 321–342). Wiesbaden: Springer. www.doi.org/10.1007/978-3-658-23238-2_16

Peschel, F. (2016). *Offener Unterricht. Idee, Realität, Perspektive und ein praxiserprobtes Konzept zur Diskussion. Band 1: Allgemeindidaktische Überlegungen* (Basiswissen Grundschule, Band 9, 9. unveränderte Auflage). Baltmannsweiler: Schneider-Verlag Hohengehren.

Prengel, A. (2016). *Bildungsteilhabe und Partizipation in Kindertageseinrichtungen.* Weiterbildungsinitiative Frühpädagogische Fachkräfte, WiFF Expertisen, Band 47. München

Prengel, A. (2017). Pädagogische Beziehungen im Lichte der Kinderrecht. In L. Krappmann & C. Petry (Hrsg.), *Worauf Kinder und Jugendliche ein Recht haben. Kinderrechte, Demokratie und Schule: Ein Manifest* (S. 149–161). Bundeszentrale für politische Bildung.

Reisenauer, C. (2020). Kinder- und Jugendpartizipation im schulischen Feld – 7 Facetten eines vielversprechenden Begriffs. In S. Gerhartz-Reiter & C. Reisenauer (Hrsg.), *Partizipation und Schule: Perspektiven auf Teilhabe und Mitbestimmung von Kindern und Jugendlichen* (S. 4–22). Wiesbaden: Springer.

Ryan, R. M. & Deci, E. L. (2016). Facilitating and Hindering Motivation, Learning, and Well-Being in Schools: Research and Observations of Self-Determination Theory. In K. R. Wentzel & D. B. Miele (Hrsg.), *Handbook of motivation at school* (Educational psychology handbook series, S. 96–119). New York: Routledge Taylor & Francis Group.

Ryan, R. M. & Deci, E. L. (2020). Intrinsic and extrinsic motivation from a self-determination theory perspective: Definitions, theory, practices, and future directions. *Contemporary Educational Psychology*, 61, 101860. www.doi.org/10.1016/j.cedpsych.2020.101860

Sauerwein, M. N. (2019). Partizipation in der Ganztagsschule – vertiefende Analysen. *Zeitschrift für Erziehungswissenschaft*, 22(2), 435–459. www.doi.org/10.1007/s11618-018-0844-9

Schiefele, U. & Schaffner, E. (2015). Motivation. In E. Wild & J. Möller (Hrsg.), *Pädagogische Psychologie* (2., vollständig überarbeitete und aktualisierte Auflage). Berlin, Heidelberg: Springer.

Sianko, N., Kapllanaj, M. & Small, M. A. (2020). Measuring Children's Participation: a Person-Centered Analysis of Children's Views. *Child Indicators Research.* www.doi.org/10.1007/s12187-020-09775-z

Strauss, N.-C., Zala-Mezö, E., Herzig, P., Häbig, J. & Müller-Kuhn, D. (2017). Partizipation von Schülerinnen und Schülern ermöglichen: Perspektiven von Lehrpersonen. *Journal für Schulentwicklung*, 21, 13–21.

Student, S. & Portmann, R. (2007). Der Klassenrat – Beteiligung und Mitverantwortung von Anfang an. In A. Eikel & G. d. Haan (Hrsg.), *Demokratische Partizipation in der Schule. Ermöglichen, fördern, umsetzen* (Wochenschau Politik, S. 77–92). Schwalbach am Taunus: Wochenschau.

UN-Ausschuss für die Rechte des Kindes (2009). *Allgemeine Bemerkung Nr. 12: Das Recht des Kindes auf Gehör.* www.institut-fuer-menschenrechte.de/fileadmin/user_upload/Publikationen/Information/Information_GC12_barrierefrei_geschuetzt.pdf

UNICEF. (2021). *Kinderrechtsarbeit in Deutschland.* www.unicef.de/informieren/ueber-uns/fuer-kinderrechte/kinderrechtsarbeit-in-deutschland

Wagener, A. L. (2013). *Partizipation von Kindern an (Ganztags-)Grundschulen. Ziele, Möglichkeiten und Bedingungen aus Sicht verschiedener Akteure.* Weinheim, Basel: Beltz Juventa.

Delivering children's right to be heard in education: The importance of feedback

Laura Lundy and Amy Hanna

The concept of 'feedback' in education conjures up traditional images of curricular feedback: assessment of performance that takes place vertically from teacher to student. From a children's rights perspective, feedback is an accountability mechanism for adults to explain how they have considered children's perspectives and views, and the rationale for how and why decisions were made. This chapter presents a rights-based framework of feedback that implements children's participation rights horizontally: what we discuss in terms of reciprocal feedback between and among children and adults. We argue that such a framework will contribute to the creation of safe spaces for young people to be heard, and relationships that are characterised by respect and trust.

Keywords: Feedback, children's rights, participation, student voice

1. Introduction

Following widespread ratification of the United Nations Convention on the Rights of the Child (UNCRC) (UN, 1989), attitudes to seeking and listening to student perspectives in education repositioned students from passive recipients to active agents (Cook-Sather, 2006). An increased emphasis on enabling student voice emerged in the early 1990s following this shift, and the participation rights enshrined in the UNCRC. Participation became something of an umbrella term for the many ways in which young people express their views and experiences (Robinson & Taylor, 2007) and the ways in which such views and experiences are sought. Whilst there lacks a fixed definition of participation (Cook-Sather, 2006), in this chapter, we understand participation as a medium for exerting influence in education environments and driving change in teaching and learning experiences (Cook-Sather, 2020).

This chapter discusses the participation rights of children under the UNCRC and considers how they are applied in education. We begin with a discussion of children's rights under the UNCRC as a framework, and how participation rights are understood and applied in the student voice literature in education specifically, drawing on the Lundy model (Lundy, 2007) which is widely used by academics and practitioners. This chapter will argue that, whilst student voice has its limitations, participation rights more broadly would benefit from a greater emphasis on the role of feedback. We explore how this can be incorporated into three distinct educational spheres: classroom-based interactions; school councils; and government education policy.

2. Children's Rights, Voice and School

The UNCRC

The United Nations Convention on the Rights of the Child (UN, 1989) is an international human rights treaty that has been ratified by every country in Europe (and every UN member state bar one). It sets out a series of commitments that these governments have made to children living in their territories (whether they are citizens or not), with each government legally-bound in international law to take all reasonable measures to implement the obligations in law and policy (Article 4, UNCRC, 1989). One of the most innovative and important of these obligations is Article 12 (1) which reads as follows:

> 'States Parties shall assure to the child who is capable of forming his or her own views the right to express those views freely in all matters affecting the child, the views of the child being given due weight in accordance with the age and maturity of the child'.

Article 12 requires states (governments and all those who act for them, including schools and teachers) not only to seek the views of the child but to take their views seriously by giving them due weight in accordance with the child's age and maturity. Article 12 is one of the most innovative of the UNCRC and ground-breaking in its recognition not just of children's capacity but their entitlement to exercise agency in their own lives. The UN Committee on the Rights of the Child ('the Committee') has confirmed that it applies to decisions affecting individual children as well as decisions affecting children as a group (UN, 2009). It strongly recommends that 'States parties exert all efforts to listen to or seek the views of those children speaking collectively' (para. 10).

The obligation applies to all 'matters affecting the child'. This will, of course, include their rights to education (Articles 28 & 29) and will therefore apply to all decisions affecting their education (Lundy, Tobin & Parkes, 2019). The Committee's guidance on the application of the right to education suggests that this includes all aspects of teaching and learning, schools councils and policy decisions (UN, 2009). In all cases, there should be a continuing dialogue between adults and children, between school leaders and teachers and their students: 'The concept of participation emphasizes that including children should not only be a momentary act, but the starting point for an intense exchange between children and adults on the development of policies, programmes, and measures in all relevant contexts of children's lives' (UN, 2009, para. 13). Part of that interchange must include a cycle of listening and responding, including by providing feedback as to how their views were considered and with what effect.

In spite of increasing understanding of the requirement to listen to children in schools and elsewhere, compliance with this human rights obligation remains inconsistent both for decisions affecting individual children and those affecting children as a group. During the five-yearly reviews of State compliance, the Committee repeatedly urges States to do more to ensure that children's views are sought and taken into account by educators. Typical recommendations are that this includes enshrining the obligation in domestic law and pre-and in-service training for teachers and other educators (Lundy, 2012).

In 2007, Lundy argued that Article 12 of the UNCRC was one of the most widely cited but also misunderstood of children's rights, particularly within the context of education. Drawing on a study with over 1000 children in Northern Ireland, she proposed that 'voice' was not enough, suggesting that abbreviations such as the terms 'voice of the child' or 'student voice' had the potential to undermine the implementation of the right because they fail to capture the full scope of the obligation and to understand and implement it within the context of other key rights in the UNCRC (Lundy, 2007). She proposed a new conceptualisation of Article 12 based on four key concepts – Space, Voice, Audience and Influence. Figure 1 is a version of the Lundy Model developed into a checklist by the Irish Government (DCYA, 2015).

One of the most innovative aspects of the Lundy model is the emphasis on the second part of Article 12 – audience and influence. In particular, the model stresses that participation is more than 'taking part', that children's views must go to those with the power to effect change and that they must act on them where possible. She acknowledged the challenge around 'influence' and suggested that feedback from adult decision makers to young people during and following consultation was crucial, arguing that it was necessary to 'create the conditions in which it makes it uncomfortable for adults to solicit children and young people's opinions and then ignore them' (Lundy, 2007, p. 939). Young people should be told what decision has been made, how young people's views were considered, and the reasons why action has proceeded in a particular manner (Lundy, 2007).

Figure 1: The Lundy Model developed into a checklist by the Irish Government

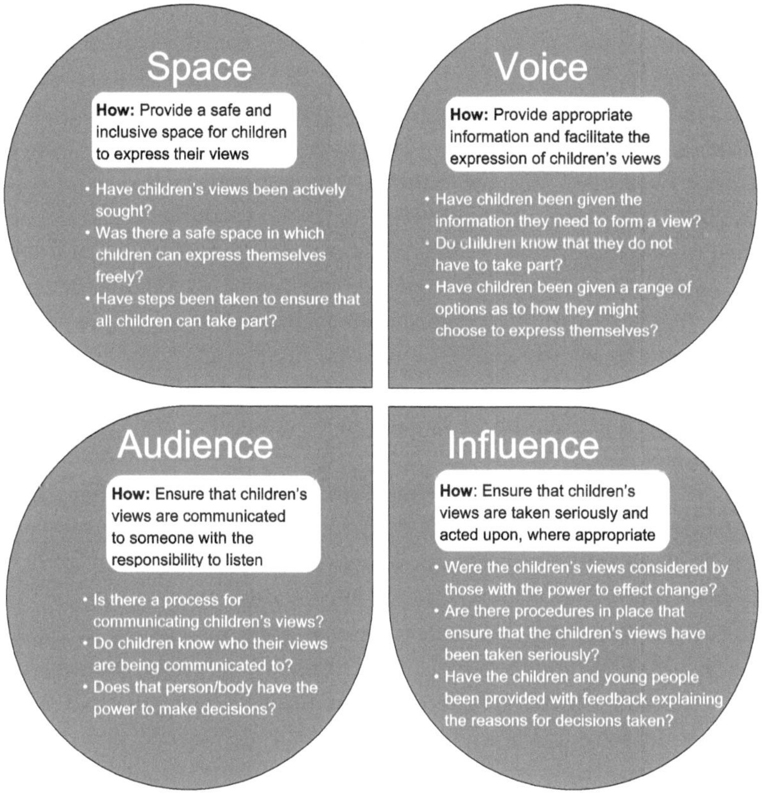

The Lundy model has been used and adopted by academics and practitioners across the world. A bounty of good practice and innovation has emerged. For example, in Ireland, the government has a national strategy on child and youth participation, founded on the Lundy model with government departments and public bodies all committed to specific monitored actions (DCYA, 2015; see also Figure 1). However, even with increased understanding, two challenges remain prominent. The first is ensuring that spaces are inclusive – that all children are heard because young children and children with disabilities in particular – especially intellectual impairments – are poorly served. The second challenge continues to be influence – ensuring that children's views are considered fully and acted upon. This chapter will focus on challenge of influence facing children's participation and will examine the role of feedback in this respect, arguing that implementing a more inclusive feedback framework will produce spaces for children to be heard that are inclusive. In the section which follows, we look at the existing research evidence on student voice in schools and examine how it presents the four constituent parts of Lundy's (2007) model of participation: space; voice; audience and influence.

3. Student Voice

Through the 1990s and 2000s, the student voice discipline proliferated as a young sub-discipline of children's rights – itself a very young discipline. Academic and practitioner work championed children's participation rights – and particularly the right to be heard – urging systemic inclusion of students' perspectives in education (see, for example, Fielding, 2001, 2004; Flutter & Ruddock, 2004; Arnot et al, 2004; Cook-Sather, 2002). Cook-Sather (2006), in her seminal work on student voice, argues that the convictions of rights and respect which underlie student voice demand a rethink of our assumptions about who can and should be an authority on educational practice. To suggest a participatory approach in schools requires a shift in mindset and a sharing of power (Cook-Sather, 2020) that for many children is not a reality. Both children's rights broadly, and education relationships especially, call for a student-adult partnership of mutual respect and shared responsibility. Yet, traditional hierarchies and power imbalances structured into educational institutions do not allow or support this (Quennerstedt, 2015) because the same hierarchical power structures give adults exclusive control over teaching and learning, space, and even, somewhat, bodies (Quennerstedt & Quennersted, 2014).

It is these structures that student voice is often understood to challenge (Cook-Sather, 2006; Rudduck & Fielding, 2006; Taylor & Robinson, 2009), and the same structures that highlight the limitations of student voice as a practice. Limitations of some student voice practices reflect the tendency by some to perceive the experiences of certain young people as representative of all others (Bragg, 2007; Thomson, 2011). The term 'voice' is misleading because it implies a singular, unitary voice (Robinson & Taylor, 2007), rather than a choir of competing voices (Arnot & Reay, 2004) – not all of which are in harmony. Whilst the right to be heard, and to have that voice matter, means that to speak is to have power (Cook-Sather, 2014), there is a challenge in listening to the voices we do not want to hear – or have overlooked – and who might express their voices in a manner that manifests as 'unsanitary'. Fielding (2004) warns that in dismissing voices that seem too strident, offensive or irresponsible, important content may be missed that are more serious than our impressions acknowledge. Bragg's (2001) 'implicit contract', whereby students who 'speak responsibly, intelligibly and usefully' are listened to at the expense of the voices who are 'recalcitrant or even obnoxious', further highlights how adults respond to student voice differently depending on how it is framed or presented, and how the speaker is positioned. Nonetheless, it is the silent and silenced students who find learning uncongenial, whose experiences and perspectives we need to hear (Rudduck & Fielding, 2006).

Many of the issues with student voice lie in the political nature of epistemology as 'who is speaking to whom turns out to be as important for meaning and truth as what is said; in fact what is said turns out to change according to who is speaking and who is listening' (Alcoff, 1991/1992, p. 12). The subtle modes of dominance that accompany the view of teachers as 'knowers' and young people as 'non-knowers' has profound implications for student voice because, as Robinson and Taylor (2012) suggest, knowledge processes involve much more than 'transmission' of facts or content, but processes by which young people are disciplined to the norms expected of, and by, teachers and the institution as a whole. For the power balance to be transformed in such a way that students are active participants in student-teacher dialogue, a major shift is required in ways of thinking and practicing ideas about knowledge and power (Oldfather, 1995). This demands the creation of a climate, or inclusive space, both epistemological and dialogical, that transforms the power transactions of 'those who speak and those who hear' (Fielding, 2004, p. 301) in a way that allows space for the co-construction of knowledge.

Cook-Sather (2002) argues that the most basic tenet of the educational practices and institutions is trust; whether adults trust young people to 'behave', to have and use relevant knowledge. Yet, the same educational practices and institutions reflect a basic distrust in students – a distrust which has evolved to position students largely as passive recipients of 'knowledge', and – we argue – 'feedback'. Lodge (2005) argues that a climate of trust is a space where young people are allowed to experiment with, think about, and develop ideas whilst talking about them, and who are not embarrassed or uncomfortable if they are not able to articulate their ideas succinctly. The absence of such a space in many classrooms implicitly reflects the epistemic distrust of young people; as Alcoff (1991/1992, p. 7) highlights, 'a speaker's location is epistemically significant'. This is no clearer than in practices of 'feedback'. It is unavoidable, then, to consider practices in the classroom which position young people as 'non-knowers' without considering their participation rights; young people's struggle to articulate their ideas and an absence of space or guidelines to express either their ideas, or their struggle, raises important questions about what can be expressed and what can be *heard* using the UNCRC as a framework.

The complexity of article 12 is partially attributed by Lundy (2007) to the fact that 'due weight' is explicitly linked to young people's 'age and maturity' which normally depend on adults' perceptions of children's competence. The exclusion of young people's participation is furthered when competence is assumed to be an intrinsic quality rather than recognising it as relational (Le Borne & Tisdall, 2017; Tisdall, 2018). One example of this is the use of 'feedback' in the classroom. Used as a means of teachers' formative assessment of children, feedback is not typically understood as a reciprocal device as the notion positions children as 'works in progress' and presents ways in which they can improve. Yet, children's rights are most likely to be realised if fresh ideas about recognising and supporting capacity are submitted that would address the concentration on children's 'competence' in schools, and not on adults' lack of competence in enabling children to participate, and supporting the evolution of their capacity (Tisdall, 2018; Le Borne & Tisdall, 2017). This, we suggest, is particularly the case for younger children.

This may be because educational relationships are understood and conducted vertically – from the top down – using a two-dimensional power hierarchy (Lundy & Brown, 2020). What is also required for the effective realization of children's participation rights is a horizontal implementation accounting for the nature of educational relationships between adults and young people. Bourke and Loveridge (2014, p. 143) argue that 'student voice, when used effectively, inherently becomes a pedagogical tool for effective teaching, learning, assessment and social practices within the classroom'. Such an understanding is rarely applied to feedback which is primarily understood as a teacher's job. Within education, curriculum and pedagogy are the medium and mode of participation for both teachers and students (Lundy & Cook-Sather, 2016), and students' right to express their views freely in matters affecting them, and have them given due weight, is denied if student voices are absent from learning processes, or only allowed in response to adult decisions (Lundy & Cook-Sather, 2016). Student voice, consequently, demands an understanding of equity and values that Cook-Sather (2006) argues are found in rights and respect. The next section examines how participation can be applied to feedback in education: not only as a concept applied to vertical decision-making as discussed by Lundy (2007), but implemented horizontally through the feedback process that occurs between teachers and students.

4. The Concept of 'Feedback' in Education

Feedback is understood primarily in terms of assessment in education: as an interaction that takes place between a teacher and student, which conveys information *about the learner's performance relative to learning goals or outcomes* (Education Endowment Foundation, 2018; see also Hattie & Timperley, 2007). Feedback under this definition highlights that it is a purposeful interaction: it provides focus for teachers because it highlights misunderstandings and focus also for students because they have goals to achieve a set outcome. This type of feedback is usually located within formative assessment structures (see for example Black & Wiliam, 1998, 2009; Hattie & Timperley, 2007) and includes 'assessment for learning' (AfL) styles of peer feedback and personal reflections by students (EEF, 2018). However, this 'assessment' lens reflects the power disparity that accompanies teachers' position as 'knowers', and students' as 'non-knowers'. If understood as more than mere transmission of information, feedback as a knowledge process becomes a means for disciplining young people (and teachers) to the norms expected of educational institutions as a whole. Whilst feedback in its traditional understanding is a crucial aspect of teaching and learning, such a perception obscures other forms of feedback in a classroom that are not focused (primarily) on assessment, but on other decisions that affect children. Examples include the texts chosen to read in English lessons, the methods employed to teach new skills in maths, the ways in which seating plans are agreed, decisions about playtime, or how class conflict is dealt with. Despite being matters that affect children, these decisions may not be understood as those about which children in school should be consulted, particularly children who are in the early years. Reciprocal feedback sought from children by adults, together with implementation of Lundy's (2007) focus on 'influence', on an ongoing basis, would be instrumental in the horizontal implementation of article 12 of the UNCRC.

The notion of feedback in terms of knowledge exchange has also been linked to the interactions that take place in teaching and learning in the classroom. Patterns of interaction remain largely focused on teacher talk, with little opportunity for extended student participation (see Hanna, forthcoming). It is perhaps the case, then, that feedback in school settings is taken for granted, and this in turn may account for poor responses to children's voices and participation in education more broadly. Indeed, there are few studies on student perceptions of feedback, but the few there are suggest that much teacher feedback is poorly received and rarely put to use (Hattie & Gan, 2011; Gamlem & Smith, 2013). Smith and Higgins (2006) argue that for open classroom interactions, there is a need for greater focus, not on the questions teachers ask, but on their responses to student questions in creating an interactive learning environment, suggesting that 'it is how a teacher reacts to pupils' responses in terms of their feedback and the historical precedence of the perception of teacher intent this engenders' (p. 493) which determines classroom interactivity. This presents an opportunity not only to reflect on the notion of feedback in the context of decisions made in school as a whole, but to question in a broader way what participation means in the classroom milieu, and what feedback means within this framework. Herein lies an opportunity to discuss how a more inclusive feedback framework which occurs *with*, instead of *to*, children, might create classroom climates that are more dialogical, and which allow for more interactive learning environments. We argue that collective participation, in order to avoid tokenism, demands an inclusive feedback framework and for such a framework, we use Lundy's (2018) model as a guide.

A decade after the publication of the 'Voice is not enough' paper (Lundy, 2007), Lundy returned to the fourth element of the model – influence. Research continues to show that, in spite of a huge range of initiatives to include children in decision-making in schools and elsewhere, children continue to report that their views are not taken seriously and/or that they are not told what happens to them – what may have changed and what did not and why. Drawing on a body of research with children on their experiences of child participation, she focused on the question of 'tokenism' – 'the dirty word of child participation' (Lundy, 2018, p. 340). Although querying the established notion that tokenism is not a form of participation (and can, in many instances, be a steppingstone on the road to more meaningful engagement), she placed a renewed focus on the practice of 'feedback', arguing that this critical juncture in the participatory dialogue has the potential to counteract tokenistic engagement.

Providing feedback to the children involved is core to meaningful child participation and thus recommended in most child participation practice guidance (see, for example, Lansdown, 2011). Dialogue between children and adults, rather than just 'listening', has been identified as one of the most crucial dimensions of meaningful child participation (Mannion, 2007). Lundy (2018) argues that the feedback given by adults to children at the end of a process is a pivotal point in this dialogue. Harnessing and boosting this process could be a way of reducing tokenistic forms of child participation. For this to occur, she suggests that feedback should comply with the following four 'Fs':

- *Full*: A full response would require adults to engage with the substance and explain their response. It would provide answers to questions such as what did you agree with? What surprised you and why? What did you disagree with and why? Who is taking this forward? When will this happen and what is happening next?
- *Friendly (child)*: Children need to be able to understand any response given to them, so it needs to be made accessible to all the children who took part on any consultation exercise. Letting children know the collated results of a consultation is one thing – feedback on how their views were taken seriously is another. The response should provide a child-friendly version of the latter.
- *Fast*: This underlines the need for a speedy initial response – effectively by return – that acknowledges their involvement, any initial progress and next steps.
- *Followed-up*: The encounters should be the part of ongoing conversation, not necessarily a lifelong relationship but one that lasts for the duration of the policy and decision-making process.

These criteria were written primarily with policy-making responses in mind. In the section that follows, we explore further how feedback might best be deployed in the context of three distinct arena for student voice: classroom-based practices, school councils, and government education policy. This consideration therefore incorporates all levels of reciprocal feedback, beginning with classroom-based practices which are largely horizontal, to increasingly more vertical implementation of children's participation rights in decision-making at school council and government policy levels.

Classroom-based practices – relational structures of participation

Each classroom is managed differently depending on the teacher's preferences, the character of the class, and the needs of the individuals in the classroom. By classroom-based practices, we are therefore discussing the choices and decisions teachers are able to make in the context of the classroom. The Committee argues in its general comment on Article 29 Aims of Education that there is a need for education to be 'child-centred, child-friendly and empowering' (UN, 2001, para. 2); what we believe captures Lundy's (2018) four 'F's framework of feedback. It is perhaps pertinent to highlight Gamlem and Smith's (2013, p. 156) argument that 'to consider feedback merely in terms of the information it contains is too simplistic', and to emphasise that the classroom culture that underlies feedback is crucial. To this end, another 'F' might be significant: 'feeling'.

Whilst a considerable volume of literature is written about the relationships children have with their teachers, not much is written about the role of feedback in such a relationship, particularly the affective aspects of feedback in this relationship that are not specifically focused on curriculum delivery. While Cook-Sather and Lundy (2016) examined a rights-respecting pedagogy that focused on respectful dialogue, Lundy and Brown (2020) suggested that a distinction is necessary between vertical orientation of the UNCRC – the duties placed on the state to respect the rights of individuals – and horizontal realisation which occurs in human relationships between individuals. For children's participation rights, the horizontal relation is vital because it occurs in everyday relationships; young people's lived experiences in daily school life.

Gamlem and Smith (2013) argue that one possible moderator of how students perceive and respond to feedback is classroom climate and that a 'lack of trust and mutual respect within a classroom might limit the disclosure of students' thinking through questioning' (p. 155). Teachers and students who are trusted are seen as preferred sources of support; Waldrip et al (2009) suggest that classroom climates where students help one another, and where student involvement is asked for and support is provided by the teacher create learning environments that are more conducive to reciprocal feedback where students can both initiate and respond to feedback on decision-making at classroom level. How students are viewed and treated as learners or knowers is enhanced or diminished not only by forms of feedback, but the 'feeling' of the environment in which this feedback takes place – the challenge of creating inclusive spaces discussed earlier in this chapter. Therefore, the feedback of teachers cannot be divorced from the wider environmental structure of participation and the levels of trust and respect that exist between students and teachers; a phenomenon argued by Cook-Sather and Lundy (2016).

Student Councils – formal structures of participation

A school council, a 'key practical and symbolic indicator of respect for children's rights' (Alderson, 2000, p. 124), is a common and pragmatic way of implementing Article 12 students as a collective. The Committee has said: 'Steady participation of children in decision-making processes should be achieved through, inter alia, class councils, student councils and student representation on school boards and committees, where they can freely express their views on the development and implementation of school policies and codes of behaviour' (UN, 2009, para. 110). They are the strategy of choice for many schools but can also be a legal requirement in some education systems. This aligns with the Committee's recommendation that 'these rights need to be enshrined in legislation, rather than relying on the goodwill of authorities, schools and head teachers to implement them' (UN, 2009, para. 110).

When they work well, they can provide a forum for meaningful engagement between staff and students and a formal mechanism for ensuring that children's views are sought and communicated to decision makers. However, from students' perspective, they do not always function well – with staff controlling who takes part and what is discussed. Another frequent complaint is that students do not see changes being made in response to their views and that they can become disengaged as a result. It has been suggested that the consequences of tokenistic student voice 'are well documented: disaffected, cynical students; ineffectual processes; and a genuine lack of many of the potential benefits of successful participation' (Lewars, 2009, p. 271).

School councils are one area of educational decision-making where full and timely feedback could play a major role in delivering a rights-compliant approach to student voice. Children's views, whether sought by staff (e. g. on school policies) or offered on issues that they have identified as important to them should be communicated to those with the authority to effect change (the 'audience' element of the Lundy model) and those views should be given due weight ('influence'). This reciprocal feedback might take various forms: the principal and senior management team attend and report back to meetings; the minutes of the school council are a standing agenda item for meetings of the school board; and the school council has representation on the school's board or governing body. What is crucial is that the views are communicated to everyone with the power to effect change and that their considerations and decisions are not just communicated back but explained fully in a timely manner. This should not be left to chance – there needs to be formal system of communication (Lundy, 2007).

Government Policy-making

Governments and public decision-makers are required to seek children's views on all aspects of their education (Byrne & Lundy, 2018). In practice this means that the many public consultations on aspects of education should include a specific, age-appropriate engagement with the views of children – all children. Crucially, the Committee has stressed that governments must communicate directly with children and not delegate this to NGOs and others (UN, 2003). It has stressed that 'Beyond the school, States parties should consult children at the local and national levels on all aspects of education policy, including, inter alia, the strengthening of the child-friendly character of the educational system, informal and non-formal facilities of learning, which give children a "second chance", school curricula, teaching methods, school structures, standards, budgeting and child-protection systems' (UN, 2009, para. 111).

There are various ways that they can do this, including having established, formal mechanisms such as a national youth assembly or a youth panel in the department or agency or indeed by funding and supporting child and youth led student associations. In practice, education agencies and ministries often undertake online surveys, offering child-friendly versions that run alongside those targeted at the general public. If the survey is designed for children and enables them to understand the issues under consideration, this can be a very effective way of engaging with large numbers of children. In fact, given that governments, especially ministries of education, will usually be able to secure direct access to all children in publicly-funded schools – they are in the enviable position of having the very best access of any other public entity. However, as with all consultations, they must also make efforts to engage with all children, without discrimination (Lundy, 2007): this includes very young children, children who are not in school or those who cannot engage with a written questionnaire.

Whichever mechanism is adopted, the challenges in this context for providing feedback are distinct. The first will be due to the numbers and spread of those children who have participated. Public bodies need to not only provide child-friendly summaries of the consultation responses but explain fully how and why they have made their decisions. It is rare to see a response which meets the criterion of 'full' above. Moreover, there is a tendency to provide one overview document which merges all responses. Children's views can be lost in that, in spite of the distinct obligation to engage with them under Article 12. A second challenge is that while policy processes and state decision-making are often slow, children grow up fast. They 'age out' of being children and will in many instances leave the institutions (schools and youth groups) where they were accessed by the adults consulting them. This can make it difficult to keep contact with the children who participated but also underscores the need for feedback to be given at regular intervals (Lundy, 2018). There should also be an accessible mechanism, known to children, where the feedback is posted in forms that are age-appropriate and disability accessible.

5. Conclusion

From a children's rights perspective, effective feedback highlights when duty-bearers and decision-makers get an opportunity to demonstrate to the rights-holders how they have put the 'due' in the 'due weight'. It opens up a space for further informed interaction and the possibility of continuing the dialogue. It is therefore core to accountability which is in turn core to human rights (Lundy, 2018). Feedback is not a panacea. However, it is a distinct point in the participatory process, one that provides a unique opportunity for demonstrating transparency and further participation, both of which are crucial for social accountability. Encouraging adults to engage with the substance of children's views could lead to less superficial and more meaningful interaction. Being required to tell children why their views are overridden or how and where and when they are being implemented could encourage adults to move a step down the road away from tokenism and towards respectful dialogue.

Feedback is often left out of discussions on participation, despite it being a crucial point in the participatory process and in the everyday lives of children. Viewing feedback as an accountability measure (Lundy, 2018) emphasises participation with a *purpose*. Such a focus on the purposes that buttress participation remind practitioners and policy makers to consider what aspirations inhere in participatory processes, and to consider the wider cultural environment of the institutions in which they interact with children. For children to influence the decisions around them (Lundy, 2007), it is necessary to emphasise the role of respect and trust crucial to educational relationships between students and adults, and the contribution of these values to the climate for participation to take place. This includes shifting attitudes to young people towards building capacity for feedback and addressing the epistemic disparity between teachers and students. Both trust and respect, in this regard, are vital dimensions of meaningful participation.

References

Alcoff, L. (1991/1992). The problem of speaking for others. *Cultural Critique*, 20, 5–32.

Alderson, P. (2000). School students' views on school councils and daily life at school. *Children & Society*, 14(2), 121–134.

Arnot, M. & Reay, D. (2004). The framing of pedagogic encounters: Regulating the social order of classroom learning. In J. Muller, B. Davies & A. Morais (Hrsg.), *Reading Bernstein, researching Bernstein* (pp. 137–152). London: Routledge, Falmer.

Arnot, M., McIntyre, D., Pedder, D. & Reay, D. (2004). *Consultation in the classroom: Developing dialogue about teaching and learning*, Cambridge, UK: Pearson.

Black, P. & Wiliam, D. (1998). Assessment and classroom learning. *Assessment in Education: Principles, Policy and Practice*, 5, 7–73.

Black, P. & Wiliam, D. (2009). Developing the theory of formative assessment, *Educational Assessment, Evaluation and Accountability*, 21(1), 5–31.

Bourke, R. & Loveridge, J (2014). Student voice(s) as a pedagogical tool. In A. St George, S. Brown & J. O'Neill (Hrsg.), *Facing the big questions in teaching: Purpose, power and learning* (2nd edition, pp. 137–145), Melbourne, Vic: Cengage Learning.

Bragg, S. (2001). Taking a joke: learning from the voices we don't want to hear, *Forum*, 43(2), 70–73.

Bragg, S. (2007). 'Student voice' and governmentality: The production of enterprising subjects? *Discourse: Studies in the Cultural Politics of Education*, 28(3), 343–358.

Byrne, B. & Lundy, L. (2019). Children's rights-based childhood policy: A six-P framework. *The International Journal of Human Rights*, 23(3), 357–373.

Cook-Sather, A. (2002). Authorizing student perspectives: Toward trust, dialogue, and change in education. *Educational Researcher*, 31(4), 3–14.

Cook-Sather, A. (2006). Sound, Presence and Power: 'Student voice' in educational research and reform, *Curriculum Inquiry*. 36(4), 359–390.

Cook-Sather, A. (2014). The trajectory of student voice in educational research. *New Zealand Journal of Educational Studies*, 49(2), 131–148.

Cook-Sather, A. (2020). Student voice across contexts: Fostering student agency in today's schools. *Theory Into Practice*, 59(2), 182–191.

Department of Children and Youth Affairs (DCYA, 2015). *National Strategy on Child and Youth* Participation. www.gov.ie/en/publication/9128db-national-strategy-on-children-and-young-peoples-participation-in-dec/

Education Endowment Foundation (2018). *'Feedback'*. www.educationendowmentfoundation.org.uk/evidence-summaries/teaching-learning-toolkit/feedback/?utm_source=site&utm_medium=search&utm_campaign=site_search&search_term=feedback

Fielding, M. (2001). Students as radical agents of change. *Journal of Educational Change*, 2(3), 123–141.

Fielding, M. (2004). Transformative approaches to student voice: Theoretical underpinnings, recalcitrant realities. *British Educational Research Journal*, 30(2), 295–311.

Flutter, J. & Ruddock, J. (2004). *Consulting pupils: What's in it for schools?* London: Routledge, Falmer.

Gamlem, S. M. & Smith, K. (2013). Student perceptions of classroom feedback. *Assessment in Education: Principles, Policy and Practice*, 20(2), 150–169.

Hattie, J. & Gan, M. (2011). 'Instruction based on feedback'. In R. E. Mayer & P. A. Alexander (Hrsg.), *Handbook of research on learning and instruction* (pp. 249–271), New York: Routledge.

Hattie, J. & Timperley, H. (2007). The Power of Feedback. *Review of Educational Research*, 77(1), 81–112.

Le Borgne, C. and Tisdall, E. K. M. (2017). Children's Participation: Questioning Competence and Competencies? *Social Inclusion*, 5(3), 122–130.

Lewars, J. (2009). Nil desperandum as long as you carpe diem. In B. Percy-Smith & N. Thomas (Hrsg.), *A Handbook of Children and Young People's Participation: Perspectives from Theory and Practice* (pp. 270–276). New York, London: Routledge.

Lodge, C. (2005). From hearing voices to engaging in dialogue: Problematising student participation in school improvement. *Journal of Educational Change*, 6, 125–146.

Lundy, L. & Brown, A. (2020). 'Revisiting the three R's in order to realize children's education rights: Relationships, Resources and Redress'. In J. Todres & S. M. King (Hrsg.), *The Oxford Handbook of Children's Rights Law*. Oxford University Press.

Lundy, L. & Cook-Sather, A. (2016). Children's Rights and Student Voice. In D. Wyse, L. Hayward & J. Pandya (Hrsg.), *The Sage Handbook of Curriculum, Pedagogy and Assessment* (pp. 263–277). London: Sage.

Lundy, L. (2007) Voice is Not Enough: Conceptualising Article 12 of the United Nations Convention on the Rights of the Child, *British Educational Research Journal*, 33(6), 927–942.

Lundy, L. (2012). Children's rights and educational policy in Europe: the implementation of the United Nations Convention on the Rights of the Child. *Oxford Review of Education*, 38(4), 393–411.

Lundy, L. (2018). In defence of tokenism? Implementing children's right to participate in collective decision-making. *Childhood*, 25(3), 340–354.

Lundy, L., Tobin, J. & Parkes, A. (2019). Article 12. In J. Tobin (Hrsg.), *The UN Convention on the rights of the Child: A Commentary* (pp. 397–434). OUP Oxford.

Oldfather, P. (1995). Introduction to 'learning from student voices'. *Theory Into Practice*, 43, 84–87.

Quennerstedt, A. & Quennerstedt, M. (2014). Researching Children's Rights in Education: Sociology of Childhood Encountering Educational Theory'. *British Journal of Sociology of Education*, 35(1), 115–132.

Quennerstedt, A. (2015). Education and Children's Rights. In W. Vandenhole, E. Desmet, D. Reynaert & S. Lembrechts (Hrsg.), *The Routledge International Handbook of Children's Rights Studies* (pp. 201–215). New York: Routledge.

Robinson, C. & Taylor, C. (2007). Theorizing student voice: Values and perspectives. *Improving Schools*, 10(1), 5–17.

Robinson, C. & Taylor, C. (2012). Student voice as contested practice: Power and participation in two student voice projects. *Improving Schools*, 16(1), 32–46.

Ruddock, J. & Fielding, M. (2006). Student voice and the perils of popularity. *Educational Review*, 58(2), 219–231.

Smith, H. & Higgins, S. (2006). Opening classroom interaction: the importance of feedback. *Cambridge Journal of Education*, 36(4), 485–502.

Taylor, C. & Robinson, C. (2009). Student voice: Theorizing power and participation. *Pedagogy, Culture and Society*, 17(2), 161–175.

Thomson, P. (2011). Coming to term with 'voice'. In G. Czerniawski & W. Kidd (Hrsg.), *The international handbook of student voice* (pp. 19–30). Emerald: Bingley.

Tisdall, E. K. (2018). Challenging Competence and Capacity? Due Weight to Children's Views in Family Law Proceedings. *International Journal of Children's Rights*, 26, 159–182.

United Nations (1989). United Nations Convention on the Rights of the Child. Geneva: United Nations.

United Nations Committee on the Rights of the Child (2003). *General Comment No. 4, Adolescent health and development in the context of the Convention on the Rights of the Child (UN/CRC/GC/2003/4).* Geneva: United Nations.
United Nations Committee on the Rights of the Child (2009). *General Comment No. 12, The Right of the Child to be Heard (CRC/C/GC/12).* Geneva: United Nations.
Waldrip, B. G., Fisher, D. L. & Dorman, J. (2009). Identifying exemplary science teachers through students' perceptions of their learning environment. *Learning Environments Research*, 12(1), 1–13.

Teil 2: Empirische Befunde

(Re-)Produktion sozialer Ordnung in der Schule: Welche Mitbestimmungsmöglichkeiten eröffnen sich für Primarschüler*innen?

Julia Häbig, Enikö Zala-Mezö und Johanna Egli

Gemäß einer Konzeption von Kindern als kompetente Akteur*innen, die über agency (Handlungsfähigkeit) verfügen, besitzen Schüler*innen Einfluss auf das Schulgeschehen. Zugleich sind vor allem junge Kinder in der Schule Erwachsenen unterstellt und müssen sich nach wie vor oft in hierarchische Ordnungen einfügen, in denen dem Postulat, Mitbestimmung zu ermöglichen, nicht unbedingt oder nur bedingt nachgekommen wird. Im vorliegenden Beitrag wird anhand der Sichtweise von Primarschüler*innen auf das Schulgeschehen deren Rolle rekonstruiert und aus den Beschreibungen abgeleitet, welche Mitbestimmungsmöglichkeiten sich ihnen eröffnen. Hierfür werden drei Gruppendiskussionen mit Hilfe der dokumentarischen Methode ausgewertet. Die Ergebnisse zeigen, welche Möglichkeiten, agency zu demonstrieren die Kinder in der bestehenden Ordnung wahrnehmen, und dass diese aber nicht immer Mitbestimmung zur Folge haben. Bei den Analysen erweisen sich vor allem performative Aspekte in den Gruppendiskussionen als aufschlussreich, um die Orientierungen der jeweiligen Gruppe zu rekonstruieren.

Schlüsselwörter: Partizipation, agency, Schüler*innensicht, dokumentarische Methode, Gruppendiskussion

1. Einleitung: Mitbestimmung von Schüler*innen

In der heutigen (westlichen) Gesellschaft werden Kinder als Subjekte wahrgenommen, bedingt durch einen Wandel hin zu einem Erziehungsstil, bei dem Kinder in Entscheidungen einbezogen werden, was in vielen Familien und Institutionen Praxis geworden ist. Partizipation von Schüler*innen ist in auf Demokratie basierenden Gesellschaften als Thema angekommen und gehört mit steigender Tendenz zum (Schul-)Alltag (Rieker, Mörgen, Schnitzer & Stroezel, 2016). Sichtbar sind in vielen Schulen in der Schweiz z. B. institutionalisierte Partizipationsformen wie der Klassenrat und das Schulparlament. Schule ist aber eine traditionelle Institution mit klaren gesellschaftlichen Erwartungen und einem komplexen sozialen Gefüge mit vielen Akteur*innen. Nun stellt sich die Frage, wie Kinder in diesem komplexen Umfeld agieren, wie sie selbst soziale Verhältnisse (re-)produzieren und wie diese Verhältnisse mit den Vorstellungen von Partizipation und Mitbestimmung in Verbindung gebracht werden können.

1.1 Partizipation in der Schule

Partizipation, verstanden als Möglichkeit der Mitbestimmung und Mitgestaltung auf unterrichtlicher wie auch schulischer Ebene, berührt die Frage, wie Machtpositionen in der Schule geregelt sind. Indem durch das Postulat nach Partizipation Kindern Mitbestimmungs- und Mitgestaltungsrechte eingeräumt werden, konfligiert Partizipation mit einer traditionell hierarchischen, durch Erwachsene strukturierten Schulstruktur, mit Helsper gesprochen mit „organisatorischen Rahmungen, die Zwänge, abstrakte Regeln und Heteronomie setzen" (Helsper, 2004, S. 83). Mit verschiedenen in der Schule vorherrschenden, nicht auflösbaren Anforderungen, wie der Symmetrie- bzw. Machtantinomie, also dem gleichzeitigen Vorhandensein von „strukturell gegebener Asymmetrie und strukturell erforderlicher Symmetrie" (ebd., S. 74), gilt es umzugehen. Legt man ein eher am Prozess orientiertes Verständnis an, wie beispielsweise Böhme und Kramer, impliziert Partizipation die Aushandlung von Rollen und Machtpositionen: „Partizipation in der Schule ist damit als interaktiv ausgehandelte und permanent weiter auszuhandelnde Form der Inklusion und Exklusion von Personen und Teilaspekten von Akteuren sowie interner Differenzierungen von Rollen und Machtpositionen im Rahmen einer sich fortbildenden kollektiven Lebenspraxis zu verstehen" (Böhme & Kramer, 2001, S. 180).

Untersucht man Partizipation in ihrer Umsetzung in der Schule wie im vorliegenden Projekt, geben folglich Erkenntnisse darüber, welche Rollen und Machtpositionen bestehen, Auskunft über die Möglichkeit der Mitbestimmung der Schüler*innen.

Der Frage nach den Mitbestimmungsmöglichkeiten der Schüler*innen wird in diesem Beitrag aus ihrer Sicht nachgegangen.[1] Dadurch bietet sich die Möglichkeit, nicht über den „gefilterten" Zugang über die Lehrpersonen Einblick in die schulische Handlungspraxis zu bekommen, sondern direkt die Sichtweise der Kinder zu erfassen.

1 Analysen zur Perspektive der Lehrpersonen aus dem gleichen Projekt liegen ebenfalls vor (Häbig, Zala-Mezö, Müller-Kuhn & Strauss, 2019; Zala-Mezö, Häbig, Egli, Müller-Kuhn & Strauss, 2021).

1.2 Kinder als kompetente Akteur*innen

Hintergrund hierfür bildet der Ansatz der Generationenvermittlung nach Heinzel (2019), demzufolge Kinder schon früh in die Gesellschaft eingebunden sind und Einfluss auf diese haben. Heinzel hebt die Handlungsfähigkeit (agency) (vgl. auch Eßer, 2014) von Kindern hervor, die bereits im Rahmen der Grundschule als an der Reproduktion der Gesellschaft Mitwirkende konzipiert werden: „Kinder bzw. Schüler*innen wirken demnach also nicht erst als Erwachsene an der Reproduktion von Gesellschaft mit; sie sind aktiv beteiligt an der (Re-)Produktion des Sozialen und der generationalen Ordnung im Rahmen der Grundschule und des Grundschulunterrichts" (Heinzel, 2019, S. 284). Handlungsfähigkeit oder eben agency ist dabei an dieser Stelle nicht gleichzusetzen mit Partizipation, sondern lässt sich „als eine Beobachtungskategorie begreifen, die es erlaubt, die (spezifische) Akteurschaft von Kindern im Horizont ihrer sozialen Positionierung als Kinder in institutionellen und gesellschaftlichen Kontexten zu untersuchen" (Neumann et al., 2019, S. 325).

Dieses Verständnis von Kindern als kompetente Akteur*innen, die an der Welt teilhaben, steht der Konzeption von Kindern „als (erst) werdende Akteure" (Bühler-Niederberger, 2015, S. 843) entgegen und löst letztere zunehmend ab. Kompetente Teilnahme ist hiernach so zu verstehen, dass Kinder „den Part des Kindes regelkonform" übernehmen: „Kinder besitzen ein Wissen über hochspezifische institutionelle Regeln, sie kennen Strategien, um zu ermitteln, welche Regeln in einem bestimmten Moment überhaupt gelten, sie kennen ihre eigene Position als Kinder in diesen sozialen Zusammenhängen, und sie kennen die Konversationsrechte und -grenzen, die an diese Position gebunden sind" (ebd., S. 840).

Indem Kinder in diesem Sinne als kompetente Akteur*innen verstanden werden, spiegeln sie zum einen bestehende Strukturen wider. Zum anderen leisten sie einen Beitrag zur Schaffung der schulischen und unterrichtlichen Praxis, die in diesem Beitrag mit Blick auf die Frage von Partizipation untersucht wird. Analysen zur Perspektive der Lehrpersonen auf Partizipation und deren Bild von Schüler*innen zeigen, dass Lehrpersonen Schüler*innen für unterschiedlich kompetent halten: Einerseits werden sie von manchen Lehrpersonen als kompetente Akteur*innen gesehen, andererseits ist das Bild von zu Partizipation unfähigen und unwilligen Schüler*innen sehr häufig vorzufinden (Zala-Mezö et al., 2021). Wie viel Mitbestimmung den Schüler*innen zuteilwird, hängt folglich davon ab, inwiefern die Lehrpersonen sie für kompetent halten. Legt man die Annahme der kompetenten Akteur*innen zugrunde, müsste man Schüler*innen folgerichtig in Prozesse von Schul- und Unterrichtsentwicklung einbinden, d. h. ihre „voice" nicht nur anhören, sondern auch zum Ausdruck kommen lassen (Mitra, 2004; Mitra, 2006).

2. Gruppendiskussionen mit Schüler*innen ermöglichen Zugang zu implizitem Wissen

Um die Frage nach der Wahrnehmung der Mitbestimmungsmöglichkeiten durch die Schüler*innen zu beantworten, wurde in diesem Beitrag ihre Sichtweise anhand von Gruppendiskussionen erfasst. Gruppendiskussionen eignen sich besonders dafür, Zugang zu impliziten, kollektiven Wissensbeständen zu erhalten, was in diesem Kapitel ausgeführt wird. Zunächst wird in 2.1 die dokumentarische Methode vorgestellt, mit der die Gruppendiskussionen ausgewertet wurden. Weswegen die Erhebungsmethode Gruppendiskussion gerade bei Forschungen mit Kindern geeignet ist und was dabei berücksichtigt werden sollte, wird in 2.2 dargelegt. Dabei werden Unterschiede der Anwendung von Gruppendiskussionen mit Kindern – insbesondere mit jüngeren Kindern – im Vergleich zu Jugendlichen und Erwachsenen herausgearbeitet. In Kapitel 2.3 wird die Studie und die zugrundeliegende Stichprobe erläutert.

2.1 Dokumentarische Methode als Instrument zur Erschließung kollektiver Orientierungen

Mit Hilfe der dokumentarischen Methode können sogenannte „kollektive Orientierungen beziehungsweise kollektives Wissen" einer Gruppe rekonstruiert werden (Przyborski & Wohlrab-Sahr, 2014, S. 92). Ziel ist es, „die Konstitution eines kollektiven Gedächtnisses" einer Gruppe sichtbar zu machen, indem analysiert wird, wie die Beteiligten in der Interaktion während der Gruppendiskussion aufeinander Bezug nehmen (Bohnsack, 2017, S. 111). Dabei wird zwischen expliziten und impliziten Wissensbeständen unterschieden.

Die Rekonstruktion des impliziten Wissens erfolgt dadurch, dass die inhaltliche Ebene des Gesprächs und die performative Ebene getrennt voneinander analysiert werden (Przyborski, 2004), um zum einen zu einem Verständnis des explizit Gesagten bzw. des *kommunikativen Wissens* zu gelangen und zum anderen zu untersuchen, wie das, was gesagt werden sollte, in der Gruppe kollektiv hervorgebracht bzw. performiert wird, was als *konjunktives Wissen* der Gruppe verstanden wird. Das Spannungsverhältnis zwischen dem kommunikativen Wissen (Norm) und dem konjunktiven Wissen (Habitus) lässt auf den Orientierungsrahmen der Gruppe schließen (vgl. Bohnsack, 2017, S. 103). Dieser gibt den Erfahrungsraum der Gruppe über die Teilnehmenden am Gruppengespräch hinaus wieder. Eine Gruppe kann sich dabei an positiven Horizonten orientieren, die sie anstrebt, zudem kann eine – explizite oder implizite – Abgrenzung von negativen Horizonten erfolgen, die nicht als erstrebenswert gelten (vgl. Bohnsack, 2017, S. 163; Przyborski & Wohlrab-Sahr, 2014, S. 296). In dieser Untersuchung wird der konjunktive Erfahrungsraum von Schüler*innen je einer Klasse und derer sich darin abzeichnenden Mitbestimmungsmöglichkeiten erschlossen. Es kann davon ausgegangen werden, dass sich in den Äußerungen der Teilnehmenden zentrale kollektive Orientierungen der jeweiligen Klassen zeigen. Die dokumentarische Methode eignet sich insbesondere für die Auswertung von Gruppendiskussionen, da sich in diesen kollektive implizite Wissensbestände dokumentieren.

2.2 Gruppendiskussionen mit Schüler*innen

Nachdem Gruppendiskussionen zunächst eher mit Jugendlichen und Erwachsenen geführt wurden, fand die Methode ab circa 2000 auch Eingang in die Kindheitsforschung. Einen Vorteil von Gruppendiskussionen erkennen Billmann-Mahecha und Gebhard (2014, S. 150) darin, dass Kinder, wenn sie untereinander sind, leichter in ein Gespräch kommen, als wenn sie beispielsweise in einem Einzelinterview allein mit einer erwachsenen, häufig ihnen fremden Person sprechen. Zudem gewähren Kinder im Gruppenkontext „Einblicke in die Mikroprozesse sozialer Aushandlungen", was gerade für das Erkenntnisinteresse dieses Beitrags relevant ist.

Mehrere Autor*innen weisen auf Besonderheiten hin, die bei der Durchführung von Gruppendiskussionen mit Kindern und ihrer Auswertung zu berücksichtigen sind. Brenneke und Tervooren (2019) heben in Anlehnung an Przyborski und Wohlrab-Sahr (2014) die Besonderheit des kindlichen Diskurses in Gruppendiskussionen hervor, die aus dem „Fremdsein der Erwachsenen gegenüber den Erfahrungen und Handlungspraxen sowie Darstellungsformen der Kinder" resultiere (Brenneke & Tervooren, 2019, S. 223). Die explizite Thematisierung von Differenz zwischen Kindern und Erwachsenen komme häufig vor, was auf die Sprechweise der Erwachsenen mit den Kindern zurückgeführt wird: „Die (Forschungs-)Situation wird von den Kindern also unterschiedlich eingeordnet und häufig bereits vor der Gruppendiskussionseröffnung eine Differenz zwischen Kindern und Erwachsenen durch die Kinder thematisiert. Die Kinder reagieren dabei auch auf eine spezifische Ansprache als Kinder, die ihnen von den Forschenden entgegengebracht wurde" (ebd., S. 220).

Die Eigenart des kindlichen Diskursmodus im Vergleich zum erwachsenenzentrierten Diskursmodus zeigt sich aber auch impliziter: Nach Nentwig-Gesemann (2002) antworten Kinder auf ihre spezielle Weise auf Fragen der Erwachsenen und performieren viel stärker als diese. Beispielsweise führen sie beim Erklären eines Spiels die Regeln direkt vor, anstatt dass sie sie erklären. Dementsprechend kommt der Handlungspraxis bei Kindern eine höhere Bedeutung zu als dem erklärenden Diskurs (ebd., S. 49).

Nentwig-Gesemann (2002) prägt den Begriff der *Fokussierungsakte*, die diesen performativen Aspekt einfangen. Als Fokussierungsakt bezeichnet sie eine „körperlich-performative Handlungspassage mit hoher interaktiver Dichte und darüber hinaus stark mimetischem Charakter“ (ebd., S. 48). Sie zeichnen sich aus durch „eine gewisse ‚dramatische‘ Übersteigerung, Verzerrung oder Überpointierung der Darstellung“ (ebd., S. 54). Somit fungieren Fokussierungsakte als „Mimesis der sozialen Welt“, als eine Form, sich diese handlungspraktisch zu erschließen und anzueignen (ebd., S. 55).

Neben dem Modus der „körperlichen Aufführung“ (Nentwig-Gesemann, 2010, S. 28) spiele bei Kindern aber auch die Sprache eine zentrale Rolle, wobei eigene Formen des Sprechens auffallen. Brenneke und Tervooren (2019, S. 229) beobachten, dass Kinder „die Möglichkeiten der Gruppendiskussionen weniger zur Selbstdarstellung [nutzen]; vielmehr erzeugen sie eine Verbundenheit zwischen sich und den anderen Kindern (und auch der Forscherin)“. Solche „kollektiven Praktiken“ seien dabei in hohem Maße eigendynamisch und wirkten gemeinschaftsbildend.

Insgesamt folgt aus diesen Erkenntnissen, dass bei der Analyse von Gruppendiskussionen mit Kindern dem Aspekt der Performanz besonders Rechnung getragen werden muss (ebd., S. 232).

2.3 Studie und Stichprobe

Die Daten, auf denen die hier vorgenommene Analyse basiert, wurden im Rahmen des Projekts „Partizipation stärken – Schule entwickeln“ erhoben. Dieses wurde zwischen 2016 und 2019 im Schweizer Kanton Zürich durchgeführt.[2] Dabei wurden die Partizipationspraxis, das Partizipationsverständnis und die Einbindung der Partizipationsthematik in die Schulentwicklung in fünf Schulen untersucht. Dieser Beitrag stützt sich auf drei in verschiedenen Schulen durchgeführte Gruppendiskussionen mit je sechs, aus derselben Klasse stammenden Schüler*innen der zweiten Primarstufe (Alter circa 7–8 Jahre). Die Auswahl der teilnehmenden Schüler*innen wurde von der jeweiligen Schule vorgenommen.

Die an den Gruppendiskussionen teilnehmenden Schüler*innen teilen somit den Erfahrungsraum der Klasse, der in Zusammenhang mit der gesamten Schulkultur steht. Deshalb kann – ohne Anspruch auf Generalisierbarkeit – davon ausgegangen werden, dass die Orientierungen, die sich in dieser Gruppe finden, Rückschlüsse über den Erfahrungsraum der Klasse sowie die Schulkultur zulassen.

---

2 Das Projekt wurde von der Stiftung Mercator Schweiz unterstützt. Informationen zum Zentrum für Schulentwicklung und den Forschungsprojekten findet sich unter www.phzh.ch/zse.

Die Gruppendiskussionen wurden im Jahr 2016 geführt. In diesen wurden die Kinder in einem offenen Erzählimpuls dazu aufgefordert, einem fremden Kind ihren Schulalltag zu beschreiben.[3]

3. Ergebnisse

In diesem Kapitel werden die Ergebnisse beschrieben. In 3.1 wird im Anschluss an den Transkriptausschnitt je Gruppe der herausgearbeitete Orientierungsrahmen der Schüler*innen präsentiert. Im Anschluss an dieses Unterkapitel werden die Schulen unter 3.2 anhand von zentralen Aspekten verglichen.

3.1 Wie werden schulische Rollen ausgehandelt und welche Mitbestimmungsmöglichkeiten ergeben sich daraus?

Gruppe 1: Erwachsene weisen den Kindern den Weg

Y[4]: Ja? Okay. Dann könnt ihr gerne loslegen und euch gemeinsam mal überlegen _em, wie ihr das dem Kind erklären könnt, wie (das) das hier in der Schule bei euch läuft.

J: Also unsere …

M: == (Mit ihr) sprechen einfach, wenn sie Luft wäre?

Y: Mit mir, ja genau. Ich spreche, ich stell' nur manchmal Fragen, wenn ich das Gefühl hab' irgendwie. Aber ansonsten dürft ihr miteinander reden. Gut?

J: Ja. Also ich würde einfach sagen, das ist unsere Lehrerin und sie ist einfach der Boss von (.) der Anlage. Und du musst auf sie hören.

J: Also aso wer?

M: Das Kind muss auf die Lehrerin hören.

J: Aha, ja so.

M: *Nid* die Lehrerin uf (   ). [Nicht]

---

3 Der Impuls lautete in Anlehnung an Jünger (2008, S. 129) folgendermaßen: „Dann erzähl ich euch jetzt erst einmal eine kleine Geschichte, um die es dann in eurem Gespräch gehen soll: Stellt euch einmal ein Kind vor, das von einem anderen Planeten zu euch nach [Ort] kommt und euch hier in der Schule besucht. Dieses Kind kennt das alles nicht, was ihr kennt: nicht die Schweiz, nicht [Ort] und auch nicht eure Schule. Es weiß nicht, warum ihr jeden Tag in die Schule geht und es weiß auch nicht, was die Lehrerin hier macht. Das Kind möchte jetzt unbedingt wissen, was die Lehrpersonen machen und was die Kinder hier in der Schule machen. Und dieses Kind möchte verstehen, was da vor sich geht: Wer bestimmt das, was ihr macht? Wer sagt, wann was passiert? Habt ihr das verstanden? Dann könnt ihr loslegen und dem Kind vom anderen Planeten das alles erklären".

4 Alle Namen sind anonymisiert. Y steht für die das Gespräch moderierende Person. Wenn die Namen der Kinder nicht eindeutig zuzuordnen sind, werden sie nur mit M (Mädchen) und J (Junge) angegeben. Äußerungen auf Schweizerdeutsch werden in eckigen Klammern auf Hochdeutsch übersetzt.

M: == Also ich würde sagen, dass wir (.) hierherkommen, weil wir das lernen müssen, weil wann wir dann groß sind, dass wir auch Geld verdienen können oder so.

J: Ja, (mit), wenn wir gut in der Schule sind, dann (.) haben wir auch einen guten Job nachher, wenn wir erwachsen sind, also viele.

M: Ja. Und die Lehrerin ist auch da, dass die Kinder nicht nur (.) irgendwie:: Disco-Party machen, sondern etwas lernen. Und auch, dass man, dass sie uns das erklären kann zum Beispiel, wenn (wir) jetzt etwas Neues haben im Rechnen, zum Beispiel die Malrechnungen …

J: == Durch.

M: … erklärt sie uns so. Und nachher, dann wissen wir's. Für uns ist das (.) viel einfacher als wenn wir uns allein Kinder das erzählen müssen (° °).

J: _äh und die Lehrerin kuckt auch, dass man nicht rumschreit und alles.

J: Also, dass man nicht laut ist, dass man ihnen zuhört.

J: Und dass, man muss in der Schule Respekt haben. Also, °zum Beispiel°.

J: Und sie kuckt auch, dass man nicht jetzt, _äh wenn man _äh die ganze redet miteinander.

(00:04:53-00:06:59)

Die Schüler*innen dieser Gruppe bezeichnen die Lehrperson als *Boss*, dem es zu folgen gilt und der für Disziplin sorgt. Die Macht der Lehrperson wird nicht infrage gestellt. Sie muss ihre Autorität nicht legitimieren, sondern ist infolge ihrer Funktion, ihres Amtes befugt, zu bestimmen. Als positiver Horizont wird herausgestellt, dem Boss zu folgen und richtiges Verhalten im Sinne von Einhalten vorgegebener Regeln an den Tag zu legen. Das alles erfolgt vor dem übergeordneten Ziel, einen gewissen Status zu erreichen, was im vorliegenden Fall mit Erfolg, einem Beruf und einem gewissen Lebensstandard verbunden wird. Die Hierarchie, die hier von den Schüler*innen beschrieben wird, wird damit funktional begründet: Die Lehrperson unterstützt die Kinder auf dem Weg, diesen angestrebten Status zu erreichen, weshalb das Einordnen in diese Hierarchie als positiver Horizont fungiert. Ein „falsches" im Sinne von nicht erwünschtem Verhalten wird als negativer Horizont skizziert, da es dazu führt, dass die Schüler*innen keinen Erfolg in der Schule und folglich im späteren Leben haben.

Die Lehrperson trägt auch die Verantwortung für den Lernprozess. Sie sorgt für Voraussetzungen, die das Lernen überhaupt erst möglich machen, wie Ruhe in der Klasse, einen respektvollen Umgang. Reden und *Discoparty* werden als Bedingungen angesehen, die das Lernen unterbinden und daher von der Lehrperson verhindert werden sollen. Die Lehrperson wird dabei auf der einen Seite als streng und ihre Tätigkeiten auf der anderen Seite als wichtig und hilfreich beschrieben. Als Voraussetzung für das Lernen wird folglich eine strenge erwachsene Person angesehen, die den Schüler*innen den Weg weist. Anhand des verwendeten Vokabulars – wie etwa *Boss* (Lehrperson) und *Discoparty* (Schüler*innen) – wird diese Rollenverteilung teilweise auf überspitzte Weise dargestellt.

Zudem ist die Lehrperson dafür verantwortlich, dass das Lernen funktioniert. Die Schüler*innen gehen davon aus, dass sie sich selbst nicht disziplinieren können und beim Lernen auf die Erklärungen der Lehrperson angewiesen sind. Lernen wird dahingehend als Vermittlung und Weitergabe von Wissen verstanden, als ein Vorgang also, der in eine Richtung verläuft – von der Lehrperson (einer erwachsenen Person), die erklärt, hin zu den Schüler*innen, die es dann wissen. In Hinblick auf das Lernen und die damit zu erreichenden Ziele (Beruf, Geld, Erfolg) sind die Schüler*innen demzufolge von der Lehrperson abhängig. Somit wird die Lehrperson als Vermittlerin, Weitergebende von Wissen konzipiert. Sie kann das Lernen vereinfachen, da sich die Schüler*innen nur bedingt selbst regulieren können.

Auf der performativen Ebene fällt an der Einstiegsequenz auf, dass die Kinder, nachdem sie sich eingangs noch einmal rückversichern, wie das Verhältnis zur fragestellenden Person (Y) sein soll, leicht in das Gespräch einsteigen können und es gemeinsam konstruieren. Mit der Rückfrage *Mit ihr sprechen einfach, wenn sie Luft wäre?* greifen sie den im Impuls formulierten Rahmen (die Kinder sollen untereinander sprechen, es nicht Y erzählen und müssen sich auch nicht melden) auf. Dabei grenzen sie sich Y gegenüber ab mit dem provozierenden Ausdruck, sie so zu behandeln, als wäre sie Luft, womit sie Y auf der performativen Ebene testen wollen, ob Y in die gleiche Rolle einzuordnen ist, wie die Lehrperson, nämlich als Boss. Indem die Schüler*innen hier eine Abgrenzung gegenüber der anwesenden erwachsenen Person vornehmen, stellen sie auch eine Abgrenzung zwischen Y und der Lehrperson her: Während die Lehrperson mit Respekt behandelt werden muss, soll Y ignoriert werden.

Die gegenseitigen Fragen, die sich die Kinder untereinander stellen, zeugen einerseits von Aufmerksamkeit – sie hören sich gegenseitig zu. Andererseits gibt es an einigen Stellen noch Klärungsbedarf. So wird das Verhältnis, das zwischen Lehrperson und Schüler*innen herrscht, zweimal bestärkend geklärt nach der Nachfrage *Das Kind muss auf die Lehrerin hören, nid die Lehrerin uf* () „das Kind“ – wäre zu ergänzen. Dadurch wird die Möglichkeit, dass es auch andersеherum sein könnte, explizit ins Gespräch gebracht, aber als Kontrast gebraucht, um die Aussage, dass die Lehrerin bestimmt, zu stützen. Darüber hinaus wird damit deutlich, dass es sich um ein klares Verhältnis handelt – es gibt Personen, die bestimmen, und andere, die sich danach zu richten haben. Hier wird gemäß des zuvor etablierten Horizontes – die Lehrpersonen tragen dazu bei, dass die Schüler*innen später erfolgreich sind – nicht angezweifelt, dass die Lehrpersonen die Bestimmenden sind, sondern dieses Verhältnis legitimiert.

Gruppe 2: Befehle erteilen und Befehle empfangen

Y: Nein? So dann dürft ihr loslegen (..) Wie erklärt ihr diesem Kind aus einem anderen Planeten, wie eure Schule //J: keine A:hnung// so funktioniert?

Mehrere Kinder: Keine Ahnung, Keine Ahnung.

Julia: *Me-, Tina, me muess nöd ufstecke.* [man muss nicht aufstrecken]

Y: Du kannst einfach sagen.

Tina: Also _em wir könnte mit dem _em *Chind* könnten wir, überall herumlaufen und sagen, das ist ein Schrank, das ist ein Baum. [Kind]

Michael: Ja, aber es will ja wiss-, es interessiert sich ja dafür _em, was, wa man hier in der Schule macht //Tina: Aha::// bestimmt und so. Dann würde ich machen ...

Tina: Ich würd ich ...

Michael: würde ich ...

Dominik: Der Schrank bestimmt.

Michael: (lacht kurz) Nein, dann würde ich ihm sagen ((Reissverschlussgeräusch)) _em wie soll ich das jetzt sagen? Die Lehrer, bestimmen in meiner Klasse:

Dominik: *Nai::.* [Nein]

Michael: Doch. Der Lehrer sagt, was zu tun ist und ...

Dominik: Ja, okay.

Michael: Ja, °*es isch* ja°... [es ist]

M: I:ch.

Michael: hm ((bejahend)).

Dominik: Aber Lehrer kriegt Befehl.

Michael: Ja m:, Ja, ich würd jetzt sage, dass *Lehrer au net sage, tuen de Müll usse trage.* [dass Lehrer auch nicht sagen, tu den Müll raustragen]

M: Hey, ich.

Michael: hey, was? es, ich würde ...

Dominik: *Chasch Müll usseträge?* [Kannst Müll raustragen?]

Michael: (lacht) *nei* ((andere Kinder lachen)). [nein]

M: *isch müed* (lacht). [ist müde]

Dominik: *ich bi müed, dur de Morge.* [ich bin müde durch den Morgen]

M: (lacht) ((andere Kinder lachen mit))

Michael: *ja er seit jo, er, er isch jo nöd wie din, er isch jo nöd wie dini Muetter oder din Vater* ((einige Kinder lachen)). [ja er sagt ja, er, er ist ja nicht wie dein, er ist ja nicht wie deine Mutter oder dein Vater]

Dominik: *Jo en Lehrer sicher nö* //Michael: *jo hä weisch jo* ( )// *wenn scho Lehrerin.* [Ja ein Lehrer sicher nicht //Michael: ja hä weißt ja ( )// wenn schon Lehrerin]

Michael: Ja, Dominik, *jetz gosch bitte ins Bett* //M: Ö? (Lacht)// *Jetzt isch, am achti isch, am achti isch neui Bettzit.* Ö? [jetzt gehst bitte ins Bett] [Jetzt ist, jetzt ist, um acht ist, um acht ist neue Bettzeit]

J: Unlogisch.

M: *Also ich wördi* sege. [Also ich würde sagen]

Lea: *Ich mues jede Abe am achti ins Bett, also vu dem här.* [Ich muss jeden Abend um acht ins Bett, von dem her]
Dominik: *I chum, ich muess am zehni.* [Ich komme, ich muss um zehn]
Michael: *Ich muess erst am nüni is Bett.* [ich muss erst um neun ins Bett]
M: WAS?
Dominik: *Ich am zehni grichtet.* [Ich um zehn gerichtet]
M: *Ich achti.* [Ich acht]
J: *zehni.* [zehn]
M: O: ta.
Michael: *Ich mues, ich gang, wänn ich wöt ins Bett.* [ich muss, ich gehe, wann ich will ins Bett]
J: *Ich au.* [Ich auch]
(00:07:43-00:09:40)

An diesem Einstieg ist auffällig, dass die Kinder zunächst und recht früh mit einem gewissen Unbehagen, unschlüssig auf den Impuls reagieren und äußern, dass sie *keine Ahnung* hätten. Im weiteren Verlauf wird deutlich, dass sie sich dem Thema auf einer anderen Ebene als der abstrakt sprachlichen *(erklären)* annähern und dem fremden Kind Dinge zeigen möchten. Michaels Versuch, die Gruppe zurück auf die Formulierung im Impuls zu bringen (*es interessiert sich ja dafür, was man in der Schule macht, bestimmt und so)*, macht die Diskrepanz der beiden Modi – abstrakt erklären als Modus der Erwachsenen, vorgegeben durch den Impuls und Dinge erklären durch Zeigen als Modus, den die Kinder wählen – sichtbar. Diese Diskrepanz wird in Dominiks ironisch-spöttischer Äußerung *der Schrank bestimmt* zugespitzt, wofür er das Lachen seiner Mitschüler*innen erntet. Dominik setzt sich mit der Formulierung über das logische Argumentieren hinweg und auch die Reaktionen der anderen machen klar, dass die Kinder diesen spielerischen, witzigen Zugang präferieren. Erst durch Michaels Antwort setzt sich dann der erwachsene gegenüber dem kindlichen Modus durch, der auf die erklärende Ebene fokussiert. Dies ändert sich im Verlauf der Sequenz aber wieder.

Bezüglich der Frage, wer in der Schule Dinge bestimmt, werden die Lehrpersonen genannt. Ihre Machtposition ist hier allerdings eine relative – sie wird von Dominik in eine größere Hierarchie eingeordnet, da die Lehrpersonen ebenfalls einen *Befehl* bekommen. Wie schon in der vorherigen Gruppe kommt hier ein dichotomes Verständnis von Macht zum Ausdruck – es gibt Personen, die bestimmen, was hier noch viel rigider im Sinne von Befehle geben verstanden wird, und Personen, die gehorchen und diesen Befehlen nachkommen müssen. Eine Person kann sich jedoch in beiden Positionen wiederfinden – je nach Kontext bzw. je nach Rolle, die sie einnimmt: Die Lehrperson nimmt gegenüber den Schüler*innen die Rolle der*des Befehlsgebenden ein, nimmt aber selbst auch Befehle entgegen. Von wem wird nicht weiter geäußert. Gemeint ist vermutlich die höhere Ebene der Schulleitung. Im folgenden Gespräch wird dann auch deutlich, dass die Frage, wer welche Rolle innehat, auch sehr zentral ist. Dominiks Einwurf macht deutlich, dass es darum geht, sich in der Klasse eine bestimmte Rolle zu erobern, die dann auch mit Bestimmungsmacht verbunden ist. Dies zeigt sich vor allem gegen Ende der Sequenz beim Thema Bettgehzeit. Die Kinder beginnen hier einen Wettbewerb anhand der Frage, wer wann ins Bett gehen muss und versuchen, sich gegenseitig zu übertrumpfen. Michael hebt das Wetteifern auf eine andere Ebene, in dem er sich ganz über die zugrundeliegende Hierarchie – die Erwachsenen bestimmen, wann die Kinder ins Bett gehen – hinwegsetzt und äußert, er gehe dann, wann er wolle, womit er auch eine mächtige Position einnimmt.

Im Laufe des Gesprächs erfolgt immer mehr eine Verlagerung des Themas ins Private – das Zuhause der Kinder. Eltern und Lehrpersonen werden in diesem Machtsystem unterschieden, wobei die Eltern mehr Macht über die Kinder ausüben können als die Lehrpersonen. Die Eltern können *Befehle* erteilen, die die Kinder erfüllen müssen, wie z. B. Müll rauszutragen. Die Lehrpersonen verfügen derweil nur über das Regelwerk der Schule und sagen dort, *was zu tun ist.*

Die Orientierung an einem ausdifferenzierten hierarchischen Machtsystem zeigt sich auch auf der performativen Ebene. Ziel ist es, sich im Gespräch zu exponieren, andere zu übertreffen. Hierfür wird ein Kontinuum aufgespannt: Wer am meisten bestimmen kann, ist am coolsten. Die hierarchische Struktur bezieht sich folglich nicht nur auf das Verhältnis zwischen den Erwachsenen – Eltern und Lehrpersonen – und den Kindern, sondern auch auf jenes der Kinder untereinander.

Gruppe 3: Individuen, die lehren und lernen

Y: Ja, okay. Dann dürft ihr jetzt loslegen, ohne mich. Miteinander dürft ihr darüber …

M: Was ist die erste Frage?

Y: Die erste Frage ist: Wie würdet ihr dem Außerirdischen erklären, warum ihr, wie eure Schule funktioniert, warum ihr hierher geht und wie ihr, was ihr den ganzen Tag hier macht?

M: Also ich würd's ihm *erscht uf de, uf dere Se-*, _em also, also ich würd' es erst sagen, also versuchen, ob er unsere Sprache es versteht und sonst kann er's, sonst sagt er was, und dann verstehen wir, was er mei-, was, also, also auf welch-, auf welche Sprache er spricht. Das würde ich mal tun als erstes. [erst auf dieser, auf dieser Se-]

Y: Ganz am Anfang. Deutsch kann er. Der versteht euch. Das funktioniert.

M: Dann würd' ich …

J: Erstmal sagen, dass (.) man geht in die Schule, dass (.) man schlau wird, dass man Sachen lernt, aber …

J: Und dann gibt es in der Mitte von der Schule eine Pause, dass man sich austoben kann, dass man nicht die ganze Zeit sein Hirn @kaputt machen muss@. ((andere lachen mit)) Und sonst auch..

M: Also, ich würd' ihm zuerst die Buchstaben mal lernen, dass er mal kann lesen, ein bisschen schreiben.

Y: _mhm, ja.

M: Und ich würd's ihm ein bisschen so sagen, dass _m, °ah ne, ich hab's vergessen°.

Y: _mhm.

M: _em, es (ja voll). Also ...

M: _em:: und dann.

J: Also isch wo, ich würde so als erstes die Zahlen und die Buchstaben, zum Beispiel A, B, C und so, lernen.

M: Ich würd' ihn erst ein bisschen kennenlernen, sodass ich erstmal weiss, wie alt er ist, wovon er kommt, und dann kann ich es verstehen, was::, was ihm so schwerfällt und, also was:: (was) er nicht an der Schule weiss.

[...]

M: Dann lernt man, und sonst, in den Pausen, oder wenn man kommt, wenn's noch nicht geläutet hat ((Sabbergeräusche)) (   ) man ein bisschen draussen (   ) spielen. Und sonst ...

Y: Und wer bestimmt das?

M: Das bestimmt der, also wie (   ), also der Schulleiter.

J: °Schulleiter°.

M: Also der Schulleiter erklärt, was es, was so die Regeln und Umgehen, und sonst macht er Sachen, die zum Beispiel nicht gut sind, wieder besser oder Sachen, die (.) vielleicht den Schülern nicht ( ), vielleicht ma- tut er Sachen auch dazu, sodass (.) die, die Sch- Schule, es trotzdem noch ein bisschen mehr Spaß macht, sodass die Lehrer es ein bisschen ( ) haben und nicht, dass, dass die Lehrer langweilig sind wie noch nie. @(.)@ ((schnalzen, Knacklaute))

(00:09:21-00:12:55)

Zunächst wird nicht auf die Frage nach dem Funktionieren der Schule eingegangen, sondern es werden Rahmenbedingungen geklärt und nach den Voraussetzungen bei den Lernenden gefragt. Das beginnt bei der Kommunikation: Wird die gleiche Sprache gesprochen? Sind die gleichen Vorkenntnisse da? Durch diesen Einstieg kommt zum Ausdruck, dass das fremde Kind als Individuum mit seinen Bedürfnissen wahrgenommen wird. Auch performativ versichern sich die Schüler*innen bezüglich der Rahmenbedingungen und klären zuerst nachfragend, wie das Gespräch abläuft. Es zeigt sich, dass sie einen Ablauf von Frage (Erwachsene) und Antwort (Kinder) gewohnt sind und dies auch hier einfordern.

In der Diskussion manifestiert sich ein funktionales Verständnis der Schüler*innen von Schule: Die Schule hat einen gewissen Zweck und dient dazu, dass die Schüler*innen *schlau werden*. Der Prozess des Schlau-Werdens wird als anstrengend beschrieben. Lernen wird als „Kopfsache" gesehen. Demgegenüber steht der körperliche Aspekt – Bewegung, was in der Pause als Gegenpol passiert. Die Schüler*innen heben Rahmenbedingungen hervor, die zentral dafür sind, dass das Ziel (*schlau werden*) erreicht werden kann: So müssen die Schüler*innen gewisse Voraussetzungen mitbringen, wie eine gemeinsame Sprache, bzw. überhaupt Sprachfähigkeit, um in der Schule zurechtzukommen.

Ein gewisser Zwang wird hier von den Schüler*innen wahrgenommen: Man *muss sein Hirn kaputt machen*. Hinter dem Müssen stehen vermutlich die Lehrpersonen. Es scheint dennoch kein rigides Machtsystem zu geben, in dem sich die Kinder nur unterordnen sollen. Die Berücksichtigung von Bedürfnissen muss nicht erreicht/erkämpft werden, sondern Bedürfnisse werden als normal ins Gespräch eingebracht. Die Schüler*innen denken darüber nach, was das fremde Kind brauchen kann und wie sie mit ihm in Kontakt treten können. Es zeigt sich hier eine Individualisierungsorientierung, die auch Perspektivenübernahme umfasst: Bedürfnisse und Vorkenntnisse sind relevant und müssen im Austausch in Erfahrung gebracht werden.

Im Gegensatz zu den anderen beiden Beispielen werden Lehrpersonen in der Eingangssequenz hier nicht benannt. Die Schüler*innen sehen stattdessen sich selbst in der Rolle der Lehrenden und fühlen sich fähig, dem*der Fremden Dinge beizubringen. Hier führen sie die Rolle der Lehrenden aus, wie sie es offensichtlich aus dem Unterricht kennen, was für eine flexible Hierarchie spricht. Sie sagen *Lernen*, meinen aber *Lehren*: *Also, ich würd' ihm zuerst die Buchstaben mal lernen, dass er mal kann lesen, ein bisschen schreiben*. Durch die Verwendung des Konjunktivs kommt ein Bewusstsein für verschiedene Sicht- und Herangehensweisen zum Ausdruck: Jemand anderes würde es vielleicht anders machen. Die Schüler*innen treten dadurch als selbstbewusste Subjekte auf, die eigene, individuelle Entscheidungen treffen.

Schule wird als Wechsel von Lern- und Pausenzeiten beschrieben. Das Thema der Bestimmungsmacht wird in diesem Gespräch weniger stark von den Schüler*innen gesetzt, dafür aber von Y immer wieder eingebracht. Auf die explizite Nachfrage, wer z. B. über den Wechsel von Pausen und Lernen bestimmt, erwähnen die Schüler*innen die Schulleitung. Auch hier setzt sich fort, dass es keine hierarchischen Bestimmungsstrukturen zu geben scheint. Denn Aufgabe der Leitung ist es zu erklären, nicht etwa zu bestimmen. Ihr wird die Funktion zugeschrieben, Dinge in der Schule zu verbessern, sowohl für die Schüler*innen als auch für die Lehrpersonen.

Das Einbringen ihrer Bedürfnisse zeigt sich auch auf der performativer Ebene: Bereits vor dem eigentlichen Impuls fragen die Schüler*innen immer wieder nach, wie das Gespräch ablaufen soll und bringen somit ihre Erwartungen und Bedürfnisse ein – im Ausschnitt durch die Forderung nach einer konkreten Frage. Hierin zeigt sich, dass die Schüler*innen selbst wissen, wie sie ihre Anliegen einbringen und durchsetzen können und es nicht einer Aufforderung durch die Erwachsenen bedarf.

3.2 Vergleich der drei Orientierungsrahmen

Die herausgearbeiteten Orientierungsrahmen der drei Gruppen lassen sich bezüglich der Frage vergleichen, wie die Rollen und Machtpositionen von Schüler*innen darin verortet werden, worauf sich in der Folge auf die Mitbestimmungsmöglichkeiten der Kinder schließen lässt.

Klare Ordnung zwischen Generationen: In Gruppe 1 ist eine stark hierarchisch geprägte und dabei klare Struktur vorzufinden: Die Schüler*innen befinden sich eher in der passiven Rolle von nicht über besondere Fähigkeiten und Eigenkompetenzen verfügenden *Discoparty*-Machenden, die auf die strenge Führung durch einen *Boss* angewiesen sind und diese auch befürworten bzw. nicht kritisch hinterfragen. Dabei wird eine gewisse Gleichheit unter den Schüler*innen erstellt: Die Hierarchie besteht zwischen den Generationen, aber weniger untereinander. Dieses eher starr anmutende Setting, das wenig Flexibilität und Dynamik bezüglich der Rollen zu beinhalten scheint, impliziert wenig Mitbestimmungsmöglichkeiten, was von den Schüler*innen nicht nur akzeptiert, sondern auch für gut und richtig befunden zu werden scheint.

Ausdifferenzierte Hierarchien: Gruppe 2 weist weniger Stabilität in den Rollen auf, wobei auch hier eine hierarchische Konstellation zu finden ist, die im Gegensatz zu Gruppe 1 auf allen Ebenen zu finden ist – auch unter den Schüler*innen. Es gibt Personen, die Befehle erteilen und Personen, die Befehle entgegennehmen. Befehlsgebende sind tendenziell eher die Erwachsenen. Die Lehrpersonen werden hier aber in ein relationales Verhältnis gestellt: Die Schüler*innen haben ihnen zu gehorchen. Eine noch größere Autorität kommt aber den Eltern zu, die damit in der Hierarchie noch über den Lehrpersonen stehen. Auch in dieser Gruppe kommt den Schüler*innen die Rolle der Befehlsempfangenden zu. Sie nutzen das Prinzip der Ordnungsherstellung aber – anders als in Gruppe 1 – auch unter sich als Peers. Dadurch, dass Machpositionen so wichtig sind, versuchen Schüler*innen ständig zu einer besseren Position zu gelangen. Im Gespräch zeigt sich das auf der performativen Ebene im Bestreben, sich gegenseitig zu übertrumpfen und so die höchste Stellung einzunehmen. Im Beispiel geht es dabei zwar nicht um das Verhältnis zwischen Lehrpersonen und Schüler*innen, sondern um das Verhältnis unter den Kindern. Dennoch impliziert das Schema. Dennoch impliziert das Schema eine gewisse Veränderbarkeit, sprich, dass eine gewisse Machtposition erkämpft und auch gegenüber den Erwachsenen zum Einsatz gebracht werden kann. Andererseits könnte das starke Bestreben der Kinder, sich gegenseitig zu übertrumpfen, gerade als Zeichen von Machtlosigkeit den Erwachsenen gegenüber gesehen werden. Sie übernehmen die bestehenden Strukturen, die auch an dieser Schule von Hierarchie geprägt sind, haben aber nur innerhalb der Peergruppe tatsächlichen Spielraum. Die ein Stück weit ausweglose Situation der Schüler*innen zeigt sich auf der performativen Ebene, wo sie durch Ironie und absurde Äußerungen (*der Schrank bestimmt*) auf ihre eingeschränkten Handlungsmöglichkeiten verweisen: Nur indem sinnhafte Strukturen durchbrochen werden, gelingt es den Schüler*innen, Macht zu demonstrieren. Auch hier deutet die bestehende Konstellation zwischen Schüler*innen und Lehrpersonen folglich auf wenig Mitbestimmungsmöglichkeiten hin, wobei Mitbestimmung mit Macht zu tun hat und diese erkämpft werden kann.

Dynamische Ordnung: Bei Gruppe 3 ist auffallend, dass die Lehrpersonen in der Eingangssequenz keine zentrale Rolle spielen. Der Orientierungsrahmen beschreibt den schulischen Alltag als durch Kommunikation zwischen Individuen geprägten Ort, wobei ein gegenseitiges Verstehen und Helfen angestrebt wird. Eine Hierarchie zwischen Lehrpersonen und Lernenden wie in den anderen beiden Gruppen wird in der Eingangssequenz nicht sichtbar. Stattdessen sind die Rollen insofern austauschbar und flexibel, als dass auch Schüler*innen die Aufgabe des Lehrens übernehmen können. Die Orientierung an den Schüler*innen als Individuen, die unterschiedliche Voraussetzungen haben, die im Austausch zutage treten, verweist auf die Möglichkeit, sich mit seinen individuellen Eigenschaften einzubringen. Deutlich wird aber auch, dass zugleich gewisse Rahmenbedingungen gesetzt sind, die nicht verhandelbar zu sein scheinen (wie im Beispiel sprachliche und mathematische Grundkenntnisse) und der schulische Alltag und das Lernen durchaus auch mit Anstrengung verbunden sind. Diese Anstrengung und die dafür nötige Erholung finden Anerkennung. Innerhalb dieses Rahmens scheint Mitbestimmung durchaus möglich, was sich am deutlichsten in der Verschiebbarkeit von Rollen von Lernenden und Lehrenden ausdrückt und in der sehr aktiven Rolle, die die Kinder gegenüber dem neuen Kind ihren Schilderungen nach einnehmen würden. Dabei wird Mitbestimmung an gewisse Bedingungen geknüpft (z. B. Sprachkenntnisse), was den Anschein von Exklusion jener, die diese Bedingungen nicht erfüllen, erweckt. Da diese Bedingungen aber als veränderbar und erlernbar ausgelegt werden, wird dadurch die Teilhabemöglichkeit nicht grundsätzlich eingeschränkt.

4. Fazit

Die Analysen der Gruppendiskussionen haben unterschiedliche Orientierungsrahmen der Schüler*innen zutage gebracht, mit denen unterschiedliche Handlungsmöglichkeiten einhergehen.

In Gruppe 1, in der eine klare hierarchische Ordnung zwischen Lehrpersonen und Schüler*innen vorherrscht, empfinden es die Schüler*innen so, dass die Lehrpersonen ihnen wenig Kompetenz zuschreiben. Die agency der Kinder zeigt sich hier darin, dass sie sich in diese Rolle fügen, da sie die damit verbundenen Ziele von schulischem Geschehen teilen: Das Erreichen eines gewissen

Status im späteren Leben, wofür die Schule notwendig ist. Mitbestimmung scheint nicht Teil davon zu sein, wobei die Schüler*innen nicht unter der Situation und der bestehenden Ordnung zu leiden scheinen.

Zu welcher Dynamik und welchem Handlungsspielraum eine ausdifferenzierte hierarchische Ordnung führt, zeigt das Beispiel von Gruppe 2: Durch die Unstetigkeit der Rollen entsteht nicht etwa Spielraum für die Kinder, sondern Unberechenbarkeit: Es bestimmt die*der jeweils Mächtigste, was klaren Strukturen widerspricht, da nicht endgültig absehbar bzw. definiert ist, wer wann welche Rolle innehat. Die Schüler*innen finden sich aber aufgrund des Generationenkonflikts, der sich auch hier klar abzeichnet, in den beschriebenen Situationen immer in der Rolle der Befehlsempfangenden wieder. Sie erfahren also, dass ein Verschieben von Macht möglich ist, zugleich scheint eine Hierarchie zwischen Erwachsenen und Kindern unüberwindbar. So bleibt ihnen nur Handlungsfähigkeit in Form des Machtkampfes untereinander, der zu gegenseitiger Konkurrenz führt, in dem sie ihre agency aber nicht im Sinne von Partizipation ausdrücken können. Auch hier bräuchte es die Initiative der Lehrpersonen, um diese Spirale zu beenden und Voraussetzungen für eine symmetrische Ordnung zu schaffen.

In Gruppe 3 gibt es auch feste, vorgegebene, nicht-diskutierbare Rahmen. Es herrscht aber auch eine Berücksichtigungskultur, bei der die Ausrichtung an individuellen Bedürfnissen erfolgt. Die Ordnung ist von Dynamik geprägt, da Rollen zwischen den Generationen austauschbar sind. Dies legt den Schüler*innen Mitbestimmungsmöglichkeiten nahe. Es werden Bedingungen in den Blick genommen, die Schule angenehmer machen – sei es durch die das anstrengende Lernen ausgleichenden Pausen oder durch die um das Wohlbefinden der Lernenden bemühte Schulleitung. Die Schüler*innen scheinen weder zu resignieren noch in Machtkämpfe eintreten zu müssen. Ihr Handlungsspielraum schließt im Gegensatz zu Gruppe 1 und 2 das Einbringen und Aushandeln eigener Bedürfnisse mit ein, was sich in der beschriebenen Individualisierungsorientierung äußert und als wahrhaftige Mitbestimmungsmöglichkeit gedeutet werden kann.

Die Auswertung der Gruppendiskussionen und insbesondere der Vergleich der kollektiven Orientierungen der Schüler*innen hat gezeigt, welche Bestandteile des Schulgeschehens für die Kinder maßgeblich sind. Sie demonstrieren agency, wobei die bestehende Ordnung entweder reproduziert oder bereits konterkariert wird und damit eine neue Ordnung – vor allem performativ – geschaffen wird. So wurde vor allem bei Gruppe 2 deutlich, was geschieht, wenn die Schüler*innen agency nur im Sinne von Machtdemonstrationen, die sich gegeneinander richten, realisieren können, da das schulische Umfeld eine andere Möglichkeit nicht zulässt: Sie erschaffen auf diesem Wege eine eigene soziale Praxis und Ordnung, wobei zu vermuten ist, dass diese sich wiederum stark auf Unterrichts- und Schulkultur auswirkt – im vorliegenden Fall in Form von Konkurrenzkämpfen.

Die hier vorgestellte Analyse beschränkt sich auf drei Fallbeispiele – drei Schüler*innengruppen aus drei unterschiedlichen Schulen. Ob sich die hier gefundenen Orientierungsrahmen auch in anderen Klassen derselben Schulen wiederfinden, müsste in weiteren Analysen angegangen werden. Ebenso könnte untersucht werden, wie sich die Orientierungen über die Zeit verhalten, ob sie sich verändern oder eher stabil sind.

Anhand des vorgestellten Materials sollte deutlich geworden sein, dass Schüler*innen – bereits in jungem Alter – eine starke Handlungskompetenz (Bühler-Niederberger, 2015) besitzen, womit sie die soziale Ordnung in der Schule mitprägen (Heinzel, 2019). Die agency der Kinder ist relational und hängt mit den Handlungsangeboten von den Erwachsenen zusammen: Entweder indem den Schüler*innen Möglichkeit zur Mitbestimmung eingeräumt wird und sie sich dadurch als wirkmächtig erleben können oder indem sie in eine asymmetrische Ordnung verwiesen werden, innerhalb derer sie ihre Handlungsmacht gegeneinander auszuspielen suchen. Wenn Erwachsene in den Schulen diese agency der Kinder und Jugendlichen anerkennen und ihnen Angebote zur Partizipation machen, bekommen sie die Chance, sich konstruktiv in Entwicklungs- und Gestaltungsprozesse einzubringen. Es ist auch Aufgabe der Forschung, hier neue Konzepte auszuprobieren und in der Praxis neue Angebotsformen zu etablieren. Schüler*innen können aktiv an der Weiterentwicklung von Schule und Unterricht beteiligt werden – beispielsweise, indem sie von Beginn an in Schulentwicklungsprozesse eingebunden werden. Dabei ist das Alter keine Bedingung, um Mitbestimmung zu gewährleisten: Dies ist bereits in der Primarschule und darunter möglich.

Bei solchen Bestrebungen muss einem allerdings bewusst sein, dass eine Veränderung in der Rollenverteilung nicht ad hoc geschehen kann und Schulkultur und die soziale Ordnung in der Schule nur schrittweise verändert werden können, da es sich um eingespielte Routinen handelt. Die nachhaltige Etablierung neuer Praktiken kann durch den Einbezug der Schüler*innen in den Prozess begünstigt werden – nicht zuletzt, weil sie einen beachtlichen Teil der Schule ausmachen und der Dreh- und Angelpunkt schulischer Bestrebungen sind bzw. sein sollten.

Literatur

Billmann-Mahecha, E. & Gebhard, U. (2014). Die Methode der Gruppendiskussion zur Erfassung von Schülerperspektiven. In D. Krüger, I. Parchmann & H. Schecker (Hrsg.), *Methoden in der naturwissenschaftsdidaktischen Forschung* (S. 147–158). Berlin, Heidelberg: Springer.

Böhme, J. & Kramer, R.-T. (Hrsg.). (2001). *Partizipation in der Schule.* Wiesbaden: VS Verlag für Sozialwissenschaften.

Bohnsack, R. (2017). *Praxeologische Wissenssoziologie.* Opladen, Toronto: Barbara Budrich.

Brenneke, B. & Tervooren, A. (2019). Gruppendiskussionen mit Kindern am Übergang vom Elementar- zum Primarbereich. Methodologische Diskussionen und forschungspraktische Herausforderungen. In F. Hartnack (Hrsg.), *Qualitative Forschung mit Kindern: Herausforderungen, Methoden und Konzepte* (S. 193–235). Wiesbaden: Springer.

Bühler-Niederberger, D. (2015). Sozialisation in der Kindheit. In K. Hurrelmann, U. Bauer, M. Grundmann & S. Walper (Hrsg.), *Handbuch Sozialisationsforschung* (8., vollständig überarbeitete Auflage, S. 833–849). Weinheim, Basel: Beltz.

Eßer, F. (2014). Agency Revisited. Relationale Perspektiven auf Kindheit und die Handlungsfähigkeit von Kindern. *Zeitschrift für Soziologie der Erziehung und Sozialisation,* 34(3), 233–246.

Häbig, J., Zala-Mezö, E., Müller-Kuhn, D. & Strauss, N.-C. (2019). ‚Im normalen Leben funktioniert das auch nicht'. Rekonstruktionen des kollektiven Verständnisses von Schülerinnen- und Schülerpartizipation. In S. Hauser & N. Nell-Tuor (Hrsg.), *Sprache und Partizipation im Schulfeld* (S. 39–58). Bern: hep.

Heinzel, F. (2019). Zur Doppelfunktion der Grundschule, dem Kind und der Gesellschaft verpflichtet zu sein – die generationenvermittelnde Grundschule als Konzept. *Zeitschrift für Grundschulforschung,* 12(2), 275–287.

Helsper, W. (2004). Antinomien, Widersprüche, Paradoxien: Lehrerarbeit – Ein unmögliches Geschäft? Eine strukturtheoretisch-rekonstruktive Perspektive auf das Lehrerhandeln. In B. Koch-Priewe, F.-U. Kolbe & J. Wildt (Hrsg.), *Grundlagenforschung und mikrodidaktische Reformansätze zur Lehrerbildung* (S. 49–98). Bad Heilbrunn: Julius Klinkhardt.

Jünger, R. (2008). *Bildung für alle? Die schulischen Logiken von ressourcenprivilegierten und -nichtprivilegierten Kindern als Ursache der bestehenden Bildungsungleichheit* (Fachportal Pädagogik). Wiesbaden: VS Verlag für Sozialwissenschaften.

Mitra, D. (2004). The Significance of Students: Can Increasing Student Voice in Schools Lead to Gains in Youth Development? *Teachers College Record,* 106(4), 651–688.

Mitra, D. (2006). Increasing Student Voice and Moving toward Youth Leadership. *Prevention Researcher,* 13(1), 7–10.

Nentwig-Gesemann, I. (2002). Gruppendiskussionen mit Kindern: Die dokumentarische Interpretation von Spielpraxis und Diskursorganisation. *Zeitschrift für qualitative Bildungs-, Beratungs- und Sozialforschung,* 3(1), 41–63.

Nentwig-Gesemann, I. (2010). Regelgeleitete, habituelle und aktionistische Spielpraxis. Die Analyse von Kinderkultur mit Hilfe videogestützter Gruppendiskussion. In R. Bohnsack, A. Przyborski & B. Schäffer (Hrsg.), *Das Gruppendiskussionsverfahren in der Forschungspraxis* (S. 25–44). Opladen: Barbara Budrich.

Neumann, S., Kuhn, M., Hekel, N., Brandenberg, K. & Tinguely, L. (2019). Der institutionelle Sinn der Partizipation. Befunde einer ethnografischen Studie in schweizerischen Kindertageseinrichtungen. In A. Sieber Egger, G. Unterweger, M. Jäger, M. Kuhn & J. Hangartner (Hrsg.), *Kindheit(en) in formalen, nonformalen und informellen Bildungskontexten: Ethnografische Beiträge aus der Schweiz* (S. 321–342). Wiesbaden: Springer.

Przyborski, A. & Wohlrab-Sahr, M. (2014). *Qualitative Sozialforschung: Ein Arbeitsbuch* (4., erweiterte Auflage). München: Oldenbourg.

Przyborski, A. (2004). *Gesprächsanalyse und dokumentarische Methode: Qualitative Auswertung von Gesprächen, Gruppendiskussionen und anderen Diskursen.* Wiesbaden: VS Verlag für Sozialwissenschaften.

Rieker, P., Mörgen, R., Schnitzer, A. & Stroezel, H. (2016). *Partizipation von Kindern und Jugendlichen. Formen, Bedingungen sowie Möglichkeiten der Mitwirkung und Mitbestimmung in der Schweiz.* Wiesbaden: VS Verlag für Sozialwissenschaften.

Zala-Mezö, E., Häbig, J., Egli, J., Müller-Kuhn, D. & Strauss, N.-C. (2021). Schulinterne Aushandlung der Anforderung Lernende partizipieren zu lassen – Welche Schulentwicklungschancen entstehen? In E. Zala-Mezö, J. Häbig & N. Bremm (Hrsg.), *Dokumentarische Methode in der Schulentwicklungsforschung.* Münster: Waxmann.

Mitbestimmung in Schule und Familie aus der Perspektive von Kindern: Ein typologischer Ansatz

Susanne Gerleigner, Ursula Winklhofer und
Alexandra Langmeyer

Mitbestimmung von Kindern ist ein rechtlich verankertes Gut, das auch im Hinblick auf Demokratieförderung von hoher Bedeutung ist. Doch wie sehen Kinder selbst ihre Mitbestimmungsmöglichkeiten? Und können Mitbestimmungsdefizite in einzelnen Lebensbereichen durch Beteiligungserfahrungen in anderen Bereichen kompensiert werden? Diesen Fragen widmet sich vorliegender Beitrag. Mit aktuellen Daten des Surveys AID:A 2019 wird aufgezeigt, dass hohe Beteiligung in der Familie nicht automatisch mit hoher Mitbestimmungserfahrung in der Schule einhergeht und vice versa. Im Gegenteil: Die Daten verweisen auf fünf mögliche Kombinationen der Mitbestimmungserfahrungen in diesen beiden Bereichen, die auch in Zusammenhang mit Geschlecht, besuchter Schulform sowie Bildungsstatus der Eltern stehen.

Schlüsselwörter: Mitbestimmung, Kinderperspektive, Familie, Schule

1. Mitbestimmungsmöglichkeiten als Demokratieförderung

Kinder haben grundsätzlich ein Recht auf Beteiligung und Mitbestimmung. Dies ist in der UN-Kinderrechtskonvention verankert und für den Bereich der Schule in den Landesschulgesetzen konkretisiert (Wapler, 2020). Doch nicht nur die Realisierung rechtlicher Vorgaben, sondern auch gesellschaftspolitische Ziele wie die Förderung demokratischer Bildung im Kindes- und Jugendalter sind zentrale Argumente für die aktive Mitwirkung der Kinder an der Gestaltung ihrer Lebenswelt (Reisenauer, 2020).

„Eine fundierte politische Bildung in Verbindung mit wirkungsvollen Beteiligungsmöglichkeiten trägt dazu bei, junge Menschen für die Demokratie zu gewinnen und zu befähigen. Beteiligung überall dort, wo junge Menschen aufwachsen, ist ein zentrales und unverzichtbares Prinzip“, so eine der Kernaussagen des 16. Kinder- und Jugendberichts der Bundesregierung (BMFSFJ, 2020, S. 12). Dabei sollte Demokratieförderung früh ansetzen, altersgerecht gestaltet sein und alle Kinder und Jugendlichen einbeziehen (Bundesjugendkuratorium, 2017). Schlüsselqualifikationen, die durch diese Beteiligungsprozesse gefördert werden, sind unter anderem selbstbestimmtes Handeln und kommunikative Fähigkeiten, die Positionierung der eigenen Standpunkte bei gleichzeitiger Respektierung anderer Meinungen sowie gewaltfreie Formen der Konfliktlösung (Fischer, Radisch, Theis & Züchner, 2012).

Nach Prengel (2016, S. 10) bezeichnet Beteiligung bzw. Partizipation „die Möglichkeit der Kinder, in ihren Lebens- und Lernzusammenhängen Einfluss zu nehmen". Es geht also im Kern dieser Begriffe um Einflussnahme und Entscheidungsmöglichkeiten, die in unterschiedlicher Reichweite realisiert werden. Verschiedene Stufenmodelle verdeutlichen dies, indem zwischen Mitsprache im Sinne von „Gehört-Werden", Mitplanung und gemeinsamer Beratung, Mitgestalten und Entscheidungsrechten differenziert wird (Ertl, Martschinke & Grüning in diesem Band). Der Begriff der „Mitbestimmung" wird in einigen Stufenmodellen als explizites Recht auf Mitwirkung an Entscheidungsprozessen im Sinne eines gleichberechtigten Stimmrechts definiert; „Selbstbestimmung" bezeichnet dagegen die Bereiche, in denen Kinder und Jugendliche die alleinige Entscheidungsmacht innehaben, wie z. B. die Verfügung über ihr Taschengeld oder auch ein Projekt, das sie in eigener Regie gestalten. Somit ist Selbstbestimmung die höchste Stufe der Partizipation (vgl. Winklhofer & Zinser, 2008; BMFSFJ, 2010). Für unsere Analysen bietet das Modell von Lundy und Hanna (in diesem Band) wichtige Anknüpfungspunkte, das Artikel 12 KRK so auslegt, dass auf einer ersten Stufe Kinder darin gefördert werden müssen, ihre Meinung zu sagen, um damit Mitbestimmung überhaupt erst zu ermöglichen.

Trotz dieser wichtigen Spezifizierungen werden die Begriffe „Partizipation", „Beteiligung" und „Mitbestimmung" in den fachlichen und wissenschaftlichen Diskursen als übergeordnete Bezeichnungen für die Möglichkeiten der Kinder, auf Entscheidungsprozesse Einfluss zu nehmen, häufig synonym verwendet; dieser Gepflogenheit werden wir uns anschließen.

2. Mitbestimmungsmöglichkeiten aus der Perspektive der Kinder

Die Kindheitsforschung der letzten Jahre trug wesentlich dazu bei, Kindheit stärker als eigenständige Lebensphase denn als Zwischenschritt zum Erwachsenwerden zu sehen. Der Anspruch der Kindheitsforschung beinhaltet somit zum einen, Kinder in den Mittelpunkt des Erkenntnisinteresses zu stellen, zum anderen aber auch, das Leben und die Erfahrungen der Kinder nicht mehr nur aus der Erwachsenenperspektive zu erheben, sondern auch den Kindern selbst eine Stimme zu geben (Hengst & Zeiher, 2005). Mit dem Erstarken der Kindheitsforschung und einer Sozialberichterstattung, die sich zum Ziel gesetzt hatte, eine Verknüpfung von objektiven Lagen der Kindheit und subjektivem Wohlbefinden aus Sicht der Kinder zu leisten (Betz, Lange & Alt, 2006), stehen inzwischen regelmäßig erhobene Daten aus Befragungen von Kindern zur

Verfügung. Neben größeren Surveys der Sozialberichterstattung widmen sich auch einige Studien explizit dem Thema Partizipation und Mitbestimmung in Familie und Schule aus Kindersicht (z. B. Fatke & Schneider, 2005; Schneider, Stange & Roth, 2009).

Mitbestimmung in der Familie aus Kindersicht

Auch in der Gestaltung der familiären Beziehungen hat sich seit den 1960er Jahren ein zunehmender Wandel vollzogen. Prägnant beschrieben wird diese Entwicklung mit dem Schlagwort „vom Befehls- zum Verhandlungshaushalt“. Im Wesentlichen bedeutet dies, dass Eltern ihren Kindern deutlich weniger als Autoritäten gegenübertreten, die genau vorschreiben, was zu tun ist, sondern bereit sind, sich auf argumentierende Beratungs- und Aushandlungsprozesse einzulassen (du Bois-Reymond, 2005). Gerade die Familie als primäre Sozialisationsinstanz (Hurrelmann & Bauer, 2015) gilt somit heute als ein Lebensbereich, in dem Kinder die zur Mitbestimmung nötigen Schlüsselqualifikationen schon in jungen Jahren in einem geschützten Rahmen erlernen und erproben können.

Vor dem Hintergrund dieser Entwicklung wurden bereits in den ersten Erhebungen des DJI-Kinderpanels (Alt, Teubner & Winklhofer, 2005) Kinder selbst dazu befragt, wie sehr sie ihre Meinung von ihren Eltern ernst genommen und gehört sehen. Mehr als die Hälfte der befragten Kinder im Alter von neun und zehn Jahren gab hier an, häufig oder immer von den Eltern nach ihrer Meinung gefragt zu werden, wenn es etwas zu entscheiden gibt, was die Kinder selbst oder die ganze Familie betrifft. Eine weitere Studie konnte diese Ergebnisse für die Altersgruppe der Acht- bis Zwölfjährigen ein paar Jahre später replizieren (Schneider, Stange & Roth, 2009).

Die regelmäßigen Erhebungen der World Vision Studie zeigen, dass die von Kindern empfundene Wertschätzung ihrer Meinung durch die Eltern in den letzten Jahren stetig zugenommen hat. Lag sie 2007 noch bei 56 % für die Mütter und bei 47 % für die Väter, so liegen die Anteile der Kinder, die ihre Meinung von den Eltern geschätzt sehen, aktuell bei 62 % für die Mütter und 53 % für die Väter (Pupeter & Schneekloth, 2018).

Die Wertschätzung der eigenen Meinung geht häufig mit einem hohen Maß an Mitbestimmungsmöglichkeiten im Alltag einher. So dürfen jeweils über 80 % der Kinder selbst entscheiden oder mitbestimmen, mit welchen Freunden sie sich treffen, was sie in ihrer Freizeit machen und welche Kleidung sie tragen. Auch bei der Entscheidung über gemeinsame Familienaktivitäten in der Freizeit oder bei der Frage, was es zu essen gibt, dürfen vier Fünftel der Kinder mitbestimmen und ca. drei Viertel der Kinder können frei über das eigene Taschengeld verfügen. Entscheidungen zur Anzahl der Freunde, die Kinder nach Hause mitbringen dürfen, oder zur Erledigung der Hausaufgaben liegen dagegen laut Angaben der Kinder mehrheitlich bei den Eltern (Pupeter & Schneekloth, 2018).

Neben diesen Unterschieden je nach Alltagsbereich zeigt die Studie auch auf, dass mit höherem Alter der Kinder die Häufigkeit der Selbst- und Mitbestimmungsmöglichkeiten ansteigt. Unabhängig vom Alter zeigt sich jedoch auch ein deutlicher Einfluss der sozialen Herkunft. Kinder aus niedrigen Schichten erleben deutlich weniger Selbst- und Mitbestimmung als Kinder aus höheren Schichten (Pupeter & Schneekloth, 2018).

Trotz dieser positiven Befunde von sich mehrheitlich mitbestimmend fühlenden Kindern in der Familie, wünschen sich die meisten Kinder und Jugendlichen im Alter von zehn bis 17 Jahren, sowohl in der Familie als auch in der Schule (noch) stärker mitbestimmen zu können (Deutsches Kinderhilfswerk, 2018). Kindern im Alter von neun bis 14 Jahren, so zeigen die Befunde des LBS-Kinderbarometers, ist dabei im familiären Kontext die Mitbestimmung bei der Schulauswahl am wichtigsten (67 % *sehr wichtig*, 21 % *ziemlich wichtig*), gefolgt von Mitbestimmungsmöglichkeiten bei der Auswahl von Urlaubszielen sowie bei den zu Hause festgelegten Regeln (LBS, 2018).

Mitbestimmung in der Schule aus Kindersicht

Die Schule als sekundäre Sozialisationsinstanz stellt quasi eine erste politische Öffentlichkeit dar, in der neue Regeln und Anforderungen sowie veränderte Modalitäten in der Gestaltung der Generationenbeziehungen erfahren und erlernt werden können. Mitbestimmung kann hier auf verschiedenen Ebenen erlebt werden, zum einen in der Gruppe der Gleichaltrigen im Rahmen der Schulklasse, zum anderen in der pädagogischen Beziehung mit den Lehrkräften und darüber hinaus auch auf der Ebene der Schulgemeinschaft und damit auch der institutionellen Ebene. Es gilt, der eigenen Meinung und den eigenen Interessen und Bedürfnissen, sowohl als Individuum als auch als Mitglied der Klassengemeinschaft, Gehör zu verschaffen und von Mitschüler*innen sowie Lehrkräften gesehen und ernst genommen zu werden. In einem ersten Schritt geht es auch darum, sich überhaupt zu trauen, außerhalb des geschützten Familienrahmens die eigene Meinung Erwachsenen gegenüber zu vertreten und eigene Gedanken zu äußern. Lehrkräfte stehen in ihrem pädagogischen Handeln im Kontext von Beteiligung vor der Aufgabe, das Verhältnis von Machtbefugnissen und Gleichheits- und Freiheitsrechten zwischen den Generationen neu auszutarieren und damit auch Entscheidungsprozesse neu zu gestalten (Winklhofer, 2014).

Formale Mitbestimmungsmöglichkeiten in der Grundschule begrenzen sich in der Regel auf die Wahl von Klassensprecher*innen, wobei diese für die Grundschule je nach Bundesland oft nur optional ist (DKHW, 2019). Mitbestimmung richtet sich somit insbesondere in der Grundschule (vgl. hierzu auch

Ertl et al. in diesem Band) nicht nur auf formale Verfahren, sondern findet ihre Umsetzung auch in der Gestaltung des Klassenlebens und des Unterrichts. In vorliegenden Studien zur Beteiligungsintensität in der Schule wird beispielsweise nach der Mitbestimmung bei der Gestaltung der Klassenregeln, der Wahl der Sitzordnung, der Gestaltung des Klassenzimmers oder der Bestimmung von Ausflugszielen gefragt.

Die Ergebnisse der World Vision Studie zeigen, dass „nur ein kleiner Teil der Kinder Mitbestimmungsmöglichkeiten in der Schule sieht" (Pupeter & Wolfert, 2018, S. 92). Zu ähnlichen Werten kam auch die ZDF-Beteiligungsstudie, bei der 60 % der Acht- bis Zwölfjährigen ihre Beteiligung in der Schule mit *wenig* und 25 % mit *überhaupt nicht* einschätzten (Schneider et al., 2009). Insbesondere in den ersten Schuljahren erleben Kinder nach eigenen Angaben wenig Mitbestimmung in der Schule, mit zunehmendem Alter werden die Partizipationsmöglichkeiten größer. Zudem erleben sich Mädchen stärker beteiligt als Jungen (Pupeter & Wolfert, 2018).

Auch in der Studie „Aufwachsen in Deutschland: Alltagswelten 2019" zeigte sich, dass Mädchen mehr Autonomie und Partizipation in der Schule erleben als Jungen. Keine Unterschiede ergaben sich hinsichtlich der sozialen Herkunft für das Autonomieerleben in der Schule. Hingegen erleben Kinder, die auf ein Gymnasium gehen, mehr Autonomie in der Schule als Kinder in Grund-, Förder- und Hauptschulen (Guglhör-Rudan & Langmeyer, 2021).

Ein wichtiger Aspekt, der Mitbestimmungsmöglichkeiten von Kindern in der Schule fördern kann, ist die Haltung der Lehrpersonen gegenüber den Kindern im alltäglichen Umgang. Interessant ist hier insbesondere die Frage danach, wie viel Wert die Lehrkräfte auf die Meinung der Kinder legen. Nur knapp ein Drittel der in der World Vision Studie befragten Kinder gibt an, dass die Klassenlehrkraft eher viel Wert auf ihre Meinung legt. Mädchen erleben dies etwas häufiger als Jungen (35 % zu 31 %), ältere Kinder etwas mehr als jüngere (6–7 Jahre 30 %, 10–11 Jahre 34 %) (Pupeter & Schneekloth, 2018). Zudem zeigen sich Unterschiede nach sozialer Herkunft: Während in den bisherigen Erhebungen der World Vision Studie die erfahrene Wertschätzung der eigenen Meinung in weniger privilegierten Schichten eher unterdurchschnittlich war, geben in der Erhebung 2017 deutlich mehr Kinder aus niedrigeren Schichten an, dass ihre Klassenlehrkraft viel Wert auf ihre Meinung legt (44 % gegenüber dem Durchschnittswert von 32 %) (Pupeter & Schneekloth, 2018).

Zusammenhang zwischen Mitbestimmung in der Familie und Mitbestimmung in der Schule

Vergleicht man die berichteten Mitbestimmungsmöglichkeiten in der Schule mit denen in der Familie, scheinen sich Kinder in der Schule in Summe seltener mitbestimmend zu erleben. Gleichzeitig zeigt der bisherige Forschungsstand, dass weder in der Familie noch in der Schule alle Kinder gleich viel Mitbestimmung erfahren. So darf nicht übersehen werden, dass auch in der Familie ein beträchtlicher Anteil der Kinder (bis zu 40 %) nicht durchgängig die Wertschätzung ihrer Meinung erlebt bzw. teilweise auch wenig konkrete Mitbestimmungsmöglichkeiten erfährt (Schneider et al., 2009; Pupeter & Schneekloth, 2018). Interessant wäre in diesem Kontext, ob die Kinder, die sich in der Familie als wenig mitbestimmend erleben, sich auch in der Schule weniger beteiligt fühlen, oder ob es hier vielleicht zur Kompensation fehlender Mitbestimmungserfahrungen in einem Bereich durch den anderen kommen könnte.

Zur Frage inwieweit Beteiligungserfahrungen in Familie und Schule zusammenhängen, finden sich bis dato allerdings nur wenige empirische Ergebnisse aus Kindersicht. Es gibt jedoch Hinweise darauf, dass Beteiligungserfahrungen in der Familie auch die Möglichkeiten zur Beteiligung in der Schule beeinflussen. In den Analysen zum DJI-Kinderpanel zeigt sich ein positiver Zusammenhang zwischen den Partizipationsmöglichkeiten in Familie und Schule: Kinder, die es gewohnt sind, in der Familie mitzubestimmen, nehmen auch in der Schule Möglichkeiten der Partizipation stärker wahr (Alt et al., 2005). Auch die World Vision Kinderstudie kommt zu dem Ergebnis, dass „Kinder, die es im Alltag gewohnt sind, selbstbestimmter zu agieren, auch in der Schule auf mehr Mitbestimmungsmöglichkeiten treffen“ (Pupeter & Schneekloth, 2013, S. 193).

Neben dieser Tendenz, dass mehr Partizipation in der Familie zu mehr Partizipation in der Schule führt, wären jedoch auch andere Effekte denkbar. Gerade die Grundschule, die alle Kinder ohne Unterschied nach Herkunft oder Schicht erreicht, hätte die Chance, kompensatorisch zu wirken. Sie könnte gerade die Kinder mit ihren Partizipationsangeboten erreichen, die weniger Beteiligungsmöglichkeiten in der Familie haben. Lehrkräfte mit einer partizipatorischen Grundhaltung könnten somit ein Gegenmodell repräsentieren gegenüber Eltern, die ihren Kindern nur selten Mitbestimmungsmöglichkeiten eröffnen.

3. Fragestellungen

Insofern interessiert im vorliegenden Beitrag nicht nur, wie Kinder allgemein ihre Beteiligung in Familie und Schule erleben, sondern im Besonderen, inwieweit Mitbestimmung in Kombination der beiden Sozialisationskontexte Familie und Schule erlebt wird.

1. Kann Schule wenig Mitbestimmungsmöglichkeiten in der Familie kompensieren? Oder erleben gerade die Kinder in der Schule wenig Mitbestimmung, die auch in der Familie wenig Mitbestimmungsmöglichkeiten erfahren?
2. Zeigen sich Typen nach Ausmaß der erlebten Mitbestimmungsmöglichkeiten in den beiden Bereichen?
3. Und steht – mit Blick auf den bisherigen Forschungsstand – die kombinierte Partizipationserfahrung in Familie und Schule mit dem Geschlecht der Kinder, dem besuchten Schultyp oder dem familiären Bildungshintergrund in Zusammenhang?

4. Verwendete Daten, Stichprobenbeschreibung und methodisches Vorgehen

Verwendete Daten

Zur Beantwortung der Fragestellungen wird auf Daten des Surveys „Aufwachsen in Deutschland: Alltagswelten" (AID:A, 2019; Kuger, Walper & Rauschenbach, 2021) zurückgegriffen. Zwischen März und November 2019 wurden mittels computergestützter standardisierter Interviews meist persönlich, wenn gewünscht auch telefonisch, unter anderem Informationen zur sozialen Teilhabe, familialer Lebensführung sowie zum Wohlergehen und zu Mitbestimmungsmöglichkeiten von Kindern und Jugendlichen in verschiedenen Kontexten des Aufwachsens erhoben.[1] In die vorliegenden Analysen wurden Angaben von Kindern im Alter zwischen neun und elf Jahren einbezogen, die die Jahrgangsstufen zwei bis sieben (mehrheitlich drei bis sechs) einer Förder- oder Regelschule besuchten (n=1.399). Ebenso wurden Angaben der jeweiligen Eltern zum eigenen Bildungsstatus mitberücksichtigt.

Mit diesen Daten kann einerseits die Mitbestimmung in der Schule, andererseits die Mitbestimmung in der Familie aus der Perspektive von Kindern untersucht werden: Die Neun- bis Elfjährigen wurden zum einen dazu befragt, wie sehr sie sich von den Lehrkräften ermutigt fühlen, ihre eigene Meinung zu äußern, eigene Entscheidungen zu treffen oder Dinge selbst zu machen bzw. auszuprobieren. Zum anderen wurden die Kinder gefragt, wie sehr sie sich von den Lehrkräften ernst genommen fühlen. Die Einschätzung erfolgte jeweils auf einer vierstufigen Antwortskala von *trifft voll und ganz zu* bis *trifft gar nicht zu.* Mit diesen vier Items wird abgebildet, wie sehr Kinder in der Schule bzw. durch die Lehrkräfte zu selbstbestimmtem Denken und Handeln ermutigt werden

1 Für detailliertere Informationen bezüglich Stichprobendesign, Befragungsverlauf oder realisierter Stichprobe sei an Kuger, Pötter & Quellenberg (2021) verwiesen.

und dadurch für eine spätere Mitbestimmung sozusagen das Handwerkszeug erlernen. Im vorliegenden Beitrag werden diese vier Items als Maß für die Mitbestimmungsmöglichkeiten in der Schule herangezogen.

Zur Bewertung der Mitbestimmungsmöglichkeiten in der Familie wurden weitere vier Items herangezogen. Zwei, die sich auf das Familienleben per se beziehen, zwei, die sich stärker an Freiräumen und Selbst- bzw. Mitbestimmung in der kindlichen Freizeitgestaltung orientieren. Konkret wurden die Neun- bis Elfjährigen gefragt, wie oft ihre Eltern sie nach ihrer Meinung fragen, bevor sie erstens, etwas entscheiden, das die Kinder selbst betrifft, und zweitens, bevor sie etwas entscheiden, das die ganze Familie betrifft. Bezüglich der Freizeitgestaltung wurden die Kinder gefragt, wie häufig sie selbst entscheiden können, was sie machen wollen und wie häufig sie in ihrer Freizeit viele Dinge selbst machen und ausprobieren dürfen. Diese vier Aspekte als Indikatoren für die Mitbestimmungsmöglichkeiten der Kinder in der Familie wurden mit einer vierstufigen Antwortskala von *sehr oft* über *oft* und *selten* bis *nie* abgefragt.

Stichprobenbeschreibung

In der verwendeten Stichprobe ist das Geschlechterverhältnis nahezu ausgewogen. In die Analysen gingen Angaben von 524 Jungen (49 %) und 539 Mädchen (51 %) ein. Ein Kind gab an, sich weder des männlichen noch des weiblichen Geschlechts zuzuordnen. Für die Analysen nach Geschlecht wurden die Angaben dieses Kindes ausgeschlossen. Hinsichtlich des Alters der Kinder, die für alle acht Items zur Mitbestimmung in Familie und Schule gültige Angaben gemacht haben, zeigt sich ein leichtes Übergewicht der Elfjährigen. Zum Zeitpunkt der Befragung waren 335 Kinder (31 %) neun Jahre alt, 335 Kinder (31 %) zehn und 394 Kinder (37 %) elf Jahre alt.

Die Bildung der Eltern wurde als höchster Bildungsabschluss im Haushalt in die drei Kategorien *maximal Hauptschulabschluss*, *mittlerer Schulabschluss* und *Hochschulreife* (Fachhochschulreife oder Abitur) zusammengefasst. In unserer Stichprobe (n=1059) verfügen 13 % der Eltern maximal über einen Hauptschulabschluss, 27 % über einen mittleren Schulabschluss und 59 % mindestens über eine Hochschulreife.

Für die Analysen nach besuchter Schulform wurde zum einen danach differenziert, ob das Kind die Primar- oder Sekundarstufe besucht. Zum anderen wurde für die Sekundarstufe I zusätzlich unterschieden, ob das Kind ein Gymnasium oder eine andere weiterführende Schule besucht. Für den Primarschulbesuch wurden nur Kinder bis maximal zur vierten Jahrgangsstufe berücksichtigt, in der Sekundarstufe I nur Kinder in den Jahrgangsstufen fünf bis sieben. Aufgrund der geringen Fallzahl (n=18) wurden die Kinder aus Förderschulen nicht in die Analysen nach Schulform aufgenommen. In der somit verbleibenden Stichprobe (n=1025) besuchten 49 % der Kinder die Primarstufe, 25 % der Kinder die Sekundarstufe I (ohne Gymnasien) und 25 % der Kinder ein Gymnasium.

Methodisches Vorgehen

Zunächst wurde untersucht, wie sehr sich die befragten Kinder in Schule und Familie an Entscheidungsprozessen beteiligt bzw. zu mitbestimmendem Handeln ermutigt fühlen. Hierbei wurden die Mittelwerte der oben beschriebenen acht Items herangezogen.

Um mögliche Klassen von Kindern mit unterschiedlicher Mitbestimmungserfahrung in Schule und Familie zu identifizieren, wurden anschließend auf Basis dieser acht Items Latent Profile Analysen (LPA, Maysn, 2013) mit Stata 15.1 durchgeführt. Die LPA ist ein Verfahren der latenten Mischverteilungsmodelle, bei der die Gruppierungsvariable (hier die unterschiedlichen Mitbestimmungstypen) nicht direkt gemessen werden kann, sondern indirekt durch kontinuierliche Variablen abgebildet wird. Für die Analysen wurden nur Angaben derjenigen Kinder verwendet, für die für alle acht Items gültige Werte vorlagen (n=1.064). Zur Bestimmung der Klassenanzahl wurden das Akaike Information Criterion (AIC) sowie das Bayesian Information Criterion (BIC) herangezogen (Maysn, 2013). Die sich ergebenden Mitbestimmungstypen wurden anschließend inhaltlich interpretiert, wobei zusätzliche Varianzanalysen der einzelnen acht Mitbestimmungsitems mit den latenten Klassen als Hintergrundinformation dienten. In einem abschließenden Schritt wurden die gefundenen Mitbestimmungstypen im Sinne einer Validierung an externen Variablen mit dem Geschlecht, der besuchten Schulform und dem Bildungsstatus der Eltern in Beziehung gesetzt.

5. Ergebnisse

Im Folgenden wird zunächst kurz dargestellt, wie sehr sich die befragten Kinder insgesamt in Schule und Familie zur Mitbestimmung ermutigt fühlen, bevor detaillierter darauf eingegangen wird, ob sich anhand von Latent Profile Analysen bestimmte Typen der Mitbestimmungsmöglichkeiten identifizieren lassen und wenn ja, welche.

Abbildung 1: Mittelwerte der acht Items zur Mitbestimmung in Schule und Familie, Skalenwerte von 1 „Trifft überhaupt nicht zu/nie“ bis 4 „Trifft voll und ganz zu/sehr oft“, s.e. jeweils .02, min–max jeweils 1–4, sd zwischen .62 „Meine Lehrer nehmen mich ernst“ und .74 „Meine Lehrer ermutigen mich, meine eigenen Entscheidungen zu treffen“, n=1064.

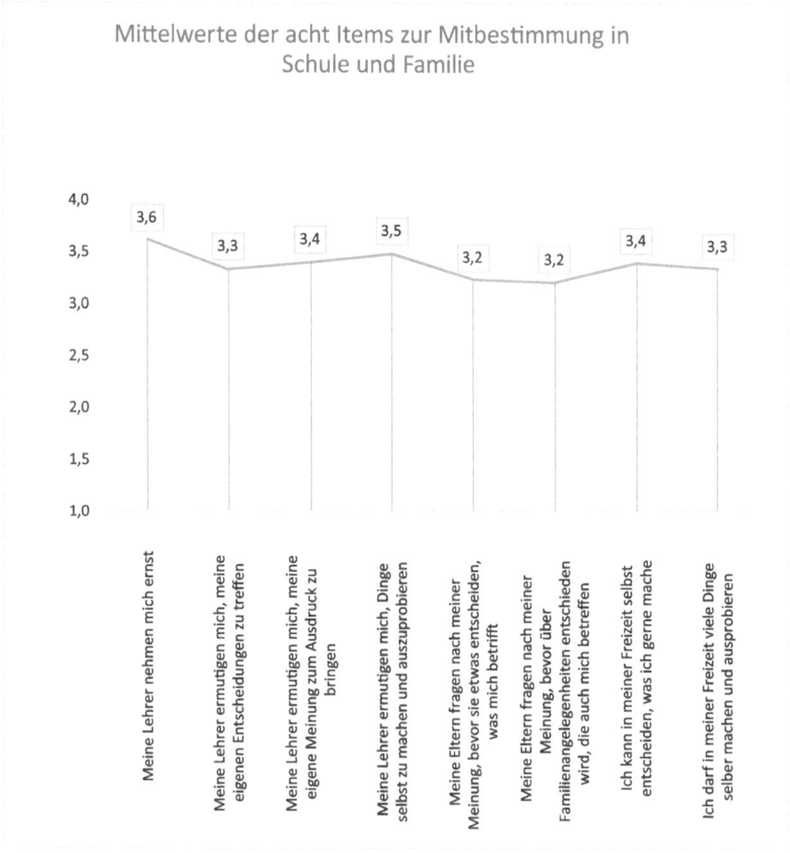

5.1 Berichtete Mitbestimmungsmöglichkeiten der Kinder in Schule und Familie

Im Durchschnitt fühlen sich die Kinder in beiden Sozialisationsbereichen in ähnlich hohem Ausmaß einbezogen bzw. zu mitbestimmendem Denken und Handeln ermutigt (vgl. Abb. 1). Die Durchschnittswerte für die Schule liegen sogar etwas höher als für die Familie. Ein Blick auf Minimum und Maximum zeigt jedoch auch, dass bei allen acht Items Einzelne angeben, dass die Aussage überhaupt nicht zutrifft oder sie nie gefragt werden. Konkret geben im Bereich der Schule je nach Item zwischen fünf („Meine Lehrer nehmen mich ernst“) und 12 % („Meine Lehrer ermutigen mich, meine eigenen Entscheidungen zu treffen“) der befragten Kinder an, dass sie in der Schule überhaupt oder eher nicht gehört bzw. zu Mitbestimmung ermutigt werden. Und auch in der Familie geben zwischen sieben („Ich kann in meiner Freizeit selbst entscheiden, was ich gerne mache") und 14 % („Meine Eltern fragen nach meiner Meinung, bevor über Familienangelegenheiten entschieden wird, die auch mich betreffen") der Kinder an, nie oder selten mitentscheiden zu dürfen. Obwohl also auf den ersten Blick viele Mitbestimmungsmöglichkeiten berichtet werden, fühlen sich nicht alle Kinder gleich zu Mitbestimmung ermutigt und mit ihrer Meinung gehört.

Um zu untersuchen, ob bestimmte Gruppen von Kindern in einzelnen Bereichen systematisch mehr oder weniger Mitbestimmung erfahren, werden im Folgenden die Ergebnisse der Latent Profile Analysen vorgestellt.

5.2 Typen der Mitbestimmung

Ergebnisse der Latent Profile Analysen

Zur Bestimmung der Anzahl latenter Klassen und somit möglicher Typen der Mitbestimmung wurden mit den acht Items zur Mitbestimmung in Schule und Familie insgesamt fünf Modelle mit zwei bis sechs Klassen gerechnet. Anhand des Wertes der Log-Likelihood-Funktion sowie der darauf basierenden Maße AIC und BIC zeigte sich, dass mit zunehmender Klassenzahl die Modelle besser zu den Daten passen. Bei der Sechs-Klassen-Lösung wird die Passung allerdings wieder schlechter, weshalb die Fünf-Klassen-Lösung für die vorliegenden Daten auszuwählen ist (vgl. Tab. 1).

Tabelle 1: Güteindizes der Latenten-profile-Analysen nach Klassenzahl

k	LL	AIC	BIC	n
2	-8.384.781	16819.56	16943.81	1,064
3	-8.250.599	16569.2	16738.17	1,064
4	-7.502.777	15091.55	15305.26	1,064
5	-7.412.461	14928.92	15187.35	1,064
6	-8.035.208	16192.42	16495.57	1,064

Anmerkungen: k=Anzahl latenter Klassen im Modell; LL=Log-Likelihood-Funktion; AIC=Akaike Information Criterion; BIC=Bayesian Information Criterion

Abbildung 2: Mittelwerte der acht Items zur Mitbestimmung in Schule und Familie nach latenten Klassen, Skalenwerte von 1 „Trifft überhaupt nicht zu/nie“ bis 4 „Trifft voll und ganz zu/sehr oft“, n=1064

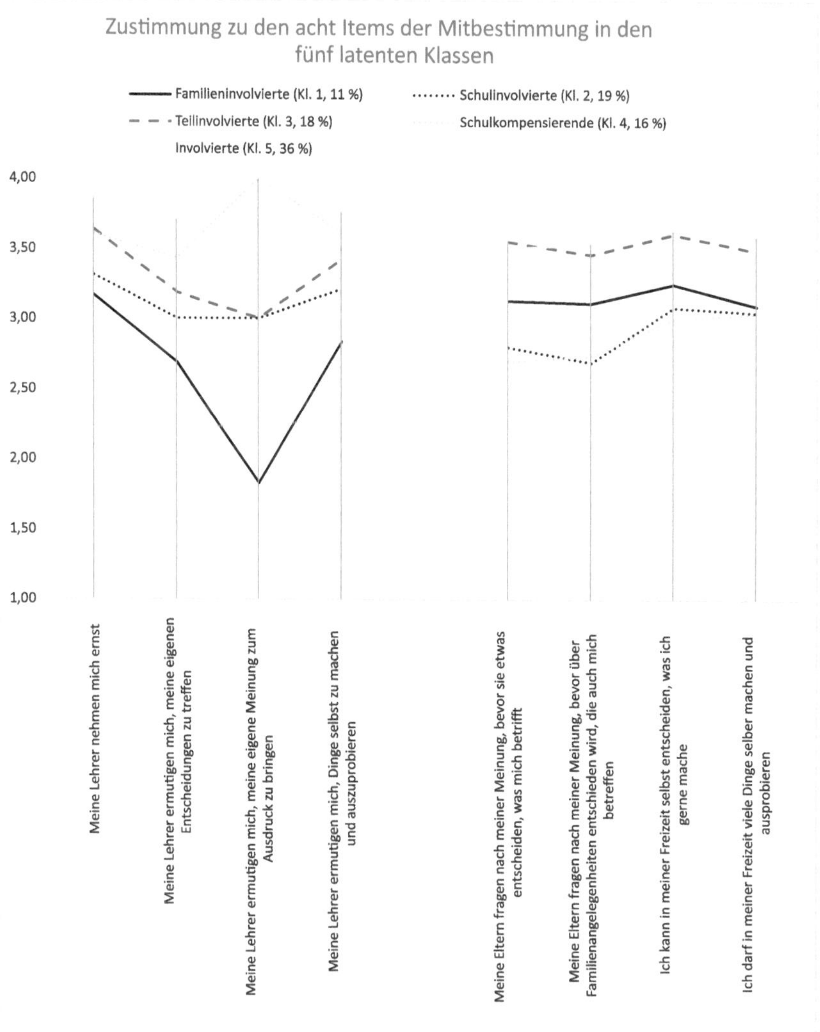

Anschließend wurden die Kinder auf Basis ihrer Angaben zu den acht Items zur Mitbestimmung in Schule und Familie der für sie am wahrscheinlichsten Klasse zugeordnet. Abbildung 2 visualisiert, über welches Maß an Mitbestimmungsmöglichkeiten die Kinder in den acht Items je nach Klassenzugehörigkeit berichten.

Ganz allgemein fällt zunächst auf, dass sich die Kinder in allen fünf gefundenen Klassen von den Lehrkräften (sehr) ernst genommen fühlen und auch in

Bezug der Freizeitgestaltung durchwegs über (sehr) hohe Mitbestimmung berichten. Während bei den Items zur Mitbestimmung in der Familie in Summe etwas weniger Varianz zwischen den gefundenen Klassen vorliegt, unterscheiden sich die Zustimmungswerte, insbesondere hinsichtlich der Aussage, dass Lehrkräfte die Kinder ermutigen, die eigene Meinung zum Ausdruck zu bringen entweder gar nicht oder aber sehr stark zwischen gefundenen Klassen.

Hinsichtlich der wahrgenommenen Mitbestimmungsmöglichkeiten in der Familie unterscheiden sich die Kinder von Klasse zwei und Klasse vier nicht voneinander (geringe Mitbestimmungsmöglichkeiten), ebenso wie die Kinder von Klasse drei und Klasse fünf (hohe Mitbestimmungsmöglichkeiten). Die Kinder der Klasse eins liegen bezüglich der meisten Items dazwischen. Unterschiede zwischen allen fünf Klassen zeigen sich somit erst in der Zusammenschau der Schul- und Familienitems.

Inhaltliche Interpretation der latenten Klassen

In der größten Klasse, der Klasse fünf (36 % der Kinder sind dieser Gruppe zuzuordnen), finden sich vor allem Kinder, die in allen abgefragten Bereichen hohe Selbst- und Mitbestimmungsmöglichkeiten erfahren. Bezüglich der Mitbestimmungserfahrung in der Familie unterscheiden sie sich allerdings nicht von Klasse drei. Darin, wie sehr sie sich von den Lehrkräften ermutigt fühlen, die eigene Meinung zum Ausdruck zu bringen sowie Dinge selbst zu machen und auszuprobieren, unterscheiden sie sich nicht von Klasse vier. Diese Gruppe von Schüler*innen wird im Folgenden *Involvierte* genannt.

Klasse vier, in der 16 % der Kinder vertreten sind, zeichnet eine hohe Zustimmung bezüglich der Mitbestimmung in der Schule bei gleichzeitig geringer Mitbestimmung in der Familie aus. Bezüglich der Mitbestimmung in der Schule liegt die Zustimmung zweier Items[2] in etwa gleich hoch mit der der Involvierten (Klasse fünf) und bei einem[3] gleich hoch mit Klasse drei. Die wahrgenommenen Mitbestimmungsmöglichkeiten in der Familie liegen auf demselben niedrigen Niveau wie die der Kinder aus der Klasse zwei. Hier scheinen die Kinder in der Schule stark bis sehr stark zu mitbestimmendem Denken und Handeln ermutigt zu werden. In den Familien wird nach Angaben der Kinder aber im Vergleich mit den anderen gefundenen Klassen – zusammen mit den Kindern aus Klasse zwei – am wenigsten nach ihrer Meinung gefragt. Diese Gruppe von Schüler*innen wird im Folgenden *Schulkompensierende* genannt.

Die Kinder der Klasse drei (18 % der Kinder gehören dieser Gruppe an) fühlen sich hinsichtlich der Familie und Freizeit ähnlich stark involviert wie die

2 „Meine Lehrkräfte ermutigen mich, meine eigene Meinung zum Ausdruck zu bringen." und „Meine Lehrkräfte ermutigen mich, Dinge selbst zu machen und auszuprobieren."

3 „Meine Lehrkräfte nehmen mich ernst."

allgemein involvierten Kinder (Klasse fünf). Allerdings erfahren die Kinder dieser Klasse in allen Bereichen der Schule etwas weniger Ermutigung zu selbst- und mitbestimmendem Denken und Handeln als die Kinder in Klasse fünf. Vielmehr sind die Mitbestimmungsmöglichkeiten in der Schule auf einem mittleren Niveau, zwischen oder neben Klasse zwei und Klasse vier, einzuordnen. Während sich Kinder dieser Gruppe also in der Familie sehr selbst- und mitbestimmend wahrnehmen, ist die Ermutigung zu Mitbestimmung in der Schule zwar insgesamt auf einem mittleren bis hohen Niveau, in dem einen oder anderen Bereich aber noch ausbaufähig. Diese Gruppe wird im Folgenden *Teilinvolvierte* genannt.

In Klasse zwei (19 % der Kinder finden sich hier) erfahren die Kinder im Vergleich zu den beiden Klassen der Involvierten (Klassen drei und fünf) mit einer Ausnahme[4] in ansonsten allen Bereichen weniger Mitbestimmungsmöglichkeiten. Im Bereich der Familie haben die Kinder dieser Klasse ähnlich geringe Mitbestimmungsmöglichkeiten wie in der Klasse der Schulkompensierenden (Klasse vier). In der Schule fühlen sich die Kinder zwar im Schnitt mehr ermutigt mitzubestimmen als in der Familie und teilweise auch mehr als in Klasse eins; von einer Kompensation durch Schule kann hier aber auch nicht gesprochen werden. Diese Klasse wird im Folgenden *Schulinvolvierte* genannt.

Der kleinsten Klasse, der Klasse eins (11 % der Kinder sind in dieser Klasse vertreten), lassen sich die Kinder zuordnen, die sich im Vergleich zu den Involvierten, Schulkompensierenden und Teilinvolvierten (Klassen drei, vier und fünf) im schulischen Kontext in allen Bereichen am wenigsten zu mitbestimmendem Denken und Handeln ermutigt fühlen. Augenfällig ist insbesondere, dass sie sich selten dazu ermutigt fühlen, die eigene Meinung zum Ausdruck zu bringen. Verglichen mit den Schulinvolvierten (Klasse zwei) unterscheiden sie sich nicht signifikant in der Wahrnehmung, von den Lehrkräften ernst genommen zu werden sowie hinsichtlich der erlebten Ermutigung, eigene Entscheidungen zu treffen. Im Bereich der Mitbestimmungsmöglichkeiten in der Familie bewegen sich diese Kinder unterhalb der (Teil-)Involvierten (Klasse drei und fünf), gleichzeitig aber – mit Ausnahme der Möglichkeit, in der Freizeit viele Dinge selbst auszuprobieren – über den Erfahrungen der Schulkompensierenden und Schulinvolvierten (Klasse zwei und vier). Hier scheinen sich die Kinder also in der Familie durchaus – wenn auch ausbaufähig – selbst- und mitbestimmend wahrzunehmen, in der Schule ist die gefühlte Ermutigung zu selbstbestimmtem Handeln allerdings gering ausgeprägt. Diese Gruppe von Schüler*innen wird im Folgenden *Familieninvolvierte* genannt.

---

4 „Meine Lehrkräfte ermutigen mich, meine eigene Meinung zum Ausdruck zu bringen."

5.3 Zusammenhänge der latenten Klassen mit Geschlecht, besuchter Schulform und Bildung der Eltern

Im folgenden Abschnitt werden die gefundenen latenten Klassen hinsichtlich dreier ausgewählter externer Variablen validiert und genauer beschrieben. Konkret geht es darum, ob sich die latenten Klassen hinsichtlich des Geschlechts der Kinder, der besuchten Schulform oder der Bildung der Eltern statistisch signifikant voneinander unterscheiden.

Geschlecht

Hinsichtlich der Zugehörigkeit zu den verschiedenen latenten Klassen zeigen sich signifikante Unterschiede nach Geschlecht des Kindes (Chi-Quadrat=15.60, df=4, p=0.004). Bei den Familieninvolvierten und den Teilinvolvierten sind mehr Jungen vertreten, bei den Schulkompensierenden und den Involvierten mehr Mädchen (vgl. Abb. 3). Relevant für die signifikanten Unterschiede ist insbesondere die Gruppe der Involvierten.

Abbildung 3: Prozentuale Verteilung der fünf Klassen nach Geschlecht, n=1063.

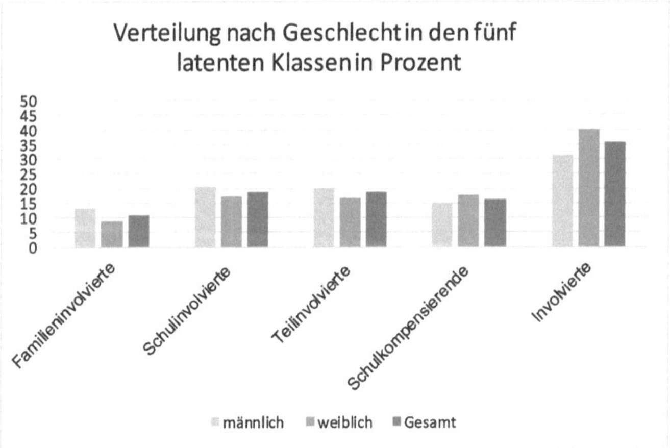

Hohe Mitbestimmung in beiden Sozialisationsbereichen berichten also mehr Mädchen als Jungen. Gleichzeitig scheinen aber auch mehr Mädchen, wenn sie nur in einem Bereich viel Mitbestimmungsmöglichkeiten erfahren, dies in der Schule zu tun. Tendenziell mehr Jungen geben wiederum an, wenn sie in der Schule nicht so sehr zur Mitbestimmung ermutigt werden, von den Eltern mehr in Familienentscheidungen und die Freizeitgestaltung einbezogen zu werden.

Besuchte Schulform der Kinder

Die fünf latenten Klassen der Mitbestimmung in Schule und Familie unterscheiden sich signifikant nach der besuchten Schulform (Pearson Chi-Quadrat=19,35, df=8, p=0.013).

Gemessen am Anteil insgesamt und unter Berücksichtigung der Verteilung auf die Schulformen in der verwendeten Stichprobe sind bei den Schulinvolvierten Gymnasiast*innen unterrepräsentiert. Auch in der Klasse der Schulkompensierenden sind weniger Schüler*innen von Gymnasien vertreten, dafür mehr Grundschüler*innen (vgl. Abb. 4).

Abbildung 4: Prozentuale Verteilung gesamt und nach Primarstufe, Sekundarstufe I ohne Gymnasien und Gymnasien in den 5 Klassen, n=1025.

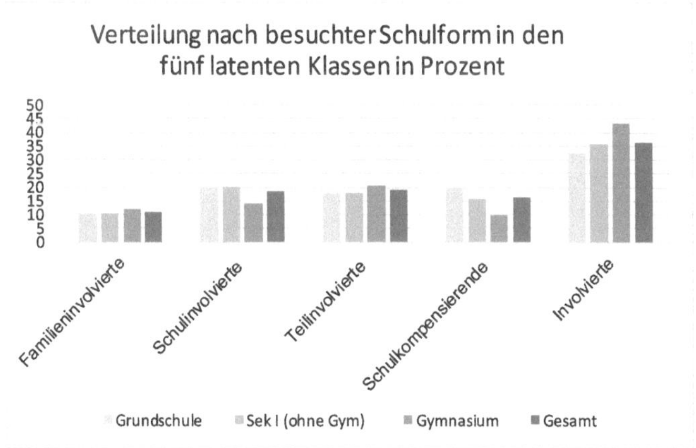

Bei den Involvierten ist es genau andersrum. Mehr Gymnasiast*innen erfahren in Schule und Familie viele Mitbestimmungsmöglichkeiten bzw. die Ermutigung dazu, während dies weniger Kinder aus Grundschulen berichten.

Kinder und Jugendliche an Gymnasien erfahren somit häufiger als Kinder aus Grundschulen sowohl in der Schule als auch in der Familie Mitbestimmungsmöglichkeiten bzw. die Ermutigung dazu. Zudem fühlen sich mehr Grundschüler*innen in der Familie weniger selbstbestimmt, in der Schule aber gleichzeitig zu selbstbestimmtem Denken und Handeln ermutigt. Dass dies kein reiner Alterseffekt ist, zeigt zum einen, dass diese Unterschiede hinsichtlich anderer Schulen der Sekundarstufe I nicht gefunden werden konnten. Zum anderen wurden diese Analysen nochmals bezüglich des Alters gerechnet. Hier findet sich kein signifikanter Unterschied in Hinblick auf die latenten Klassen.

Bildung der Eltern

Auch hinsichtlich der Bildung der Eltern unterscheiden sich die fünf latenten Klassen zur Mitbestimmung in Schule und Familie aus Kindersicht signifikant (Pearson Chi-Quadrat=18,21, df=8, *p*=0.020). Kinder von Eltern mit mindestens Hochschulreife sind in der Gruppe der Schulkompensierenden unterrepräsentiert und bei den (Teil-)Involvierten überrepräsentiert. Bei den Teilinvolvierten, also der Gruppe, bei der die Mitbestimmung in der Familie gleich hoch ist wie bei den Involvierten, in der Schule aber etwas geringer ausfällt, sind zudem weniger Kinder von Eltern mit maximal Hauptschulabschluss vertreten (vgl. Abb. 5).

Abbildung 5: Prozentuale Verteilung gesamt und nach höchstem Bildungsabschluss der Eltern in den 5 Klassen, n=1059

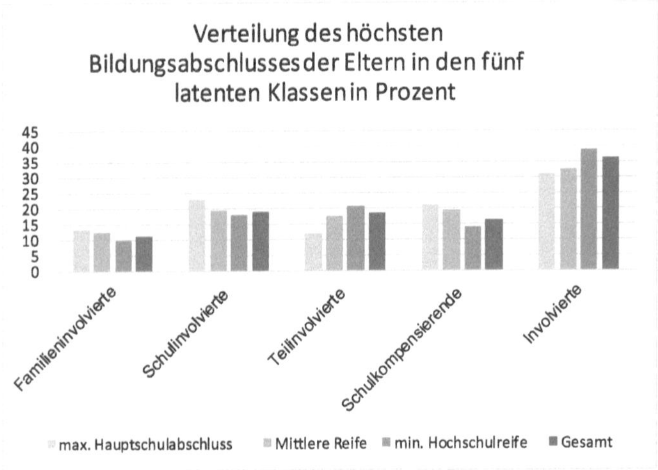

Mit Blick auf die Mitbestimmung in der Familie lässt sich somit zusammenfassen, dass Kinder aus Elternhäusern mit hohem Bildungsabschluss (mind. Hochschulreife) vermehrt in den latenten Klassen zu finden sind, in denen häufiger über Mitbestimmungsmöglichkeiten in der Familie berichtet wird. Im Gegensatz dazu scheinen einige Kinder aus bildungsferneren Elternhäusern (maximal Hauptschulabschluss) mangelnde Mitbestimmungsmöglichkeiten in der Familie ein Stück weit durch die Ermutigung zu selbstbestimmtem Handeln und Denken in der Schule kompensieren zu können.

6. Zusammenfassung und Diskussion

Das Erleben und Einüben von Mitbestimmung bereits im Kindesalter ist ein wichtiger Baustein der Demokratiebildung. Durch Beteiligungsprozesse erwerben Kinder kommunikative Fähigkeiten und lernen, ihre eigenen Standpunkte respektvoll zu positionieren. Dies kann bereits sehr früh geschehen in der Familie, dem primären Ort des Aufwachsens. Mit dem Eintritt in die Schule eröffnet sich ein neues Übungsfeld demokratischer Bildung. Neben der Beteiligung an Entscheidungen von Mitschüler*innen spielen hier Beteiligungsmöglichkeiten an der Institution Schule eine zentrale Rolle. Um nicht nur formelle Rahmenbedingungen zu schaffen, sondern eine echte Kultur der Mitbestimmung zu erleben, ist von zentraler Bedeutung, wie die Kinder diese Kultur erleben, bzw. konkreter, wie sie selbst ihre Mitbestimmungsmöglichkeiten einschätzen. Daher nahm vorliegender Beitrag die Perspektive der Kinder in den Blick. Bisherige Studien konnten zeigen, dass Kinder ihre Mitbestimmungsmöglichkeiten in der Familie insgesamt hoch einschätzen, hingegen sehen sie Optimierungsbedarf bei der Mitbestimmung in der Schule. Dennoch gibt es ebenso Kinder, deren Mitbestimmungsmöglichkeiten auch in der Familie eher gering sind. Hier setzt der vorliegende Beitrag an, indem er die Kombination von Mitbestimmung in Familie und Schule in den Blick nimmt. Es wurde untersucht, wie Kinder selbst die Mitbestimmung in diesen beiden zentralen Kontexten des Aufwachsens erleben. Anhand von Latent Profile Analysen wurde geprüft, ob sich über die beiden Kontexte unterschiedliche Typen von Mitbestimmung ergeben. Dabei standen sich zwei Forschungsfragen gegenüber: Kann Schule fehlende Mitbestimmungsmöglichkeiten in der Familie kompensieren? Oder ist das Erlernen von Mitbestimmung in der Familie zentral für das Erfahren von Mitbestimmung in der Schule? Die Analysen ergaben fünf unterschiedliche Typen, die zeigen, dass sich die wahrgenommenen Mitbestimmungsmöglichkeiten in Schule und Familie durchaus unterscheiden können. Entsprechend den bisherigen Studien kann eine größere Klasse von Kindern (36 %) gefunden werden, die sowohl in der Familie als auch in der Schule ein hohes Maß an Mitbestimmung erleben. Dies sind insbesondere Mädchen aus Elternhäusern mit hohem Bildungshintergrund, die selbst das Gymnasium besuchen. Daneben finden sich zwei Klassen, die in der Familie ein höheres Maß an Mitbestimmung erleben als in der Schule. Dies sind zum einen Kinder der Klasse der Familieninvolvierten (11 %) und zum anderen Kinder der Klasse der Teilinvolvierten (18 %). In beiden Klassen sind mehr Jungen als Mädchen enthalten. Während die Kinder der Familieninvolvierten eher aus niedrigeren Bildungsschichten stammen und am wenigsten Mitbestimmung in der Schule erleben, sich dabei aber kaum hinsichtlich der besuchten Schulform unterscheiden, haben die Eltern der Teilinvolvierten, die in der Schule im mittleren Mitbestimmungsbereich liegen, eine höhere Bildung und die Kinder selbst besuchen eher das Gymnasium. Für die Kinder dieser beiden Klassen kann die Schule nicht die Basis des Erlernten in der Familie erweitern. Hingegen ist es in zwei weiteren kleineren Klassen umgekehrt. Schule kann die fehlende bzw. geringere Mitbestimmung in der Familie kompensieren. Dies trifft einerseits auf die Klasse der Schulinvolvierten (19 %) und andererseits auf die Klasse der Schulkompensierenden (16 %) zu. Besonders bei Letzterer, in der sich vor allem Mädchen mit eher niedrigem Bildungshintergrund finden, ist auffällig, dass sie nahezu gleichermaßen hohe Mitbestimmungswerte in der Schule aufweisen wie die Involvierten. Die Klasse der Schulinvolvierten, welche mehr Jungen als Mädchen beinhaltet, die häufiger aus Elternhäusern mit niedriger Bildung stammen, liegen eher im unteren Bereich der Mitbestimmung in der Schule, dieser ist jedoch immer noch höher als deren Mitbestimmung in der Familie. Interessanterweise sind in beiden Klassen mit Kompensation durch die Schule mehr Grundschüler*innen enthalten. Scheinbar gelingt es vor allem in der Grundschule, Mädchen und Jungen aus bildungsferneren Schichten Mitbestimmung zu ermöglichen, bzw. sie zu mitbestimmendem Denken und Handeln zu ermutigen. Somit können beide Fragen teilweise bejaht werden. Während ein großer Anteil von Kindern in beiden Bereichen viel Mitbestimmung erlebt, gibt es auch Kinder, die erst durch die Schule Mitbestimmung erlernen können, da sie dies in ihrem Elternhaus weniger erfahren. Andererseits erlebt auch ein nicht unbedeutender Anteil von Kindern, vor allem Jungen, in der Schule weniger Mitbestimmung als in der Familie.

Durch den typologischen Ansatz können vorliegende Analysen zeigen, dass sich hinter den in bisherigen Studien oftmals berichteten hohen Mittelwerten der Mitbestimmung ganz unterschiedliche Typen verbergen. Daneben weist die Studie aber auch Limitationen auf. So muss an dieser Stelle erwähnt werden, dass die Fragen zur Mitbestimmung in der Schule nach einer wahrgenommenen Ermutigung zu selbst- und mitbestimmtem Handeln durch die Lehrkräfte und somit eher nach einer partizipationsfördernden Haltung der Schulakteure als nach konkreten Einflussmöglichkeiten auf Entscheidungsprozesse abzielen, während in der Familie die Fragen konkreter in Bezug auf tatsächlich wahrgenommene Selbst- und Mitbestimmungsmöglichkeiten formuliert waren. Zudem wurde bei den Schulitems die Zustimmung zu bestimmten Aussagen abgefragt, während die Familienitems auf die Häufigkeit der wahrgenommenen Möglichkeiten abzielten. Dies könnte eventuell erklären, warum die Zustimmungswerte für die Schulitems im Durchschnitt etwas höher ausfielen als die Häufigkeitswerte für die Familienitems. Ferner wären mit einer etwas größeren Stichprobe auch differenziertere Analysen z. B. nach besuchter Schulform in der Sekundarstufe I möglich. Eventuell könnte man dadurch herausarbeiten, ob und wenn ja, inwieweit sich die Etablierung einer Kultur der Mitbestimmung nach Hauptschulen, Realschulen, integrierten oder kooperativen Gesamtschulen etc. unterscheidet.

Aufgrund der vorliegenden Befunde (z. B. Geschlechtseffekte in nicht nach Geschlecht getrennten Schulklassen) kann davon ausgegangen werden, dass zumindest mehr als eine der gefundenen Mitbestimmungsklassen in einer Schulklasse anzutreffen sind. Dies könnte einerseits darauf zurückzuführen sein, dass Lehrkräfte einzelne Kinder mehr motivieren, sich zu beteiligen als andere, es könnte aber andererseits auch sein, dass nicht alle Kinder Angebote zur Mitbestimmung als solche wahrnehmen. Für die Schulpraxis würde dies bedeuten, dass einzelne Kinder noch stärker von Partizipationsangeboten adressiert werden müssten. Denn gerade für Kinder, die in der Familie wenig Mitbestimmung erlernen, ist es von besonderer Bedeutung, diese Fähigkeiten in der Schule zu erwerben. In der Praxis wäre es somit sehr wichtig, bei Angeboten zur Beteiligung alle Kinder einzubeziehen und darauf zu achten, dass alle ein gemeinsames Verständnis dafür entwickeln. So könnte z. B. die Wahl von Klassensprecher*innen gemeinsam in der Schulklasse vorbereitet werden, indem die ganze Klasse sich damit beschäftigt, was dieses Amt bedeutet und welche Erwartungen damit verbunden sind.

Literatur

Alt, C., Teubner, M. & Winklhofer, U. (2005). Familie und Schule – Übungsfelder der Demokratie. *Aus Politik und Zeitgeschichte*, 41, 24–31.

Betz, T., Lange, A. & Alt, C. (2006). Das DJI-Kinderpanel als Beitrag zu einer Sozialberichterstattung über Kinder. *Diskurs Kindheits- und Jugendforschung*, 1(2), 173–179.

Bundesjugendkuratorium (BJK, 2017). *Demokratie braucht Alle – Thesen zu aktuellen Herausforderungen und zur Notwendigkeit von Demokratiebildung: Thesenpapier.* www.bundesjugendkuratorium.de/assets/pdf/press/BJK_Thesenpapier_Demokratie.pdf

Bundesministerium für Familie, Senioren, Frauen und Jugend (BMFSFJ, Hrsg.). (2020). *Förderung demokratischer Bildung im Kindes- und Jugendalter. Zentrale Erkenntnisse und Empfehlungen des 16. Kinder- und Jugendberichts.*

Bundesministerium für Familie, Senioren, Frauen und Jugend (BMFSFJ, Hrsg.). (2010). *Qualitätsstandards für Beteiligung von Kindern und Jugendlichen. Allgemeine Qualitätsstandards und Empfehlungen für die Praxisfelder Kindertageseinrichtungen, Schule, Kommune, Kinder- und Jugendarbeit und Erzieherische Hilfen.* Berlin. www.bmfsfj.de/bmfsfj/service/publikationen/qualitaetsstandards-fuer-beteiligung-von-kindern-und-jugendlichen-95866

Deutsches Kinderhilfswerk (DKHW, Hrsg.). (2018). *Kinderreport Deutschland 2018. Rechte von Kindern in Deutschland.* Berlin. www.dkhw.de/fileadmin/Redaktion/1_Unsere_Arbeit/1_Schwerpunkte/2_Kinderrechte/2.2_Kinderreport_aktuell_und_aeltere/Kinderreport_2018/DKHW_Kinderreport_2018.pdf

Deutsches Kinderhilfswerk (DKHW, Hrsg.). (2019). *Beteiligungsrechte von Kindern und Jugendlichen in Deutschland. Eine Zusammenstellung der gesetzlichen Bestimmungen auf Bundesebene und ein Vergleich der Bestimmungen in den Bundesländern und auf kommunaler Ebene.* www.dkhw.de/fileadmin/Redaktion/1_Unsere_Arbeit/1_Schwerpunkte/3_Beteiligung/3.11_Studie_Beteiligungsrechte/Studie_Beteiligungsrechte_von_Kindern_und_Jugendlichen.pdf

Deutsches Kinderhilfswerk (DKHW, Hrsg.). (2019). *Kinderrechte-Index. Die Umsetzung von Kinderrechten in den deutschen Bundesländern – eine Bestandsanalyse 2019.* www.dkhw.de/fileadmin/Redaktion/1_Unsere_Arbeit/1_Schwerpunkte/2_Kinderrechte/2.25_Kinderrechte-Index_alle-Dokumente/Kinderrechte-Index_2019_WEB.pdf

du Bois-Reymond, M. (2005). Neue Lernformen – neues Generationenverhältnis? In H. Hengst & H. Zeiher (Hrsg.), *Kindheit soziologisch* (S. 227–244). Wiesbaden: VS Verlag für Sozialwissenschaften.

Ertl, S., Martschinke, S. & Grüning, M. (2022). Lasst uns mitbestimmen! Grundschulkinder und ihr Recht auf Mitbestimmung. In M. Grüning, S. Martschinke, J. Häbig & S. Ertl (Hrsg.), *Mitbestimmung von Kindern – Grundlagen für Unterricht, Schule und Hochschule* (S. 74–91). Weinheim, Basel: Beltz Juventa.

Fatke, R. & Schneider, H. (2005). *Kinder- und Jugendpartizipation in Deutschland. Daten, Fakten, Perspektiven.* www.bertelsmann-stiftung.de/de/publikationen/publikation/did/kinder-und-jugendpartizipation-in-deutschland.

Fischer, N., Radisch, F., Theis, D. & Züchner, I. (2012). *Ausbauqualität von Ganztagsschulen: Theorien, empirische Ergebnisse, Maßnahmen. Expertise für die SPD Bundestagsfraktion.* www.pedocs.de/volltexte/2012/6794/pdf/Fischer_etal_2012_Qualitaet_von_GTS.pdf

Guglhör-Rudan, A. & Langmeyer, A. (2021). Autonomieerleben in Familie und Schule aus der Perspektive von Kindern. In S. Kuger, S. Walper & T. Rauschenbach (Hrsg.), *Aufwachsen in Deutschland 2019 – Alltagswelten von Kindern, Jugendlichen und Familien* (S. 64–73). Bielefeld: wbv Publikation.

Hengst, H. & Zeiher, H. (Hrsg.). (2005). *Kindheit soziologisch.* Wiesbaden: VS Verlag für Sozialwissenschaften.

Hurrelmann, K. & Bauer, U. (2015). *Einführung in die Sozialisationstheorie.* Weinheim, Basel: Beltz.

Kuger, S., Pötter, U. & Quellenberg, H. (2021). Die AID:A-Befragung: Vom Design zu den Daten. In S. Kuger, S. Walper & T. Rauschenbach (Hrsg.), *Aufwachsen in Deutschland 2019 – Alltagswelten von Kindern, Jugendlichen und Familien* (S. 135–138). Bielefeld: wbv Publikation.

Kuger, S., Walper, S. & Rauschenbach, T. (2021). *Aufwachsen in Deutschland 2019 – Alltagswelten von Kindern, Jugendlichen und Familien.* Bielefeld: wbv Publikation.

LBS (2018). *LBS-Kinderbarometer Deutschland 2018. Stimmungen, Trends und Meinungen von Kindern aus Deutschland.*

Lundy, L. & Hanna, A. (2022). Delivering children's right to be heard in education: The importance of feedback. In M. Grüning, S. Martschinke, J. Häbig & S. Ertl (Hrsg.), *Mitbestimmung von Kindern – Grundlagen für Unterricht, Schule und Hochschule* (S. 92–107). Weinheim, Basel: Beltz Juventa.

Maysn, K. E. (2013). Latent Class and Finite Mixture Modeling. In T. Little (Hrsg.), *The Oxford handbook of quantitative methods in psychology* (2. Auflage, S. 551–611). New York, NY: Oxford University Press.

Prengel, A. (2016). *Bildungsteilhabe und Partizipation in Kindertageseinrichtungen. Weiterbildungsinitiative Frühpädagogische Fachkräfte.* WiFF Expertisen. Band 47. München.

Pupeter, M. & Schneekloth, U. (2013). Mitbestimmung und die eigene Meinung. In World Vision Deutschland (Hrsg.), *Kinder in Deutschland 2013. 3. World Vision Kinderstudie* (S. 182–203). Weinheim, Basel: Beltz.

Pupeter, M. & Schneekloth, U. (2018). Selbstbestimmung: Selbständigkeit und Wertschätzung. In World Vision Deutschland (Hrsg.), *Kinder in Deutschland 2018. 4. World Vision Kinderstudie* (S. 148–179). Weinheim, Basel: Beltz.

Pupeter, M. & Wolfert, S. (2018). Schule: Frühe Weichenstellungen. In World Vision Deutschland (Hrsg.), *Kinder in Deutschland 2018. 4. World Vision Kinderstudie* (S. 76–94). Weinheim, Basel: Beltz.

Reisenauer, C. (2020). Kinder- und Jugendpartizipation im schulischen Feld – 7 Facetten eines vielversprechenden Begriffs. In S. Gerhartz-Reiter & C. Reisenauer (Hrsg.), *Partizipation und Schule. Perspektiven auf Teilhabe und Mitbestimmung von Kindern und Jugendlichen* (S. 3–22). Wiesbaden: Springer VS.

Schneider, H., Stange, W. & Roth, R. (2009). *Kinder ohne Einfluss? Eine Studie des ZDF zur Beteiligung von Kindern in Familie, Schule und Wohnort in Deutschland.* www.ma-nachsitzen.de/Diagr_files/Partizipationsstudie%20ZDF.pdf

Wapler, F. (2020). *Chancen guten Ganztags für Kinder im Grundschulalter: menschenrechtliche Perspektiven.* Gütersloh: Bertelsmann. www.bertelsmann-stiftung.de/fileadmin/files/Projekte/27_In_Vielfalt_besser_lernen/Chancen_guten_Ganztags_final.pdf

Winklhofer, U. & Zinser, C. (2008). Jugend und gesellschaftliche Partizipation. In R. Münchmeier, G. Bingel & A. Nordmann (Hrsg.), *Die Gesellschaft und ihre Jugend* (S. 71–93). Opladen: Barbara Budrich.

Winklhofer, U. (2014). Partizipation und die Qualität pädagogischer Beziehungen. In A. Prengel & U. Winklhofer (Hrsg.), *Kinderrechte in pädagogischen Beziehungen* (S. 57–70). Band 1: Praxiszugänge. Opladen: Barbara Budrich.

Sichtweisen von Lehrpersonen und Schüler*innen auf Partizipation im Unterricht

Katja Maischatz, Elke Hildebrandt und Sabine Campana

In diesem Beitrag werden anhand der explorativen Studie „Partizipation im Unterricht der Primarstufe in deutschsprachigen Kantonen der Schweiz" Aspekte der Partizipationsförderung und -verhinderung betrachtet. Im Projekt wurden insgesamt sieben Lehrpersonen und deren Schulklassen (1. bis 3. Klasse) über ein Schuljahr hinweg begleitet. Dabei wurden die Lehrpersonen unter anderem zu ihren Ansätzen zur Partizipationsförderung sowie Aspekten, die Partizipation verhindern, befragt. In Gruppendiskussionen und schriftlichen Befragungen wurden außerdem die Meinungen und Wünsche der Kinder bezüglich verschiedener Partizipationsaspekte und konkreter Angebotsformate erhoben.

Es zeigt sich, dass sowohl Lehrpersonen als auch Schüler*innen zu Partizipation im Unterricht ambivalente Auffassungen vertreten und Partizipation unterschiedlich ermöglichen bzw. erleben.

Schlüsselwörter: Partizipation, Partizipationsförderung, Partizipationsrecht, Kinderrechte, Primarstufe

1. Partizipation im Unterricht

Partizipation von Kindern kann sich auf einen breiten Rechtsanspruch stützen. Aufgrund der Kinderrechtskonvention (KRK) sind die ratifizierenden Staaten mitsamt ihren Institutionen und Organisationen (Behörden, Gerichten, Schulen etc.) verpflichtet, das Partizipationsrecht umzusetzen (Vereinte Nationen, 1989; Auslegung zum dort verankerten Partizipationsrecht in Bezug auf Bildung in Vereinte Nationen, 2009; ausführliche Argumentation dazu in Maischatz, Hildebrandt, Wälti, Ruess & Campana, 2019 sowie im Teil 1 dieses Bandes). Partizipation im so verstandenen Sinne formuliert den Anspruch der alters- und entwicklungsgemäßen Anhörung und Beteiligung der Kinder in allen sie betreffenden Verfahren (Art. 12 KRK), womit den besonderen Lebensumständen der Kinder Beachtung geschenkt werden muss. Der Anspruch auf Partizipation kann aus entwicklungspsychologischer Perspektive bereits ab dem Säuglingsalter nachgezeichnet werden. Mit zunehmendem Alter entwickeln die Kinder in Auseinandersetzung mit ihrer sozialen Umwelt eine eigene Meinung und lernen, ihre Interessen zu erkunden, zu artikulieren und für sie einzustehen (zur entwicklungspsychologischen Perspektive auf Partizipation vgl. Oerter, 2001, S. 39 ff.). Partizipation kann somit als Entwicklungsaufgabe verstanden werden.

Zwar wird die Partizipation von Schüler*innen allenthalben gefordert, jedoch stellt sie gerade für den Unterricht keine vorherrschende Handlungspraxis dar (Müller-Kuhn, Häbig, Zala-Mezö, Strauss & Herzig, 2020; Rieker, 2015; Rieker, Mörgen, Schnitzer & Stroezel, 2016; Wagener, 2013). So sind es beispielsweise der Zeitmangel, grundsätzliche Vorbehalte oder Fragen der Praktizierbarkeit, die dem entgegenstehen (Strauss, Zala-Mezö, Herzig, Häbig & Müller-Kuhn, 2017). Selbst in Phasen offenen Lernens und freien Arbeitens „oder wenn Fragen im Unterricht gestellt werden können und sollen, zeigt sich, dass Lehrer*innen lenkend und dirigierend eingreifen und die möglichen Denk- und Diskussionsrichtungen letztlich bereits vorgegeben sind“ (Feichter, 2020, S. 27). Das gilt im Übrigen auch für Partizipationsangebote wie Klassenrat und Schüler*innen-Parlament (ebd.). Oftmals wird übersehen, dass sich hierbei gerade diejenigen Schüler*innen äußern, die bereits in ihrer Familie und ihrem außerschulischen Umfeld das Partizipieren gelernt haben: So wird die Schule nicht zur „Instanz, die für die Entwicklung entsprechender Kompetenzen zuständig ist, sondern vielmehr […] Übungsfeld für diejenigen, die schon über gewisse Kompetenzen verfügen“ (Rieker et al., 2016, S. 189 f.; Schnitzer & Mörgen, 2019). Folgerichtig ist es Aufgabe der Schule, alle Schüler*innen zur Partizipation zu befähigen (vgl. Vereinte Nationen, 2009, S. 13 ff.) und demokratische Handlungskompetenzen aufzubauen (Sach-, Methoden-, Selbst-, Sozialkompetenz, vgl. Edelstein, Frank & Sliwka, 2009; Himmelmann, 2004, 2007). Dies kann jedoch nicht über punktuelle Beteiligungsmöglichkeiten erreicht werden, sondern darüber, dass Bildung in einer Gemeinschaft erfolgt, in der Selbst- und Mitbestimmung gelebt werden (Dewey, 2011; Vereinte Nationen, 2009).

Ziel der didaktischen Partizipationsbemühungen sollte also sein, dass Schüler*innen ihr Partizipationsrecht im Schulalltag und damit vor allem im Unterricht praktizieren. Nur dadurch können sie Erfahrungen darüber sammeln, welche Folgen und welche Reichweite ihre Beteiligung hat. Dazu bedarf es einerseits der Schaffung von Gelegenheiten und (Frei-)Räumen, in denen sich das Partizipationsrecht entfalten kann. Andererseits müssen diese Partizipationschancen auch auf die Fähigkeiten der Schüler*innen zugeschnitten werden (Art. 12 KRK), damit sie Gebrauch von ihrem Recht machen können (vgl. Eikel, 2006, S. 12). Dabei geht es nicht nur um die individuelle Seite, für persönliche Rechte und Meinungen einzutreten und diese zu verantworten, sondern ebenso darum, die Meinungen und Bedürfnisse anderer wahrzunehmen und anzuerkennen, sodass es im Falle gegensätzlicher Interessen zu Aushandlungsprozessen kommen kann, die fair ausgetragen und deren Entscheidungen anschließend gemeinsam verantwortet werden. Auf diese Weise wird Verantwortung auch für die Gruppe übernommen und Schüler*innen können den Unterricht bewusst mitgestalten. Nur so lässt sich der Anspruch umsetzen, dass „die aktive Rolle der Kinder in einem partizipativen Lernumfeld gefördert werden" sollte (Vereinte Nationen, 2009, S. 23).

Mit dem Verweis auf Lebensweltnähe, Alltagspraxis und Wirksamkeitserfahrungen muss sich Partizipation also ganz konkret an den Inhalten bzw. Themen des Unterrichts ausrichten oder sogar die Unterrichtsgestaltung prägen (vgl. Marty, 2013; Thurn, 2014), um echten Beteiligungschancen der Schüler*innen einen Raum zu geben. Dabei gilt es außerdem, Meinungsbildungs- und Abstimmungsprozesse sowie Beteiligungsverfahren (z. B. zu Unterrichtsthemen und Projekten) mitzudenken, zu organisieren und hierfür Unterrichtszeit einzuplanen. Derartige Partizipationsräume entfalten sich vor allem dann nachhaltig, wenn von den Lehrkräften die Interessen, Fähigkeiten und notwendigen Kompetenzen der Schüler*innen im Blick behalten werden bzw. an diesen angesetzt wird.

2. Partizipationsförderung im Unterricht

Die diversen Partizipationsmodelle, die jeweils analytisch nach Einflussnahme, Mitsprache, Eigenverantwortung, (demokratischer) Mitbestimmung unterscheiden (z. B. Eikel, 2006; Hart, 1992; Moldenhauer, 2015; Oser & Biedermann, 2006; Schröder, 1995), können mit Derecik, Kaufmann und Neuber (2013) in politikbezogene bzw. demokratie-pädagogische Modelle versus sozial ambitionierte Modelle unterschieden werden. Dabei wird je nach Perspektive entweder vermehrt auf Teilhabe, Kommunikation, Konfliktbearbeitung, Kooperation, Aushandlung, Interessendurchsetzung und Verantwortungsübernahme in Gemeinschaft und Gesellschaft (kollektive Aspekte) oder aber eher auf Persönlichkeitsentwicklung, Autonomie und Selbstbestimmung der Subjekte (individuelle Aspekte) fokussiert. Diese Unterscheidung kann als ein Kontinuum verstanden werden, in dem die eine oder die andere Begründungslinie stärker zum Tragen kommen kann.

Der von uns verfolgte Ansatz der *Partizipationsförderung im alltäglichen Unterricht* zielt primär auf den vorpolitischen Raum der Demokratiebildung und damit gleichermaßen auf die sozial geprägte, interaktionsbezogene Seite des Kontinuums der Partizipation, mit der sich vor allem der Lebensalltag der Schüler*innen im Unterricht abbilden lässt. Hier ist der Ort, an dem die verschiedenen Facetten von Partizipation kontinuierlich eingeübt und für die Schüler*innen unmittelbar handlungswirksam werden. Auf eine spezifische Förderung von Partizipation über politische Bildung im Unterricht oder politische Mitbestimmung in der Schule (Klassenrat, Schülerrat usw.) wird hier zwar nicht näher eingegangen, jedoch bereitet die Partizipationsförderung im Unterricht aufgrund ihrer Lebensweltnähe den Boden dafür vor (Demokratie als Lebensform).

Für eine gelingende Partizipationsförderung lassen sich mindestens drei Dimensionen ausmachen: *Partizipationschancen (er)denken, selektieren und begrenzen; Kommunikation und Interaktion; Partizipationsangebote/-formate anwenden* (vgl. Abb. 1). Diese Dimensionen werden durch rechtlich-politische, institutionell-organisationale und soziale Strukturen flankiert (Kinderrechte, Lehrpläne, Schule, Eltern etc.). Sie sind aber auch unmittelbar mit dem Lehrberuf bzw. mit der Profession selbst verknüpft, in Antinomien, die den Alltag bestimmen (Helsper, 2010). Wie dieser gestaltet wird, korrespondiert individuell mit der Lehrperson selbst (d. h. ihren subjektiven Theorien über Kinder, aber auch über kindliche Partizipationsprozesse), den personalen und strukturell-organisationalen Bedingungen ihrer Arbeit (z. B. Weiterbildung, Unterstützung durch zweite Lehrperson) sowie ihren Schüler*innen.

- *Partizipationschancen (er)denken, selektieren und begrenzen*: Die partizipative Grundhaltung der Lehrperson wird durch ihre *individuellen Werte und Einstellungen* definiert. „Partizipation beginnt in den Köpfen der Erwachsenen“, also bereits mit der Einstellung zu der Frage, inwieweit Kinder für partizipationsfähig gehalten werden und ob mit dem eigenen Unterrichts- und Erziehungshandeln ein Beitrag zur Einübung von Demokratie geleistet werden kann. Entsprechend denken Lehrpersonen darüber nach, in welchen Bereichen sie die Kinder mitbestimmen lassen möchten (Hansen, Knauer & Sturzenhecker, 2015). Hier gilt es, Partizipationschancen als ein Angebotsspektrum für die Kinder zu begreifen, wobei die jeweiligen Themen alters- und entwicklungsgemäß (Art. 12 KRK) für die Kinder aufzubereiten und zu vermitteln sind, sodass diese in die Lage versetzt werden, sich zu beteiligen. Dabei sind nicht wenige diffizile Fragen von Lehrpersonen zu beantworten: An welchen Themen sollen sich die Kinder beteiligen? Und woran eher nicht? Was leitet die Entscheidung für eine Beteiligung der Kinder an, beispielsweise auf Unterrichtsthemen Einfluss zu nehmen? Geben eher die eigenen Interessen der Lehrperson oder die der Kinder den Ausschlag? Wie kommen Kinder dazu, ihre Gedanken einzubringen? Welche notwendigen Informationen brauchen sie dazu? Wie verfolgen sie ihr Interesse, sodass sie letztlich den Unterricht mitbestimmen und damit Entscheidungen gemeinschaftlich verantworten können? Mithin geht es um Zurücknahme von Macht und Fremdbestimmung durch die Lehrperson sowie um ein Umdenken in puncto Unterstützung des Kinderinteresses („best interest oft the child“, Art. 3 KRK), der Förderung gegenseitigen Respekts und der Anbahnung von Verantwortung.

- *Kommunikation und Interaktion* wirken per se rollen- und alltagsstrukturierend, gleichermaßen für die Lernenden wie auch für die Lehrpersonen. Aushandlungs- und Meinungsbildungsprozesse sensibel in den Mikroprozessen des Unterrichts zu arrangieren und zu begleiten, stellt für pädagogische Fachkräfte sicherlich eine der größten Herausforderungen dar, da sie sich unmittelbar an das Erdenken von *Partizipationschancen* anschließen müssen. Mit den *Partizipationsräumen* sollen zugleich soziale Möglichkeitsräume für Beteiligung *erschaffen* werden, die von den Schüler*innen genutzt werden können, aber nicht müssen (vgl. ähnlich Hekel & Neumann, 2016). Die Lehrpersonen sind hier angehalten, Partizipation zu ermöglichen und auch dort Meinungsäußerungen der Lernenden zuzulassen, wo diese vielleicht gar nicht erwartet werden oder intendiert sind. Dabei ist auf den Vorbildcharakter der Authentizität im Denken und Handeln der Lehrperson hinzuweisen (Vereinte Nationen, 2009). Hierzu sind von der Lehrperson (reflexiv) Fragen zu klären, die vor allem auf ihre Haltung und ihr Verhalten gegenüber den Lernenden abstellen, denn in pädagogischen Beziehungen sind Sprache, Kommunikationsstil und *Beziehungsqualität* untrennbar miteinander verbunden (z. B. Kalicki, 2014; Krappmann, 2014; Prengel, 2013). Darüber hinaus werden Kinder kompetenter in Bezug auf Selbstwahrnehmung, -achtsamkeit, -regulation, soziale Wahrnehmung, Achtsamkeit, Beziehung und das Treffen verantwortungsbewusster Entscheidungen, wenn sie eine gute Interaktionsqualität mit ihrer pädagogischen Fachperson erleben (Becker-Stoll, 2018, S. 25) und wenn sie entsprechend ihrer kindlichen Gerechtigkeitsauffassungen behandelt werden (Liebel, 2015, S. 66 ff.). Das betrifft vor allem Aspekte, die in die Alltagskommunikation eingebettet sind und den Beteiligten meist mehr oder weniger bewusst sind, wie z. B. die Art und Weise des Zuhörens, eine nicht-diskriminierende Wortwahl, ein wertschätzender Umgangston, aber auch nonverbale Gestik und Mimik, über die sich Anerkennung ebenfalls ausdrücken lässt. Umgekehrt stellen Helsper und Lingkost (2002, S. 137) fest: „Soziale Beschämung, Entwürdigung und soziale Missachtung von Schülern aber tragen dazu bei, dass nicht nur die Transformation primärer Anerkennungsverhältnisse in institutionelle, pädagogische Vertrauensbeziehungen gebrochen werden, sondern dass es für derart marginalisierte Schüler auch schwieriger wird, ihre Partizipationsrechte in Anspruch zu nehmen."
- *Partizipationsangebote/-formate anwenden:* Die Auswahl der spezifischen Partizipationsangebote sollte sich wiederum grundsätzlich an der Lehrperson, ihrem Unterricht und ihren Schüler*innen orientieren. Das heißt, Individuen, Unterrichtsthema, partizipationsfördernde Strukturen und Lernarrangements sollten zueinander passen und – nicht direktiv – aufeinander bezogen werden. So kann die angedachte Partizipationsförderung auch authentisch und nachhaltig wirken. In der Literatur werden hierfür diverse

Beteiligungsformen für den Unterricht besprochen, wie z. B. Themen- oder Hausaufgabenwahl durch Schüler*innen, Wochenplan, Projektarbeit, kooperativer Unterricht etc. (vgl. Marty, 2013). Dabei ist zu beachten, dass z. B. ein Wochenplan nicht per se partizipationsfördernd ist, sondern auch die bereits genannten Kriterien der Partizipationsförderung zu berücksichtigen sind. So kann ein Frontalunterricht, der das Bilden einer eigenen Meinung zulässt oder herausfordert, durchaus partizipationsfördernder sein als ein Wochenplan mit geschlossenen Aufgabenstellungen.

Im Zusammenwirken dieser drei Dimensionen eröffnet sich ein *Partizipationsraum* für Schüler*innen im Unterricht, der von der einfachen Teilhabe bis hin zu Verantwortungsübernahme der Lernenden reicht. Damit ist zugleich ein sozialer Erfahrungsraum umrissen, in dem pädagogischen (Denk-)Fehlern wie „Pseudopartizipation" (Oser & Biedermann, 2006) vorgebeugt werden kann, während die Schüler*innen schon frühzeitig, niederschwellig und vielfältig in die Unmittelbarkeit von „Stimme und Wirkung" (Rieker et al., 2016) eingebunden sind und diese selbst in allen Facetten des Unterrichts- und Klassenalltags *erleben* können.

Aufgrund der vorangestellten theoretischen Ausführungen und basierend auf der Verschränkung von Partizipations- und Bildungsrecht (ausführliche Herleitung in Campana, Maischatz & Ruess, 2021), kann schließlich der Gegenstandsbereich der Partizipationsförderung umrissen und konzeptualisiert werden (vgl. Abb. 1).

Abbildung 1: Aspekte und Randbedingungen der Partizipationsförderung

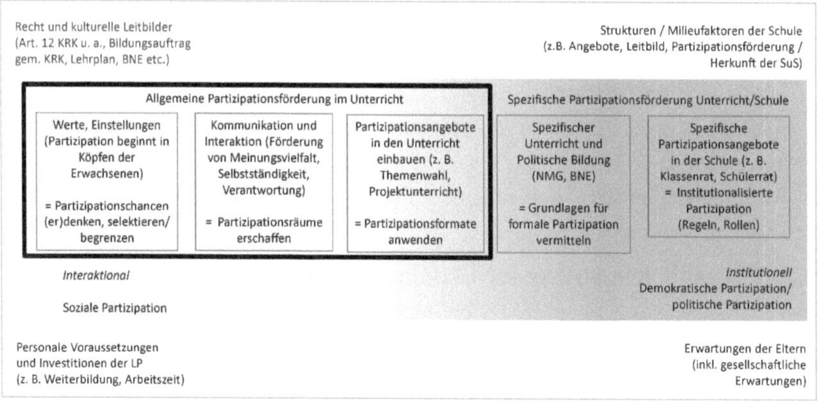

3. Datenbasis und Messinstrumente

Die nachfolgend berichteten Ergebnisse wurden im Rahmen des von der Stiftung Mercator Schweiz geförderten Forschungsprojekts zur „Partizipation im Unterricht der Primarstufe" (PaU, 2017–2020), Professur Unterrichts- und Schulkulturen an der Pädagogischen Hochschule der Fachhochschule Nordwestschweiz, erhoben.

3.1 Fragestellungen

Mit der thematischen Schwerpunktsetzung auf Partizipation im Unterricht verbanden sich folgende Fragestellungen, die speziell auf das alltägliche Unterrichtsgeschehen fokussierten und einerseits auf der Ebene der Lehrpersonen sowie andererseits auf der Ebene der Schüler*innen ansetzten.

Lehrpersonen

- Welche partizipationsrelevanten Werte und Einstellungen vertreten die Lehrpersonen?
- Wie planen, begleiten und reflektieren sie ihren Unterricht unter dem Aspekt der Partizipation?
- Welche partizipationsfördernden Methoden setzen sie in ihrem Unterricht ein?
- Wo sehen sie partizipationsfördernde resp. -verhindernde Aspekte in ihrem Unterrichtsalltag?

*Schüler*innen*

- In welchen Bereichen des Unterrichtsalltags erleben Schüler*innen der Primarstufe Partizipation?
- Wie wichtig ist ihnen Partizipation in unterschiedlichen Bereichen des Unterrichts?
- Was wünschen sich Schüler*innen hinsichtlich Partizipation im Unterricht?

3.2 Datenbasis, Stichprobe und Untersuchungsdesign

Im Rahmen des Projektes wurden 7 Lehrpersonen der Primarstufe (1.–3. Klasse) und ihre Schüler*innen (n=133) untersucht. Die Lehrpersonen hatten sich vorab für die Teilnahme an unserem Forschungsprojekt beworben und dabei Angaben zu ihren Kenntnissen sowie Erfahrungen bezüglich Partizipation von Schüler*innen gemacht. In der Stichprobe sind 52,6 % Mädchen und 47,4 % Jungen im Alter zwischen sechs und neun Jahren vertreten.

Entsprechend der zentralen Fragestellungen, Zielgruppen und Untersuchungsfoki wurde ein Mixed-Methods-Design (Längsschnittstudie) gewählt, das die Perspektiven der Lehrpersonen und Schüler*innen berücksichtigt. Ziel der methodologischen Triangulation (schriftliche Befragungen von Lehrpersonen und Schüler*innen, Interviews mit Lehrpersonen, halbstrukturierte Gruppendiskussionen mit Schüler*innen; vgl. Kapitel 3.3) war es, zu beiden Perspektiven ein vertieftes Verständnis von Partizipationsprozessen im Unterrichtsalltag zu gewinnen und ein Bild der Partizipationsangebote im Unterricht zu erhalten.

3.3 Erhebungsinstrumente und Datenauswertung

Die Lehrpersonen wurden vor der Unterrichtsbeobachtung leitfadengestützt und nach dem Unterricht anhand ausgewählter Videosequenzen aus ihrem Unterricht befragt (Bogner ct al. 2002; Stimulated Recall, Messmer, 2015).

Für die schriftliche Befragung der Schüler*innen wurden aus einschlägigen Studien unterrichtsrelevante Partizipationsangebote operationalisiert (z. B. Wagener, 2013; Pupeter & Hurrelmann, 2013; Rieker et al., 2016). Entsprechend der Zielstufe unserer Befragung wurden die einzelnen Angebote (z. B. Klassenregeln, Kooperation, Wahlfreiheiten, eigene Meinung) als dichotome Variablen reformuliert und zusätzlich mittels Bildkarten im Fragebogen abgebildet (vgl. Diekmann, 1998; Kränzl-Nagl & Wilk, 2000). Die Schüler*innen wurden ebenso wie die Lehrpersonen das erste Mal zu Beginn des Schuljahres im Sommer 2017 (t1) befragt und ein zweites Mal nach den Frühlingsferien 2018 (t2).

Für ein vertieftes Verständnis wurden im Anschluss an die zweite Befragung mit etwas mehr als der Hälfte der Kinder (n=71, je 2 Gruppen à 4 bis 5 Kinder pro Klasse) halbstrukturierte Gruppeninterviews (vgl. Vogl, 2005, 2015) mit geschlossenen und offenen Fragen geführt, wobei ebenfalls Bildkarten als Hilfsmittel zum Einsatz kamen. Dabei wurden ausgewählte Partizipationsangebote angesprochen und die Schüler*innen zu deren Wichtigkeit befragt. In einer offenen Runde wurden weitere unterrichtsbezogene Partizipationsmöglichkeiten und -wünsche der Kinder erfragt. Die videografierten Gruppendiskussionen wurden ebenso wie die Interviews mit den Lehrpersonen transkribiert und inhaltsanalytisch ausgewertet (Mayring, 2015).

4. Ergebnisse zur Partizipation im Unterricht

Nachfolgend werden die in Abbildung 1 zusammengeführten drei Dimensionen der Partizipationsförderung wieder aufgegriffen und zunächst anhand der Aussagen der Lehrpersonen vertieft. Anschließend werden die Perspektive der Schüler*innen und die Partizipationsangebote dargestellt sowie Aspekte der Partizipationsförderung und -verhinderung besprochen.

4.1 Perspektive der Lehrpersonen

Partizipationschancen (er)denken, selektieren und begrenzen

Partizipation beginnt „in den Köpfen der Erwachsenen". Das Menschenbild des „aktiven Kindes" (Schäfer, 2016), also die Annahme, dass sich Kinder ihre Umwelt aktiv mit eigenen Mitteln aneignen, kann einen partizipationsfördernden Unterricht unterstützen. Einige Lehrpersonen siedeln Partizipation stärker auf der individuellen Ebene an, also bei der Selbstbestimmung, sodass das Entdecken und Formulieren sowie Umsetzen eigener Interessen, Meinungen und Ideen im Vordergrund stehen. Andere fokussieren stärker auf das gemeinsame Aushandeln, aus dem heraus Mitbestimmung erwächst.

> Also ich setze jetzt mal Partizipation ein Stück weit mit Eigenaktivität des Kindes im Unterricht [...] gleich, das heißt, sie sind eigentlich mit Themen, die sie beschäftigen, beschäftigt (lacht). Also sie sind für sich total dran. Und es ist kein Unterricht in Mathe und Deutsch, bei dem sie sich melden und ich eine Frage stelle, sondern sie für sich sind an ihrem Thema (FB, I1, 31–34).

> Von der Partizipation schauen wir auch so ein bisschen, geht es ja auch so ein bisschen darum, dass man den Perspektivenwechsel eigentlich vollziehen kann, oder? [...] Jetzt haben wir zum Beispiel das Thema *Schuhe* gerade [...], dort geht es ja auch darum: Was ist ein guter Schuh für mich? Was ist ein guter Schuh für dich? Was ist ein guter Schuh für die Eltern? Und nachher: Was ist ein guter Schuh für uns alle? [...] und dann noch begründen. Und dort – dort merke ich schon, dort kann man nachher auch immer diese Brücke machen. Oder, wenn sie nachher wissen, ein guter Schuh für mich ist nicht das Gleiche wie ein guter Schuh für dich, aber trotzdem reden wir beide von einem guten Schuh. Und das ist schon sehr komplex für Erst-Zweitklässler, aber wenn, wenn sie das wie mal begriffen haben, dann kann man nachher auch sagen, ja jetzt hat man eine Streitsituation, und für dich ist es eben anders wie für ihn und trotzdem redet ihr irgendwie beide von einer Aktion, und dann vielleicht doch nicht vom Gleichen (FP, I1, 417–430).

Dass eine gelungene Partizipation auf der einen Seite eine Entlastung und mehr Schüler*innen-Aktivität auf der anderen Seite mit sich bringt, beschreibt Frau Murania:

> Also es ist für mich auch eine riesen Entlastung, wenn ich die Schüler so weit bringe, dass sie wirklich selbstständig und vor allem auch selbstverantwortlich arbeiten können. Das ist in diesem Moment für mich dann auch eine Entlastung, weil wenn ich merke, es funktioniert hier drin, dann habe ich auch wieder Zeit, [...] mit einzelnen Kindern wirklich zu arbeiten (FM, I1, 368–373).

> Also grundsätzlich merke ich schon, wenn sie [...] mitentscheiden können, dann sind sie aktiver dabei als wenn nicht (FM, I1, 664–665).

Auch der Gedanke, im Kontext des Unterrichts Demokratie einzuüben, wird von Frau Platini formuliert:

> Es geht ja eigentlich darum, die demokratischen Prozesse in der Schule zu fördern [...], und jetzt ist die Frage, wie macht man das zum Beispiel in der Unterstufe[1] schon [...]. Oder dass man, dass zum Beispiel Kinder später Verantwortung in der Politik übernehmen, abstimmen gehen oder [...] sich auch grundsätzlich in einem Gespräch [...] eine eigene Meinung bilden oder eben auch einem Gruppenentscheid anschließen, und dort geht es einfach darum, solche Prozesse zu sensibilisieren (FP, I1, 382–388).

In Bezug auf Partizipation wäre hier anzumerken, dass auch über die Auftrittskompetenz der Lehrperson ein Interesse bei den Schüler*innen für ein Thema entstehen kann, was z. B. hinsichtlich der Grundlegung von Partizipationsfähigkeit (vgl. oben) wichtig ist.

Zusammenfassend lässt sich festhalten, dass die befragten Lehrpersonen Partizipationsförderung wie eine Gratwanderung erleben. Zwar sehen sie, dass Partizipation zu mehr intrinsischer Motivation sowie Demokratie in Schule und Gesellschaft führen kann, fühlen sich aber äußerem Druck durch Vorgaben, Eltern und abnehmende Kolleg*innen ausgesetzt, wobei dies teilweise von der Wahrnehmung der Lehrpersonen abhängt, ob sie z. B. den Lehrplan als Begrenzung bzw. Ermöglichung sehen oder Eltern und abnehmende Kolleg*innen als bedrohlich oder unterstützend wahrnehmen (vgl. Maischatz et al. 2019).

1 Zur Unterstufe in der Schweiz gehören traditionell die Klassen 1 bis 3 der Primarstufe.

Kommunikation und Interaktion

Die Lehrpersonen betonen, dass es vor allem auf die Art und Weise der Kommunikation und Interaktion ankommt, ob Schüler*innen ihre Meinung sagen, ihre Ideen umsetzen und ihre Interessen miteinander aushandeln können. So versucht Frau Koch, die Kinder darin zu unterstützen, ihre Neigungen zu entdecken und zu formulieren, wobei sie den dafür erforderlichen Kommunikationsprozess folgendermaßen beschreibt:

> Und ganz aufmerksam sein, weil manchmal kommen so ganz kleine Bemerkungen und wenn man die hört, dann ja, ja dann hat man gewonnen, weil dann kann man dort versuchen, anzusetzen (FK, I1, 199–201).

In allen Klassen konnten ähnliche Interaktionen zwischen Lehrpersonen und Schüler*innen videografiert werden, in denen auf Augenhöhe kommuniziert und so selbstständiges Überlegen und Entscheiden unterstützt wurde.

Partizipationsangebote im Unterricht anwenden

In den Interviews berichteten die Lehrpersonen von zahlreichen partizipationsfördernden Angeboten, von denen hier einige weniger bekannte aufgeführt werden. Frau Iten gibt den Schüler*innen vor Prüfungen die Möglichkeit, sich gegenseitig mündlich zu prüfen und nimmt Ideen bzw. Formulierungen für den zu benotenden Test auf:

> Und ich kann dann eigentlich herumgehen und zuhören, wie sie jetzt prüfen und meine Prüfung danach gestalten –, und – dann haben sie eigentlich einen Einfluss auf meine Prüfungsfragen, die ich stelle. Weil ich weiß, was sie fragen würden, wie sie gelernt haben, dass sie auch die Sachen wiedergeben können (FI, I1, 102–106).

Zudem können sie Sachunterrichtsthemen während eines bestimmten Zeitraums entweder vollkommen frei wählen oder – unter Beachtung des Lehrplans – über die Vergabe von Punkten mitbestimmen, woran sich die Verschränkung von Unterrichtsthemen mit Entscheidungsprozessen nachvollziehen lässt:

> Dann dürfen sie die Realienthemen bestimmen. Insofern, ich sage ihnen, es ist Pflicht in der dritten Klasse: Man muss ein Tier durchnehmen, man muss eine Pflanze durchnehmen, [...]. Ich hätte jetzt da noch ein Ding im Angebot, drei, vier Themen. Sie möchten noch das Forscherthema haben (FI, I1, 125–129).

Auch können das Aufnehmen situativer Anlässe (z. B. Tierbeobachtungen oder Übungsideen im Sportunterricht) und kooperative Lernformen (Marty, 2013) die Partizipationsfähigkeiten der Schüler*innen fördern. Dies gilt insbesondere dann, wenn sie gefordert sind, miteinander zu denken, sich auszutauschen und aus der Gruppe heraus etwas vorzustellen. Dabei ist es wichtig, dass die Lehrperson die Gruppenprozesse unterstützt:

> Ich habe es jetzt oft so gemacht, dass ich sage, ein Kind ist der Gruppenchef und nimmt diese Karten mit, aber bestimmt eigentlich nicht über die Gruppe, sondern fragt einfach die Gruppe, was sie wollen [...], wie leitet der diese Abstimmung oder diesen Einigungsprozess (FP, I1, 362–366).

Frau Platini hat ein persönliches Lernheft für jedes Kind entwickelt, in dem sie auslagert, was nicht in der Gruppe behandelt wird.

> Dort können sie selber auswählen, was sie machen. Gewisse machen gerne einfache Sachen, gewisse lieber etwas Schwierigeres als sie es selber im Moment können. Und dort finden sie so ein bisschen ihre persönliche Herausforderung oder auch so ihre Lust am Rechnen, das finde ich noch toll. Dann haben wir noch Specials, dort kann die Heilpädagogin oder ich kleine Sachen reinschreiben individuell für alle Kinder, von dem wir finden, doch das Kind sollte jetzt zum Beispiel das M nochmals besser üben im Schreiben, ähm, oder soll nochmals zur Lehrperson gehen, um etwas nachzufragen (FP, I1, 41–48).

Partizipation kann in diversen Formaten gefördert werden, wobei je nach Haltung der Lehrperson auch offenere Formen einengend und Frontalunterricht partizipationsfördernd wirken können. Hier zeigt sich, wie entscheidend es für die Ermöglichung von Partizipation ist, dass Schüler*innen als partizipationsfähige Partner*innen ernstgenommen werden, was sich in der Kommunikation mit ihnen niederschlägt. Zunehmende Selbstverantwortung der Schüler*innen für ihr Lernen kann Lehrpersonen einerseits mehr Zeit für die Unterstützung Einzelner geben, andererseits kann das Behalten des Überblicks in dieser Situation (über-)fordern. Übereinstimmend sehen alle befragten Lehrpersonen die Aufgabe der Schule darin, die Partizipationsfähigkeiten der Schüler*innen zu fördern.

4.2 Perspektive der Schüler*innen

Abbildung 2: Partizipationsangebote für Schüler*innen im Unterricht (t1 n=126, t2 n=133, Angaben in Prozent), Anmerkung: t1: Item „Freie Sitzplatzwahl“ wurde in einer Klasse nicht erhoben

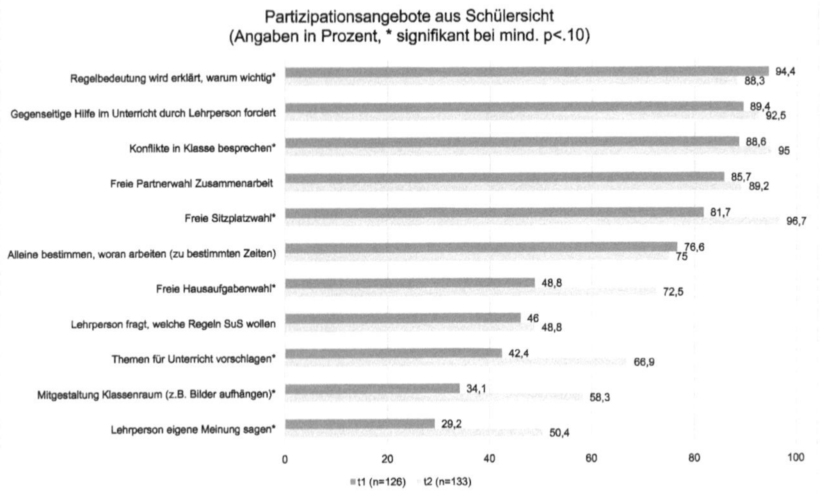

Abbildung 2 zeigt die Ausprägungen der elf Partizipationsangebote zum jeweiligen Erhebungszeitpunkt. Wie aufgrund des Studiendesigns angenommen werden konnte (Lehrpersonenauswahl mit Vorwissen zum Thema Partizipation), zeigte sich bereits zu t1 für die meisten Partizipationsangebote eine hohe bis sehr hohe Zustimmung (z. B. 81,7 % freie Sitzplatzwahl; 89,4 % gegenseitige Hilfe im Unterricht wird durch Lehrperson unterstützt). Angebote, die das Einbringen von eigenen Ideen und somit größere Einflussnahme auf Unterrichtsinhalte betreffen (z. B. freie Hausaufgabenwahl), wurden in den Klassen jedoch eher weniger praktiziert, sodass diese Partizipationsmöglichkeiten im Anschluss an die Interviews mit den Lehrpersonen besprochen wurden. In der zweiten Befragung berichteten die Schüler*innen auch für diese Partizipationsangebote, dass sie diese in ihrem Unterricht erlebt haben (z. B. 72,5 % freie Hausaufgabenwahl; 66,9 % Themen für den Unterricht vorschlagen; 50,4 % sich trauen, der Lehrperson auch mal die eigene Meinung zu sagen). Die Schüler*innen berichteten für insgesamt zehn Partizipationsformate mehr Beteiligung als zu t1, wobei das Item, dass die Lehrperson Regeln begründet, etwas weniger bejaht wurde, was jedoch dadurch erklärt werden kann, dass dies gerade zu Schuljahresbeginn (t1) zentraler war als Monate später (t2).

Auf die Frage nach der Wichtigkeit der Mitbestimmung in einzelnen Bereichen antworteten in der Gruppendiskussion die meisten Kinder, dass sie im Unterricht Zeiten haben möchten, in denen sie allein bestimmen dürfen, woran sie arbeiten und dass sie Themen für den Unterricht vorschlagen möchten. Mitbestimmung in Bezug auf Unterrichtsinhalte ist ihnen wichtiger als beispielsweise die Mitbestimmung bei Regeln oder bei der Zusammensetzung der Lerngruppen. Vergleicht man die Aussagen zur Wichtigkeit mit den Resultaten der Fragebogenerhebung wird deutlich, dass in genau denjenigen Bereichen, die die Kinder wichtig finden, noch wenige Partizipationsangebote gemacht werden.

Die Kinder benannten zudem zahlreiche Gründe, warum ihnen Mitbestimmung wichtig ist. So führt inhaltliche Mitbestimmung in den Augen der Schüler*innen dazu, dass eine Arbeit mehr Spaß macht:

> K2: Also für mich ist es sehr wichtig, weil dann – gefällt das Thema zum Beispiel mehr und (unverständlich). Und dann, weil man Lust hat, lernt man auch viel besser (Schule A, GD1, 94–97).

Mit Freude arbeitet es sich nicht nur angenehmer, sondern auch besser, ausdauernder und schneller – unter anderem darum, weil man Inhalt, Sozialform und Schwierigkeitsniveau nach Bedürfnis anpassen kann:

> K4: Also, weil, dass man auch mit den Freunden arbeiten kann und so.
> K2: Also mir kommt es vor, wie wenn man schneller arbeitet, zu zweit [...]
> K2: (zuckt mit den Schultern). Weil man dann – zwei Köpfe hat und darum kann man mehr nachdenken (Schule A, GD1, 78–85).

Andere Vorteile der Partizipation im Unterricht sehen die Schüler*innen in der größeren Meinungs- und Ideenvielfalt:

> K2: Ja. Dann hört man auch mal die anderen Meinungen, das finde ich auch noch gut (Schule W, T3, 110–113).

Neben den Vorteilen der Partizipation wie intrinsische Motivation, Effektivität und Meinungs- und Ideenvielfalt wurde überraschend in jeder Gruppendiskussion auch ein ambivalentes Verhältnis zu Partizipation geäußert. Diesen Vorbehalten wurde nachgegangen, weil sie dazu führen können, dass trotz vielfältiger Angebote der Lehrpersonen die Schüler*innen nicht vollumfänglich partizipieren können oder wollen. So brachten die Schüler*innen vor, dass sie womöglich nicht genügend lernen würden, wenn sie selbst bestimmen dürften, was sie lernen wollen:

K4: Schlecht! (steht auf und überkreuzt die Arme vor dem Kopf).
I1: Was wäre schlecht? Gut? Schlecht?
K1: Es wäre eigentlich gut und schlecht, weil wir würden nur so Sachen wahrscheinlich aussuchen, wo wir nicht rechnen müssen und schreiben. Aber wir müssen ja das lernen.
K2: Es ist schlecht, weil dann lernen wir nichts (Schule G, GD2, 343–354).

Einige Kinder waren auch der Meinung, dass Partizipation nicht nötig ist, weil die Lehrperson bereits weiß, was ihnen gefällt und was ihnen wichtig ist:

K1: Nein, aber [...] sie weiß fast immer, wenn ich etwas nicht so mag. Und wann ich etwas mag.
I: Aha, das weiß sie.
K1: So ein bisschen.
I: Wie weiß sie das?
K1: Weil, wenn es mir langweilig ist, dann – dann weiß sie, das mag er nicht so. Und wenn ja, wenn ich, wenn ich ganz normal bin, dann weiß sie, ich mag es (Schule Z, TD5, 56–70).

Andere Kinder schienen auch überfordert zu sein und wollten, dass die Lehrperson ihnen (noch) Entscheidungen abnimmt.

K1: Ähm für mich ist es wichtig, dass Frau Koch sagt, was für ein Thema. Zum Beispiel über die Welt und so. Und einmal ich alleine. Oder wir können alle zusammen ein Thema machen (Schule N2, GD 1, 196–198).

Wiederum betonten einzelne Kinder, dass sie ihre Lehrperson nicht verletzen möchten. Teilweise befürchteten sie das zu tun, wenn sie eine andere Meinung haben oder nicht dasselbe wollen.

I: Aber ich meine, wenn du jetzt zum Beispiel das Thema ‚Schuhe' nicht so toll findest, kannst du ihr, könnt ihr das sagen? Oder sagt ihr das nicht?
K5: Nein (K4 guckt verlegen).
K1: Nein.
K4: Nein, dann gibt es so wie ein Gefühlsausbruch (macht ein dramatisches Gesicht und legt die Hände vor das Herz).
I: Aha, okay, und dass sie traurig ist.
K4: Ja (Schule Z, GD1, 53–61).

Den Kindern war es außerdem wichtig, dass die Klassenatmosphäre lernfreundlich bleibt. Sie befürchteten sonst Chaos bei zu viel Freiheit.

K3: Und ich sage, wenn wir alle Kinder bestimmen, dass wir immer spielen und schreien, dann wird das ganze Schulhaus zusammenbrechen (Schule N1, GD2, 461–463).

Stellt man diese Sichtweisen zu partizipationsfördernden vs. -hemmenden Aspekten einander gegenüber, fällt auf, dass sich die Schüler*innen in einem Spannungsfeld zwischen dem Wunsch nach Partizipation bei einem gleichzeitigen Bedürfnis nach emotionaler Sicherheit und Lernerfolg befinden. Dabei darf nicht vergessen werden, dass diese Einzelmeinungen nicht zwangsläufig auf alle Kinder einer Schulklasse gleichermaßen zutreffen müssen. Alltagsnahe Partizipationsförderung muss sowohl die gesamte Schulklasse als auch einzelne Kinder im Blick haben, damit sich alle entsprechend ihres jeweiligen Entwicklungsstands beteiligen können (Vereinte Nationen, 2009, insbesondere S. 5 f. sowie S. 29 f.).

In Bezug auf die partizipationshemmenden Faktoren stellt sich die Frage, wie viel davon dem tradierten Bild von Schule und Unterricht geschuldet ist, das sich durch Hierarchie, Regulierung und Kontrolle usw. auszeichnet. Unabhängig von den Gründen, die die Schüler*innen zu solchen Aussagen veranlasst haben, umfasst die Aufgabe der Lehrperson, nicht nur Partizipation zu ermöglichen, sondern gleichermaßen auch diejenigen Faktoren zu bearbeiten, die Partizipation verhindern.

5. Diskussion und Fazit

Betrachtet man die Perspektiven der Lehrpersonen und die Ergebnisse der Schüler*innen-Befragungen, zeigen sich Spannungsmomente, die auf Schüler*innen- und Lehrpersonenseite einige Parallelen aufweisen. So wird grundsätzlich die Möglichkeit der Partizipation im Unterricht als wertvoll und wichtig erachtet, wobei der Sorge von Schüler*innen, nicht genügend zu lernen, eine ähnliche der Lehrpersonen gegenübersteht: Diese befürchten, wenn Kinder während ihres Unterrichts über zu viele Wahlmöglichkeiten verfügen, dass die Lernzeit nicht optimal genutzt werden könnte (Helmke, 2007), um die Ziele des Curriculums zu erreichen.

Allerdings setzt die Priorisierung guter Schulleistungen Lehrpersonen in einer Zeit von breit in den Medien diskutierten Schulleistungsstudien wie PISA sowie Überprüfungen von Bildungsstandards (z. B. über sogenannte „Checks“[2] in den Kantonen der beteiligten Schulen) unter Druck. Dieser wird ihnen zu-

2 www.ag.ch/de/bks/kindergarten_volksschule/leistungsbeurteilung_uebertritte/ leistungstests/checks/checks.jsp [09.12.2020].

sätzlich durch Eltern oder Kolleg*innen höherer Schulstufen vermittelt. Zudem ist ein Unterrichten, das Kinderinteressen ernstnimmt und die Schüler*innen partizipieren lässt, sehr anspruchsvoll: Es setzt ein grundsätzliches Vertrauen in die Partizipationsfähigkeit der Kinder voraus. Aus diesem „Vorschuss-Vertrauen“ heraus können Kinder einerseits möglichst viel partizipieren und andererseits Vertrauen in die Lehrperson entwickeln, sodass diese verantwortungsbewusst Entscheidungen in Bezug auf die zu lernenden Inhalte und Methoden trifft, z. B. damit die Bildungschancen ihrer Schüler*innen nicht geringer sind als derjenigen, die wenig oder gar nicht partizipieren im Unterricht. Dabei sollte dieses Vertrauen nicht aus falscher Abhängigkeit, sondern aufgrund erlebter Wertschätzung und Transparenz heraus entstehen. Helsper (2010, S. 19 f.) meint dazu:

> „Vielmehr bedarf es eines Handelns, das an rudimentär vorhandenen Fähigkeiten Heranwachsender ansetzt und auf dieser Grundlage sowohl stützend, stellvertretend deutend als auch zur Eigentätigkeit auffordernd eingreift. Pädagog*innen handeln hier im Modus des ‚Als-ob‘: Sie unterstellen die Autonomie möglicher Verantwortungsübernahme und damit die mögliche Autonomie des Kindes. Dies erscheint als konstitutive Grundparadoxie pädagogischen Handelns, nämlich ‚den Zu-Erziehenden zu etwas aufzufordern, was er noch nicht kann und ihn als jemanden zu achten, der er noch nicht ist, sondern allererst vermittels eigener Selbsttätigkeit wird‘ “ (Benner, 1987, S. 71).

Folgt man diesen Gedanken, gilt es, die Partizipationsangebote auf die differierenden Partizipationskompetenzen der Schüler*innen abzustimmen, Entscheidungsfreiheiten und Wahlmöglichkeiten in einem sicheren und geschützten Rahmen anzubieten, das Lernen zu sichern und sichtbar zu machen, Kooperation und Auseinandersetzung untereinander zu fördern und eine tragfähige Beziehung zu den Schüler*innen und zwischen den Kindern aufzubauen, in der Meinungsvielfalt und Interessensäußerungen als Bereicherung und nicht als Bedrohung erlebt werden können.

Literatur

Becker-Stoll, F. (2018). *Entwicklungspsychologische Grundlagen pädagogischer Interaktionsqualität.* www.paedagogische-beziehungen.eu/entwicklungspsychologische-grundlagen-paedagogischer-interaktionsqualitaet/

Benner, D. (1987): Allgemeine Pädagogik. Eine systematisch-problemgeschichtliche Einführung in die Grundstruktur pädagogischen Denken und Handelns. Weinheim, München: Juventa.

Bogner, A., Littig, B. & Menz, W. (Hrsg.). (2002). *Das Experteninterview: Theorie, Methode, Anwendung.* Opladen: Leske + Budrich.

Campana, S., Maischatz, K. & Ruess, A. (2021). *Fragt doch uns! – Partizipation konkret.* Dossier Weitblick. Bern: Schulverlag plus.

Derecik, A., Kaufmann, N. & Neuber, N. (2013). *Partizipation in der offenen Ganztagsschule. Pädagogische Grundlagen und empirische Befunde zu Bewegungs-, Spiel- und Sportangeboten.* Wiesbaden: VS Verlag für Sozialwissenschaften.

Dewey, J. (2011). *Demokratie und Erziehung. Eine Einleitung in die philosophische Pädagogik.* Weinheim, Basel: Beltz.

Diekmann, A. (1998). *Empirische Sozialforschung. Grundlagen, Methoden, Anwendungen.* Reinbek: Rowohlt.

Edelstein, W., Frank, S. & Sliwka, A. (Hrsg.). (2009). *Praxisbuch Demokratiepädagogik. Sechs Bausteine für Unterrichtsgestaltung und Schulalltag.* Weinheim, Basel: Beltz.

Eikel, A. (2006). *Demokratische Partizipation in der Schule. Beiträge zur Partizipationsförderung in der Schule. BLK-Programm „Demokratie lernen und leben".* Berlin. www.schulentwicklung.nrw.de/q/upload/Demokr._Partizipation_in_der_Schule.pdf

Feichter, H. J. (2020). Die Grammatik der Schule als Partizipationshindernis. Organisationstheoretische und schulkulturelle Überlegungen. In S. Gerhartz-Reiter & C. Reisenauer (Hrsg.), *Partizipation und Schule* (S. 25–40). Wiesbaden: Springer.

Hansen, R., Knauer, R. & Sturzenhecker, B. (2015). *Partizipation in Kindertageseinrichtungen. So gelingt Demokratiebildung mit Kindern.* Weimar: das Netz.

Hart, R. A. (1992). *Children's participation: From tokenism to citizenship.* UNICEF Innocent Essays, 4. www.unicef-irc.org/publications/pdf/childrens_participation.pdf

Hekel, N. & Neumann, S. (2016). Dabeisein, Mitmachen, Einflussnehmen. Ein Blick auf Kinder als Akteure im Betreuungsalltag. *Theorie und Praxis der Sozialpädagogik (TPS)*, 10, 22–25.

Helmke, A. (2007). Aktive Lernzeit optimieren – Was wissen wir über effiziente Klassenführung? *Pädagogik*, 59(5), 44–49.

Helsper, W. & Lingkost, A. (2002). Schülerpartizipation in den Antinomien von Autonomie und Zwang sowie Organisation und Interaktion – exemplarische Rekonstruktionen im Horizont einer Theorie schulischer Anerkennung. In B. Hafeneger, P. Henkenborg & A. Scherr (Hrsg.), *Pädagogik der Anerkennung. Grundlagen, Konzepte, Praxisfelder* (S. 132–156). Schwalbach am Taunus: Wochenschau.

Helsper, W. (2010). Pädagogisches Handeln in den Antinomien der Moderne. In W. Helsper & H.-H. Krüger (Hrsg.), *Einführung in Grundbegriffe und Grundfragen der Erziehungswissenschaft* (S. 15–34). Wiesbaden: Springer.

Himmelmann, G. (2004). *Demokratie-Lernen: Was? Warum? Wozu?* Beiträge zur Demokratiepädagogik. Berlin: BLK. urn:nbn:de:0111-opus-2168

Himmelmann, G. (2007). Durch Demokratie-Lernen zum Demokratiebewusstsein. In D. Lange & G. Himmelmann (Hrsg.), *Demokratiebewusstsein* (S. 26–42). Wiesbaden: VS Verlag für Sozialwissenschaften.

Kalicki, B. (2014). Kindliche Entwicklung und die Bedeutung pädagogischer Beziehungen. In A. Prengel & U. Winklhofer (Hrsg.), *Kinderrechte in pädagogischen Beziehungen.* Band 1: Praxiszugänge (S. 47–56). Opladen, Berlin, Toronto: Barbara Budrich.

Kränzl-Nagel, R. & Willk, L. (2000). Möglichkeiten und Grenzen standardisierter Befragungen unter besonderer Berücksichtigung der Faktoren soziale und personale Wünschbarkeit. In F. Heinzel (Hrsg.), *Methoden der Kindheitsforschung* (S. 59–76). Weinheim, München: Juventa.

Krappmann, L. (2014). Vorwort: Die Qualität pädagogischer Beziehungen, gegründet in den Rechten der Kinder. In A. Prengel & U. Winklhofer (Hrsg.), *Kinderrechte in Pädagogischen Beziehungen.* Band 1: Praxiszugänge. Opladen (S. 11–15). Berlin, Toronto: Barbara Budrich.

Liebel, M. (2015). *Kinderinteressen. Zwischen Paternalismus und Partizipation.* Weinheim, Basel: Beltz Juventa.

Maischatz, K., Hildebrandt, E., Wälti, S., Ruess, A. & Campana, S. (2019). Partizipationsförderung in Mikroprozessen des Unterrichts. In S. Hauser & N. Nell-Tuor (Hrsg.), *Sprache und Partizipation im Schulfeld.* Mündlichkeit. Band 6 (S. 162–180). Bern: hep.

Marty, H. (2013). *Mitwirken – Partizipation in der Schule.* Hrsg. von der Stadt Zürich, Volksschulamt. www.stadt-zuerich.ch/partizipation-schule

Mayring, P. (2015). *Qualitative Inhaltsanalyse. Grundlagen und Techniken.* Weinheim, Basel: Beltz.

Messmer, R. (2015). Stimulated Recall als fokussierter Zugang zu Handlungs- und Denkprozessen von Lehrpersonen [58 Absätze]. *Forum Qualitative Sozialforschung/Forum: Qualitative Social Research,* 16(1), Art. 3. www.nbn-resolving.de/urn:nbn:de:0114-fqs150130

Moldenhauer, A. (2015). *Dialektik der Partizipation. Eine rekonstruktive Studie zu Erfahrungen von Schülerinnen und Schülern mit Partizipation in Gemeinschaftsschulen.* Opladen, Berlin, Toronto: Barbara Budrich.

Müller-Kuhn, D., Häbig, J., Zala-Mezö, E., Strauss, N.-C. & Herzig, P. (2020). „So richtig Einfluss auf den Unterricht haben wir nicht" – Wie Schülerinnen und Schüler Partizipation wahrnehmen. In S. Gerhartz-Reiter & Reisenauer, C. (Hrsg.), *Partizipation & Schule – Wege für mehr Selbstbestimmung in Bildungsverläufen* (S. 187–206). Wiesbaden: Springer VS.

Oerter, R. (2001). Was können Kinder und Jugendliche? Was können sie verantworten? In R. Oerter & S. Höfling (Hrsg.), *Mitwirkung und Teilhabe von Kindern und Jugendlichen* (S. 37–54). München 2001. www.hss.de/fileadmin/migration/downloads/berichte_studien_83.pdf

Oser, F. & Biedermann, H. (2006). Partizipation – ein Begriff, der ein Meister der Verwirrung ist. In C. Quesel & F. Oser (Hrsg.), *Die Mühen der Freiheit: Probleme und Chancen der Partizipation von Kindern und Jugendlichen* (S. 17–37). Zürich: Rüegger.

Prengel, A. (2013). *Pädagogische Beziehungen zwischen Anerkennung, Verletzung und Ambivalenz.* Opladen: Barbara Budrich.

Pupeter, M. & Hurrelmann, K. (2013). Die Schule: als Erfahrungsraum immer wichtiger. In World Vision Deutschland e. V. (Hrsg.), *Kinder in Deutschland. 3. World Vision Kinderstudie* (S. 111–134). Weinheim, Basel: Beltz.

Rieker, P. (2015). *Von der Stimme zur Wirkung. Eine Studie zur Partizipation von Kindern und Jugendlichen in der Schweiz im Auftrag von UNICEF. Erste Resultate.* www.stiftung-mercator.ch/fileadmin/documents/Projektpublikationen/Studie_Von_der_Stimme_zur_Wirkung.pdf

Rieker, P., Mörgen, R., Schnitzer, A. & Stroezel, H. (2016). *Partizipation von Kindern und Jugendlichen. Formen, Bedingungen und Möglichkeiten der Mitwirkung und Mitbestimmung in der Schweiz.* Wiesbaden: VS Verlag für Sozialwissenschaften.

Schäfer, G. E. (2016). *Bildungsprozesse im frühen Kindesalter. Selbstbildung, Erfahrung und Lernen in der frühen Kindheit.* Weinheim, Basel: Beltz Juventa.

Schnitzer, A. & Mörgen, R. (2019). „Das ist eben so, dass die Schüler kommen, die diskutieren können“ – die Bedeutung sprachlicher Fähigkeiten für (schulische) Partizipationsmöglichkeiten. In S. Hauser & N. Nell-Tuor (Hrsg.), *Sprache und Partizipation im Schulfeld.* Mündlichkeit, Band 6 (S. 18–38). Bern: hep.

Schröder, R. (1995). *Kinder reden mit! Beteiligung an Politik, Stadtplanung und Stadtgestaltung.* Weinheim, Basel: Beltz.

Strauss, N.-C., Zala-Mezö, E., Herzig, P., Häbig, J. & Müller-Kuhn, D. (2017). Partizipation von Schülerinnen und Schülern ermöglichen: Perspektiven von Lehrpersonen. *Journal für Schulentwicklung,* 21(4), 13–22.

Thurn, S. (2014) Schülerinnen und Schüler beteiligen. Demokratische Strukturen entwickeln und Beteiligung am Unterricht ermöglichen. *Pädagogik,* 66(11), 6–9.

Vereinte Nationen (Hrsg.). (1989). *Kinderrechtskonvention, Übersetzung für die Schweiz.* www.admin.ch/opc/de/classified-compilation/19983207/index.html

Vereinte Nationen (Hrsg.). (2009). *Allgemeine Bemerkungen Nr. 12. Das Recht des Kindes, gehört zu werden. Deutsche Übersetzung des General Comment No. 12 (2009) des Committee on the Rights of the Child mit dem Titel „The right of the child to be heard“.* www.ekkj.admin.ch/fileadmin/user_upload/ekkj/04themen/06Anhoerungsrecht/d_09_General Comment_No12_Anhoerungsrecht.pdf

Vogl, S. (2005). *Gruppendiskussionen mit Kindern: methodische und methodologische Besonderheiten. ZA-Information,* 57, 28–60.

Vogl, S. (2015). *Children's verbal, interactive and cognitive skills and implications for interviews. Quality & Quantity,* 49(1), 319–338.

Wagener, A. L. (2013). *Partizipation von Kindern an (Ganztags-)Grundschulen. Ziele, Möglichkeiten und Bedingungen aus Sicht verschiedener Akteure.* Weinheim, Basel: Beltz Juventa.

Als Sozialforscher*innen die eigene Schule evaluieren und mitgestalten: Kindersichten auf ein partizipatives Setting in der Grundschule

Petra Büker und Birgit Hüpping

International besteht ein steigendes Interesse an partizipativer Forschung von und mit Kindern. In Umsetzung dieses Paradigmas konnten Grundschüler*innen die Rolle von Sozialforscher*innen übernehmen und aktiv Einfluss auf den Schulentwicklungsprozess ihrer Schule nehmen. Aufbauend auf dem rechtebasierten Modell partizipativen Forschens mit Kindern (Mayne, Howitt & Rennie, 2018) wurde ein didaktisches Konzept für ein forschungsorientiertes Lernangebot entwickelt, mit 6- bis 10-Jährigen (n=22) erprobt und mittels teilnehmender Beobachtungen sowie Interviews mit Kindern (n=8) untersucht. Im Beitrag werden Ergebnisse der Interviewstudie hinsichtlich Könnenserfahrungen und Partizipationserleben aus Kindersicht berichtet und Implikationen für partizipative Forschung im Grundschulkontext gewonnen.

Schlüsselwörter: Partizipation, Kinderrechte, Partizipative Forschung, Kinderperspektiven, Grundschule

1. Partizipation in der Grundschule: Kennzeichnung des Forschungsfeldes

Partizipation stellt in der Grundschulpraxis und in der Grundschulforschung anhaltend ein intensiv diskutiertes Thema dar. Als curricular verankerter Bildungsauftrag in demokratisch verfassten Staaten erhält die Thematik in Anbetracht zunehmender gegenläufiger, demokratiegefährdender gesellschaftlicher und politischer Strömungen eine neue Dringlichkeit. Es existieren zahlreiche Definitionen von Partizipation wie Mitbestimmung, Mitwirkung, Mitsprache, Teilhabe, Teilnahme, Beteiligung und Einflussnahme, die häufig (und verkürzend) synonym zum Partizipationsbegriff verwendet werden (Reisenauer, 2020). Je nach Kontext werden verschiedene Ziele verfolgt und unterschiedliche begriffliche Akzentuierungen genutzt, die für die Breite des pädagogischen Handlungsrepertoires in der Schule stehen.

Aktuell lassen sich verschiedene Begründungslinien identifizieren, die einzeln und in ihrer Bündelung den Anspruch auf Umsetzung von Partizipation in der Grundschule untermauern (Büker, Hüpping & Zala-Mezö, 2021b): (1) das demokratische Partizipationspostulat, (2) das kinderrechtebasierte und anerkennungstheoretische Partizipationspostulat im Rekurs auf die UN-Kinderrechtskonvention (KRK), (3) das emanzipatorische, soziale Benachteiligung überwindende Partizipationspostulat, (4) Partizipation als Teilhabe im Zusammenhang von Inklusion im Rekurs auf die UN-Behindertenrechtskonvention (BRK), (5) eine lern- und motivationspsychologische Fundierung von Partizipation, (6) das Selbstverwirklichungspostulat (im Sinne von Chancen für die Persönlichkeitsentfaltung des Kindes) und (7) das Zukunftspostulat (Partizipation als grundlegende Kompetenz für die verantwortungsvolle Mitwirkung an einer zukunftsfähigen, nachhaltigen globalen Gesellschaft gemäß der Agenda 2030). Für die Umsetzung des in der KRK verbrieften Rechts auf Beteiligung und Mitbestimmung sowie der Demokratieerziehung kommt der Grundschule gemäß KMK-Empfehlungen eine „Schlüsselfunktion" (KMK, 2015, S. 3) zu, indem sie Grundvoraussetzungen für demokratisches Denken und Handeln sowie für eine gesellschaftliche Teilhabe aller Kinder schafft. Die Rahmung für die Umsetzung erfolgt in den Lehr- und Bildungsplänen der Bundesländer, in welchen die Umsetzung des Partizipationsauftrags meist auf zwei Ebenen beschrieben wird: auf der institutionellen Ebene als eine Kinder, Eltern und Lehrkräfte einbeziehende *partizipative Schulkultur*, und auf der unterrichtlichen Ebene über *Lerninhalte* wie Demokratie, Teilhabe und Kinderrechte in Verknüpfung mit dem Erwerb fachlicher und überfachlicher Kompetenzen. Grundsätzlich wird unterschieden in *formale* Partizipationsformen (wie Klassenrat und Schülerparlament) und *non-formale* Formen der Beteiligung und Mitbestimmung aller Kinder in sie betreffende Entscheidungen im Zusammenhang von Unterricht und Schulleben (KMK, 2015, S. 3; Häbig, Zala-Mezö, Müller-Kuhn & Strauss, 2019). Dabei geht es in der Schule um eine Verknüpfung des *emanzipatorischen Aspekts*, bei welchem Fragen nach der Stärkung von Selbstbestimmung und Einforderung eigener Rechte im Vordergrund stehen, und des *Gemeinschaftsaspekts* von Partizipation, bei dem es um Verantwortungsübernahme und Beteiligung an Lösungen kollektiver Themen und Problemstellungen geht (Betz, Gaiser & Pluto, 2010, S. 15).

Partizipation stellt keine binäre Kategorie dar, sondern ist auf einem *Spektrum* von nicht vorhandener, gering bis stark ausgeprägter Form zu verorten (Häbig et al., 2019, S. 41). Studien zeigen, dass Schulen von einer weitreichenden Umsetzung des Partizipationsauftrags vielfach weit entfernt sind. Auch dann, wenn formale Formen wie der Klassenrat umgesetzt werden, verändert dies die Positionen der Kinder höchstens zeitlich begrenzt, aber nicht grundlegend; im Bereich der Lehrplaninhalte oder der Leistungsüberprüfung sind Entscheidungen oft bereits gefällt, sodass Mitbestimmung nur im Bereich schulischer Randthemen oder auf organisatorischer Ebene möglich ist (Böhme & Kramer, 2001; Häbig et al., 2019; Lundy & McEvoy, 2012; Pearce & Wood,

2019; Reichenbach, 2007; Reisenauer, 2020). In aktuellen Kindersurveys beurteilen die Kinder die schulischen Mitbestimmungsmöglichkeiten deutlich schlechter als die innerhalb der Familie, gleichzeitig klaffen die Sichtweisen von Lehrkräften und Schüler*innen auf angebotene Freiräume für Partizipation weit auseinander (Andresen & Möller, 2019; Deutsches Kinderhilfswerk, 2018). Als ursächlich dafür kann der auf *Transformation* bestehender Systeme gerichtete Aspekt von Partizipation identifiziert werden: Bedingt durch das Phänomen, dass die Umsetzung von Partizipation stets die Reduktion von Machtunterschieden zwischen Erwachsenen und Kindern in der alltäglichen Beziehungsgestaltung erfordert (Häbig et al., 2019, S. 41), sind Lehrkräfte gefordert, klassische Verständnisse von Schule, Unterricht und darin eingelagerte generationale Ordnungen zu hinterfragen (Eßer & Sitter, 2018; Heinzel, 2019), sich gemeinsam mit den Kindern auf eine Veränderung bestehender Strukturen, Rollenzuschreibungen und Beziehungen einzulassen und damit einhergehend professionelle, partizipative Handlungsroutinen zu entwickeln (vgl. ausführlicher Büker et al., 2021b).

Die in diesem Beitrag vorgestellte Studie richtet ihren Blick auf das Forschungsfeld einer partizipativ ausgerichteten Grundschule, welche diesen *systemverändernden Aspekt von Partizipation* in den Mittelpunkt stellt. Das Profil dieser Schule ist dadurch bestimmt, dass der Anspruch der maximalen Beteiligung der Kinder eng mit der Entwicklung einer neuen Lernkultur verknüpft wird. Dieses findet auch Ausdruck in den von der Schule gewählten Begriffen Lernbegleiterin und Lernbegleiter anstelle des Terminus Lehrkraft. Durch die Veränderung traditioneller Rollen- und Hierarchieverhältnisse zwischen Erwachsenen und Kindern sowie mittels eines offenen Lernkonzepts entscheiden die Schüler*innen dieser komplett jahrgangsgemischten, gebundenen Ganztagsschule tagtäglich in hohem Maße mit, was, wann, wie, wo und mit wem sie lernen. Bereits seit dem Jahr vor der Gründung in 2015 wird der Schulentwicklungsprozess wissenschaftlich begleitet: Im Rahmen eines qualitativ orientierten, praxisnahen Forschungszugangs arbeiten die beteiligten Wissenschaftlerinnen eng mit Träger und Praxisakteur*innen zusammen und spiegeln systematisch Beobachtungsergebnisse sowie die Perspektiven der Kinder ins Schulteam (Büker, Hüpping & Fernhomberg, 2021a; Höke, 2017). Inspiriert von Arbeiten aus dem Bereich der kinderrechtebasierten Forschung wurde das Design der wissenschaftlichen Begleitung im Prozess immer konsequenter auf den Gedanken „Partizipation als Kinderrecht“ abgestimmt. Kernidee dabei ist, Kinder als Partner*innen im Forschungsprozess zu adressieren, um sie auf diese Weise „mit eigener Stimme“ an der Mitgestaltung und an Veränderungen von Schule zu beteiligen. Um Kinder für eine solche erweiterte Form der systematischen Beteiligung an Schulentwicklungsprozessen zu befähigen, wurde ein projektorientiertes, auf die Lernvoraussetzungen von Grundschulkindern abgestimmtes Lernangebot entwickelt, in welchem das Anbahnen von Kompetenzen für das „Forschen in eigener und gemeinsamer Sache" im Mittelpunkt stand. Das auf dem kinderrechtebasierten Modell partizipativen Forschens mit Kindern (Mayne et al., 2018) fußende Setting wurde mit Grundschüler*innen realisiert und im Rahmen einer qualitativen Beobachtungs- und Interviewstudie evaluiert.

Das übergeordnete Forschungsinteresse der in diesem Beitrag vorgestellten Studie bestimmt sich somit durch die Entwicklung, Erprobung und Untersuchung weitreichender, systematischer Möglichkeiten der Partizipation von Grundschulkindern, indem sie in der Rolle der Sozialforscher*innen datengestützte Veränderungsvorschläge in die Schulentwicklung einbringen. Im vorliegenden Beitrag wird anhand ausgewählter Ergebnisse aus Kinderinterviews dargestellt, wie die beteiligten Schüler*innen Lern- und Partizipationschancen nutzen, wie sie selbst die wahrgenommenen Könnens- und Partizipationserfahrungen beschreiben und welche Herausforderungen sie damit verbinden. Zunächst werden die theoretischen Grundlagen und das Design der Studie vorgestellt. Es folgt eine Darstellung ausgewählter Aspekte aus der teilnehmenden Beobachtung zum Zwecke der besseren Nachvollziehbarkeit der Umsetzung des Lernangebotes, innerhalb dessen sich die Kinder für die Evaluation des Mittagessen-Konzeptes der Schulmensa entschieden haben. Mit Fokus auf die Interviewstudie werden im weiteren Verlauf ausgewählte Ergebnisse vorgestellt und diskutiert, um potenzielle Lernchancen und kritische Stellen des Konzepts zu beleuchten und Implikationen für partizipative Forschung und Praxis im Grundschulkontext zu gewinnen.

2. Partizipative Forschung mit Kindern

Der Einbezug von Kindern und deren Perspektiven in Forschungsprojekte hat in den letzten Jahren international und national an Bedeutung gewonnen (Büker, 2019; Docket, Einársdottir & Perry, 2019; Heinzel, Kränzl-Nagl & Mierendorff, 2012; Mey & Schwentesius, 2019; Wöhrer et al., 2017). Bezugnehmend auf Artikel 12 der KRK (1989) soll dadurch dem Recht des Kindes auf freie Meinungsäußerung in allen das Kind tangierenden Angelegenheiten Rechnung getragen werden. Eine solche anerkennungstheoretische, durch Respekt vor dem Kind und dem Gedanken der Demokratieerziehung gekennzeichnete Intention (Prengel, 2016) findet ihren Niederschlag in internationalen forschungsethischen Standards der Kinderforschung (Bertram et al., 2015). Daneben gilt auch das weiterhin aktuelle kindheitstheoretische Paradigma des kompetenten Kindes (James, Jenks & Prout, 1998) als ursächlich für die zunehmende Berücksichtigung der Kinderperspektiven in der Kindheits-, Jugend- und Schulforschung. In den genannten Disziplinen vollzog sich in den vergangenen Jahren ein Paradigmenwechsel – weg vom ausschließlichen Forschen *über* Kinder (als Objekte) hin zu einem Forschen *mit* Kindern (als gestaltende Subjekte) (Heinzel et al., 2012; Mey & Schwentesius, 2019). Die Perspektiven von Kindern werden häufig im Kontext der Handlungs- und Evaluationsforschung erhoben; ihre Bedürfnisse, Interessen, Ideen wie z. B. zu Unterrichtsmaßnahmen und pädagogischen Konzepten werden zumeist mit dem Ziel der Optimierung derselben gewonnen. Internationale Surveystudien beziehen Kinderperspektiven ein, um die Frage ihres Wohlbefindens in der Gesellschaft zu eruieren (vgl. Andresen, 2018). Schließlich sollen Kinderaussagen die Perspektiven erwachsener Akteur*innen relativieren und auf diese Weise zur Professionalisierung von pädagogischen Fach- und Lehrkräften beitragen (Höke, 2020; Hüpping & Kamin, 2020).

Allerdings ist allein über den Einbezug kindlicher Perspektiven das Recht auf Partizipation noch nicht adäquat eingelöst. UNICEF weist in den ergänzenden Ausführungen zur KRK (2014) darauf hin, dass von *echter Partizipation* (genuin participation) erst dann gesprochen werden kann, wenn Kinder die Chance erhalten, den Kontext und die möglichen Wirkungen ihrer Meinungsäußerung zu *verstehen* und an der Entwicklung künftiger Maßnahmen und Handlungen aktiv beteiligt zu werden. Aufgrund der generationalen Ordnung sind Kinder in der Regel darauf angewiesen, dass Erwachsene in pädagogisch gerahmten Settings eine verstehende Mitbestimmung und eine Mitwirkung an Veränderungen bedeutsamer Lebensbereiche ermöglichen und auf angemessene Weise unterstützen. Damit wird das Recht des Kindes auf Partizipation auch im Kontext von Forschung zu einer *didaktischen Frage*, die insbesondere mit Blick auf die Voraussetzungen der jungen Kinder in der Institution Grundschule adressatengerechter Lösungen bedarf (Büker, Hüpping, Mayne & Howitt, 2018; Hüpping & Büker, 2019). Vertreter*innen kinderrechtebasierter Forschung formulieren einen Zusammenhang zwischen Partizipation und der auf einem informierten Einverständnis beruhenden, aktiven Beteiligung an Forschung bis hin zum eigenständigen Forschen durch Kinder: So wird zunehmend aus der KRK das Recht auf Involviertsein in allen Phasen des Forschungsprozesses abgeleitet: vom Finden der Forschungsfrage, der Planung und Realisation bis hin zum Transfer der Ergebnisse in Policymaking (Lundy & McEvoy, 2012). In bisherigen Arbeiten wird die Rolle der Kinder als Forscher*innen in unterschiedlichsten Begriffsvarianten und vielfach unpräzise definiert (Spriggs & Gillam, 2017). Im deutschsprachigen Raum finden sich Bezeichnungen wie Kinder als Co-Forscher und Kinder als partizipativ Forschende (Eßer & Sitter, 2018; Wöhrer et al., 2017).

3. Das „Hierarchical Model for Right Based Research with Children“

Dem Gedanken folgend, dass das in der KRK verbriefte Partizipationsrecht des Kindes auch die aktive Beteiligung an Forschung miteinschließt, entwickelten Mayne, Howitt und Rennie das „Hierarchical Model for Right Based Research with Children“ (ebd., 2018), welches dem in diesem Beitrag vorgestellten und im Rahmen der Studie entwickelten didaktischen Konzept: „Durch selbstbestimmtes Forschen zur Partizipation“ als Orientierungsrahmen zugrunde gelegt wurde (siehe Abschnitt 4). Das Modell verknüpft die als „Ladder of Participation“ bekannt gewordenen Grade der gesellschaftlichen Partizipation nach Hart (2008) mit dem in vier Kernelemente aufgeschlüsselten Kinderrecht auf Partizipation in der Forschung in Form einer Matrix (vgl. Abb. 1).

Abbildung 1: Hierarchie kindlicher Partizipationsrechte in Forschungsprojekten. Adaption des Hierarchical Model of Children's Research Participation Rights based on Information, Understanding, Voice and Influence (Mayne, Howitt & Rennie, 2018) von Büker und Hüpping (2018)

Hierarchie kindlicher Partizipationsrechte in Forschungsprozessen,
adaptiert nach Mayne, Howitt und Rennie (2018)

			Partizipationsrechte			
			Information	Verständnis	Stimme	Einfluss
Partizipationsgrade	8	Kinder-Initiative, geteilte Entscheidungen mit Erwachsenen	Vom Kind geschaffene Information	Größeres Verständnis als das der Erwachsenen	Gleichberechtigte Stimme wie die der Erwachsenen	Bedeutsamer Einfluss
	7	Von Kindern initiiert und durchgeführt	Größere Informations-Grundlage als die der Erwachsenen	Gleiches Verständnis wie das der Erwachsenen	Bedeutsame Stimme	Einflussnahme in ausgewählten Bereichen
	6	Erwachsenen-Initiative, geteilte Entscheidungen mit Kindern	Gleiche Informationen wie die der Erwachsenen	Verständnis bedeutsamer Aspekte	Meinungsäußerung in ausgewählten Bereichen	Unterstützte Möglichkeiten der Einflussnahme (Scaffolding)
	5	Konsultiert; Mitsprache auf Basis von Verständnis	Bedeutungsvolle Informationen	Verständnis ausgewählter Aspekte	Unterstützte Möglichkeiten der Meinungsäußerung (Scaffolding)	Eingeschräkte Möglichkeiten der Einflussnahme
	4	Zugeteilte, restriktive Rolle auf Basis von Informationen	Ausgewählte Informationen	Unterstützte Möglichkeiten des Aufbaus von Verständnis (Scaffolding)	Eingeschränkte Möglichkeiten der Meinungsäußerung	Geringe Einflussnahme
Keine Partizipation	3	Alibi-Teilhabe	Unterstützte Möglichkeiten der Informationsgewinnung (Scaffolding)	Eingeschränkte Möglichkeiten des Verständnisses	Geringe Stimme	Keine Einflussnahme
	2	Dekoration	Eingeschränkte Informationsmöglicheit	Geringes Verständnis	Keine Stimme	Keine Einflussnahme
	1	Manipulation	Geringe Information	Kein Verständnis	Keine Stimme	Keine Einflussnahme

Auf der vertikalen Achse unterscheiden Mayne und Howitt gemäß der Hart'schen Leiter acht Stufen der Beteiligung von Kindern an Forschungsprozessen, die von Scheinpartizipation über unterschiedliche Grade der Selbst- und Mitbestimmung bis hin zu einer von den Kindern selbst initiierten Forschung reichen. Auf der obersten Stufe des Modells unterstützen nicht Kinder die Forschungsabsichten Erwachsener, sondern umgekehrt werden Erwachsene zu Partner*innen bei der Realisierung der Forschungsideen der Kinder. Das Modell, für das eine deutsche Adaption vorliegt (Büker et al., 2018), systematisiert in horizontaler Achse das Partizipationsrecht in Analogie zu Arbeiten der Kinderrechteforscherin Lundy (2007) als ein Recht der Kinder auf nachvollziehbare *Information(en)*, auf *Verständnis* des Kontextes, auf die Möglichkeit, die *eigene Stimme* zu erheben und mit der Forschung *Einfluss* auf die eigene Lebenswelt zu nehmen. Das Modell erlaubt es, Art und Grad der Einlösung des UN-Kinderrechts auf Partizipation in Forschungsvorhaben mit Kindern auf systematische Weise zu bestimmen und zu reflektieren (Büker et al., 2018; Büker, 2019).

Das Recht des Kindes auf Partizipation – sowohl allgemein, in der Schule wie auch in Forschungsprozessen – ist auf die Gewährung von Handlungsspielräumen und Beteiligungsmöglichkeiten durch Erwachsene angewiesen. Die damit einhergehende Aushandlung und Reflexion von Hierarchie- und Rollenverhältnissen sind notwendige, aber noch keine hinreichenden Voraussetzungen für die Partizipation von Kindern. Lundy (2007) und Mayne et al. (2018) stellen daher heraus, dass das Recht der Kinder auf Partizipation bis hin zur Einflussnahme auf sie betreffende Entscheidungen auch das Recht auf einen *begleiteten Lern- und Erfahrungsprozess* beinhalte: Gerade junge Kinder sowie Schüler*innen mit besonderen Unterstützungsbedarfen benötigen eine an Alter und Lernvoraussetzungen angepasste Lernbegleitung (Scaffolding), um die gebotenen Freiräume für Partizipation systematisch nutzen zu können und mit dem Anspruch an partizipatives Handeln nicht überfordert zu sein. Es bedarf daher Möglichkeiten der Übung und der Erfahrung in geeigneten Lernsituationen.

4. Durch Forschen zur Partizipation: Kennzeichen des didaktischen Konzepts

Ansätze zur Befähigung von Kindern und Jugendlichen zu systematischen Formen der Partizipation in der Rolle der Sozialforscher*innen wurden bislang in schulischen Kontexten eher außerhalb des Kernunterrichts (in der Offenen Ganztagsschule, in freiwilligen AGs oder Forscherclubs) oder in außerunterrichtlichen Kontexten wie Jugendclubs entwickelt und realisiert (Eßer, Schär, Schnur & Schroer, 2020; Eßer & Sitter, 2018; Kellett, 2005; Wöhrer et al., 2017). Für die vorliegende Studie erfolgte eine Verortung im fächerübergreifenden

Grundschulunterricht unter Einbezug der Fächer/Lernbereiche Sachunterricht, Deutsch, Mathematik, Religion/Ethik, Kunst sowie in Orientierung an affinen fachlichen und überfachlichen Kompetenzen gemäß der KMK-Empfehlungen (2015). Paradigmatisch lässt sich das Konzept in das forschende Lernen einordnen, welches – wenn auch für die Grundschule nicht eindeutig bestimmt und häufig mit naturwissenschaftlich-technischem Lernen im Sachunterricht konnotiert – dadurch gekennzeichnet ist, dass Kinder mehr oder weniger selbsttätig eigenen Fragen nachgehen und dabei grundlegende wissenschaftliche Arbeitsweisen anwenden (Knörzer, Förster, Franz & Hartinger, 2019). Die Anbahnung von Kompetenzen im Zusammenhang von Partizipation und Demokratieerziehung (vgl. Abschnitt 1) wird im hier entwickelten didaktischen Konzept verknüpft mit übergreifenden sozialen und forschungsbezogenen Querschnittskompetenzen wie Fragenstellen, Vermuten, Recherchieren, Bewerten von Informationen im Sinne einer kritisch-reflexiven Medienerziehung, Ordnen und Analysieren, Überprüfen, Systematisieren, mehrperspektivisches Denken, Schlussfolgern und Argumentieren, Reflektieren, Kommunizieren, Kooperieren und Präsentieren.

Das Konzept sieht eine projektorientierte Umsetzung als Lernangebot vor und ist in seiner didaktischen Strukturierung orientiert an den typischen Forschungsphasen der Sozialforschung (vgl. Abb. 2). Dabei werden alle Phasen des Forschungsprozesses direkt an die Lebenswelt der teilnehmenden Kinder angeknüpft und erhalten ausgehend von den Fragen und Veränderungswünschen der Kinder ihren Sinn: Beginnend mit dem Finden der Forschungsfrage über die Informationsbeschaffung zur Klärung des Forschungsfeldes, die Planung, Durchführung und Auswertung der Forschungsaktivitäten bis hin zur öffentlichen Kommunikation und zum Transfer der Ergebnisse in veränderte Handlungen. Daraus können sich wieder neue Forschungsfragen ergeben. In jeder Phase sind Impulse zu möglichen Forschungszugängen und -methoden sowie zu Recherchemöglichkeiten integriert, die Kindern Informationen und Verständnis ermöglichen und zur kritischen Reflexion anregen sollen. Feste Bestandteile dieses Konzepts bieten die expliziten Bezüge zu den Kinderrechten sowie spielerische Wahrnehmungsübungen zur Sensibilisierung für die Verschiedenheit von Perspektiven. Der Erwerb von sozialwissenschaftlicher *Forschungskompetenz* bietet dabei das Handwerkszeug für systematische und nachhaltige Formen der Beteiligung an Themen, die für die Kinder relevant sind. Diese umfasst im Sinne forschenden Lernens: die Anbahnung einer Fragehaltung, forschungsmethodische Kenntnisse und Fähigkeiten zur systematischen Analyse und Interpretation problemhaltiger Fragestellungen, eine forschungsbasierte Reflexion einschließlich der Sensibilisierung für (forschungs-)ethische Fragestellungen, eine angemessene Kommunikationsgestaltung im Forschungsprozess und Fähigkeiten zum Transfer der Forschungsergebnisse sowie der Einflussnahme auf die (Veränderung der) soziale(n) Praxis.

Abbildung 2: Forschen in eigener und gemeinsamer Sache: Der Forschungsprozess (Büker, Hüpping & Fernhomberg, 2021)

Das Konzept „Kinder als Sozialforscher*innen“ beinhaltet, wie gezeigt, vielfältige Lernpotenziale, stellt jedoch auch einen hohen kognitiven sowie motivationalen Anspruch an die Kinder. Kinderbefragungen im Kontext des Forscherclubs an der Open University in England (Kellett, 2005) ergaben, dass das eigeninitiierte Forschen mit positiven Gefühlen wie Stolz und Selbstwirksamkeit einhergeht, aber auch Unsicherheit bei der Anwendung von Forschungsmethoden und in der Kommunikation mit Befragten sowie Ungeduld und Demotivation insbesondere in der Phase der Datenauswertung hervorrufen kann (Kerawalla & Messer, 2018). Soll Forschung als ein Weg zu Mitbestimmung erlernt und erlebt werden, müssen spezifische Anforderungen an die Adaptivität für Grundschulkinder berücksichtigt werden. Der hohe didaktische Anspruch an die erwachsenen Lernbegleiter*innen ist offenkundig.

5. Design der Studie: „Kinder als Forscher*innen in eigener und gemeinsamer Sache“

Das Forschungsinteresse der Studie bestimmt sich durch die Entwicklung, Erprobung und Untersuchung weitreichender, systematischer Möglichkeiten der Partizipation von Grundschulkindern, indem diese in der Rolle der Sozialforscher*innen datengestützte Veränderungsvorschläge in die Schulentwicklung einbringen. Die Forschungsfrage lautet: *Wie nutzen die Kinder das for-*

*schungsorientierte Lernangebot und wie beschreiben sie ihre Könnens- und Partizipationserfahrungen in der Rolle der Sozialforscher*innen?*

Nach der Entwicklung des didaktischen Konzepts erfolgte im ersten Schritt die Durchführung des Projekts als ein wählbares Angebot im Wahlpflichtbereich der Schule. An dem über zwei Monate angelegten, im wöchentlichen Rhythmus stattfindenden und auf zwei Zeitstunden ausgelegten Lernangebot nahmen insgesamt n=22 Kinder (w=10, m=12) im Alter zwischen sechs und zehn Jahren teil. Die Mitwirkung an Lernangebot und begleitender Studie erfolgte freiwillig auf Basis einer informierten Einwilligung durch die Kinder und deren Eltern. Während der Durchführung des Lernangebots erfolgten ethnografisch angelegte teilnehmende Beobachtungen, die videografisch und in Postskripten festgehalten wurden. Unmittelbar nach Abschluss des Lernangebots wurden Einzelinterviews mit n=8 Kindern realisiert. Die Stichprobe kennzeichnet sich durch die Merkmale Alter und Geschlecht: Jeweils vier Jungen und vier Mädchen im Alter von sechs bis zehn Jahren bildeten den Ausschnitt aus der Grundgesamtheit der Lerngruppe. In diesem nachgelagerten zweiten Schritt wechselten die Kinder in die Rolle der informierten Forschungsteilnehmer*innen, welche der erwachsenen Forscherin ihre Sicht auf die im Kontext dieses Lernangebotes wahrgenommenen Könnens- und Partizipationserfahrungen mitteilen.

Die theoretische Ausrichtung der Studie wird bestimmt durch die der relationalen Sozialforschung zuzuordnenden Akteur-Netzwerk-Theorie (ANT) (Eßer, 2014; Latour, 2007), die mit dem Ansatz eines intersubjektiven Kompetenzverständnisses kombiniert wird (Bayer, 2011). Die Besonderheit der ANT ist, dass nicht die Akteur*innen ihre Beziehungen definieren, vielmehr werden Akteur*innen erst durch die unterschiedlichen Relationen definierbar (Eßer, 2014). Das ermöglicht es, die Institution Schule und ihre Akteur*innen als ein vielschichtiges Netzwerk von Beziehungen zu betrachten. In diesem Verständnis lassen sich in der vorliegenden Studie die beobachteten Situationen hinsichtlich partizipativer Gestaltungspraktiken und Aushandlungsprozesse zwischen Kindern und Lernbegleiter*innen differenziert erfassen. Zur Erfassung der Nutzung des Lernangebotes und den darin eingelagerten Lernchancen wurde mit der Orientierung an Bayer (2011) ein theoretischer Ansatz gewählt, welcher den Erwerb von Kompetenzen als einen sozialen und somit intersubjektiven Prozess beschreibt und bestimmt. Ein solches Kompetenzverständnis scheint hier angemessener als outputorientierte Kompetenzmessverfahren, um der Kernidee des partizipatorischen, kinderrechtebasierten Ansatzes gerecht zu werden. Im Rekurs auf Deci und Ryan (2000) beschreibt Bayer (2011) den Kompetenzerwerb über die wahrgenommene *Könnenserfahrung* von Individuen im Spannungsfeld zwischen dem Erleben von Autonomie und sozialer Zugehörigkeit. Prengel (2016) legt darüber hinaus dar, dass Könnenserfahrung,

Selbstbestimmbarkeit und Anerkennung in ihrer Verknüpfung die soziale Teilhabe von Kindern beeinflussen.

Die hier dargelegte Theoriebasis ermöglicht es, im Rahmen der qualitativen Studie (1) ein differenziertes Beziehungsgeflecht innerhalb des Lernangebots zu rekonstruieren und gleichzeitig (2) Lern-, Zugehörigkeits- und Partizipationserfahrungen wie auch die Relevanzzuschreibungen der Lerninhalte aus Kindersicht zu erfassen. Zuletzt genannter Aspekt (2) wird in diesem Beitrag fokussiert und diskutiert.

Ausgehend von der theoretischen Rahmung wurde zunächst ein Analysefokus für die teilnehmende Beobachtung (Breidenstein, 2012) bestimmt, um innerhalb des Lernangebots partizipative Praktiken wie Mitbestimmung und Einflussnahme sowie die damit zusammenhängenden situativen Aushandlungsprozesse der Kinder genauer zu betrachten. Die dadurch gewonnenen Erkenntnisse flossen in die Konzeption des Interviewleitfadens als Vertiefungsschritt ein. Die Auswertung der Daten erfolgte mittels der strukturierenden Inhaltsanalyse (Mayring, 2010). Hierfür wurden aus der Theorie zunächst zentrale Aspekte wie *Mitbestimmungs-*, *Einflussnahmemöglichkeiten* und *ermöglichter Handlungsspielraum* sowie darin verorteter Aushandlungen (Peer-to-Peer sowie zwischen Kindern und Lernbegleitungen) als deduktive Hauptkategorien abgeleitet, um Analyse- und Kodiereinheiten am Material zu bestimmen. Diese wurden im Auswertungsprozess um induktive Kategorien ergänzt, wie z. B. *Forschungsinteresse* und *Anwendung von Erhebungsmethoden*. Das so entwickelte deduktiv-induktive Kategoriensystem zielt darauf, das von den Kindern geäußerte Erleben in Bezug auf Autonomie und soziale Zugehörigkeit sowie die in diesem Zusammenhang geäußerten Könnenserfahrungen (einschließlich erlebten Nicht-Könnens) zu analysieren, um auf diese Weise Einblicke in die Gelingensbedingungen und Herausforderungen partizipativen Forschens mit Kindern zu gewinnen.

6. Beobachtungsgestützte Einblicke in das Lernangebot

In dem Lernangebot mit dem Titel „Kinderrechte: Schulalltag erforschen – Schule gestalten" erarbeiteten die Kinder zunächst, gestützt durch Filmmaterial von UNICEF, die Themen „Kinderrechte" und „Partizipation". Unter Einbezug des Vorwissens der Kinder wurde eine Verknüpfung zu sozialwissenschaftlicher Forschung hergestellt. Nachfolgend sammelten die Kinder Themen, für die sie Veränderungsbedarf und zugleich den Wunsch nach Einflussnahme in ihrem Lebensraum Schule sahen. Der unter den Kindern ausgehandelte Mehrheitsbeschluss fiel auf das Thema „Mittagessen in der Schulmensa"; dieses wurde mit stark emotional gefärbten Äußerungen wie *eklig* und *schmeckt nicht* konnotiert. Dabei zeigte sich eine hohe Motivation der sogenannten „Forscherkinder", die Meinungen ihrer Mitschüler*innen zu diesem Thema zu erheben. Hierfür entwickelten und modifizierten sie zum Teil sehr kreative Befragungsinstrumente und -methoden: einen Postkasten zur Meinungsabfrage, ein Interviewbuch (gestaltet als Heft mit Frage-/Antwort-Struktur und angeknotetem Pappmikro) sowie einen Fragebogen mit selbsterstellten Ratingskalen im Smiley-Format (Büker et al., 2021a). Nachdem wichtige forschungsethische Grundsätze (Freiwilligkeit der Teilnahme, Datenschutz, Kommunikation mit den teilnehmenden Mitschüler*innen) geklärt wurden, realisierten die „Forscherkinder" verschiedene Erhebungen in der Schule. Dabei erhielten sie Daten, die mündlich sowie schriftlich in offenen und geschlossenen Antwortformaten vorlagen. Diese galt es, auf jeweils angemessene Weise auszuwerten, wobei mathematische Strategien des Sortierens, Zählens und Rechnens sowie die Darstellungsform des Säulendiagramms zum Tragen kamen. Als sehr anspruchsvoll erwies sich die Suche nach Auswertungsmöglichkeiten der qualitativen Daten. Einige Kinder aus der Forschergruppe äußerten in der Phase der Auswertung große Verwunderung über die Verschiedenheit der Ergebnisse je nach gewählter Erhebungsmethode. So folgten die von ihnen befragten Mitschüler*innen in den mündlichen Befragungen viel häufiger der eigenen emotionalen Bewertung bzw. Negativstimmung zum Thema Mensaessen, während die Fragebogenerhebung ein deutlich ausgewogeneres Meinungsbild zeigte. Hieraus ergaben sich wertvolle Anknüpfungspunkte für eine vertiefende methodische und inhaltliche Reflexion und Diskussion, insbesondere über Themen wie Beeinflussbarkeit, Neutralität u. ä. m. Auch ergab sich eine für die Kinder erstaunliche Bandbreite der eruierten Meinungen: Neben Wünschen zu einer breiteren Menüauswahl ging es auch um Verhaltensänderungen in der Mensa, wie z. B. *Nicht zu viel auf den Teller füllen!* oder *Leise sein!* Zum Schluss präsentierten die „Forscherkinder" ihre gewonnenen Ergebnisse im schulöffentlichen Rahmen den Mitschüler*innen, den Lernbegleiter*innen und Eltern auf Plakaten. Basierend auf den Forschungsergebnissen und Vorschlägen der Kinder wurde seitens der Schule in Kooperation mit dem Caterer ein neues Mittagessenkonzept entwickelt und – zur großen Freude der Kinder – wenige Wochen später realisiert.

7. Ausgewählte Ergebnisse aus den Interviews

Darüber, wie die Schüler*innen kinderrechtebasierte Partizipation als Lerngegenstand und Lernerfahrung wahrgenommen und das eigenständige Forschen in diesem Zusammenhang erlebt haben, geben sie selbst dezidiert Auskunft. Im Folgenden werden ausgewählte Ergebnisse in Bezug auf das (a) *Forschungsverständnis*, (b) die erlebten *Partizipationsmöglichkeiten* und die damit verbundenen (c) *Könnenserfahrungen* wie auch auf die Relevanz von (d) *Meinungsvielfalt* anhand exemplarischer Interviewaussagen dargelegt.

(a) Forschungsverständnis

Die Kinder assoziieren mit dem Begriff des Forschens in erster Linie ein *Entdecken von neuen Dingen in Form eines gründlichen und ausdauernden Suchens*: „Ja, dass Forscher immer weitersuchen, bis sie alles eben richtig gemacht haben oder wenigstens gut. Oder was herausgefunden haben" (K1_w_6J). Das hier formulierte Forschungsverständnis wird von mehreren Kindern mit dem Forschungszugang des Beobachtens in Beziehung gesetzt:

> „Weil Forscher wollen ja was Neues entdecken, also müssen die, die Augen offenhalten und entdecken, was Neues entdecken vielleicht oder so was. [...] Wenn die die Augen so fast zu haben, können die das nicht machen, weil die dann so fast schlafen und dann sehen die das nicht mehr so. Dann denken die, das ist einfach was ganz Normales und dann ist es vielleicht etwas Neues, was noch nicht entdeckt wurde" (K6_w_9J).

Das hier beschriebene genaue *Hinschauen* verbinden mehrere Kinder mit dem Begriff der Lupe, konnotiert mit Aussagen wie *Experimentieren, Erforschen und Entdecken* und in Verknüpfung mit den Themen *Tiere* und *Natur und Umwelt.* Hier zeichnet sich – trotz einer als Sozialforschung angelegten Projekterfahrung – die Persistenz eines naturwissenschaftlich geprägten Forschungsverständnisses ab.

(b) Partizipationsmöglichkeiten

Die Motivation zur Teilnahme an dem Lernangebot wird von den Kindern über den Wunsch nach Veränderung und die wahrgenommenen Mitbestimmungsmöglichkeiten begründet: „[...] was wir uns hier für die Schule wünschen" (K1_w_6J). „Weil ich sehr gerne mitbestimmen wollte und deshalb wollte ich hier mal hin und gucken, wie man das hier so macht" (K4_w_9J).

Dabei betrachten die Kinder die erlebten Formen und Aushandlungsprozesse im Zusammenhang mit Partizipation differenziert. Mit Blick auf den per Mehrheitsbeschluss gefundenen gemeinsamen Forschungsgegenstand *Mittagessen* führen einige Kinder aus, dass sie zum Teil die Erforschung anderer Themen favorisiert (Schulhof) oder für wichtiger gehalten hätten (Umweltschutz, Schulhund), während die Mehrheit der Kinder dieses Vorgehen kaum infrage stellt. Gerade die Kinder, die von solchen Diskrepanzerfahrungen berichten, weisen den (kreativen) Gestaltungs- und Mitbestimmungsmöglichkeiten im Lernangebot eine hohe Relevanz zu. In der Rückschau betonen die Kinder hier die Bedeutung der Handlungsspielräume bei den von ihnen geplanten und durchgeführten unterschiedlichen Erhebungsmethoden und -instrumenten.

(c) Könnenserfahrungen

Die befragten Kinder weisen dem Erleben des Einsatzes der unterschiedlichen, selbst konzipierbaren und modifizierbaren Erhebungsmethoden wie Postbox, Interviewbuch und quantitativen Fragebogen zur Klärung ihrer Forschungsfrage eine hohe Bedeutung zu. Dabei fungierte die Postbox aus Sicht der Kinder als eine schnelle und pragmatische Lösung:

> „Ja, da haben wir so 'nen Kasten gemacht mit einem Schlitz drin [...] dann stand da drauf ‚Mensaessen – was wünscht ihr euch für gesundes Essen für deine Mensa'. Und dann [...] hatten wir den am Ende aufgemacht und dann waren da ganz viele Sachen drin" (K4_w_9J).

Von den Erfahrungen mit dem *Interviewbuch* wurde ebenfalls unter Nutzung zahlreicher aktiver Verben berichtet:

> „Ja, wir hatten ein Interviewbuch und da hatten, haben wir so ein Buch gemacht, da kann man Fragen hinstellen, hinschreiben [...] Und dann gehen wir durch die ganze Klasse und schreiben dann die Antworten dahin. Und dann hatten wir da so mit 'nem Band noch, also haben wir erst mal aus Pappe ein Mikrofon gebaut, haben das dann mit einem Band an das Buch befestigt, sodass es ein Interviewbuch wurde" (K4_w_9J).

In Bezug auf den primär quantitativ angelegten Fragebogen traten in den Kinderantworten die Gestaltungsmöglichkeiten bei der inhaltlichen Entwicklung und Ausrichtung der Items und der Ratingskala in den Vordergrund, indem auf die selbstentworfenen Smileys verwiesen wurde:

> „Weil, da waren so, ich glaub' so Daumen hoch und runter und bei Smileys erkennt man das eher mehr [...]. Da steht beim Fröhlichen ‚ja', beim – wo der Mund Mitte ist – ‚meistens' und wo er schräg gerade ist ‚manchmal' und traurig, nie" (K7_w_8J).

Im Bereich der Datenauswertung benennen die Kinder verschiedene Strategien des Sortierens, Zählens und Rechnens sowie die Darstellungsformen von Säulendiagrammen. Während einige Kinder diesem Prozess positiv gegenüberstehen – „Ja, weil, das Auswerten finde ich immer spannend" (K4_w_9J) –, formulieren andere Kinder Unterstützungsbedarfe oder empfinden diese Phase eher als *langweilig* und/oder *anstrengend*. Die Kinder berichten von hohem

Zeitaufwand, dem Ausbleiben von schnellen sichtbaren Erfolgen und dadurch bedingter Enttäuschung.

Die Ergebnispräsentation wird im Kontrast zur Phase der Auswertung von *allen* Kindern als sehr positiv konnotierte Könnenserfahrung eingeordnet. Neben der Präsentation der Ergebnisse führen die Kinder hier die Bedeutung der Kommunikation an: Sie beschreiben, wie wichtig es für sie war, den Mitschüler*innen, Lernbegleiter*innen und (Groß-)Eltern Einblicke in den Prozess ihrer Forschung zu geben, in der Expert*innenrolle beispielsweise die Gesundheitspyramide zu erklären und Einblicke in die modifizierten Instrumente, die Anstrengung der Auswertung und die durchgeführten Wahrnehmungsübungen zum Perspektivwechsel zu gewähren.

(d) Meinungsvielfalt

Die interviewten Kinder beschreiben einen differenzierten Erkenntnisgewinn durch den reflektorischen Vergleich der unterschiedlichen eingesetzten Auswertungsmethoden (Methode Postkasten versus Methode Fragebogen) und die daraus resultierenden Ergebnisse. Hier wird eine Sensibilität in Bezug auf die Meinungsvielfalt an der Schule deutlich:

> „Weil wir finden, dass das Essen zum Beispiel, dass wir das nicht nur entscheiden, weil es ja auch viele Meinungen gibt, die ganz verschieden sind. Zum Beispiel Hühnerfrikassee. Ich habe was ganz anderes aufgeschrieben. Ich habe zum Beispiel Fischstäbchen aufgeschrieben. Was ganz, ganz anderes. Deshalb haben wir auch von anderen Gruppen gefragt, was die mal essen möchten“ (K5_w_7J).

Dass dabei innerhalb der Schulgemeinde jeder Stimme Gewicht verliehen werden soll, hebt folgende Aussage hervor: „Dass man auch von allen, dass man auch von allen Stimmen der Kinder guckt und nicht nur von einer“ (K8_m_7J). Ein Transfer wird auch in Bezug auf mögliche neue Forschungsthemen geleistet. Dabei weiten die Kinder den Blick auf zukünftige, für sie bedeutende Maßnahmen wie Mitbestimmungen über die Innenräume oder die Getränkeauswahl, bei denen sie eine hohe Meinungsvielfalt erwarten:

> „Ich würde zum Beispiel über die Getränke mitbestimmen lassen bei der Mensa. Da gibt's nämlich nur Wasser, ich finde, da müsste es auch etwas was anderes geben, zum Beispiel Prickelwasser und zum Beispiel – […] Zitronenwasser“ (K5_w_7J).

Neben dem Rückgriff auf bekannte Methoden wie „Wieder mit einer Abstimmung mit unserer Postbox“ (K8_m_7J) oder einer Neukonzeption des Fragebogens geben zwei Kinder die Abhängigkeit von Forschungsgegenstand und Methode kritisch zu bedenken.

Ein Transfer zum Datenschutz fällt dem Großteil der befragten Kinder eher schwer. Sie beschreiben zwar, dass die Daten nicht für jeden zugänglich sein dürfen. Jedoch wird dieser Aspekt nicht in Verbindung mit dem eigenen Forschungsprojekt gebracht, sondern allgemein mit *Datenklau als Straftat* im Kontext von *Fernsehnachrichten* und *prominenten Persönlichkeiten* assoziiert.

8. Diskussion und Ausblick

Die von den Kindern formulierten, situativ eingebetteten Könnens- und Partizipationserfahrungen und das in den Schilderungen deutlich gewordene Verständnis von Forschung und Meinungsvielfalt lassen sich interpretatorisch auf die vier Facetten der Umsetzung des Kinderrechtes im Modell von Mayne et al. (2018) rückbeziehen: *Information, Verständnis, Stimme* und *Einflussnahme.* Im Folgenden werden die in den Ergebnissen aufgezeigten Kinderaussagen sowohl unter didaktischen Gesichtspunkten wie auch unter Aspekten des partizipativen Forschens anhand dieser vier Kernelemente und entlang der Forschungsschritte (siehe Abschnitt 4) betrachtet. So zeigt sich, dass auf der Grundlage von *Information* und *Verständnis* die (1) *Entwicklung einer Fragehaltung* erwachsen kann, im hier beschriebenen Kontext in Form der Projektidee, Meinungen zum schulischen Mittagessen zu erfragen. Die Notwendigkeit der Priorisierung bringen die Kinder unmittelbar mit sozialen Aushandlungen in Verbindung, um gemeinsame Fragen und Themen in der Lerngruppe zu finden. Darüber hinaus nutzen die Kinder (2) *forschungsmethodische Zugänge zur systematischen Analyse und Interpretation problemhaltiger Fragestellungen*, wie am Beispiel der präferierten Methoden *Postkasten, Interviewbuch* und *Fragebogen* deutlich wird. Hier kommen die Kinderrechte-Aspekte *Einfluss* und *Stimme* zum Tragen. Während die Kinder als forschende Akteur*innen das methodische Setting maßgeblich gestalten und mitbestimmen, nehmen sie aktiv *Einfluss* auf die Formen der Datenerhebung. In der konkreten Umsetzung der verschiedenen Methoden erhalten schließlich alle Kinder des schulischen Netzwerkes die Möglichkeit, ihre *Stimme* hinsichtlich des Themas *Mittagessen* zu äußern. Im Rahmen einer (3) *forschungsbasierten Reflexion* lässt sich aus den Beobachtungen und den Interviews eine für das junge Alter ausgesprochen differenzierte Argumentation und Reflexion in Bezug auf die Relevanz von Meinungsbildung, Meinungs- und Perspektivenvielfalt konstatieren. Im Bereich einer damit zusammenhängenden metakognitiven Betrachtung des Partizipationsthemas scheinen durch das Projekt große Lernchancen eröffnet und durch die Kinder genutzt worden zu sein. So erhalten die Kinder auf der Grundlage der erhobenen Daten bzw. *Stimmen ihrer Mitschüler*innen* wichtige *Informationen*, die ihnen bei der Datenauswertung und Interpretation ein *Verständnis* zur reflektierten Meinungsbildung bieten. Dieser Aspekt ist verknüpft mit der (4)

Kommunikationsgestaltung im Forschungsprozess. Der (5) *Transfer der Forschungsergebnisse und Einflussnahme auf die soziale Praxis* erfolgt durch die Kinder explizit und implizit in Verknüpfung mit dem Recht auf die eigene Stimme, aber auch mit dem Recht auf Mitgestaltung und Verantwortungsübernahme für Belange der Schulgemeinschaft. Dass die Kinder ihre Rolle als Sozialforscher*innen in eigener und gemeinsamer Sache mit ihrem Recht auf Partizipation verknüpfen, lässt sich insbesondere an den Interviewaussagen ablesen, in denen sie die für sie relevanten zukünftigen neuen Themen der Mitbestimmung unmittelbar mit der Reflexion der Tauglichkeit bzw. Modifizierbarkeit der eingesetzten Methoden und Instrumente in Verbindung bringen. Gleichzeitig scheint es den Kindern bewusst zu sein, wie abhängig die Meinungsvielfalt von den jeweiligen Themen ist, und sie bedenken dies mit Blick auf zukünftige Partizipationsprojekte.

Die Ergebnisse verweisen auf substanzielle Lernchancen im Bereich der Anbahnung prozess- und inhaltsbezogener partizipationsrelevanter Kompetenzen (Bayer, 2011; KMK, 2015), welche grundsätzlich *für* die Umsetzung und Weiterentwicklung solcher partizipativen Forschungssettings in der Grundschule sprechen: Durch die Auseinandersetzung mit anderen Meinungen sowie mit den differenten Antworten auf Sinnfragen erweitern die Kinder ihren Erfahrungshorizont, ihre Bewertungsmaßstäbe sowie ihre Handlungskompetenz und finden zu eigenen, reflektierten Werthaltungen in sozialen Zusammenhängen (gemäß KMK, 2015, S. 17 f.). So verdeutlicht insbesondere der im Lernangebot angestoßene und in Beobachtung und Interviews sichtbar gewordene Prozess der Meinungsbildung (von emotionsgeleiteten, stimmungsmachenden Aussagen zu Beginn bis zur differenzierten Sicht auf die existierende Meinungsvielfalt in der Schulgemeinde am Ende), dass offenbar die Fähigkeit zur kritisch-reflexiven Meinungsbildung weiterentwickelt werden konnte – welche nicht zuletzt im Zusammenhang von Medienkompetenz und Digitalisierung eine Schlüsselqualifikation darstellt (Hüpping & Kamin, 2020). Der Projektverlauf und die möglich gewordene Erfahrung der Kinder, Einfluss auf das Handeln der Schulleitung und nachfolgend auf das Konzept des Caterers nehmen und tatsächlich Veränderung bewirken zu können, sind zweifelsohne idealtypisch. Aus den Kinderaussagen werden neben Erfahrungen des Könnens auch solche des Erlebens von Grenzen und des Nicht-Könnens deutlich: Die Untersuchung von Kerawalla und Messer (2018) bestätigend, erleben auch die Kinder dieser Studie speziell die Datenauswertung als *anstrengend* oder als Überforderung. Grenzen des Verständnisses zeigen sich bei den Kindern im Bereich der Einordnung von Datenschutz oder des Forschungsbegriffs selbst (Spriggs & Gilliam, 2017), der nach wie vor eher mit naturwissenschaftlichem Forschen konnotiert ist (Hüpping & Büker, 2019; Sitter & Eßer, 2018). Die „Anstrengung“ ist jedoch der Partizipation inhärent: Das Kinderrecht, „gehört zu werden“, „mitbestimmen zu können“ und „Einfluss zu nehmen“, gestaltet sich in der schulischen Praxis nicht frei von Kontroversen und Konflikten zwischen schulischen Akteur*innen. Wer entscheidet wann, an welcher Stelle und auf welcher „Informationsgrundlage" mit? Es stellt sich die Frage, wie diese Vielschichtigkeit partizipativer Settings für Kinder im Grundschulalter auf adäquate Weise aufgegriffen und bearbeitet werden kann, um letztlich pädagogische Beziehungen zwischen den schulischen Akteur*innen zu stärken (Prengel, 2016) und Prozesse der Generationenvermittlung (Heinzel, 2019) hin zu einer partizipativen Schulentwicklung auszuweiten (Häbig et al., 2019). Dazu gehört auch der reflektierende Umgang mit (vorläufigen) Grenzen und Enttäuschungen, etwa wenn die Veränderungsvorschläge anders als im hier beschriebenen Falle nicht direkt in Veränderungen münden. Daraus erwächst auch ein Anspruch an die Lehrkraft und die erwachsenen Forscher*innen, diesen forschungsorientierten Lernzugang im Sinne eines ko-konstruktiven Prozesses in der Grundschule zu begleiten. Insbesondere sind Fragen der Erschließbarkeit des kognitiv anspruchsvollen Themas an die Lern- und Verstehensvoraussetzungen der Kinder sowie der Verstetigung der Partizipationsmöglichkeiten der Kinder durch Implementation in das Schulkonzept zu klären. Die hier vorliegende Studie weist typische Limitationen einer Einzelfallstudie auf, beinhaltet jedoch auch die diesem Forschungstyp inhärente Chance, über empiriebasierte Hinweise Ausgangspunkte für weiterführende Untersuchungen zu liefern. Aus der Perspektive der partizipativen Forschung verweist sie auf einige grundsätzliche, noch offene Fragen, darunter die der Konstruktion eines idealisierten neuen Bildes des „forschenden, handlungsmächtigen, sein Recht auf Stimme ausübenden" Kindes (Hammersley, 2017).

Literatur

Andresen, S. (2018). Child Well-Being im Schnittfeld von Forschung und Politik. Versuch einer Typologie. In T. Betz, S. Bollig, M. Joos & S. Neumann (Hrsg.), *Gute Kindheit. Wohlbefinden; Kindeswohl und Ungleichheit* (S. 70–83). Weinheim, Basel: Beltz Juventa.

Andresen, S., Möller, R. & Bertelsmann Stiftung (2019). *Children's Worlds+.*

Bayer, M. (2011). Das kompetente Kind: Anmerkungen zu einem Konstrukt aus soziologischer Sicht. In S. Wittmann, T. Rauschenbach & H. R. Leu (Hrsg.), *Kinder in Deutschland. Eine Bilanz empirischer Studien* (Deutsches Jugendinstitut e. V., München, S. 219–233). Weinheim, Basel: Beltz Juventa.

Bertram, T., Formosinho, J., Gray, C., Pascal, C. & Whalley, M. (2015). *EECERA Ethical Code for Early Childhood Researchers.* www.eecera-ext.tandf.co.uk/documents/pdf/organisation/EECERA-Ethical-Code.pdf

Betz, T., Gaiser, W. & Pluto, L. (2010). Partizipation von Kindern und Jugendlichen. In L. Pluto (Hrsg.), *Partizipation von Kindern und Jugendlichen. Forschungsergebnisse, Bewertungen, Handlungsmöglichkeiten* (S. 11–34). Schwalbach am Taunus: Wochenschau.

Böhme, J. & Kramer, R.-T. (2001). *Partizipation in der Schule. Theoretische Perspektiven und empirische Analysen* (Studien zur Schul- und Bildungsforschung, Band 11). Wiesbaden: Springer VS.

Breidenstein, G. (2012). Ethnographisches Beobachten. In H. d. Boer & S. Reh (Hrsg.), *Beobachtung in der Schule - Beobachten lernen* (S. 27–43). Wiesbaden: Springer VS.

Büker, P. (2019). Combining Children's Participation Rights in Research with Professionalisation of Educators and Teachers – Critical Analysis of a Transition Study Design. In J. Murray, B. B. Swadener & K. Smith (Hrsg.), *The Routledge International Handbook of Young Children's Rights* (S. 519–534). London, New York: Routledge.

Büker, P., Hüpping, B. & Fernhomberg, H. (2021a). Kinder als Forscher*innen in eigener und gemeinsamer Sache: eine neue Qualität kinderrechtebasierter Partizipation. *Grundschule aktuell*, 153, 34–38.

Büker, P., Hüpping, B. & Zala-Mezö, E. (2021b). Partizipation als Veränderung. Eine Aufforderung an Grundschule und Forschung. *Zeitschrift für Grundschulforschung*, 14(2), 391–406.

Büker, P., Hüpping, B., Mayne, F. & Howitt, C. (2018). Kinder partizipativ in Forschung einbeziehen – ein kinderrechtsbasiertes Stufenmodell. *Diskurs Kindheits- und Jugendforschung*, 13(1), 109–114.

Deci, E. L. & Ryan, R. M. (2000). Self-Determination Theory and the Facilitation of Intrinsic Motivation, Social Development, and Well-Being. *American Psychological Association*, 55(1), 68–78.

Deutsches Kinderhilfswerk e. V. (2018). *Kinderreport Deutschland 2018. Rechte von Kindern in Deutschland* (500. Auflage). Berlin.

Dockett, S., Einarsdóttir, J. & Perry, B. (Hrsg.). (2019). *Listening to children's advice about starting school and school age care. EECERA Book Series: Towards an Ethical Praxis in Early Childhood: From Research into Practice*. Abingdon, Oxon: Routledge.

Eßer, F. & Sitter, M. (2018). Ethische Symmetrie in der partizipativen Forschung mit Kindern. *Forum: Qualitative Sozialforschung/Qualitative Social Research*, 19(3).

Eßer, F. (2014). Agency Revisited. Relationale Perspektiven auf Kindheit und die Handlungsfähigkeit von Kindern. *ZSE Zeitschrift für Soziologie der Erziehung und Sozialisation*, 34(3), 233–246.

Eßer, F., Schär, C., Schnurr, S. & Schroer, W. (2020). Partizipative Forschung in der Sozialen Arbeit. Teilhabe an der Wissensproduktion unter Bedingungen der sozialen Ungleichheit. Zur Gewährleistung sozialer Teilhabe an Forschungsprozessen. *Zeitschrift für Sozialarbeit, Sozialpädagogik und Sozialpolitik*, 16, 3–23.

Häbig, J., Zala-Mezö, E., Müller-Kuhn, D. & Strauss, N.-C. (2019). Im normalen Leben funktioniert das auch nicht. Rekonstruktionen des kollektiven Verständnisses von Schülerinnen- und Schülerpartizipation. In S. Hauser & N. Nell-Tuor (Hrsg.), *Sprache und Partizipation im Schulfeld* (Mündlichkeit, Band 6, S. 39–58). hep.

Hammersley, M. (2017). Childhood Studies: A sustainable paradigm? *Childhood*, 24(1), 113–127.

Hart, R. A. (2008). Stepping Back from ‚The Ladder': Reflections on a Model of Participatory Work with Children. In A. Reid, B. B. Jensen, J. Nikel & V. Simovska (Hrsg.), *Participation and Learning. Perspectives on Education and the Environment, Health and Sustainability* (S. 19–31). Dordrecht: Springer.

Heinzel, F. (2019). Zur Doppelfunktion der Grundschule, dem Kind und der Gesellschaft verpflichtet zu sein – die generationenvermittelnde Grundschule als Konzept. *Zeitschrift für Grundschulforschung,* 12(2), 275–287.

Heinzel, F., Kränzl-Nagl, R. & Mierendorff, J. (2012). Sozialwissenschaftliche Kindheitsforschung – Annäherung an einen komplexen Forschungsbereich. *Zeitschrift für Religionspädagogik,* 11(1), 9–37.

Höke, J. (2017). Demokratiebildung von Kindern. In M. Peschel & U. Carle (Hrsg.), *Forschung für die Praxis* (Beiträge zur Reform der Grundschule, Band 143, S. 157–169). Frankfurt am Main: Grundschulverband e. V.

Höke, J. (2020). „Und die Kinderkonferenz, die haben wir abgeschafft". *DDS – Die Deutsche Schule,* 2020(2), 229–244.

Hüpping, B. & Büker, P. (2019). Kinder als Forscher in eigener und gemeinsamer Sache – ein Weg zur Partizipation? Ein kinderrechtebasierter didaktischer Ansatz und dessen Relevanz aus der Perspektive von Grundschulkindern. *Der pädagogische Blick,* 3, 159–173.

Hüpping, B. & Kamin, A.-M. (2020). Partizipation durch Medienbildung – Medienbildung durch Partizipation: partizipative Medienbildung in der Grundschule. *Zeitschrift für Theorie und Praxis der Medienbildung,* 39, 121–141.

James, A., Jenks, C. & Prout, A. (1998). *Theorizing Childhood.* Cambridge: Blackwell.

Kellett, M. (2005). *Children as active researchers: a new research paradigm for the 21st century?* ESRC National Centre for Research Methods.

Kerawalla, L. & Messer, D. J. (2018). What young people report about the personal characteristics needed for social science research after carrying out their own investigations in an after-school club. *Educational Studies,* 44(3), 326–340.

Knörzer, M., Förster, L., Hartinger, A. & Franz, U. (Hrsg.). (2019). *Forschendes Lernen im Sachunterricht.* Bad Heilbrunn: Julius Klinkhardt.

Kultusministerkonferenz (2015). Empfehlungen zur Arbeit in der Grundschule. KMK.

Latour, B. (2007). *Eine neue Soziologie für eine neue Gesellschaft. Einführung in die Akteur-Netzwerk-Theorie.* Frankfurt am Main: Suhrkamp.

Lundy, L. & McEvoy, L. (2012). Children's rights and research processes: Assisting children to (in)formed views. *Childhood,* 19(1), 129–144.

Lundy, L. (2007). ‚Voice' is not enough: conceptualising Article 12 of the United Nations Convention on the Rights of the Child. *British Educational Research Journal,* 33(6), 927–942.

Mayne, F., Howitt, C. & Rennie, L. J. (2018). A hierarchical model of children's research participation rights based on information, understanding, voice, and influence. *Early Childhood Education Research Journal,* 36(2), 1–13.

Mayring, P. (2010). *Qualitative Inhaltsanalyse. Grundlagen und Techniken.* Weinheim, Basel: Beltz.

Mey, G. & Schwentesius, A. (2019). Methoden der qualitativen Kindheitsforschung. In F. Hartnack (Hrsg.), *Qualitative Forschung mit Kindern. Herausforderungen, Methoden und Konzepte* (S. 3–48). Wiesbaden: Springer VS.

Pearce, T. C. & Wood, B. E. (2019). Education for transformation: an evaluative framework to guide student voice work in schools. *Critical Studies in Education,* 60(1), 113–130.

Prengel, A. (2016). *Bildungsteilhabe und Partizipation in Kindertageseinrichtungen. Eine Expertise der Weiterbildungsinitiative Frühpädagogische Fachkräfte (WiFF).* Band 47. München: Deutsches Jugendinstitut e. V.

Reichenbach, R. (2007). Diskurs zwischen Ungleichen. Zur Ambivalenz einer partizipativen Pädagogik. In C. Quesel & F. Oser (Hrsg.), *Die Mühen der Freiheit. Probleme und Chancen der Partizipation von Kindern und Jugendlichen* (S. 39–61). Zürich, Chur: Rüegger.

Reisenauer, C. (2020). Kinder- und Jugendpartizipation im schulischen Feld – 7 Facetten eines vielversprechenden Begriffs. In S. Gerhartz-Reiter & C. Reisenauer (Hrsg.), *Partizipation und Schule. Perspektiven auf Teilhabe und Mitbestimmung von Kindern und Jugendlichen* (Research, S. 3–22). Wiesbaden: Springer.

Spriggs, M. & Gillam, L. (2017). Ethical complexities in child co-research. *Research Ethics,* 1, 1–16.

UNICEF (2014). *FACT SHEET: The Right to Participation.* www.europa.eu/capacity4dev/rnsf-mit/documents/unicef-2015-fact-sheet-right-participation

UN-Kinderrechtskonvention (1989). Übereinkommen über die Rechte des Kindes.

Wöhrer, V., Arztmann, D., Wintersteller, T., Harrasser, D. & Schneider, K. (Hrsg.). (2017). *Partizipative Aktionsforschung mit Kindern und Jugendlichen. Von Schulsprachen, Liebesorten und anderen Forschungsdingen.* Wiesbaden: VS Verlag für Sozialwissenschaften.

Der Klassenrat als Chance für Partizipation

Elisa Lehnerer, Martina Ott, Alessandro Renna und Gudrun Quenzel

Demokratie ist kein Selbstläufer, sondern muss gelernt, erprobt und aktiv eingeübt werden. Ein zentraler Ort für das Erlernen von demokratischen Prozessen ist die Schule. Hier setzt das von der Internationalen Bodensee-Hochschule geförderte Projekt „Bildung und Partizipation" an und untersucht in einer trinationalen Jugendstudie und anhand vertiefender Fallanalysen, wo und wie Demokratie an Schulen gelernt wird. Dieser Artikel ist ein erster Einblick in die im Rahmen des Projekts gewonnenen Erkenntnisse und beschreibt den Klassenrat als Ort der Partizipation am Beispiel einer 8. Jahrgangsstufe einer Mittelschule in Österreich. Im Beitrag wird gezeigt, dass Schüler*innen in einem Klassenrat, der Partizipation in Form von Diskutieren, Abstimmen und Deliberieren ermöglicht, Kompetenzen erwerben können, die eine aktive und mündige Beteiligung in einer Demokratie erleichtern.

Schlüsselwörter: Klassenrat, Demokratielernen, Partizipation, Kompetenzerwerb

> A democracy is more than a form of government;
> it is primarily a mode of associated living,
> of conjoint communicated experience
> (John Dewey)

1. Einleitung

Eine demokratische Gesellschaft ist kein Selbstläufer – Demokratie muss gelernt und praktiziert werden (Habermas, 1992). Ein zentraler Ort, an dem junge Menschen Demokratie lernen können, ist in demokratischen Gesellschaften die Schule. Um Demokratie zu lernen, spielen neben dem Wissen über politische Prozesse das Erleben von Demokratie sowie das unmittelbare Beteiligtsein an relevanten Entscheidungen eine Rolle (Honneth, 2012, S. 429). Aber was bedeutet das konkret? Welche Kenntnisse und Kompetenzen sind für den Erhalt und die Weiterentwicklung eines demokratischen Gemeinwesens wichtig? Wie können junge Menschen diese Kenntnisse und Kompetenzen erwerben?

Hier setzt das von der Internationalen Bodensee-Hochschule geförderte Projekt „Bildung und Partizipation" an. Eine trinationale Jugendstudie und vertiefende Fallanalysen in Deutschland, Österreich und der Schweiz untersuchen, wo und wie Demokratie an Schulen gelernt wird. Dieser Artikel ist ein erster Einblick in die im Rahmen des Projekts gewonnenen Erkenntnisse und beschreibt den Klassenrat als Ort der Partizipation am Beispiel der Mittelschule *Schule am See*[1] im österreichischen Bundesland Vorarlberg. Die Wahl des Klassenrats erfolgte auf Grundlage des hohen Stellenwerts, der dem Klassenrat für demokratische Schulen zugeschrieben wird (Kahn, 2018, S. 4; Sliwka & Nguyen, 2020, S. 1251).

Der vorliegende Beitrag geht zunächst kurz auf die theoretische Bedeutung des Klassenrats für die Demokratiebildung und die Ermöglichung von Partizipation sowie auf seine praktische Verankerung in Schulen ein. Im Anschluss werden die Formen der Partizipation und Entscheidungsfindung, die sich in einem Klassenrat an der Mittelschule *Schule am See* wiederfinden lassen, beschrieben und am vorliegenden Beispiel wichtige Voraussetzungen und Folgen eines gelingenden Klassenrats herausgearbeitet. Zudem wird auf die Kompetenzen eingegangen, die Schüler*innen in einem Klassenrat als Ort des Diskutierens, Abstimmens und Deliberierens erwerben können. Es folgt eine Darstellung möglicher Herausforderungen, die die Durchführung eines Klassenrats mit sich bringen kann. Das Fazit fasst die Aspekte zusammen, die für einen erfolgreichen demokratischen Klassenrat wichtig erscheinen.

2. Grundlegende Prinzipien des Klassenrats

Der Klassenrat ist eine Einrichtung, in der eine Lehrperson – in der Regel die Klassenleitung – und Schüler*innen gemeinsame Angelegenheiten besprechen und über verschiedene, selbstgewählte Themen beraten, diskutieren und entscheiden (Lötscher, 2014, S. 56). Der Grundgedanke des Klassenrats beruht auf der Annahme, Erziehung zur Demokratie gelinge nur durch demokratische Schule im Allgemeinen und durch die aktive Mitbestimmung von Lehrpersonen und Schüler*innen in möglichst vielen Bereichen der Schule im Speziellen (de Boer, 2006, S. 13). Bereits der Philosoph und Reformpädagoge John Dewey (1859–1952) hebt in seinem Werk „Democracy and Education" (1916/1980) die Bedeutung der Partizipation auf Klassenebene hervor. Dewey (1916/1980) konzeptualisiert Lernen in der demokratischen Schule dabei als aktives, eigenständiges und zugleich kooperatives Handeln. Durch eine Institutionalisierung des Klassenrats als Ort der Selbstverwaltung können sich die Persönlichkeiten der Kinder gut entfalten (Lötscher, 2014, S. 57). Kinder sollten im freien Austausch möglichst vielfältige und geteilte Erfahrungen machen.

---

1 Mittelschulen in Österreich umfassen die Jahrgangsstufen 5 bis 8; in ihrem pädagogischen Anspruch sind sie vergleichbar mit den Gesamtschulen in Deutschland.

Heute ist der Klassenrat in vielen Schulen im deutschsprachigen Raum fester Bestandteil des Schulalltags geworden. In den aktuellen Lehrplänen von Deutschland, Österreich und der Schweiz für die Sekundarstufe haben demokratische Anliegen und Kompetenzen wie Argumentieren, Konfliktfähigkeit, Gestaltung der Schulgemeinschaft einen festen Platz. Im Klassenrat soll unter anderem gelernt werden, Prozesse des Aushandelns einzuüben, Verantwortung zu übernehmen und demokratische Prozesse selbst zu gestalten (Waldis, 2018, S. 79).

Bei der Umsetzung des Klassenrats (im Schulalltag) sollten nach de Boer (2006, S. 13) einige grundlegende Prinzipien respektiert werden: (1) Er ist keine Nachahmung, sondern ein Ernstfall, d. h. echte, selbstgewählte Themen machen das Gespräch aus und die Entscheidungen gelten für alle Beteiligten. (2) Er wird als geschützter Raum verstanden, der regelmäßig geschaffen wird, im Ablauf klar strukturiert ist und durch konstruktives Miteinander ein wertschätzendes Klima erzeugt. (3) Die Kinder übernehmen die Verantwortung für seinen Erfolg. Sie gestalten deshalb selbst, ob und wie sie Beschlüsse fassen, wobei die Lehrperson diesen Prozess als den Kindern Gleichgestellte unterstützt, aber nicht leitet. (4) Konflikte und Probleme bedeuten keinen Ärger, auch wenn dies den Meinungen der Kinder widersprechen dürfte, sondern sind Möglichkeiten für die Weiterentwicklung des Klassenrats.

Zudem sollte die Lehrperson gezielte Vorbereitungen treffen und gemeinsam mit den Kindern so früh wie möglich den Klassenrat einführen; sie sollte die Kinder dabei nicht allzu schnell sich selbst überlassen. Ferner sollte der Klassenrat Raum für Spontanität und Ausgelassenheit bieten, ohne die Möglichkeit für Beteiligte zu schaffen, über andere Macht auszuüben. Schließlich muss der Klassenrat etwas bewirken. Dies ist kaum umsetzbar, wenn die Kinder nicht darüber informiert sind, dass sie Möglichkeiten zur Gestaltung haben, ihre Wünsche und Vorstellungen ungeklärt bleiben oder mit dem Klassenrat unpassende Ziele verfolgt werden (Kahn, 2018, S. 28–30).

3. Fallstudie: *Schule am See*

Die vorliegenden Ergebnisse basieren auf einer Fallstudie zu den Partizipationsmöglichkeiten von Schüler*innen an der Mittelschule *Schule am See* in Hard (Vorarlberg), die im Rahmen des von der Internationalen Bodensee-Hochschule geförderten Projekts „Bildung und Partizipation“ durchgeführt wurde. Ziel der Fallstudie ist es, durch eine holistische Betrachtung die an der Schule vorhandenen Partizipationsspielräume möglichst umfassend und realitätsgerecht abzubilden (siehe dazu auch Lamnek, 2016, S. 287–288).

Die *Schule am See* zeichnet sich durch ein innovatives Konzept aus: Die Schüler*innen werden jahrgangs- und schulformübergreifend im Teamteaching unterrichtet. Drei bis vier Klassen aus zwei bis drei Jahrgangsstufen der Primar- sowie Sekundarstufe I werden dabei zu je einem Cluster zusammengefasst. Auf diese Weise kann klassenübergreifend gelernt werden. Zudem hat die Schule das Ziel, die Mitbestimmung der Schüler*innen in vielen Bereichen zu ermöglichen und zu fördern. Einigen Schüler*innen ist die gemeinsame Diskussion und Entscheidungsfindung im Klassenrat deswegen seit der Primarstufe vertraut.

Im Rahmen der Fallstudie wurden im Frühsommer 2020 mit Schüler*innen der 8. Jahrgangsstufe drei problemzentrierte Einzelinterviews (Witzel, 1985, 2000) sowie drei geschlechtlich getrennte Gruppendiskussionen mit je fünf bis sieben Teilnehmer*innen (Vogl, 2005, 2019) und ein leitfadengestütztes Expert*inneninterview mit der Klassenleitung dieser Schüler*innen (Gläser & Laudel, 2010; Helfferich, 2019) geführt.[2] Inhalt der Gespräche mit den Schüler*innen waren Orte, Arten und Folgen von Partizipation. Bei der Lehrperson wurde ergänzend danach gefragt, welche Faktoren die Schüler*innenpartizipation begünstigen und hemmen, wie die Schüler*innen auf ihre Partizipationsmöglichkeiten reagieren und wie diese Möglichkeiten erweitert werden können. Die mit einem Aufnahmegerät aufgezeichneten Interviews wurden vollständig und wörtlich mit dem Computerprogramm easytranscript verschriftlicht.[3] Im Zuge dessen wurden die Namen der Interviewten pseudonymisiert und alle weiteren personenbezogenen Daten anonymisiert. Dieser Beitrag stellt Ergebnisse einer ersten inhaltsanalytischen Auswertung der thematischen Kategorie „Klassenrat“ vor, die sich in die Subkategorien „Formen von Partizipation“, „Voraussetzungen für die Durchführung eines erfolgreichen Klassenrats“, „erlernbare Kompetenzen“, „demokratische Werte und Prinzipien“ sowie „Frustrationspotenziale“ untergliedert. Der Fokus der Analyse liegt im vorliegenden Beitrag auf der Beschreibung der verschiedenen Subkategorien, wie sie sich im untersuchten Fall konkret aus der Sicht der Schüler*innen und der Klassenleitung dargestellt haben.

---

2 Im Folgenden wird wiederholt auf die jeweiligen Interviews und Gruppendiskussionen verwiesen bzw. werden diese hinter den verwendeten Zitaten in Klammern angegeben, um die Datenbasis nachvollziehbar zu machen.

3 Dabei wurden auch Satzabbrüche und Verzögerungslaute transkribiert, die in den im vorliegenden Beitrag angeführten Zitaten zur besseren Lesbarkeit nicht übernommen wurden. Außerdem wurden Wörter oder Wortteile, die im gesprochenen Interview betont wurden, in Großbuchstaben transkribiert.

4. Möglichkeiten für Partizipation am Beispiel des Klassenrats der *Schule am See*

Der in der Fallanalyse untersuchte Klassenrat findet einmal in der Woche, meist am Montag, im Klassenverbund statt. Neben den drei in jedem Klassenrat gestellten Fragen – 1. „Was war letzte Woche gut?", 2. „Was war letzte Woche schlecht?", 3. „Wen gibt es zu loben?" – haben sowohl Schüler*innen als auch Lehrpersonen die Möglichkeit, Themen einzubringen und zur Diskussion zu stellen. Diese Themen können auf unterschiedliche Weise besprochen werden, sodass der Klassenrat verschiedene Formen der Partizipation ermöglichen kann und in der Praxis als vielseitiges Gremium genutzt wird.

4.1 Diskussionen und Entscheidungsfindungen im Klassenrat

Ergeben sich bei der Themenbesprechung im Klassenrat Phasen der Diskussion, ermöglicht dies, wie insbesondere die Gruppendiskussionen mit den Schüler*innen und das Interview mit der Klassenleitung zeigen, eine aktive Mitbestimmung der Schüler*innen. Zudem können die Schüler*innen in den Diskussions- und Deliberationsprozessen Praktiken des sozialen und demokratischen Miteinanders und Austausches erlernen, einüben und anwenden sowie demokratische Werte und Prinzipien anerkennen und wertschätzen lernen. Eine besondere Lernerfahrung bietet der Klassenrat den Schüler*innen, die sich bereiterklären, den Klassenrat zu leiten, da sie in dieser Rolle lernen können, Verantwortung zu übernehmen. Diese Position können Schüler*innen im hier besprochenen Fallbeispiel bereits nach der zweiten oder dritten Sitzung einnehmen.

Häufig werden im Klassenrat Probleme des sozialen Miteinanders oder außerunterrichtliche Themen wie die Abschlussfahrt, die Ordnungsdienste oder die Sitzordnung diskutiert. Die Entscheidungsfindung während oder zum Abschluss der verschiedenen thematischen Diskussionen wird dabei unterschiedlich gehandhabt. Dies wird im Folgenden exemplarisch an Ausschnitten des Interviews mit der Klassenleitung dargestellt.

*Beratung der Erwachsenen durch die Schüler*innen*

Eine praktizierte Form der Partizipation besteht darin, dass die Schüler*innen eine Art Berater*innenrolle gegenüber Erwachsenen einnehmen. Sie werden dann zu bestimmten Themen um ihre Meinung gefragt und erarbeiten in der Diskussion mitunter auch Lösungsvorschläge. Dadurch sind sie am Entscheidungsfindungsprozess, nicht aber an der abschließenden Entscheidung beteiligt, da diese aus verschiedenen Gründen von der Klassen- oder Schulleitung getroffen wird.

*Demokratische Abstimmung der Schüler*innen*

Bei einer weiteren, häufig eingesetzten Form der Partizipation des untersuchten Klassenrats sind die Schüler*innen nicht nur an der Diskussion beteiligt, sondern treffen am Ende auch eine Entscheidung, die dann für alle gilt. Häufig wird dafür zum Abschluss oder auch zur vorläufigen Beendigung einer Diskussion eine demokratische Abstimmung unter den Schüler*innen herbeigeführt. Die befragte Klassenleitung verdeutlicht das im Interview wie folgt:

> Lehrperson: Also häufig, gerade wenn es vorher zu einer Diskussion kam, dann kommt meistens eine Abstimmung, damit man einfach auch eine LÖSUNG hat am Ende. Wir schauen auch, dass es ungefähr, also eine EINHEITliche Lösung ist, dass es nicht wirklich ungefähr Hälfte Hälfte ist, weil dann finden wir, dass/ oder die meisten Schüler, die sind nicht wirklich glücklich damit. Und sie wurden GERADE so überstimmt oder irgendwie (Interview mit der Klassenleitung).

Die Lehrperson beschreibt hier den Prozess der demokratischen Abstimmung, bei dem mehr als nur eine relative bzw. knappe Mehrheit angestrebt werden soll. Wichtig ist ihr zudem, dass mit der Minderheit, die dem Entschluss nicht zustimmt, Rücksprache gehalten und verdeutlicht wird, dass sie und ihre Positionen gesehen wurden:

> Lehrperson: Es müssen nicht alle die GLEICHE Meinung haben, auch wenn wir abstimmen, dann wird immer auch geschaut: „Ok, da IST eine Stimme und, ähm, du WURDEST jetzt überstimmt, ich hoffe, das ist auch in ORDNUNG für dich, dass wir jetzt diese (.)/ DIESEN Weg gehen“ (Interview mit der Klassenleitung).

Hier wird ein elementares demokratisches Prinzip für die Schüler*innen erfahrbar: Entscheidungen, die durch einen Mehrheitsbeschluss herbeigeführt werden, betreffen meist auch Beteiligte, die nicht für diese Entscheidung gestimmt haben. Um eine mögliche Frustration dieser Beteiligten gering zu halten, kann ihnen durch Rücksprache bewusst gemacht werden, dass sie wahrgenommen werden, und so möglicherweise auch die Akzeptanz für die Entscheidung erhöht werden. In einer eventuell anschließenden Diskussion können die demokratischen Grundsätze des Mehrheitsprinzips und des Minderheitenschutzes thematisiert werden und dadurch die Handlungsebene um eine abstraktere, demokratietheoretische Ebene ergänzt werden.

Deliberation

Manche Diskussionen im Klassenrat benötigen keinen Abschluss durch eine Abstimmung, etwa wenn im Laufe der Diskussion durch Deliberationsprozesse bereits eine Lösung oder Entscheidung unter den Schüler*innen verhandelt und Konsens hergestellt wurde.

Auffällig ist, dass im Klassenrat häufig wiederkehrende Themen behandelt werden. Das kann daran liegen, dass zwar in Sitzungen zuvor eine Entscheidung getroffen wurde, diese aber bei der Umsetzung nicht funktioniert hat. Etwa berichtet die befragte Lehrperson:

> Lehrperson: Es wird dann einfach immer wieder aufkommen das Thema und dann sagt man: „Ok, das hat nicht funktioniert, was jetzt?" (Interview mit der Klassenleitung).

An diesem Punkt setzt eine neue Schleife der Diskussion über Lösungsmöglichkeiten und Entscheidungsfindungen im Klassenrat ein. Es kommt vor, dass Themen immer wieder über einen längeren Zeitraum in weiteren Klassenratssitzungen angesprochen und diskutiert werden. Dies wird so lange weitergeführt, bis eine Lösung gefunden wurde oder, wie im Folgenden beschrieben wird, das Thema an Relevanz verloren hat. Den Schüler*innen wird dadurch erfahrbar gemacht, dass demokratische Entscheidungen und Lösungen Zeit und wiederholte Diskussionen benötigen und auch veränderbar sind.

*Offene Enden für die Schüler*innen*

Werden Themen für die Schüler*innen irrelevant, werden sie nicht weiter im Klassenrat angesprochen und bedürfen somit aus Sicht der Schüler*innen und Lehrperson keiner Lösung:

> Lehrperson: Oder das Problem ist einfach nicht mehr da, dann braucht man auch keine LÖSUNG [...] (Interview mit der Klassenleitung).

Es gibt aber auch Themen im Klassenrat, bei denen die Schüler*innen zu keiner Lösung kommen können. Das kann unterschiedliche Gründe haben, so die Klassenleitung:

> Lehrperson: Bei manchen Sachen KÖNNEN sie zu keiner Lösung kommen, weil sie einfach das Problem nicht lösen können, das liegt dann bei uns in der LEHRERhand oder Ähnliches. [...] Oder dann gibt es auch mal eine Woche KEINE Lösung, weil sie einfach nicht mehr wissen, was man machen kann (Interview mit der Klassenleitung).

Durch das Zitat wird deutlich, dass es Themen im Klassenrat gibt, die aus der Sichtweise der Lehrperson nicht in der Verantwortung der Schüler*innen liegen und somit auch nicht von ihnen gelöst werden können und sollen. Hier ist es aus Sicht der Klassenleitung wichtig, dass die Lösung und Entscheidungsfindung in die Hand von Personen gegeben werden, die entsprechende Befugnisse dazu haben. In Bezug auf das vorgestellte Beispiel ist das dann etwa eine Lehrperson oder die Schulleitung. Aber auch der Umstand, dass keine Ideen zur Bearbeitung eines Themas vorhanden sind, kann den Entscheidungsprozess verhindern bzw. verschieben.

Zusammenfassend lässt sich festhalten, dass in dem hier untersuchten Klassenrat während und nach den Diskussionen unterschiedliche Formen der Entscheidungsfindung praktiziert werden. In diesen verschiedenen Diskussions- und Entscheidungsfindungsprozessen können die Schüler*innen wesentliche demokratische Verfahren erlernen, wie es auch die eingangs skizzierte Literatur zum Klassenrat vorsieht (Lötscher, 2014, S. 56–57; Waldis, 2018, S. 79). Allerdings wird darin auch betont, dass es die Schüler*innen sind, die die Entscheidungen treffen sollten (de Boer, 2006, S. 13).

Im untersuchten Klassenrat besteht jedoch auch die Möglichkeit, dass die Schüler*innen nur in beratender Rolle tätig sind und die Lehrpersonen dann die Entscheidung treffen. Einen großen Lernerfolg scheinen die Schüler*innen dann zu haben, wenn Deliberationsprozesse stattfinden, die eine Konsensfindung ohne Abstimmung ermöglichen, und so eine gemeinsame Lösung erarbeitet wird, die von allen Schüler*innen der Klasse getragen werden kann. Dies ist jedoch nicht bei jedem Thema möglich. Bei Mehrheitsentscheidungen durch Abstimmungen können die Schüler*innen lernen, auf die „Verlierer*innen" zu achten, also Entscheidungen zu treffen, die alle zumindest akzeptieren können, auch wenn sie selbst eventuell eine andere Entscheidung präferiert hätten. Damit diese Lernprozesse stattfinden können, ist es wichtig, dass eine Lehrperson anwesend ist, die die Einhaltung der vorher festgelegten Spielregeln gewährleistet, ohne aber den Entscheidungsprozess zu dominieren.

4.2 Voraussetzungen und Folgen von Partizipation im Klassenrat

Für die erfolgreiche Durchführung eines Klassenrats, der Diskussionen und Deliberationsprozesse fördert, lassen sich in den Gruppendiskussionen mit den Schüler*innen und dem Interview mit der Klassenleitung einige Voraussetzungen identifizieren, die für das Gelingen eine wichtige Rolle zu spielen scheinen. Diese Voraussetzungen wirken zusammen und beeinflussen sich wechselseitig. Außerdem sind sie eng mit den demokratischen Lernprozessen und dem Kompetenzerwerb verbunden, d. h., manchmal sind die Voraussetzungen für einen gelingenden Klassenrat bereits das, was dort eigentlich gelernt werden kann, und indem die Voraussetzungen aktiv geschaffen werden, entsteht bereits ein erfolgreicher Lernprozess. Voraussetzungen und Folgen von Partizipation bedingen und verstärken sich also mitunter gegenseitig.

Sicherer Raum und vertrauensvolle Atmosphäre

Der untersuchte Klassenrat wird von den Schüler*innen als sicherer Raum wahrgenommen, in dem eine wertschätzende und vertrauensvolle Atmosphäre herrscht. Der Klassenrat zeichnet sich durch eine offene Kommunikation der Schüler*innen untereinander sowie durch gegenseitiges Vertrauen aus, was sich wiederum positiv auf das Gemeinschafts- und Zusammengehörigkeitsgefühl der Schüler*innen auswirkt. Nicolas verdeutlicht dies folgendermaßen:

> Nicolas: Es stärkt halt, glaube, auch die GEMEINSCHAFT, (.) wenn man halt so Klassenrat hat, weil man dann irgendwie VIEL MEHR zusammen ist, (weil man?) VIEL MEHR vielleicht auch über DINGE redet, wo man sonst NICHT macht, wenn man so was nicht hat, uuund du TRAUST dich dann auch MEHR zu reden, weil du vielleicht auch SACHEN sagst, die du sonst einer EINZELNEN Person NICHT sagen würdest, weil du ANGST hättest oder so, aber DA kann halt nichts PASSIEREN, (vielleicht?) danach, aber DA kann nichts passieren und DA kann es auch GEKLÄRT werden, egal was für Probleme (..) (Gruppendiskussion 2).

Ein solches Gemeinschaftsgefühl wie auch das Vertrauen und die offene Kommunikation sind jedoch nur möglich, wenn die Lehrperson und auch die Schüler*innen den Klassenrat als sicheren Raum mit wertschätzendem Umgang gestalten können.

Zeit und Regelmäßigkeit

Das Sicherheitsgefühl und das Selbstbewusstsein, die eigene Meinung tatsächlich auch zu äußern und sich damit öffentlich zu positionieren, sind nicht von vornherein gegeben. Sie entwickeln sich erst über einen längeren, zum Teil auch mehrjährigen Zeitraum, über den zudem eine regelmäßige Durchführung des Klassenrats gewährleistet wurde. Diesen Prozess des steigenden Selbstvertrauens über die Zeit verdeutlicht Simon am Beispiel einer Schülerin, die aus dem Ausland in die Klasse wechselte:

> Simon: Zum Beispiel wir haben jetzt eine Schülerin in unserer Klasse, die kam halt aus dem AUSland und so und ist in der Mittelschule dazugekommen. Die ERSTEN zwei Jahre hat sie KAUM geredet, im DRITTEN hat sie langsam angefangen reden. Ich glaube, das war wegen ihrer VORschläge, die hat wegen ihrer Vorschläge angefangen reden und immer mehr und immer mehr. Und in DEM Jahr hat sie Beiträge und Referate AUCH gemacht. Und es wird immer lauter, habe ich das Gefühl, also sie traut sich immer mehr zu reden.
> Interviewerin: Und wieso?
> Simon: Also erstens wegen der GEMEINSCHAFT und zweitens, dass man (ihr?) KLAR macht: „Ja, JEDER darf MEINUNG sagen, das ist OK" und ja, man hat sie auch immer GEFRAGT und IRGENDwann hat sie sich halt getraut (..) (Gruppendiskussion 2).

*Aktivierung der Schüler*innen und Freiwilligkeit der Partizipation*

Das Zitat von Simon verdeutlicht zudem, dass die Schüler*innen im Klassenrat zum Teil auch explizit nach ihrer Meinung gefragt werden. So werden sie zur Partizipation aktiviert, um den sicheren Raum erleben und positive (Selbstwirksamkeits-)Erfahrungen darin sammeln zu können. Neben der Aktivierung der Schüler*innen spielt gleichzeitig auch die Freiwilligkeit der Partizipation eine wichtige Rolle, wie Finn betont:

> Finn: Ja, (ja beim genauso dem?) KLASSENrat, weil dort WIRD jeder nach seiner Meinung gefragt, MUSS jeder seine Meinung äußern, also MÜSSEN nicht, aber wäre halt GUT, man FRAGT auch jeden Einzelnen (..) (Gruppendiskussion 2).

*Positive Schüler*innen-Lehrpersonen-Beziehung*

Das Vertrauen der Schüler*innen erstreckt sich auch auf Lehrpersonen und Direktor*innen und spiegelt sich in der von den interviewten Schüler*innen mehrheitlich als sehr positiv beschriebenen Schüler*innen-Lehrpersonen/Direktor*innen-Beziehung wider. Einige Schüler*innen führen verschiedene Beispiele an, die verdeutlichen, dass die Lehrpersonen und Direktor*innen ein großes Interesse an den Meinungen der Schüler*innen zu den verschiedensten Themen haben und diese Meinungen ernst nehmen. Zudem versuchen die Lehrpersonen und Direktor*innen die Schüler*innen offenbar bei ihren Vorhaben zu unterstützen und bemühen sich um eine bestmögliche Umsetzung dieser Vorschläge. Wie im nachfolgenden Zitat deutlich wird, gibt es allerdings auch einige Schüler*innen, die nicht finden, dass ihre Vorschläge ernst genommen werden, und denen der Klassenrat dadurch unwirksam und sinnlos erscheint. Diese Ablehnung wird vermutlich durch die negativen (Selbstwirksamkeits-)Erfahrungen verstärkt.

> Leo: Mit den Lehrern reden (.) [...]
> Georg: // Das BRINGT NICHTS
> Yusuf: Das BRINGT NICHTS // [...]
> Leo: Meistens vergessen sie es einfach und (unv.)/
> Interviewerin: Und warum bringt das dann nichts?
> Leo: Sie hören meistens nicht zu (Gruppendiskussion 3).

Vorbildfunktion und Verantwortungsabgabe der Lehrpersonen

Eine weitere Voraussetzung für einen gelingenden Klassenrat ist das bewusste Handeln der Lehrpersonen. Sie leben den Schüler*innen ein selbstbestimmtes Verhalten vor, indem sie ihnen verdeutlichen, dass die eigene Meinung wichtig ist, dass die Schüler*innen ein Recht darauf haben, diese zu äußern, und dass sie in vielen Bereichen wählen und selbstbestimmt entscheiden können:

> Lehrperson: Also dass man denen VORlebt, dass sie wirklich/ dass ihre Meinung wichtig ist und eben auch, dass sie die Wahl haben [...], ein Thema anzusprechen, was ihnen am Herzen liegt und nicht, es MUSS immer von den Lehrern kommen und sie hoffen insgeheim, dass der Lehrer das anspricht oder bemerkt oder sonst was, sondern wirklich: „Es kann auch von MIR kommen und ich habe eine MEI-Nung und die kann auch gehört werden und die kann auch richtig sein" (Interview mit der Klassenleitung).

Wenn ein Klassenrat erst vor Kurzem etabliert wurde, nimmt die befragte Lehrperson noch eine aktivere, unterstützende Rolle ein, damit die Schüler*innen Zeit haben, die Abläufe kennenzulernen und sich daran zu gewöhnen. Sie fragt auch noch vermehrt nach, um Themen und Meinungen der Schüler*innen „heraus[zu]kitzel[n]" (Klassenleitung, Z. 322). Mit der Zeit wird die Selbstständigkeit im Klassenrat erhöht. Die Lehrperson rückt in den Hintergrund, die Schüler*innen übernehmen die Moderation und fordern die Möglichkeiten zur Meinungsäußerung und Mitbestimmung schließlich selbst ein:

> Lehrperson: Also man muss es denen VORleben [...] und dann kommen sie auch wirklich von selber und, ja, VERLANGEN es dann, dass sie jetzt wirklich/dass das Thema angesprochen wird (Interview mit der Klassenleitung).

Die Voraussetzungen für einen gelingenden Klassenrat, wie sie aus dem vorliegenden Beispiel herausgearbeitet wurden, spiegeln die Erkenntnisse aus anderen Studien wider (de Boer, 2006, S. 13; Kahn, 2018, S. 28–30). Etwa wird deutlich, dass der Klassenrat als sicherer Raum gestaltet sein sollte, in dem eine positive Atmosphäre der Toleranz und Akzeptanz der unterschiedlichen Meinungen von Schüler*innen vorherrscht. Zudem wird besonders dem Faktor Zeit, im Sinne einer mehrjährigen und regelmäßigen Durchführung des Klassenrats, eine große Bedeutung zugeschrieben. Die Lehrpersonen nehmen nach Etablierung des Klassenrats im weiteren Zeitverlauf eine eher passive und steuernde Rolle ein. Wenn sie aktiv einschreiten, sollten sie den Schüler*innen eben diese tolerante Haltung vorleben. Denn ohne die freie Meinungsäußerung der Schüler*innen, ohne das Vertrauen, die eigene Meinung äußern zu können und mit dieser ernst genommen zu werden, wird ein Klassenrat kaum gelingen.

4.3 Mögliche Erfahrungen und Kompetenzen durch den Klassenrat

Wie insbesondere die Gruppendiskussionen mit den Schüler*innen zeigen, kann ein Klassenrat, der Diskussionen, Abstimmungen und Deliberationsprozesse ermöglicht, für die Schüler*innen neben einer verstärkten Mitbestimmung einen großen Kompetenzerwerb bedeuten sowie als Lernort für demokratische Werte und Prinzipien dienen.

Demokratische Werte und Prinzipien

Neben verschiedenen demokratischen Verfahren können die Schüler*innen im Klassenrat zentrale demokratische Werte und Prinzipien erleben, erlernen und einüben. Wie das nachfolgende Zitat von Finn aufzeigt, werden Meinungsfreiheit, Gleichberechtigung und Gleichheit, zumindest von den befragten Schüler*innen, bereits als selbstverständlich angesehen. Jede*r Schüler*in hat das Recht und die Möglichkeit, die eigene Meinung frei zu äußern. Auch hat jede*r das gleiche Mitsprache- und Stimmrecht, sodass sich jede*r gleichermaßen beteiligen kann und jede Stimme gleich viel zählt.

> Interviewerin: Und was lernt ihr noch? [...]
> Finn: Oder halt auch, dass man seine MEINUNG immer frei ÄUßERN kann (.) und dass jeder halt (unv.) Mitbestimmungsrecht HAT, also sozusagen, dass alle gleichberechtigt sind und NIEMAND irgendwie ausgeschlossen werden sollte (...) (Gruppendiskussion 2).

Ein weiteres demokratisches Prinzip, das die Schüler*innen anhand der demokratischen Abstimmungen erlernen, ist das Mehrheitsprinzip mit gleichzeitigem Minderheitenschutz, wenn auf diejenigen, die nicht der Meinung der Mehrheit sind, Rücksicht genommen wird.

Als weitere Lernerfolge lassen sich in den Interviews unter anderem Kommunikations- und Dialogfähigkeit, Kompromiss- und Konfliktfähigkeit, Selbstbewusstsein sowie Verantwortung identifizieren. Diese werden in den nachfolgenden Abschnitten aufgegriffen.

Kommunikations- und Dialogfähigkeit

In den Diskussionen können die Schüler*innen ihren sprachlichen Ausdruck verbessern und erweitern. Diese kommunikativen Fähigkeiten ermöglichen es ihnen, ihren Standpunkt für andere verständlich darzulegen. Nehmen die Schüler*innen an einer Diskussion aktiv durch Sprechbeiträge teil, können sie zudem Dialogfähigkeit erlernen. Diese zeichnet sich dadurch aus, dass die Schüler*innen einerseits ihre Meinung überzeugend vertreten können und andererseits andere Positionen und Perspektiven anerkennen und sich mit diesen auseinandersetzen können.

Kompromiss- und Konfliktfähigkeit

Wenn sich aus den Meinungsverschiedenheiten lebhafte Auseinandersetzungen mit konträren Positionen entwickeln, können die Schüler*innen zudem lernen, mit diesen Konfliktsituationen umzugehen, diese konstruktiv zu gestalten und so die Konflikte zu lösen. Dabei ist insbesondere die von vielen Schüler*innen betonte Kompromiss- und Kooperationsbereitschaft förderlich, um bei Meinungsverschiedenheiten Lösungen zu erarbeiten, die für alle tragbar sind und alle miteinschließen:

> Interviewerin: Kompromisse eingehen und so was?
> Chloé: Jaa.
> Interviewerin: Wie?
> Chloé: Also indem, dass man diskutiert und halt probiert, für JEDEN die bestmögliche Lösung zu finden, halt, dass es für ALLE passt. (..) Ja (.........) (Gruppendiskussion 1).

Die Kompromisssuche und die Rücksichtnahme auf die Interessen aller haben einige Schüler*innen dabei bereits so weit internalisiert, dass sie diese in anderen Bereichen der Schule anwenden, um zufriedenstellende Ergebnisse für alle zu erreichen:

> Miray: [...] wenn wir jetzt eine GRUPPENarbeit kriegen und jetzt SETZEN wir uns mit der Gruppe so zusammen HIN (.) und es gibt dann immer die EINE, die PLANT alles ein so, und dann bestimmt man immer AB, wer was macht, also man sagt NICHT gleich: „Du machst DAS, du machst DAS". Wir sind es so beSTIMMT, dass man ANDERE die MEINUNG fragt (Gruppendiskussion 1).

Kompromisse eingehen zu können und auch über politische Grenzen hinweg mit anderen konstruktiv zusammenzuarbeiten und so einen für alle tragbaren Konsens auszuhandeln, sind für das Funktionieren einer Demokratie, das Zusammenleben in einer pluralistischen Gesellschaft und somit auch für die Schüler*innen wichtig. Dies gilt genauso für das Zulassen von und den konstruktiven Umgang mit Auseinandersetzungen und Konflikten, die ein essenzieller Bestandteil von Konsensfindungen sind und im Rahmen einer konstruktiven Debattenkultur angegangen und gelöst werden können.

Selbstbewusstsein

Ein weiterer Prozess, der durch die Teilnahme am Klassenrat in Gang gesetzt und gefördert werden kann, ist die Stärkung des Selbstbewusstseins. Dieser längerfristige Prozess bedarf bestimmter Voraussetzungen. Ermöglicht durch den sicheren Raum, Zeit und positive (Selbstwirksamkeits-)Erfahrungen sowie die Kommunikations- und Dialogfähigkeit können die Schüler*innen selbstbewusster werden, wenn sie ihre Meinung vor anderen vertreten. Dies gilt insbesondere dann, wenn es sich dabei nicht um die Meinung der Mehrheit handelt:

> Chloé: Und dass man sich TRAUT, auch wenn man eine andere Meinung hat, die zu ÄUßERN [...] Ja. Und nicht, wenn alle sagen: „Nein, ich finde das blöd“, dass man dann denkt: „Ja, eigentlich finde ich das voll GUT“ (.), aber dann einfach sagt: „Nein, das finde ich AUCH blöd“; sondern sich TRAUT, einfach DAS sagen, was einem am HERZEN liegt oder (.) was man DENKT und was man WILL (..) (Gruppendiskussion 1).

Dieses Selbstbewusstsein, die eigene Meinung – auch gegen Widerstand – zu äußern und standhaft zu bleiben, kann dazu beitragen, die Debattenkultur und die Demokratie zu stärken. Die Schüler*innen können sich aktiv für demokratische Werte und Prinzipien einsetzen, demokratische Beteiligungsmöglichkeiten nutzen und lernen unter Umständen auch, demokratiefeindlichen Einstellungen entschieden entgegenzutreten.

Verantwortung

Eine weitere Möglichkeit, die sich für die Schüler*innen im Klassenrat eröffnet, ist das Lernen von Verantwortungsübernahme. Indem ein*e Schüler*in die Moderation des Klassenrats übernimmt, wird ihm oder ihr Verantwortung übergeben. Die Übergabe der Verantwortung für die Diskussionsleitung und für die eigenständige Durchführung des Klassenrats von den Lehrpersonen an die Schüler*innen erfolgt dabei über einen längeren Zeitraum, um die Schüler*innen am Anfang nicht zu überfordern und allein zu lassen. Wenn die Schüler*innen im Klassenrat abstimmen oder gemeinsam Entscheidungen treffen, können sie sich zudem der Tragweite, die ihr Stimmrecht und ihre Entscheidungen haben, bewusst werden und dadurch auch lernen, Verantwortung für ihr Handeln und ihre Entscheidungen zu übernehmen:

> Georg: [...] dass man dann keinen BLÖDSINN mitbestimmen soll, weil das IST danach (unv.) [...] Weil wenn du zum SPAß irgendwas BLÖDES sagt und DAS wird dann umgesetzt, dann wird es blöd (Gruppendiskussion 3).

Wenn die Schüler*innen lernen, Verantwortung für andere zu übernehmen und verantwortungsbewusst zu handeln und zu entscheiden, kann es ihnen dadurch leichter fallen, sich später ebenfalls aktiv in der Zivilgesellschaft und der Politik zu beteiligen und auf diese Weise eine aktive Bürger*innenrolle einzunehmen, in der sie für demokratische Werte und Praktiken einstehen.

Der Klassenrat ermöglicht den Schüler*innen also, verschiedene für das Leben in einer Demokratie relevante Kompetenzen zu erwerben und demokratische Einstellungen und Praktiken zu internalisieren, sodass diese – eventuell auch für das spätere Leben – zur Gewohnheit werden. Die Schüler*innen lernen bereits im jungen Alter, sich und ihren Interessen Gehör zu verschaffen. So können sie sich auch außerhalb der Schule als mündige Bürger*innen aktiv am zivilgesellschaftlichen und politischen Leben beteiligen und einen Beitrag zur Stärkung der Demokratie leisten.

5. Herausforderungen und Frustrationspotenziale eines Klassenrats

Die Gruppendiskussionen und Einzelinterviews mit den Schüler*innen zeigen jedoch auch, dass bei der Durchführung eines gelingenden Klassenrats auf Herausforderungen und Frustrationspotenziale geachtet werden sollte, die sowohl durch das Verhalten einzelner Schüler*innen als auch von den Lehrpersonen hervorgerufen werden können.

*Fehlende Wertschätzung unter den Schüler*innen*

Gelingt es nicht, eine wohlwollende Atmosphäre zu schaffen, in der eine ungezwungene Meinungsäußerung möglich ist, kann bei Schüler*innen die Angst vor Bloßstellung und persönlich angriffiger Kritik aufkommen. Nicolas verdeutlicht beispielsweise, dass man sich wegen seiner Meinung nicht schlecht fühlen sollte, und Simon berichtet von Gefühlen der Unsicherheit, weil seine Ideen von anderen als schlecht angesehen werden könnten:

> Nicolas: […] dass man sich halt nicht SCHLECHT fühlt, über seine Meinung zum Beispiel (..) […]
> Interviewerin: Und wie meint ihr das, wenn ihr eure Meinung sagt, (.) wie fühlt ihr euch dann? (.) Oder wie findet ihr das? (.) […]
> Simon: Aber auch manchmal UNsicher, weil andere könnten es ja auch für SCHLECHT halten (.), wenn man eine SCHLECHTE Idee hat oder so, aber man (die?) gut findet, weil man nicht genug nachgedacht hat so (Gruppendiskussion 2).

Kritisch angemerkt wird von den befragten Schüler*innen zudem, dass es bei Abstimmungsprozessen innerhalb des Klassenrats Schüler*innen gibt, die sich nicht trauen, ihre Meinung zu äußern. Um der Positionierung der eigenen Meinung, die gegebenenfalls von der Mehrheit der Klasse nicht getragen wird und zudem zu negativen Folgen (Ausgrenzung, Mobbing etc.) führen könnte, zu entgehen, schließen sich diese Schüler*innen der Meinung ihrer Mitschüler*innen an. Etwa sagt ein Schüler:

> Finn: […] bei uns ist es halt eher so/ich weiß nicht, ob es Leute GIBT, die gern was anderes sagen würden, aber wenn man zum Beispiel abstimmt, (.) dann sind alle irgendwie der GLEICHEN Meinung, zumindest der Großteil immer (.) und ja (…)"

Interviewerin: Und ihr meint also, sie sind nicht alle derselben Meinung, sie TUN nur so, als ob sie dieselbe Meinung hätten?
Finn: Ich weiß es ja nicht. Wahrscheinlich gibt es bei uns in der Klasse auch ein paar, die sich einfach nicht TRAUEN, ihre Meinung zu ÄUßERN, vielleicht weil man sie schon vor paar Jahren oder so in der Schule mal (.) fast gemobbt hat oder so. Ich wüsste jetzt aber (.)/ und vielleicht TRAUEN sie sich DANN nicht, was zu sagen, weil wenn man dann vielleicht ihre Meinung (unv.) oder so was (..) (Gruppendiskussion 2).

Problematisch ist es auch, wenn der Klassenrat vor allem als Ort des Kritisiert-Werdens wahrgenommen wird. Den Betroffenen erscheint er dann als unwirksames und daher sinnloses Gremium, in dem ihrer Ansicht nach kaum konstruktive Gespräche geführt werden können:

Louis: [...] unser Klassenrat davor war halt immer bloß: „Der hat DAS gemacht, jetzt will ich, dass er das wieder ANDERS macht" [...] Es war halt ein RUmgezicke (.). Also so richtig (.) KONSEQUENT über gescheite Themen war das nie wirklich [...]
Yusuf: Also sozusagen wir haben uns gegenseitig alle verpetzt.
Georg: Immer nur: „Ich kritisiere (um?) und ich kritisiere (Louis), ich kritisiere (Alessio), ich kritisiere, ich kritisiere" (Gruppendiskussion 3).

Obwohl kritisiert zu werden und die eigene Meinung nicht durchsetzen zu können Teil demokratischer Verfahren sind, scheinen solche für die betroffenen Schüler*innen negativen (Selbstwirksamkeits-)Erfahrungen Unzufriedenheit, Frustration sowie den Verlust ihrer (politischen) Selbstwirksamkeitsüberzeugungen zur Folge haben zu können. Sie können – im Gegensatz zu vielen ihrer Mitschüler*innen – keinen positiven Einfluss durch ihre Partizipation feststellen und erachten diese somit zunehmend als sinnlos. Diese negativen Erfahrungen und Einstellungen können dann zu einem Vertrauensverlust gegenüber dem Klassenrat, den Mitschüler*innen und auch den Lehrpersonen führen.

Mangelnde Transparenz in der Kommunikation

Werden Schüler*innen um ihre Meinung gefragt, sollte darauf geachtet werden, dass klar kommuniziert wird, in welchem Rahmen ihre Partizipation stattfinden kann und ihre Vorschläge oder Entscheidungen berücksichtigt werden können. Wird den Schüler*innen, wie in Gruppendiskussion 3 und dem Einzelinterview 2 beschrieben, vermittelt, dass sie eine Entscheidung treffen können, die dann jedoch von den Erwachsenen nicht berücksichtigt oder umgesetzt wird, kann das bei den Schüler*innen ein Gefühl der Unzufriedenheit und Frustration hervorrufen, da sie ihre Mitbestimmung als unwirksam wahrnehmen. Diese Erfahrung kann dann das Interesse an weiterer Partizipation verringern.

Wenn eine Entscheidung von den verantwortlichen Lehrpersonen oder den Direktor*innen bereits getroffen wurde, ist es wichtig, dies auch so zu kommunizieren, damit nicht der Eindruck entsteht, dass die Schüler*innen zwar gefragt, aber dann doch nicht gehört werden. Manchmal wird im Schulalltag eine Entscheidung aus verschiedenen Gründen dann doch anders getroffen, als es die Schüler*innen gerne gehabt hätten. Wurden die Schüler*innen jedoch im Vorfeld dazu gefragt, ist es wichtig, dann auch die Gründe, die zur Entscheidung geführt haben, offen und transparent darzulegen, um Nachvollziehbarkeit und somit Akzeptanz unter den Schüler*innen zu erreichen.

In den Einzelinterviews und Gruppendiskussionen wird allerdings deutlich, dass die Schüler*innen oft bereits die Tatsache, ihre eigene Meinung äußern zu „dürfen" (Michael, Z. 326, Einzelinterview 3) und von den Erwachsenen gehört zu werden, – auch unabhängig von der weiteren Umsetzung – als sehr positiv und förderlich für ihr Wohlbefinden in der Schule wahrnehmen.

Unzureichende echte Gestaltungsmöglichkeiten

Es gibt manchmal auch Schüler*innen, die unter Mitbestimmung vor allem die Möglichkeit zu großen Veränderungen verstehen und daher die tatsächlich vorhandenen Partizipationsmöglichkeiten als eher gering einschätzen. Dann werden die Bereiche, in denen sie mitbestimmen können, als „so Basic-Sachen halt" (Chiara, Z. 594, Einzelinterview 2) bezeichnet. Hier ist es wichtig, den Rahmen und die Möglichkeiten der Mitbestimmung klar und transparent zu kommunizieren.

Die hier skizzierten Herausforderungen können sich hemmend auf eine Partizipation im Klassenrat (und darüber hinaus) auswirken, sie lassen sich in der Praxis jedoch nicht wirklich umgehen. Uns scheint es hier vor allem bedeutsam zu sein, offen und transparent mit den Schüler*innen zu kommunizieren und ihre Mitbestimmung in von ihnen als wichtig angesehenen Themenbereichen so oft wie möglich zu fördern.

6. Limitationen

Die hier vorgestellten Erkenntnisse beruhen auf einer ersten Analyse eines Klassenrats in einer Mittelschule. Zu den Limitationen dieses Beitrags gehört deswegen in erster Linie, dass die hier gemachten Aussagen über Formen und Konsequenzen gelebter Partizipation streng genommen nur für diesen Klassenrat der ausgewählten Schule gelten. Zudem handelt es sich hier um eine erste inhaltsanalytische Auswertung. Es ist möglich, dass sich die Ergebnisse im

Laufe der Interpretation noch verfeinern und Zusammenhänge deutlicher hervortreten werden. Eine weitere Limitation stellt der Zeitpunkt der Erhebung dar. Die Interviews wurden kurz vor Ende des letzten Schuljahres der befragten Schüler*innen und kurz nach dem ersten COVID-19 bedingten Lockdown im Frühsommer 2020 geführt. Es ist nicht auszuschließen, dass der nahende Schulwechsel sowie das Erlebnis des Distanzunterrichts die Einschätzung des Klassenrats positiv oder negativ beeinflusst haben.

7. Fazit

Wie das Fallbeispiel der *Schule am See* zeigt, kann ein Klassenrat verschiedene Formen der Partizipation und Entscheidungsfindung annehmen. Dabei ist zu berücksichtigen, dass ein Klassenrat je nach Schule, Klasse und Lehrperson sehr unterschiedlich gestaltet sein kann und der hier vorgestellte Klassenrat allein ein Beispiel einer Klasse einer Schule darstellt. Die darin stattfindende Partizipation in Form von Diskutieren, Abstimmen und Deliberieren ermöglicht eine aktive Mitbestimmung der Schüler*innen und eröffnet Möglichkeiten zum Kompetenzerwerb und zur Vermittlung demokratischer Werte und Prinzipien.

Im vorliegenden Beitrag konnten verschiedene Voraussetzungen eines gelingenden Klassenrats aufgezeigt werden. Einen besonderen Stellenwert nimmt dabei die Zeit ein, die benötigt wird, um die Abläufe im Klassenrat kennenzulernen, um ein Sicherheitsgefühl und Selbstbewusstsein zur aktiven Partizipation zu entwickeln und im Gremium Verantwortung übernehmen zu wollen. Auch die Gestaltung eines sicheren Raumes mit einer vertrauensvollen und wertschätzenden Atmosphäre braucht Zeit, da der Klassenrat sonst zum Ort des Erlebens von Unsicherheit und von Bloßstellungen werden kann. Die Angst vor persönlicher Kritik wie auch das Gefühl der Unwirksamkeit der eigenen Partizipation können sich hemmend auf die Partizipationsbereitschaft der Schüler*innen auswirken. Solche Herausforderungen sollten bei der Implementierung und Durchführung eines Klassenrats berücksichtigt werden, um den Schüler*innen darin möglichst viele positive (Selbstwirksamkeits-)Erfahrungen zu ermöglichen.

Durch die Durchführung eines erfolgreichen Klassenrats können die Schüler*innen Kompetenzen erwerben, die für eine aktive und mündige Beteiligung in einer demokratischen Gesellschaft nützlich sind. Sie können hier zentrale demokratische Verfahren und Prinzipien kennenlernen, einüben und anwenden. Ein langjähriger und regelmäßiger Klassenrat ermöglicht es den Schüler*innen, diese demokratischen Prozesse und Prinzipien wertschätzen zu lernen und so zu internalisieren, dass diese für sie zur Gewohnheit werden und somit von ihnen auch in Zukunft angewendet werden. Demokratie ist ein wichtiger und langer Lernprozess und dieser kann – wie der vorliegende Beitrag zeigt – durch eine erfolgreiche Implementierung und Gestaltung eines Klassenrats bereits in der Schule beginnen. Im vorgestellten Fall geht es um einen Klassenrat in einer Mittelschule, die gewonnenen Erkenntnisse scheinen uns jedoch grundsätzlich auch auf die Primarstufe übertragbar.

Wir danken der IBH für die ideelle und finanzielle Unterstützung des Projekts:

Literatur

Boer, H. d. (2006). *Klassenrat als interaktive Praxis. Auseinandersetzung – Kooperation – Imagepflege.* Wiesbaden: VS Verlag für Sozialwissenschaften. www.doi.org/10.1007/978-3-531-90436-8

Dewey, J. (1916/1980). *Democracy and Education.* The Middle Works, 1899–1924 Volume 9: 1916. London, Amsterdam: Southern Illinois University Press.

Gläser, J. & Laudel, G. (2010). *Experteninterviews und qualitative Inhaltsanalyse als Instrumente rekonstruierender Untersuchungen* (4. Auflage). Wiesbaden: VS Verlag für Sozialwissenschaften. www.doi.org/10.1007/978-3-531-91538-8

Habermas, J. (1992). *Faktizität und Geltung. Beiträge zur Diskurstheorie des Rechts und des demokratischen Rechtsstaats.* Frankfurt am Main: Suhrkamp.

Helfferich, C. (2019). Leitfaden- und Experteninterviews. In N. Baur & J. Blasius (Hrsg.), *Handbuch Methoden der empirischen Sozialforschung* (2. Auflage, S. 669–686). Wiesbaden: Springer. www.doi.org/10.1007/978-3-658-21308-4_44

Honneth, A. (2012). Erziehung und demokratische Öffentlichkeit. *Zeitschrift für Erziehungswissenschaft,* 15(*3*), 429–442. www.doi.org/10.1007/s11618-012-0285-9

Kahn, U. (2018). *Klassenrat – Herzstück einer demokratischen Schule. Eine Einführung für Pädagog*innen.* www.degede.de/wp-content/uploads/2018/08/2018-paedagoginnen.pdf

Lamnek, S. (2016). Einzelfallstudie. In S. Lamnek & C. Krell (Hrsg.), *Qualitative Sozialforschung* (6. Auflage, S. 285–312). Weinheim, Basel: Beltz Juventa.

Lötscher, A. (2014). Der Klassenrat – Ritualisierte Demokratie in der öffentlichen Schule. In B. Ziegler (Hrsg.), *Vorstellungen, Konzepte und Kompetenzen von Lehrpersonen der Politischen Bildung. Beiträge zur Tagung „Politische Bildung empirisch 2012“* (S. 56–73). Zürich: Rüegger.

Sliwka, A. & Nguyen, T. (2020). Demokratiepädagogik in der Schule. In P. Bollweg, J. Buchna, T. Coelen & H.-U. Otto (Hrsg.), *Handbuch Ganztagsbildung* (S. 1247–1259). Wiesbaden: Springer. www.doi.org/10.1007/978-3-658-23230-6_92

Vogl, S. (2005). Gruppendiskussionen mit Kindern: methodische und methodologische Besonderheiten. *ZA Information/Zentralarchiv für Empirische Sozialforschung,* 57, 28–60.

Vogl, S. (2019). Gruppendiskussion. In N. Baur & J. Blasius (Hrsg.), *Handbuch Methoden der empirischen Sozialforschung* (2. Auflage, S. 695–700). Wiesbaden: Springer. www.doi.org/10.1007/978-3-658-21308-4_46

Waldis, M. (2018). Demokratietheorie und Erziehungsideal im Diskurs der Politischen Bildung in der Schweiz. In B. Ziegler & M. Waldis (Hrsg.), *Politische Bildung in der Demokratie. Interdisziplinäre Perspektiven* (S. 75–96). Wiesbaden: Springer. www.doi.org/10.1007/978-3-658-18933-4_6

Witzel, A. (1985). Das problemzentrierte Interview. In G. Jüttemann (Hrsg.), *Qualitative Forschung in der Psychologie. Grundfragen, Verfahrensweisen, Anwendungsfelder* (S. 227–255). Weinheim, Basel: Beltz.

Witzel, A. (2000). Das problemzentrierte Interview. *Forum Qualitative Sozialforschung*, 1(1), 1–9.

„Mitspracherecht der Schüler*innen“, aber auch „Kontrollverlust für die Lehrkraft“

Gewinne und Herausforderungen bei der Umsetzung von Mitbestimmung aus der Perspektive von Grundschullehramtsstudierenden

Miriam Grüning und Sabine Martschinke

Das Recht auf Mitbestimmung für Kinder ist unbestritten und aufgrund der Kinderrechtskonvention und des Anspruchs der grundlegenden Bildung besonders für die Grundschule relevant. Die Frage ist, ob die Umsetzung von Mitbestimmung für Grundschullehrkräfte zu einem pädagogischen Dilemma werden kann, da unter anderem das traditionelle Rollenverständnis mit einem Machtgefälle zwischen Lehrkraft und Grundschulkind einer Verwirklichung von Schüler*innenmitbestimmung entgegensteht. Eine Befragung von Grundschullehramtsstudierenden (*N*=145) zeigt, dass diese grundsätzlich einen großen Gewinn in der Umsetzung der Mitbestimmung sehen, jedoch auch viele Vorbehalte haben. Hieraus ergibt sich die Aufgabe der Lehrer*innenbildung, Studierende dazu anzuregen, bestehende Einstellungen zu hinterfragen und ihnen Möglichkeiten aufzuzeigen, Mitbestimmung in Unterricht und Schulleben oder durch institutionalisierte Formen umzusetzen.

Schlüsselwörter: Mitbestimmung, Lehrer*innenbildung, Grundschule, Kinderrechte

1. Einleitung

Die UN-Kinderrechtskonvention (UN-Generalversammlung, 1989) spricht den Kindern durch die darin enthaltenen Beteiligungsrechte mehr Möglichkeiten zur Mitbestimmung an Entscheidungen zu, welche ihre Lebenssituation – schulisches Lernen eingeschlossen – betreffen. Die im Titel durch zwei Grundschullehramtsstudierende benannten Gewinne und Herausforderungen verweisen auf den Wunsch nach mehr Mitspracherecht der Schüler*innen im Schulkontext, aber auch auf Vorbehalte, wie z. B. den Kontrollverlust für die Lehrkraft (Hildebrandt & Campana, 2016).

Der große Gewinn von und durch Mitbestimmung kann darin liegen, dass im Rahmen allgemeiner Bildung (Klafki, 1994) und damit auch im Rahmen grundlegender Bildung in der Grundschule auf diesem Weg tragfähiges Wissen und Kompetenzen bei Kindern zur Vorbereitung auf ein Leben in einer demokratischen Gesellschaft entstehen können (Cockburn, 2007, S. 451). Im Rahmen des Auftrags grundlegender Bildung sollten Grundschulkinder dabei unterstützt werden, Kompetenzen zu entwickeln, mit denen sie in der Lage sind, die eigene Meinung zu vertreten, Bedürfnisse anderer wahrzunehmen, unter Umständen deswegen eigene Bedürfnisse zurückzustecken und verantwortlich mit Gestaltungsspielräumen umzugehen. Es geht also nicht darum, „ ‚Kinder an die Macht' zu lassen oder ‚Kindern das Kommando' zu geben […]" (Schröder, 1995, S. 14), sondern vielmehr „Entscheidungen, die das eigene Leben und das Leben in der Gemeinschaft betreffen, zu teilen und gemeinsam Lösungen für Probleme zu finden" (ebd.).

Bereits aus der Formulierung von Art. 12 zur „Berücksichtigung des Kinderwillens" ergibt sich die Herausforderung, dass die „Meinung des Kindes angemessen und entsprechend seinem Alter und seiner Reife" (UN-Generalversammlung, 1989) zu berücksichtigen sei. Diese Formulierung lässt Spielraum bei der Auslegung, der unter anderem zu diesen Fragen führen kann: In welcher Form und in welchem Umfang können Schüler*innen im Grundschulalter schon mitbestimmen? Und wie kann Mitbestimmung angesichts des hohen Maßes an Heterogenität in der Grundschule gelingen? Nach Prengel (2005, S. 82) sollte die Anerkennung von Heterogenität damit einhergehen, dass freie Lernsituationen in der Grundschule gewährleistet werden, bei denen Kinder verschieden sein dürfen, ihr eigenes Lerntempo wählen dürfen und ihnen Freiräume eingerichtet werden, in denen ihre Spontanität und eigene Ideen gesichert werden. Gerade in selbstständigen Lernphasen lässt sich somit gleichermaßen Heterogenität begegnen (Bohl, 2017, S. 259) und Mitbestimmung – für jedes Kind in einem angemessenen Umfang – umsetzen. Ein sinnvoller Umgang mit Heterogenität zielt auf die Mitbestimmung aller Lernenden im Unterricht, Schulleben und in institutionalisierten Formen ab und setzt die Fähigkeit von Lehrkräften, Unterricht und Erziehung adaptiv und flexibel gestalten zu können, voraus.

2. Einstellungen als Voraussetzung für die Umsetzung von Mitbestimmung

Einerseits stellt die Mitbestimmung also ein Recht der Kinder dar, anderseits stehen (zukünftige) Lehrkräfte vor teilweise als unlösbar wahrgenommenen An- und Herausforderungen bei der Umsetzung von Mitbestimmung und damit vor einem pädagogischen Dilemma (Helsper, 2010).

Der Aufbau und die Förderung von für die Mitbestimmung erforderlichen Kompetenzen der Schüler*innen sowie die Gestaltung einer Lernumgebung, in der Grundschüler*innen Freiräume zur Verfügung stehen, stellen somit eine Herausforderung für Grundschullehrkräfte und damit auch deren Professionalisierung dar. Professionelle Kompetenz von Lehrkräften lässt sich durch die vier Dimensionen Selbstregulation, Motivationale Orientierungen, Überzeugungen und Werthaltungen sowie Professionswissen charakterisieren (Baumert & Kunter, 2011).

In diesem Beitrag wird auf die Rolle von Einstellungen im Sinne individueller, mentaler und bilanzierender Bewertungen (Mayer, 2009, S. 23) fokussiert, die bedeutsam für die Lösung des beschriebenen Spannungsfeldes sein können. Sie werden im Folgenden in Selbstregulation, motivationale Orientierungen, Überzeugungen und Werthaltungen der (zukünftigen) Lehrpersonen (Baumert & Kunter, 2011) aufgesplittet.

Sowohl bei den *motivationalen Orientierungen* als auch bei der *Fähigkeit zur Selbstregulation* spielen Kontroll- und Selbstwirksamkeitsüberzeugungen eine wichtige Rolle (Baumert & Kunter, 2011, S. 43). Zur Umsetzung von Schüler*innenmitbestimmung muss eine Lehrkraft bereit sein, Kontrolle an die Schüler*innen abzugeben, wichtige Entscheidungen z. B. in Bezug auf Unterrichtsinhalte zu teilen, einen Teil der eigenen Verantwortung zu übertragen, aber auch selbst Vertrauen in die eigenen dafür notwendigen Fähigkeiten zu haben. Kunter und Pohlmann (2009) verstehen die Selbstwirksamkeit von Lehrkräften als „Überzeugungen einer Lehrperson darüber, wie gut es ihr gelingen kann, effektiv zu unterrichten“ (ebd., S. 269). Im Kontext der Umsetzung von Mitbestimmung kann das bedeuten, dass eine Lehrkraft zuversichtlich ist, curriculare Vorgaben erfüllen zu können, obwohl die Schüler*innen auf Inhalt und Schwierigkeitsgrad ihrer Aufgaben Einfluss haben.

Überzeugungen und *Werthaltungen* können die Wahrnehmung der Umwelt und das Handeln einer Lehrkraft beeinflussen (Baumert & Kunter, 2011; Reusser, 2008), beispielweise bei der Vermittlung demokratischer Handlungskompetenzen (Gamsjäger, 2019): Entscheidet sich die Lehrkraft für Formen von Scheinpartizipation, wie die Wahl einer Klassensprecherin bzw. eines Klassensprechers ohne tatsächliche Einflussmöglichkeiten, oder dürfen Kinder aktiv eigene Anliegen und Ideen einbringen, welche gemeinsam besprochen werden? Damit Kinder Entscheidungen bezüglich Schulleben und Unterricht treffen können, brauchen sie Lehrkräfte, die bereit sind, einen Teil der eigenen Verfügungsgewalt zu übertragen (Fatke, 2007, S. 20) und die „gewohnte anleitende Rolle zu verlassen“ (BMFSFJ, 2015, S. 24). Überzeugungen können sich auch auf das eigene Rollenverständnis als Lehrkraft beziehen (Wilde & Kunter, 2016, S. 302). Ungünstig kann es für die Umsetzung von Mitbestimmung sein, wenn die Lehrkraft sich stark in der Rolle der*des Wissensvermittelnden sieht und die traditionelle Hierarchieordnung nicht hinterfragt (Storck-Odabassi & Heinzel, 2019). Debatin (2019, S. 115) betont, dass es dazugehört, das Recht der Kinder auf Mitbestimmung anzuerkennen und grundsätzlich davon auszugehen, dass auch Kinder dazu fähig sind, dieses Recht auszuüben.

Die Standards in der Lehrerbildung (KMK, 2004) nennen Kompetenzen zur Bewältigung der Anforderungen im Lehrberuf. Passend zum Aspekt der Mitbestimmung wird im Bereich des Unterrichtens als Zielsetzung für die Lehrer*innenbildung gefordert, dass Lehrkräfte fähig sein sollten, selbstbestimmtes und eigenverantwortliches Lernen sowie reflektiertes Handeln von Schüler*innen zu fördern. Da gerade die Umsetzung von Mitbestimmung Lehrkräfte dazu zwingt, ihre eigene Rolle zu hinterfragen (Strauss, Zala-Mezö, Herzig, Häbig & Müller-Kuhn, 2017), fokussiert unser Beitrag auf die Einstellungen zu Gewinnen und Herausforderungen im Sinne einer bilanzierenden Bewertung als Dimension professioneller Kompetenz. Es soll nach Ansatzpunkten gesucht werden, wie solche Einstellungen angehender Lehrkräfte in der Lehrer*innenbildung dahingehend positiv beeinflusst werden können, dass sie Mitbestimmung als ein grundlegendes Element in der Grundschule anerkennen und diese entsprechend umsetzen.

3. Forschungsstand und Fragestellungen

Untersuchungen zur Umsetzung von Mitbestimmung in der Schule beziehen sich bislang weitgehend auf die Wahrnehmung der Praxis aus der Perspektive von Lehrkräften und Schüler*innen, fördernde bzw. hemmende Einflüsse und Effekte (siehe dazu auch den Beitrag von Ertl, Martschinke & Grüning in diesem Band). Im deutschsprachigen Raum gibt es bislang nur wenige Studien, die sich mit den Einstellungen (angehender) Lehrkräfte bezogen auf die Mitbestimmung beschäftigen.

In Gruppendiskussionen mit Studierenden der Sekundarstufe aus Österreich zeigte sich, dass diese sehr unterschiedliche Vorstellungen bezüglich Voraussetzungen und Umsetzung von Mitbestimmung haben. Die in der Untersuchung bestimmten Leitbilder reichen von „Verhinderte*r Partizipationsbefürworter*in“, wenn Mitbestimmung zwar als wichtig erachtet wird, jedoch die Bedingungen an der Schule als Hindernis wahrgenommen werden, bis zur/zum „Pseudo-Partizipationsfreund*in“, die*der Mitbestimmung positiv bewertet, jedoch in der Umsetzung nur eine sogenannte „Scheinpartizipation“ beschreibt (Gamsjäger, 2019, S. 10 f.). In einer weiteren österreichischen Studie mit Lehramtsstudierenden verschiedener Schularten wurden schriftlich Meinungen und Sichtweisen zu Partizipation erfragt. Die Befragten (*N*=57) sehen Partizipation insgesamt als etwas Positives an, jedoch zeigen sich eher ambivalente Einstellungen zur Umsetzung, da auch Grenzen gerade in Bezug auf die Struktur von Schule gesehen werden (Christof, 2020, S. 306).

In einer quantitativen Befragung von knapp 90 Lehrkräften an Ganztagsgrundschulen wurde als Begründung für die Umsetzung von Mitbestimmung häufig angeführt, dass es ihnen um die Stärkung der Kinderpersönlichkeit und weniger um die Möglichkeit (vor-)politischer Bildung geht (Coelen & Wagener, 2011, S. 124). In derselben Studie von Coelen und Wagener (ebd.) wurde außerdem erfragt, welche Probleme und Grenzen die Befragten bei der Umsetzung von Mitbestimmung sehen. Ein häufig angebrachtes Argument ist das Alter der Grundschulkinder, weshalb Kinder „Kontext und Umfang" von Entscheidungen noch nicht überschauen könnten. Dieses Argument stützen auch die Ergebnisse von Interviews mit Schulleitungen von Grundschulen, welche äußern, dass gerade Erstklässler*innen noch nicht in der Lage seien, eigene Entscheidungen zu treffen, und sie ihnen entsprechend nur wenige Mitbestimmungsmöglichkeiten einräumen (Meier et al., 2011, S. 74). Kurth-Buchholz (2011, S. 240) konnte in ihrer qualitativen Studie herausarbeiten, dass pädagogischen Orientierungen von Lehrkräften bei der Förderung von Mitbestimmung eine hohe Bedeutung zukommt: Wenn Lehrkräfte einen Wert auf demokratische Strukturen in der Schule legen, dann steht dies in einem positiven Zusammenhang mit der Mitbestimmung im Unterricht und dem Einsatz schüleraktivierender Methoden. Auf das Dilemma, mit welchem sich Lehrkräfte bei der Umsetzung von Mitbestimmung auseinandersetzen müssen, weisen Strauss et al. (2017) in einer Schweizer Studie hin: Einerseits sehen die Lehrkräfte den offensichtlichen Mehrwert für die Lernenden, z. B. aufgrund des Erwerbs demokratischer Handlungskompetenzen oder eines erhöhten Wohlbefindens. Andererseits stehen der Umsetzung nicht nur Rahmenbedingungen, wie der Mangel an Zeit für Aushandlungsprozesse, sondern auch die eigene Bereitschaft, die traditionelle Rolle zu verlassen und flexibler auf die Bedürfnisse der Kinder eingehen zu können, im Wege.

Für Studierende im Grundschullehramt ist wenig bekannt, mit welchen Einstellungen zum Thema Mitbestimmung sie im Studium starten und wie stark diese Einstellungen durch Erfahrungen in der eigenen Schulzeit oder im Studium geprägt sind. Gerade in diesem Spannungsfeld von erwarteten Gewinnen und Herausforderungen werden Einstellungen sichtbar. Dieses Wissen um ihre Einstellungen zu möglichen Gewinnen und Herausforderungen durch Mitbestimmung ist wichtig, um Reflexions- und langfristig Veränderungsprozesse anzustoßen.

In unserer empirischen Studie soll geklärt werden, welche Gewinne und Herausforderungen der Mitbestimmung von Schüler*innen Grundschullehramtsstudierende sehen und in welchem Zusammenhang sie mit Partizipationserfahrungen (eigene Schulzeit und Schulpraktika) stehen. Das führt zu folgenden Fragestellungen:

1. Welche Gewinne und Herausforderungen für Schüler*innen und Lehrkräfte durch Schüler*innenmitbestimmung nehmen Studierende wahr?
2. Wie viele und welche Erfahrungen bzw. Beobachtungen zu Mitbestimmung aus der Schulzeit bzw. dem Praktikum benennen die Studierenden?

3. Zeigt sich ein Zusammenhang zwischen wahrgenommenen Gewinnen und Herausforderungen und den Erfahrungen aus der eigenen Schulzeit bzw. Beobachtungen aus Schulpraktika?

4. Ergebnisse

Vorab wird das für alle Ergebnisse relevante Erhebungsinstrument vorgestellt, mit dem qualitative Daten generiert wurden. Der Fragebogen erfasste Erfahrungen zur Schüler*innenpartizipation[1] in der eigenen Schulzeit und Beobachtungen im Praktikum. Um die Erfahrungen zu erfassen, sollten die Studierenden jeweils bis zu drei Beispiele nennen (z. B. „Nennen Sie bis zu drei Beispiele, bei denen Sie in Ihrer eigenen Schulzeit eigene Erfahrungen in Bezug auf die Partizipation im Schul- und Unterrichtsalltag erleben konnten."). Außerdem enthält der Fragebogen vier offene Fragen, die die Einstellung der Studierenden zur Umsetzung von Mitbestimmung sowohl für die Schüler*innen als auch die Lehrkräfte erfragen (z. B. „Welche Herausforderungen gehen Ihrer Meinung nach mit einer Schüler*innenpartizipation für Lehrkräfte einher?"). Die Fragebogenerhebung wurde mit Grundschullehramtsstudierenden (N=145; Alter: M=22.04 Jahre, SD=4.62) des 1. und 2. Fachsemesters durchgeführt.

Die Auswertungen erfolgen je nach Forschungsfrage unterschiedlich, sodass die Auswertungsüberlegungen den jeweiligen Ergebnissen vorangestellt werden.

4.1 Gewinne und Herausforderungen

Die offenen Fragestellungen nach den Gewinnen und Herausforderungen bilden die Hauptkategorien für das inhaltsanalytisch (Mayring, 2015) erstellte Kategoriensystem. Die Subkategorien wurden induktiv und zusammenfassend für jede der Hauptkategorien gebildet (vgl. Tab. 1). Die berechnete Beobachterübereinstimmung (Cohen's κ) gelingt mit befriedigenden bis hin zu sehr guten Werten ($.74 \leq \kappa \leq .99$).

---

1 Anmerkung: Partizipation wurde im Fragebogen folgendermaßen definiert: „Wenn wir im Folgenden von Partizipation sprechen, meinen wir damit die Möglichkeit zur Teilhabe der Lernenden an für sie relevanten Entscheidungsprozessen. Das bedeutet, dass die Meinungen/Ideen der Lernenden nicht nur gehört werden, sondern diese auch Möglichkeiten zur Umsetzung erhalten." Damit kann dies analog zu dem in diesem Beitrag überwiegend verwendeten Begriff der Mitbestimmung verstanden werden.

Tabelle 1: Überblick über die Hauptkategorien mit Kennwerten

Hauptkategorie	Anzahl der Kodierungen	Nicht zuordenbare Kodierungen	Anzahl Subkategorien	Beobachterübereinstimmung
Gewinne für Lehrkräfte	158	4	3	$.74 \leq \kappa \leq .99$
Gewinne für Schüler*innen	237	7	4	$.79 \leq \kappa \leq .96$
Herausforderungen Lehrkräfte	162	4	7	$.87 \leq \kappa \leq 1$
Herausforderungen Schüler*innen	115	5	5	$.74 \leq \kappa \leq .94$
Gesamt	672	20	19	$.74 \leq \kappa \leq .99$

Die Anzahl der Kodierungen je Hauptkategorie unterscheidet sich erheblich: Gewinne dominieren mit 395 Aussagen über Herausforderungen mit 277 Aussagen. In der Hauptkategorie „Gewinne für Schüler*innen“ finden sich die meisten Kodierungen und damit die meisten Antworten der Studierenden (*n*=237), die Hauptkategorie „Herausforderungen Schüler*innen“ umfasst die wenigsten Antworten (*n*=115).

Im Folgenden werden die vier Hauptkategorien (HK) inhaltlich entlang der induktiv entwickelten Subkategorien (SK; im Folgenden kursiv) geklärt.

4.1.1 Gewinne für Lehrkräfte und Schüler*innen

Insgesamt sehen die Studierenden einen großen Gewinn sowohl für die Lehrkräfte (*n*=158) als auch für die Schüler*innen (*n*=237), wobei der Gedanke an die mit Mitbestimmung einhergehenden Gewinne für die Schüler*innen dominiert. Am häufigsten wird auf Seiten der Lehrkräfte der *Gewinn für das Lernen in der Klasse* (*n*=63), auf Seiten der Schüler*innen der *Gewinn für den Erwerb handlungsrelevanter Fähigkeiten und Haltungen* (*n*=73) genannt (vgl. Abb. 1 & 2).

Abbildung 1: Gewinne für Lehrkräfte durch Schüler*innenpartizipation

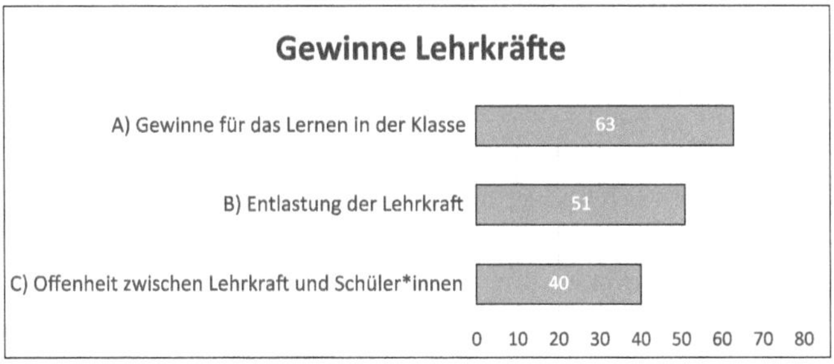

Abbildung 2: Gewinne für Schüler*innen durch Schüler*innenpartizipation

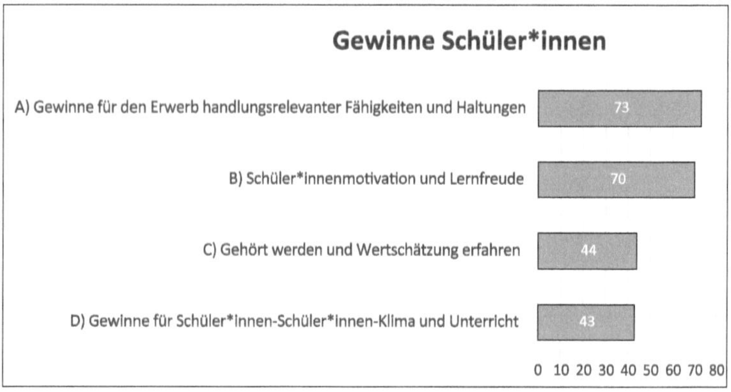

Für die Lehrkraft kann das verstärkte Einbeziehen von Schüler*innen einen positiven Effekt auf das *Lernen in der Klasse* (*n*=63) nach sich ziehen; die Schüler*innen zeigen sich in der Wahrnehmung der Studierenden in Folge motivierter, das Lernklima ist entspannter und der Unterricht wird bereichert durch das Einbringen vielfältiger Ideen und Perspektiven („engagiertere Schüler", „neue Ideen der Schüler bereichern den Schulalltag"). Vermutlich auch als Schlussfolgerung erhoffen sich die befragten Studierenden, dass die Lehrkraft selbst *Entlastung* (*n*=51) dadurch erfährt, dass Verantwortung auf die Schüler*innen übertragen wird und Aufgaben abgegeben werden können („Aufgaben abgeben", „Entlastung"). Zuletzt können sich die Studierenden vorstellen, dass sich durch die Partizipation von Schüler*innen eine größere *Offenheit zwischen Lehrkraft und Schüler*innen* (*n*=40) entwickeln kann. Das ermöglicht, dass die Lehrkraft die eigenen Schüler*innen in Bezug auf deren Bedürfnisse, Anliegen oder Gedanken besser einschätzen kann („bessere Einschätzung der Schüler", „Einblick in die Gedanken und Gefühle der Schüler"). Zudem profitiert die Lehrkraft durch das Feedback der Schüler*innen z. B. zur eigenen Unterrichtspraxis („Rückmeldung durch Meinung der Schüler", „erfahren dadurch tägliche Reflexion").

Die Studierenden sehen durch die Möglichkeit der Mitbestimmung in Schule und Unterricht allerdings vorrangig Gewinne für die Schüler*innen. Sie können zusätzliche *handlungsrelevante Fähigkeiten und Haltungen* (*n*=73) für das Leben in einer demokratischen Gesellschaft erwerben. Dazu gehören die Übernahme von Verantwortung und die Akzeptanz gemeinschaftlich getroffener Entscheidungen („lernen, seine Meinung zu äußern", „Kompromissbereitschaft"), aber auch das Erleben von Selbstbestimmung und Selbstständigkeit. Werden Schüler*innen in sie betreffende Entscheidungen einbezogen, erhoffen sich die Studierenden positive Effekte auf ihre *Motivation und Lernfreude* (*n*=70); dies wird beispielsweise damit begründet, dass sie möglicherweise ein größeres Interesse gegenüber Unterrichtsinhalten haben, die sie selbst wählen dürfen („weckt Interesse der Schüler“, „Steigerung der Lernmotivation“). Sie erhalten die Chance, *gehört zu werden und Wertschätzung zu erfahren* (n=44), indem sie die Möglichkeit haben, eigene Anliegen anzubringen, auch wenn diese nicht immer berücksichtigt werden können („Gefühl wichtig zu sein“, „die eigene Meinung wird gehört“). Zudem erhoffen sich die Studierenden, dass sich das *Klima unter den Schüler*innen sowie der Unterricht* (n=43) verbessern kann, indem das Gemeinschaftsgefühl in der Klasse gestärkt wird und die Bedürfnisse der einzelnen Schüler*innen stärker berücksichtigt werden („positive Lernumgebung“, „mehr Miteinander“).

4.1.2 Herausforderungen für Lehrkräfte und Schüler*innen

Bei der Auseinandersetzung mit der Frage danach, inwiefern Mitbestimmung auch eine Herausforderung für Schüler*innen und Lehrkräfte darstellt, zeigen die Ergebnisse der Studierendenbefragung, dass sie mit negativen Folgen rechnen und außerdem gewisse Voraussetzungen sowohl seitens der Lehrkraft als auch seitens der Schüler*innen gegeben sein müssen. Die genannten Herausforderungen für Lehrkräfte (n=162) und Schüler*innen (n=115) werden in signifikant geringerem Umfang ($\chi^2(5)$=66.17, p=.000) als mögliche Gewinne von Partizipation genannt. Bei Lehrkräften und Schüler*innen lassen sich die gebildeten Kategorien in Voraussetzungen und negative Folgen bündeln.

Abbildung 3: Herausforderungen von Schüler*innenpartizipation für Lehrkräfte

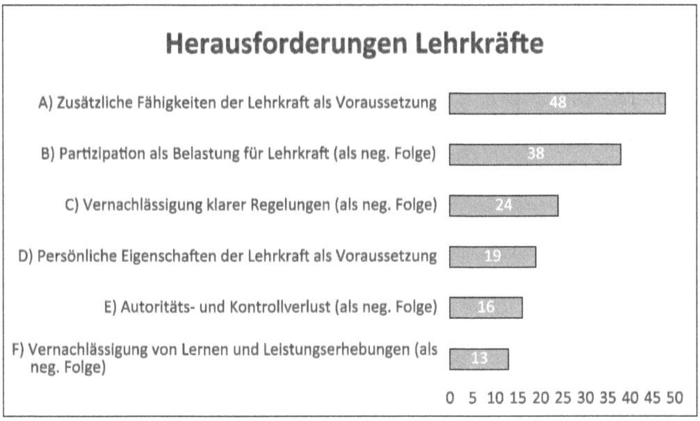

Abbildung 4: Herausforderungen von Schüler*innenpartizipation für Schüler*innen

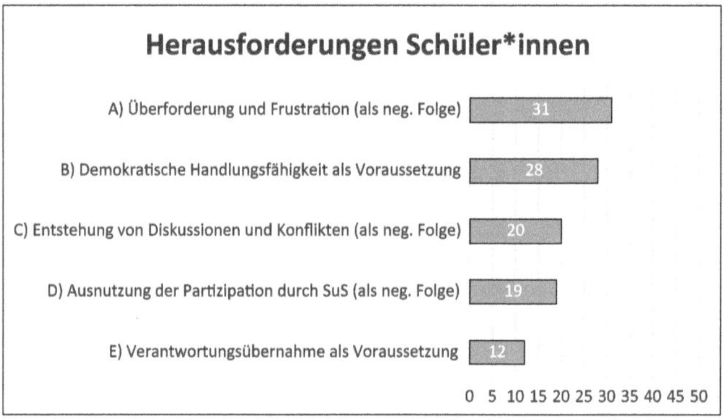

Als am häufigsten genannt konnten für die Ebene der Lehrkräfte *zusätzliche Fähigkeiten der Lehrkraft als Voraussetzung* (*n*=48) („Verantwortung behalten und gleichzeitig Aufgaben abgeben können", „muss durchgreifen bei unpassenden Vorschlägen") zugeordnet werden (vgl. Abb. 3). Bei den Schüler*innen wurde die Subkategorie *Überforderung und Frustration als negative Folge* (*n*=31) („Sinken des Selbstbewusstseins, wenn seine eigene Idee nicht umgesetzt wird", „weniger Struktur (Gefahr)") am häufigsten genannt (vgl. Abb. 4).

Neben den *zusätzlichen Fähigkeiten* (*n*=48), die unter Umständen noch erlernbar sein könnten, nennen die Studierenden als Voraussetzungen aber auch bestimmte *persönliche Eigenschaften* (*n*=19), wie das Vertrauen in die Schüler*innen, Flexibilität, Spontanität und Kompromissbereitschaft („Vertrauen in Können der Schüler", „muss eigene Ideen/Pläne zurückstellen") zur Umsetzung von Schüler*innenpartizipation. Die Studierenden zeigen in ihren Angaben, dass für sie auch klare Befürchtungen mit der Umsetzung von Schüler*innenpartizipation einhergehen können: Aufgrund eines zusätzlichen organisatorischen Aufwandes oder einer erschwerten Planung *kann Partizipation auch eine Belastung* (*n*=38) für Lehrkräfte darstellen („größerer Organisationsaufwand", „mehr Arbeit"). Mögliche Ursachen hiervon spiegeln sich auch in den Kategorien *Verlust von Struktur und Entstehung von Konflikten* (*n*=24) sowie *Autoritäts- und Kontrollverlust der Lehrkraft* (*n*=16) wider („zu chaotisch, keine Struktur mehr", „Autorität nicht verlieren"), wenn Diskussionen unter Schüler*innen bzw. zwischen Schüler*innen und Lehrkraft entstehen, klare Regelungen vernachlässigt werden oder die Rolle der Lehrkraft von Schüler*innen infrage gestellt wird. In der Kategorie mit den wenigsten Aussagen (*n*=13) wird die Problematik genannt, dass *schulisches Lernen vernachlässigt werden könnte und Leistungserhebungen* sich problematischer gestalten könnten („Notengebung", „trotzdem den Lehrplan erfüllen").

Als mögliche weitere negative Folgen für die Schüler*innen werden *die Entstehung von Diskussionen und Konflikten* (*n*=20) („Streit untereinander", „jeder will etwas anderes") sowie die *Ausnutzung der Partizipation durch Schüler*innen* (*n*=19) („Schüler nutzen dies aus und machen Unsinn", „fangen nicht wirklich mit den Aufgaben an bei selbstständiger Wahl") genannt. Im Gegensatz zu diesen Befürchtungen von Studierenden werden mit der *demokratischen Handlungsfähigkeit* (*n*=28) („mit Enttäuschungen umgehen, wenn eigener Vorschlag keine Mehrheit findet", „eigene sinnvolle Meinung bilden") und der *Verantwortungsübernahme* (*n*=12) („Verantwortung bei Entscheidungen zeigen", „Selbstständige Organisation ohne Instruktion") Voraussetzungen für die Umsetzung von Partizipation/Mitbestimmung gesehen.

4.2 Erfahrungen in der eigenen Schulzeit und Beobachtungen im Praktikum mit Mitbestimmung

Um zu erfassen, wie sie im Schul- und Unterrichtsalltag in ihrer eigenen Schulzeit als Schüler*in Mitbestimmung erlebt bzw. im Praktikum in der Rolle als angehende Lehrperson Mitbestimmung beobachtet bzw. auch teilweise in eigenen Unterrichtsversuchen umgesetzt haben, sollten die Studierenden jeweils maximal drei Bereiche bzw. Beispiele benennen. Deswegen werden für diese Frage nur die Studierenden berücksichtigt, die bereits ein Praktikum absolviert haben (*n*=133).

4.2.1 Mitbestimmung in Schulleben, Unterricht und in institutionalisierten Formen

Die Quantität der Erfahrungen wurde jeweils mit 0 (keine Erfahrungen) bis 3 (genannte Beispiele bzw. Möglichkeiten) kodiert. Auch bei dieser Fragestellung wurde inhaltanalytisch, aber ausschließlich deduktiv, vorgegangen: Die qualitative Zuordnung erfolgte zu den insgesamt drei deduktiv gesetzten Hauptkategorien Mitbestimmung im Schulleben (HK1), im Unterricht (HK2) und in institutionalisierten Formen im Rahmen der Schülermitverwaltung/-verantwortung (HK3) (Bosenius & Wedekind, 2004, S. 288; Kiper, Pozar & Piper, 1997, S. 36; Krüger, Grundmann & Kötters, 2000, S. 22). Schulleben ist operationalisiert als die Mitbestimmung bei der Gestaltung des Klassenzimmers, des Schulhauses, bei Schulfesten, Schullandheimaufenthalten und Klassenausflügen. Mitbestimmung im Unterricht beschreibt Möglichkeiten im Rahmen offener Unterrichtsphasen oder auch inhaltliche Entscheidungen in geschlossenen Unterrichtsphasen. Institutionalisierte Formen der Mitbestimmung haben einen formalen Rahmen, die über Regeln und Vereinbarungen für die Klasse oder die Schule festgelegt werden (z. B. Klassenrat, Klassenregeln).

Deskriptiv zeigt die Quantität der beschriebenen Erfahrungen sehr große Unterschiede zwischen den Studierenden. Die eigene Schulerfahrung wird durchschnittlich mit unter zwei Beispielen (*M*=1,74, *SD*=1,11) beschrieben, etwas mehr Beobachtungen werden aus dem Praktikum (*M*=2,15, *SD*=1,03) berichtet (vgl. Abb. 5).

Abbildung 5: Anzahl der benannten Beispiele durch Studierende (maximal drei Nennungen)

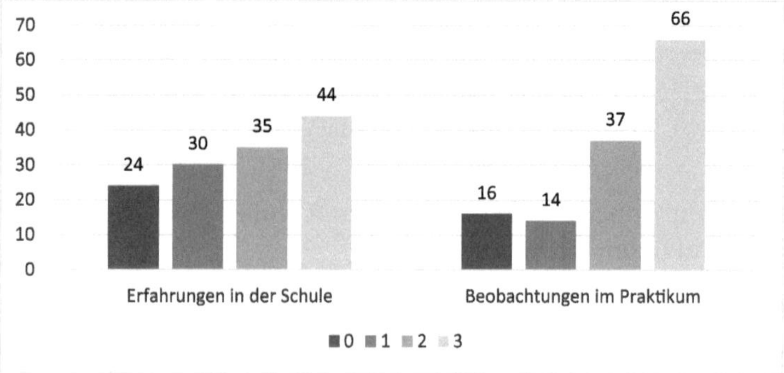

Die Häufigkeiten zeigen, dass mehr als ein Drittel der Studierenden (*n*=54) kein oder nur ein Beispiel aus der eigenen Schulzeit und auch nur 30 Studierende kein oder ein Beispiel aus dem Praktikum nennen können. Demgegenüber steht eine hohe Anzahl an Studierenden, die mehrere Erfahrungen (zwei oder drei) aus der eigenen Schulzeit (*n*=79) vorweisen können oder Beobachtungen im Praktikum (*n*=103) gemacht haben.

Abbildung 6: Anzahl der Beispiele je Bereich (Schulleben, Unterricht, institutionalisiert)

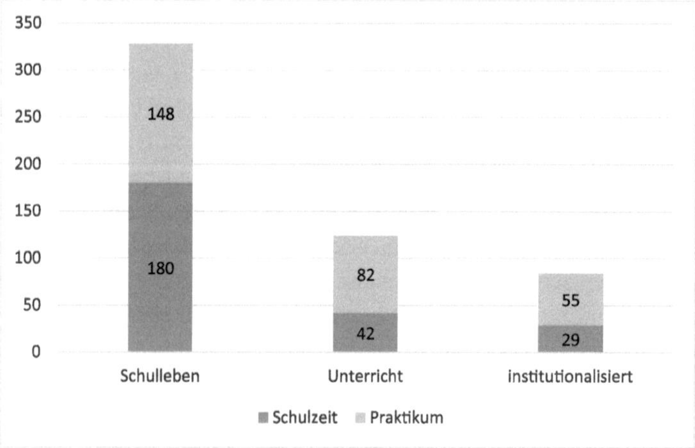

Inhaltlich fällt eine große Anzahl von Nennungen in der Kategorie Mitbestimmung im Schulleben (HK1) auf (vgl. Abb. 6). Gerade die Erfahrungen in der eigenen Schulzeit sind zu mehr als zwei Dritteln (*n*=180) dieser Hauptkategorie zuzuordnen, Mitbestimmung im Unterricht (HK2: *n*=42) und institutionalisierte Formen (*n*=29) spielen dabei eine eher ungeordnete Rolle. Aber die aktuelleren Erfahrungen im Praktikum zeigen ein Übergewicht im Bereich der Hauptkategorie des Schullebens (*n*=148). Mitbestimmung im Unterricht ist zwar mit 82 Beschreibungen deutlich höher, die umfänglichste Subkategorie bezieht sich aber nur auf organisatorische Freiheiten bei der Reihenfolge und Auswahl von Aufgaben im Wochenplanunterricht (*n*=36) bzw. auf die Wahl von Inhalten im Sport- und Musikunterricht (7). In der Kategorie Mitbestimmung in institutionalisierten Formen der Mitbestimmung ist der kleinste Anteil zu verzeichnen (*n*=84), der hauptsächlich auf Beobachtungen im Praktikum zurückzuführen (*n*=55) ist.

4.2.2 Zusammenhang von Erfahrungen und Beobachtungen mit der Wahrnehmung von Gewinnen bzw. Herausforderungen

Die dritte Forschungsfrage analysiert den Zusammenhang zwischen wahrgenommenen Gewinnen und Herausforderungen und Erfahrungen aus der eigenen Schulzeit bzw. Beobachtungen aus Schulpraktika. Auch die Nennungen für die Hauptkategorien der beiden Bereiche Gewinne und Herausforderungen werden jeweils für Schüler*innen und Lehrkräfte aufsummiert und zusätzlich je eine Gesamtsumme für Gewinne und Herausforderungen berechnet.

Damit stellt sich die Frage nach dem Zusammenhang zwischen diesen Erfahrungen und der Wahrnehmung von möglichen Gewinnen und Herausforderungen. Dazu gehen die Summenwerte für die Erfahrungen in der eigenen Schulzeit und im Praktikum z-standardisiert in eine Korrelationsberechnung mit den vier Hauptkategorien ein.

Tabelle 2: Korrelationen (zweiseitig) (n=133)

Hauptkategorien		Erfahrungen in der eigenen Schulzeit	Erfahrungen im Praktikum
Gewinne ...	für L	.317**	.156
	für SS	.298**	.092
Herausforderungen ...	für L	.284**	.161
	für SS	.249**	.190*

** <.005; * <.05

Die vier Hauptkategorien korrelieren signifikant positiv mit der Anzahl der Nennungen zu eigenen Schulerfahrungen, und zwar für den Bereich der Gewinne ($.298 < r > .317, p < .005, n=133$) und den Bereich der Herausforderungen ($.249 < r > .284, p < .005, n=133$), jeweils für beide Personengruppen. Diese geringen bis mittleren Zusammenhänge zeigen, dass Studierende, die mehr Beispiele aus der eigenen Erfahrung berichten, auch mehr Gewinne und Herausforderungen sehen, ohne dass hier kausale Zusammenhänge geprüft werden können. Dies gilt für die Korrelation mit der Anzahl der Nennungen zu Beobachtungen im Praktikum: Hier werden allerdings nur die Zusammenhänge für den Bereich der Herausforderungen für die Schüler*innen und nur mit einem geringen Effekt signifikant (r=.190, p <.05, n=133).

Abbildung 7: Zusammenhänge zwischen Erfahrungen bzw. Beobachtungen und wahrgenommenen Gewinnen und Herausforderungen durch Mitbestimmungsmöglichkeiten je nach Anzahl von Beispielen (0, 1, 2, 3)

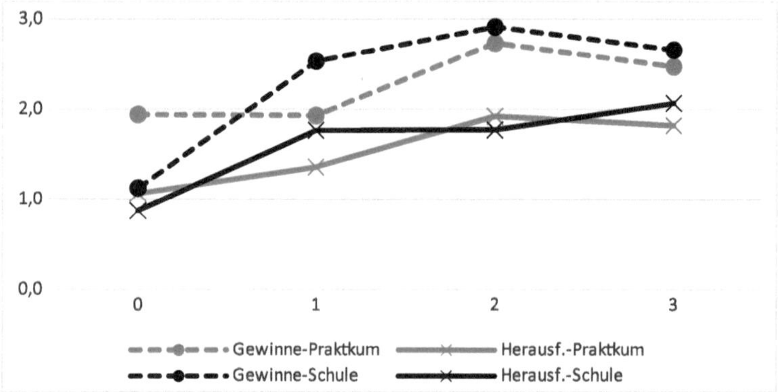

Abbildung 7 zeigt die Zusammenhänge nochmals für die unterschiedliche Ausprägung der Anzahl der genannten Fälle. Die Wahrnehmung von Gewinnen durch Mitbestimmung (gestrichelte Linien) liegt deutlich höher als die Wahrnehmung von Herausforderungen (durchgezogene Linien). Studierende ohne Erfahrungen nehmen auch weniger Gewinne und Herausforderungen durch Mitbestimmung wahr oder andersherum: Die Studierenden, die die maximale Zahl an Beispielen ausnutzen, sehen mehr Gewinne, aber auch – in geringerem Ausmaß – Herausforderungen. Das kann auf eine generelle differenzierte Wahrnehmung zurückzuführen sein.

5. Diskussion und Ausblick

Die Ergebnisse weisen über die Vielfalt und Vielzahl von möglichen Gewinnen auf eine insgesamt positive Einstellung der Lehramtsstudierenden zur Mitbestimmung von Schüler*innen im Sinne von Überzeugungen, Werthaltungen und motivationalen Orientierungen (Baumert & Kunter, 2011) hin. Es fällt auf, dass sich die gebildeten Subkategorien für die Gewinne der Schüler*innen zum einen und für Lehrkräfte zum anderen zum Teil überschneiden, da beispielweise von einer erhöhten Schüler*innenmotivation und einem positiven Lernklima sowohl Schüler*innen als auch Lehrkräfte in ähnlicher Weise profitieren. Sehen Studierende also Schüler*innenpartizipation als ein „Allheilmittel", um

Schüler*innen zu motivieren und um die Lehrkraft zu entlasten, da diese einen Teil ihrer Verantwortung abgeben kann? Diesen Eindruck erwecken die Auswertungen der Frage nach den Herausforderungen nicht. Es werden für die Umsetzung von Partizipation, wenngleich auch in geringerem Umfang, eine hohe Zahl an Herausforderungen eingeräumt. Die Herausforderungen für Lehrkräfte werden über die Kategorien *Partizipation als Belastung*, *Vernachlässigung klarer Regelungen*, *persönliche Eigenschaften der Lehrkraft als Voraussetzung* und besonders über den befürchteten *Autoritäts- und Kontrollverlust* beschrieben. Schüler*innen zu beteiligen bedeutet auch, das Risiko einzugehen, dass diese Entscheidungen der Schüler*innen nicht den Vorstellungen der Lehrperson entsprechen (Bruner, Winklhofer & Zinser, 2001, S. 41). Das zeigt die Notwendigkeit für die Lehrer*innenbildung, Studierende nicht nur mit den positiven Auswirkungen von Mitbestimmung zu konfrontieren, sondern sie auch beim Erwerb notwendiger Kompetenzen zu unterstützen, damit die zukünftigen Grundschullehrkräfte den Mut entwickeln und aufbringen, trotz einer Verschiebung hierarchischer Verhältnisse, mehr Mitbestimmung zu wagen. Flankierend müsste man in weiteren Untersuchungen prüfen, ob mehr Beispiele und Möglichkeiten im Praktikum diese Wahrnehmung ausdifferenzieren und ob es lohnt, durch geeignete Beobachtungs- und Reflexionsaufträge den Blick vermehrt auf mögliche Gewinne zu legen. Die gebildeten Kategorien, insbesondere die genannten Voraussetzungen seitens der Lehrkraft, geben auch einen Hinweis darauf, dass es den Studierenden an Professionswissen (Baumert & Kunter, 2011) mangelt, um Mitbestimmung gewinnbringend umsetzen zu können. Professionswissen als weitere zentrale Komponente der professionellen Kompetenz von Lehrkräften neben Einstellungen (Baumert & Kunter, 2011, S. 33) enthält Wissen darüber, mit welchen Methoden und Konzepten Mitbestimmung umgesetzt werden kann, aber auch das Wissen darüber, dass Mitbestimmung nicht bedeutet, alle Macht an die Kinder abzugeben, sondern dass es verschiedene Intensitäten der Mitbestimmung gibt. Dieses Wissen könnte Einstellungen in günstiger Richtung beeinflussen, ebenso wie die Reflexion über Erfahrungen in der eigenen Schulzeit sowie Beobachtungen in den Praktika der Lehrer*innenbildung. Auffällig ist, dass Studierende, die viele Beispiele aus der eigenen Schulzeit anführen, mehr Aussagen zu Gewinnen, aber auch zu Herausforderungen generieren und damit vermutlich eine bewusstere Wahrnehmung möglicher positiver und negativer Effekte zeigen. Das bietet implizit eine gute Grundlage zur Reflexion des Spannungsfeldes zwischen Gewinnen und Herausforderungen und damit zur Entwicklung günstiger Einstellungen bzw. Überzeugungen. Zu diskutieren ist auch, warum Praktikumsbeobachtungen nur mit Herausforderungen von Mitbestimmung zusammenhängen. Falls sich dieser Zusammenhang in weiteren Untersuchungen bestätigen lässt, sollten durch Kontrastierung mit positiven Möglichkeiten und entsprechenden Effekten von Mitbestimmung Reflexionsangebote für Praktika oder für begleitende

Veranstaltungen entstehen. Studierende sollten außerdem auch selbst positive Erfahrungen mit Mitbestimmung machen, indem z. B. die Struktur von Seminaren bzw. des Studiengangs auch deren Mitbestimmung ermöglicht und sie erlebbar macht (Kurth-Buchholz, 2011, S. 76 f.). Zudem sollten theoretische und praktische Ausbildungsinhalte zur Reflexion der eigenen Einstellungen anregen. Eine Möglichkeit bietet hier die Arbeit mit fiktiven oder realen Situationen in Form von Fallvignetten, welche dazu dienen können, sich mit den eigenen Einstellungen auseinanderzusetzen (im Überblick: Leonhard & Rihm, 2011, S. 247). Damit sich auch Erfahrungen und Beobachtungen in Schulpraktika auf veränderte Einstellungen auswirken können, sind begleitende Reflexionsprozesse unverzichtbar (Christof, 2020, S. 299). Die Ergebnisse sind mit der gebotenen Vorsicht zu interpretieren, besonders aber vor dem Hintergrund der gewählten Instrumente. Die Erfahrungen und Beobachtungen wurden offen erfragt, und zwar nur über die Frage nach bis zu drei Beispielen. Gezieltes Nachfragen zu Erfahrungen mit bekannten Umsetzungsformen hätte möglicherweise ein breiteres Spektrum an Erfahrungen generiert, allerdings eröffnet der explorative Charakter der Studie auch die Möglichkeit, die spontanen und damit unbewusst wichtigen Erfahrungen zu erfassen. Gleiches gilt für die qualitative Erfassung der Gewinne und Herausforderungen, die weniger systematisch und theoriegeleitet, sondern näher an den „Köpfen der Studierenden“ orientiert ist. Die Auswertungen geben außerdem nur einen querschnittlichen Einblick. Erst mit der geplanten längsschnittlichen Erfassung von Einstellungen bzw. dem Einsatz von alternativen Interventionen können kausale Zusammenhänge identifiziert werden.

Trotz der angeführten Limitationen kann die Studie Hinweise geben, dass Lehrer*innenbildung durch die Anregung zur Reflexion eigener Erfahrungen, Beobachtungen und vorhandener Einstellungen, angehende Lehrpersonen möglicherweise befähigen kann, Möglichkeiten verstärkter Schüler*innenmitbestimmung im Unterricht der Grundschule besser auszuschöpfen, und Risiken, wie den Machtverlust, abzuschätzen und unter Umständen zu relativieren.

Literatur

Baumert, J. & Kunter, M. (2011). Das Kompetenzmodell von COACTIV. In M. Kunter, J. Baumert, W. Blum, U. Klusmann, S. Krauss & M. Neubrand (Hrsg.), *Professionelle Kompetenz von Lehrkräften. Ergebnisse des Forschungsprogramms COACTIV* (S. 29–53). Münster: Waxmann.

Bohl, T. (2017). Umgang mit Heterogenität im Unterricht: Forschungsbefunde und didaktische Implikationen. In T. Bohl, J. Budde, M. Rieger-Ladich & juni.com GmbH & Co KG (Hrsg.), *Umgang mit Heterogenität in Schule und Unterricht. Grundlagentheoretische Beiträge, empirische Befunde und didaktische Reflexionen* (UTB Schulpädagogik, Band 4755, S. 257–273). Bad Heilbrunn: Julius Klinkhardt.

Bosenius, J. & Wedekind, H. (2004). „Mitpestümmen" Schülerstudie 2004 des Deutschen Kinderhilfswerkes und Super RTL zur Partizipation von Viertklässlern. In Deutsches Kinderhilfswerk e. V. (Hrsg.), *Kinderreport Deutschland 2004. Daten, Fakten, Hintergründe* (S. 287–309). München: kopaed.

Bruner, C. F., Winklhofer, U. & Zinser, C. (2001). *Partizipation – ein Kinderspiel? Beteiligungsmodelle in Kindertagesstätten, Schulen, Kommunen und Verbänden.* Berlin: BMFSFJ.

Bundesministerium für Familie, Senioren, Frauen und Jugend (BMFSFJ, 2015). *Qualitätsstandards für Beteiligung von Kindern und Jugendlichen. Allgemeine Qualitätsstandards und Empfehlungen für die Praxisfelder Kindertageseinrichtungen, Schule, Kommune, Kinder- und Jugendarbeit und Erzieherische Hilfen.* www.bmfsfj.de/blob/94118/c49d4097174e67464b56a5365bc8602f/kindergerechtes-deutschland-broschuere-qualitaetsstandards-data.pdf

Christof, E. (2020). Berufsbezogene Überzeugungen angehender LehrerInnen zu Partizipation von SchülerInnen. In S. Gerhartz-Reiter & C. Reisenauer (Hrsg.), *Partizipation und Schule: Perspektiven auf Teilhabe und Mitbestimmung von Kindern und Jugendlichen* (S. 291–308). Wiesbaden: Springer.

Cockburn, T. (2007). Partners in Power: a Radically Pluralistic Form of Participative Democ racy for Children and Young People. *Children & Society*, 21(6), 446–457.

Coelen, T. & Wagener, A. L. (2011). Partizipation an ganztägigen Grundschulen. In S. Appel (Hrsg.), *Mehr als Schule oder doch: mehr als Schule?* (Jahrbuch Ganztagsschule, Band 2011, S. 115–125). Schwalbach am Taunus: Wochenschau.

Debatin, G. (2019). *Partizipation in der Grundschule.* Berlin: Cornelsen.

Ertl, S., Martschinke, S. & Grüning, M. (2022). Lasst uns mitbestimmen! Grundschulkinder und ihr Recht auf Mitbestimmung. In M. Grüning, S. Martschinke, J. Häbig & S. Ertl (Hrsg.), *Mitbestimmung von Kindern – Grundlagen für Unterricht, Schule und Hochschule* (S. 74–91). Weinheim, Basel: Beltz Juventa.

Fatke, R. (2007). Kinder- und Jugendpartizipation im wissenschaftlichen Diskurs. In Bertelsmann Stiftung (Hrsg.), *Kinder- und Jugendbeteiligung in Deutschland. Entwicklungsstand und Handlungsansätze* (S. 19–38). Gütersloh: Bertelsmann.

Gamsjäger, M. (2019). Schülerpartizipation als Thema der Sekundarstufenausbildung. Eine Analyse von fünf Leitbildern zu Bedingungen und Umsetzbarkeit mit Lehramtsstudierenden. *Online Journal für Research an Education*, 11. www.journal.ph-noe.ac.at/index.php/resource/issue/view/30

Helsper, W. (2010). „Ich will, dass ihr selbstständig werdet!" Über die Widersprüche im Lehrerberuf. *Friedrich Jahresheft*, 34–37.

Hildebrandt, E. & Campana, S. (2016). Partizipation im alltäglichen Unterricht durch Kooperation und Individualisierung in heterogenen Klassen – ein Beitrag zur Demokratiebildung? *International Dialogues on Education*, 3(3), 140–149.

Kiper, H., Pozar, T.-S. & Piper, H. (1997). *Selbst- und Mitbestimmung in der Schule. Das Beispiel Klassenrat* (Grundlagen der Schulpädagogik, Band 20). Baltmannsweiler: Schneider-Verlag Hohengehren.

Klafki, W. (1994). *Neue Studien zur Bildungstheorie und Didaktik. Zeitgemäße Allgemeinbildung und kritisch-konstruktive Didaktik* (4., durchgesehene Auflage). Weinheim, Basel: Beltz.

KMK (2004). *Beschluss der Kultusministerkonferenz: Standards für die Lehrerbildung: Bildungswissenschaften.* www.kmk.org/fileadmin/Dateien/veroeffentlichungen_beschluesse/2004/2004_12_16-Standards-Lehrerbildung-Bildungswissenschaften.pdf

Krüger, H.-H., Grundmann, G. & Kötters, C. (2000). Jugendliche Lebenswelten und Schulentwicklung. In H.-H. Krüger, G. Grundmann & C. Kötters (Hrsg.), *Jugendliche Lebenswelten und Schulentwicklung. Ergebnisse einer quantitativen Schüler- und Lehrerbefragung in Ostdeutschland* (Studien zur Schul- und Bildungsforschung, Band 10, S. 13–33). Wiesbaden: VS Verlag für Sozialwissenschaften.

Kunter, M. & Pohlmann, B. (2009). Lehrer. In E. Wild & J. Möller (Hrsg.), *Pädagogische Psychologie* (S. 262–282). Berlin, Heidelberg: Springer.

Kurth-Buchholz, E. (2011). *Schülermitbestimmung aus Sicht von Schülern und Lehrern. Eine vergleichende Untersuchung an Gymnasien in Brandenburg und Nordrhein-Westfalen* (Empirische Erziehungswissenschaft, Band 28). Münster: Waxmann.

Leonhard, T. & Rihm, T. (2011). Erhöhung der Reflexionskompetenz durch Begleitveranstaltungen zum Schulpraktikum? Konzeption und Ergebnisse eines Pilotprojekts mit Lehramtsstudierenden. *Lehrerbildung auf dem Prüfstand*, 4, 240–270.

Mayring, P. (2015). *Qualitative Inhaltsanalyse. Grundlagen und Techniken.* Weinheim, Basel: Beltz.

Meier, C., Höfert, W., Paul, S., Hermann, U., Rost, P. & Rothe, M. (2011). *„Partizipation leben in Kindergarten und Grundschule“ – Wissenschaftlicher Abschlussbericht.* Vehlefanz: IFK.

Prengel, A. (2005). Heterogenität versus Lehrplan? – Perspektiven der Grundschul- und Kindheitsforschung. In A. Knauf, K. Liebers & A. Prengel (Hrsg.), *Länderübergreifende Curricula für die Grundschule* (S. 81–92). Bad Heilbrunn: Julius Klinkhardt.

Reusser, K. (2008). Empirisch fundierte Didaktik – didaktisch fundierte Unterrichtsforschung. *Zeitschrift für Erziehungswissenschaft*, 9, 219–237. www.doi.org/10.1007/978-3-531-91775-7_15

Schröder, R. (1995). *Kinder reden mit! Beteiligung an Politik, Stadtplanung und Stadtgestaltung.* Weinheim, Basel: Beltz.

Storck-Odabassi, J. & Heinzel, F. (2019). „Findest du Kinderrechte sind gut und wenn ja, warum?“ Partizipative Methoden der Kindheitsforschung im Kontext von Schulentwicklung zu Kinderrechten. In C. Donie, F. Foerster, M. Obermayr, A. Deckwerth, G. Kammermeyer, G. Lenske et al. (Hrsg.), *Grundschulpädagogik zwischen Wissenschaft und Transfer* (Jahrbuch Grundschulforschung, S. 233–238). Wiesbaden: VS Verlag für Sozialwissenschaften.

Strauss, N.-C., Zala-Mezö, E., Herzig, P., Häbig, J. & Müller-Kuhn, D. (2017). Partizipation von Schülerinnen und Schülern ermöglichen: Perspektiven von Lehrpersonen. *Journal für Schulentwicklung*, 21, 13–21.

UN-Generalversammlung (1989). *Übereinkommen über die Rechte des Kindes, UN-Kinderrechtskonvention.* www.ohchr.org/EN/Professional Interest/Pages/CRC.aspx

Wilde, A. & Kunter, M. (2016). Überzeugungen von Lehrerinnen und Lehrern. In M. Rothland (Hrsg.), *Beruf Lehrer/Lehrerin. Ein Studienbuch* (S. 299–315). Münster, New York: Waxmann.

Teil 3: Stellschrauben

Mehr Mitbestimmung! Stellschrauben in Schule, Unterricht und Hochschule

Sabine Martschinke, Miriam Grüning, Sonja Ertl und Julia Häbig

1. Einleitung

Im abschließenden Kapitel dieses Bandes wird danach gefragt, an welchen „Schrauben gedreht" werden kann, um – entsprechend dem Titel des Beitrags – „Mehr Mitbestimmung!" von Schüler*innen im Schulalltag zu ermöglichen. Wir greifen hier auf das Bild der „Stellschrauben" zurück, durchaus im Bewusstsein, dass damit ein Stück weit eine vereinfachte Auffassung von Veränderungsprozessen, die realiter komplexer Natur sind, einhergeht. Als Stellschrauben werden laut Duden „Schrauben zum [Ein]stellen, Regulieren" bezeichnet. In diesem Sinne soll die hier dargebotene Sammlung an Ideen und Anregungen Anstöße geben für das (Nach-)Justieren der (hoch-)schulischen und unterrichtlichen Aktivitäten für mehr Mitbestimmung, wohl wissend, dass eine Veränderung von schulischen Strukturen und Gewohnheiten nicht in radikaler Weise, sondern nur schrittweise gelingen kann.

Wir nehmen drei Stellschrauben in den Blick, an denen „gedreht" werden könnte, um mehr Mitbestimmung zu ermöglichen. Auch mit Bezug auf die empirischen Beiträge in diesem Band liegen mögliche Ansatzpunkte im Bereich von Schule allgemein und von Unterricht im Spezifischen sowie schließlich im Bereich der Hochschule, wo Grundlagen für das Einstellungs- und Handlungsspektrum von zukünftigen Lehrpersonen gelegt werden. Für diese drei Stellschrauben nutzen wir Schlussfolgerungen aus den vorliegenden Erkenntnissen – insbesondere auch aus den Beiträgen des Sammelbands – und reichern diese durch konkrete Umsetzungsbeispiele und -ideen an. Für die „Stellschraube Schule" wird vor allem vor dem Hintergrund schulentwicklungstheoretischer Ansätze argumentiert, um aufzudecken, was es braucht, um Veränderungen anzustoßen. Die Überlegungen, die hier anstehen, sind folglich eher allgemeiner Art. Für die „Stellschraube Unterricht" können konkretere Umsetzungsmöglichkeiten der Mitbestimmung abgeleitet werden, da hier schon auf erprobte innovative Ideen und praktische Umsetzungsmöglichkeiten zurückgegriffen werden kann. Dem Kapitel „Stellschraube Hochschule" wird eine grundlegendere Einführung vorangestellt, da dieser Bereich im gesamten Sammelband weniger vertreten, aus unserer Sicht aber durchaus bedeutsam ist und langfristig ein wichtiger Motor für die Weiterentwicklung von Schule und Unterricht sein kann. In allen Bereichen machen es die Veränderungen durch Digitalisierung aber auch notwendig, den Fokus auf „digitale Mitbestimmung" zu richten. Da es hier zu Überschneidungen in den drei Stellschrauben kommt, werden Möglichkeiten der digitalen Mitbestimmung in einem separaten Abschnitt dargestellt.

2. Stellschraube Schule

2.1 Schule als Gemeinschaft

Mit den Fragen von Veränderungen und Veränderbarkeit von Schule beschäftigt sich die Schulentwicklungsforschung. In einem praxistheoretischen Ansatz (z. B. Reckwitz, 2003) kommt dabei den konkreten Handlungspraktiken der Akteur*innen, verstanden als inkorporiertes, gerade nicht bewusstes und rational zugängliches Wissen, eine große Bedeutung zu. Aber sie wissen auch, „wie sie sich an den jeweiligen sozialen Konstellationen und Settings beteiligen können. Praktisches Wissen ist demnach nicht nur implizit, sondern immer auch geteilt" (Zala-Mezö, Häbig, Egli, Müller-Kuhn & Strauss, 2021). Gerade der Aspekt, dass praktisches Wissen geteiltes Wissen ist, birgt Potenzial: Deswegen machen Impulse für Veränderung auf individueller Ebene nur begrenzt Sinn, da von einem geteilten praktischen Wissen ausgegangen wird. Es bedarf demnach des Austauschs, der Kommunikation, was selbst eine Praktik darstellt, um jenseits der Ebene der einzelnen Lehrperson Entwicklung anzustoßen. So braucht es für eine Entwicklung in Richtung zu mehr Mitbestimmung für die Schüler*innen mehr als das Engagement einzelner Lehrpersonen, sondern ein gewisses Commitment der gesamten Schulgemeinschaft.

Dabei kann ein erster Ansatz sein, das Thema Mitbestimmung auf die Agenda der Schule zu setzen, z. B. als ein an alle Mitglieder der Schulfamilie formuliertes Ziel- oder Leitbild, und diesen Aspekt beispielsweise bei Besprechungen im Kollegium mitzudenken, wodurch oft automatisch auch ein Austausch darüber zustande kommt, was denn Mitbestimmung heißen kann und soll. Die verschiedenen theoretischen Ansätze von Mitbestimmung, Partizipation etc. im Blick behaltend (vgl. Müller-Kuhn & Häbig in diesem Band) kann es dabei entlastend sein, sich von einem zu starken normativen Druck zu befreien, der sich zum Teil in hierarchischen Partizipations- bzw. Leitermodellen (Hart, 1992; Schröder, 1995) niederschlägt. Stattdessen sollte Mitbestimmung als Kontinuum aufgefasst werden, als Feld, in welchem man sich als Schule und

Lehrperson zunächst ausprobieren kann und muss, ohne von Beginn an Anspruch auf Perfektion und Erreichung absoluter Mitbestimmung zu haben.

2.2 Der Klassenrat und andere institutionalisierte Formen

Gerade in Form von institutionalisierten Mitbestimmungsmöglichkeiten, wie beispielsweise dem Klassenrat, dem Schüler*innenparlament oder Schüler*innenvollversammlungen, sind im Bereich der Schule allgemein schon viele Möglichkeiten der Mitbestimmung etabliert. All diese Formen stellen basisdemokratische Ansätze dar und können entsprechende Einstellungen und Handlungskompetenzen fördern (Student & Portmann, 2007, S. 77).

Der Klassenrat findet in der Regel wöchentlich statt, die Themenauswahl erfolgt durch die Schüler*innen selbst. Dies können Konflikte in der Schüler*innenschaft oder mit Lehrpersonen, die Organisation des Lernens oder Handlungsabsprachen wie die Mitnahme von Mobiltelefonen in die Schule sein. Schüler*innen können hier tatsächliche Mitbestimmung erleben und auch noch wesentliche Kompetenzen erwerben, die für eine erfolgreiche Umsetzung von Mitbestimmung in der Grundschule notwendig sind: Ihnen wird eine Stimme gegeben, womit sie die Möglichkeit haben, Themen, mit denen sie in Unterricht und Schulleben unzufrieden sind, zu verändern. Zudem lernen sie Verantwortung zu übernehmen, wenn Vereinbarungen getroffen werden, denen sie selbst zugestimmt haben. Aber auch gerade der kollektive Aspekt kommt hier zum Tragen durch den Mehrheitsentscheid: Mitbestimmung bedeutet auch in einer Gruppe zurückstecken zu müssen und getroffene Entscheidungen anzuerkennen.

Schüler*innenparlamente setzen sich meist aus gewählten Stellvertreter*innen aller Klassen einer Schule zusammen (Diemer, 2007). Hier können auch Themen, die in den Klassenräten besprochen wurden, auf Ebene der Gesamtschule eingebracht werden. Sie können dann entweder im gesamten Parlament oder in themenspezifischen Arbeitsgruppen behandelt werden. Alternativ oder ergänzend können durch Schüler*innenvollversammlungen Themenfelder bestimmt werden, die dann von einem Teil der Schüler*innenschaft bearbeitet werden. Oder es kann in der Schüler*innenvollversammlung, an der alle Schüler*innen einer Schule teilnehmen, über im Schüler*innenparlament ausgearbeitete Vorschläge abgestimmt werden. Gehrig (2018) dokumentiert verschiedene Beispiele aus der Schulpraxis, unter anderem die Organisation eines Schneelagers an einer Schweizer Primarschule (ebd., S. 67). In insgesamt neun Schritten werden durch die Schüler*innenvollversammlung, einer Arbeitsgemeinschaft „Schneelager" (bestehend aus zwei Lehrpersonen und jeweils einem Jungen und einem Mädchen pro Klasse) und dem Klassenrat Ideen gesammelt, Vorschläge ausgearbeitet und durch Abstimmungsprozesse Entscheidungen getroffen. Zu den Themen gehören die Gestaltung der Tages- und

Abendprogramme, der Umgang mit elektronischen Geräten im Schneelager und das Festlegen von Regeln.

Diese Formen der Mitbestimmung sind den Schulen oft gesetzlich vorgeschrieben (z. B. BayEUG Art. 62 und 62a), müssen also erfüllt werden und dienen vielen Schulen zugleich oft als Aushängeschild für Mitbestimmung. Dennoch ist auch hier der Blick auf die konkreten Praktiken zu lenken, die in diesen Formen Ausdruck finden. Dass das Vorhandensein von solchen Strukturen nicht per se bedeutet, dass sie in ihrer Umsetzung partizipativ angelegt sind, zeigen Studien, die dort ablaufende Prozesse genauer in den Blick nehmen (z. B. Boer, 2008; Haldimann & Nell-Tuor, 2019). Nachahmenswerte Beispiele für die Grundschule finden sich auch im Deutschen Schulportal.[1] Auch der Beitrag von Lehnerer et al. in diesem Band gibt Hinweise darauf, dass der Klassenrat durchaus gemäß seiner intendierten Zielsetzung Mitbestimmung fördern kann.

2.3 Schulkultur

Eine starke Fokussierung auf diese offiziellen Mitbestimmungsinstrumente birgt – selbst bei gelungener Umsetzung – die Gefahr, dass die Mitbestimmungsmöglichkeiten in anderen Bereichen, wie z. B. dem Unterricht, eher zu kurz kommen. Um dies zu vermeiden, sollte Mitbestimmung nicht als isoliertes Thema gedacht werden, das in einem bestimmten Setting „erledigt" werden kann, sondern als Querschnittsanliegen und Bestandteil einer Schulkultur, die die gesamte Schulgemeinschaft prägen kann.

Beim Konzept der Schulkultur geht es um „das Ringen anerkannter und legitimer pädagogischer Orientierungen, Praktiken, Deutungen und Idealkonstruktionen" (Kramer, 2016, S. 38). Die Dynamik des Konzepts wird bei Göhlich (2008, S. 271) deutlich:

> Aus dieser Sicht wird Schulkultur als Spiel fein gestalteter Wiederholungen sichtbar, wobei deren feine Gestaltung ein kreatives Potenzial birgt, das einerseits dem einzelnen schulischen Akteur die Mitwirkung an der schulischen Wirklichkeit und andererseits der einzelnen Schule institutionelles Lernen, d. h. spezifischen Wandel ermöglicht.

Hervorgehoben werden soll hier das Kreative – entgegen einer durch und durch planbaren und rationalen Herangehensweise an Prägung von schulischer Kultur – sowie das Phänomen der „fein gestalteten Wiederholungen", worin die oben beschriebenen Praktiken des alltäglichen Handelns anklingen. Vor diesem Hintergrund kann eine Veränderung des schulischen Alltags hin zu mehr Mitbestimmung als Spiel von kleinen Schritten auf individueller (Lehrpersonen)

---

1 www.deutsches-schulportal.de/konzepte/i-learn-zeit-und-kinderparlament-individuell-lernen-gemeinsam-entscheiden/ [20.09.2021].

wie auf institutioneller (Schule) Ebene gesehen werden, was durchaus als Ermutigung gelten kann: Es darf gespielt und ausprobiert werden.

Untersuchungen wie die von Häbig et al. im vorliegenden Band gehen auf diese Bedeutung der Schulkultur für die Umsetzung von Mitbestimmung ein: Soll Mitbestimmung mehr sein als das Einflussnehmen über das Schüler*innenparlament und den Klassenrat, so braucht es eine grundlegende Verankerung und Anerkennung von Mitbestimmung als Prinzip und Wert in der Schule als Ganzem. Nur dann lässt sich Mitbestimmung auch jenseits der institutionalisierten Formen leben und kann den Unterricht maßgeblich mitprägen.

2.4 Partizipative Forschung

Einen weiteren konkreten Ansatz, Schüler*innen stärker bei der Gestaltung der Schule mitbestimmen zu lassen, stellt schließlich das Konzept der partizipativen Forschung dar, bei der Schüler*innen die Rolle von Forschenden einnehmen und ihren Schulalltag mit dem Ziel der Weiterentwicklung erforschen – im Beispiel von Büker und Hüpping in diesem Band in Form eines fächerbezogenen forschungsorientierten Lernangebots. Im Beitrag wird als idealtypisch – aber notwendig dafür, dass dies als Partizipationserfahrung wahrgenommen wird – beschrieben, dass die von den Kindern generierten Erkenntnisse und Erfahrungen tatsächlich in Veränderungen resultieren können und von der Schulleitung nicht nur gehört, sondern berücksichtigt werden.

3. Stellschraube Unterricht

Gerade Möglichkeiten der Mitbestimmung im Unterricht zu eröffnen, scheint ein schon lange währendes Desiderat zu sein, das auch aktuell noch nicht an Bedeutung verloren hat (z. B. Müthing, Razakowski & Gottschling, 2018; Andresen & Möller, 2019). Aber was heißt „Mitbestimmung im Unterricht eröffnen“, welche Möglichkeiten bieten sich für die unterrichtliche Umsetzung in der Grundschule?

Grundsätzlich werden Bildungsmaßnahmen über, durch und für Menschen- (bzw. Kinder-)Rechte gefordert (Feige in diesem Band), die alle eng miteinander verknüpft sind. Im Folgenden werden speziell die Maßnahmen über Mitbestimmung (3.1) und die Maßnahmen durch Mitbestimmung (3.2) getrennt voneinander berichtet. Alle Möglichkeiten haben gemeinsam das Ziel, Kinder für ihr Recht auf Mitbestimmung zu stärken.

3.1 Mitbestimmung als Thema des Unterrichts

Wenn man ein Fach in der Grundschule sucht, in dem gerade das Thema der Mitbestimmung gut thematisiert und entsprechendes anwendungsfähiges Wissen (als eher deklaratives Wissen) vermittelt werden kann, so ist zunächst als didaktischer Ort der Sachunterricht zu nennen. Mitbestimmung gehört nach dem Perspektivrahmen (GSDU, 2013) ganz klar zur sozialwissenschaftlichen Perspektive mit den Fachbereichen Politik, Wirtschaft und Soziales und den inhaltlichen Themen „politische Ordnung und Entscheidungen, das Gemeinwohl, Kinder als aktive Konsumenten sowie Arbeit und Sozialisation".

Als Zielstellung wird dort markant an den Anfang gestellt:

> „Ziel der sozialwissenschaftlichen Perspektive ist es, Kompetenzen der Schülerinnen und Schüler für das Zusammenleben in einer demokratischen Gesellschaft zu fördern. Die Kompetenzen sollen den Schülerinnen und Schülern dazu dienen, am demokratischen Leben aktiv teilnehmen zu können und dabei für sie relevante gesellschaftliche Aufgaben und Probleme zu erkennen, zu reflektieren und gegebenenfalls zu ihrer Lösung beizutragen. Nicht zuletzt soll das Interesse der Schülerinnen und Schüler für gesellschaftliche und demokratische Fragen und Themen geweckt werden. Die Beschäftigung mit den Themen und Inhalten dieser Perspektive soll die personalen Ressourcen des Kindes stärken und entfalten, sodass sie ihre demokratischen Beteiligungsrechte wahrnehmen können. Wesentlich ist dabei, dass der Kindeswillen berücksichtigt und gestärkt wird, so wie es die Kinderrechte vorsehen, die zu den wichtigen Elementen in einer demokratischen Gesellschaft zählen" (ebd., 2013, S. 27 f.).

Über diese inhaltlich starke Positionierung der Mitbestimmung im Fach Sachunterricht können aber auch die im Sachunterricht angestrebten Denk-, Arbeits- und Handlungsweisen (als eher prozedurale Komponente) Mitbestimmung unterstützen, wie z. B. das Fragenstellen, Vermuten, Bewerten von Informationen, Überprüfen, Systematisieren, mehrperspektivisches Denken, Schlussfolgern und Argumentieren, Reflektieren, Kommunizieren, Kooperieren und Präsentieren (ebd., 2013).

Mitbestimmung kann also auf jeden Fall gefördert werden, wenn sie selbst zum Thema wird (Ertl, Martschinke & Grüning in diesem Band; Hildebrandt & Campana, 2016). Im formalen Unterricht kann dies geschehen am Beispiel der Klasse, der Schule oder der Gemeinde, indem Merkmale demokratischer (und politischer) Entscheidungsprozesse erklärt und reflektiert werden. So sollte eine Klassensprecherwahl nicht nur durchgeführt, sondern auch ihr Sinn und Zweck erarbeitet werden (Hildebrandt & Campana, 2016). Ein zentraler Inhalt kann die Kinderrechtskonvention sein, auch wenn hier die Mitbestimmung, bzw. speziell Artikel 12, nur einen Anteil ausmacht. Befragte Grundschulkinder

(Andresen & Möller, 2019; Müthing, Razakowski & Gottschling, 2018) machen hier selbst auf ihr geringes, defizitäres Wissen über Kinderrechte und speziell die UN-Konvention aufmerksam. Gerade dieser Weg der Information und Reflexion der Kinderrechte wird als Chance gesehen, Kinder im Bereich der Mitbestimmung zu fördern (Casas et al., 2018).

Mittlerweile gibt es viele unterstützende Materialien und Angebote für Lehrkräfte, die Impulse für mehr Mitbestimmung in ihrem Unterricht setzen und zunächst über die Kinderrechte bzw. das Recht auf Mitbestimmung informieren wollen. Eine Fülle von nationalen und auch internationalen Organisationen und Institutionen bietet – oft niedrigschwellig und kostenlos über das Internet – Informationen für Lehrpersonen, aber auch Material für Schüler*innen an, so beispielsweise UNICEF. Das Material reicht von einer Bereitstellung eines kleinen Informationsfilms „Kinderrechte – erklärt für Kinder bis 8 Jahren" bis hin zu einem Quiz zum Überprüfen des entsprechenden Wissens. National bieten als übergeordnete Organisation beispielsweise der Deutsche Kinderschutzbund oder seine Ländervertretungen über ihre Internetseiten konkretes Unterrichtsmaterial an.[2] Dazu gehören auch im Sinne der Mitbestimmung Mitmach-Aktionen, aber eher am Rande. Anders konzipiert ist die Kinderwebsite *www.kindersache.de*, die speziell für Kinder zwischen 8 und 13 Jahren Informationen zu Kinderrechten bereitstellt und Möglichkeiten bietet, sich aktiv zu beteiligen, speziell auch bezogen auf Mitbestimmung.[3] Auf der verknüpften Website *www.schulsache.de* stehen Angebote und Materialien zur Vermittlung der Kinderrechte für Lehrpersonen zur Verfügung.

Einen Unterricht außerhalb des Klassenzimmers ermöglichen die Straße der Kinderrechte im Nürnberger Stadtpark (darunter auch eine Station zur Mitbestimmung[4]) oder eine Kinderrechterallye durch die Stuttgarter Innenstadt. Auch wenn dies regionale Angebote sind, können viele Stationen (auch die Station zur Mitbestimmung) Anregung für die Gestaltung und Thematisierung des Themas Mitbestimmung im Unterricht sein.

Natürlich gibt es auch gedruckte Impulse für die Erarbeitung von Kinderrechten im Unterricht. Beispielhaft seien hier die Unterrichtsprojekte von Gollob, Krapf und Weidinger (2010) genannt, die sich besonders das aktive Erkunden der Kinderrechte vorgenommen haben oder auch „Kinderrechte"-Bücher für die Hand des Kindes (z. B. Leitzgen, 2017; Welk & Schnabel, 2021). Für

2 www.unicef.de/informieren/schulen/unterrichtsmaterial/-/kinderrechte/107392; www.youtube.com/watch?v=pXUaxFs4ocM&list=PLD6334B31ED2E1333&t=10s; www.unicef.de/blob/205626/27ef5dc02187c742b9334979f62c5e22/kahoot-userguide-de-data.pdf; www.meine-kinderrechte.de/_dl/methodenmaterial.pdf.

3 z. B. www.kindersache.de/bereiche/kinderrechte/kinderrechte.

4 www.nuernberg.de/internet/kinder_und_jugendliche/strassederkinderrechte.html.

Projekte in den Schulen werden unter dem Begriff „Koffer“ unterschiedliche Materialsammlungen angeboten, meist aber regional zum Ausleihen.[5]

3.2 Mitbestimmung als Qualitätsmerkmal alltäglicher Unterrichtspraxis

Ertl, Martschinke und Grüning (in diesem Band) zeigen das breite Spektrum an Möglichkeiten, Mitbestimmung im Unterricht zuzulassen bzw. zu eröffnen, auf. Das Spektrum reicht dabei von einfachen organisatorischen Freiheiten, beispielsweise bei der Wahl des Sitznachbars bzw. der Sitznachbarin, der Sozialform, der Reihenfolge und Auswahl der Aufgaben bis hin zu eigenen Fragestellungen und Inhalten einschließlich der Mitbestimmungsmöglichkeiten bei der Leistungsfeststellung oder -bewertung. Hochwertigere Beteiligungsmöglichkeiten von Kindern in der Grundschule sind eher noch unterrepräsentiert. Gerade die Öffnung von Unterricht birgt jedoch oftmals verspielte Chancen, die im Folgenden identifiziert und beispielhaft konkretisiert werden.

3.2.1 Mitbestimmung und Öffnung von Unterricht

Öffnungsformen von Unterricht bieten verschiedene Gelegenheiten und Freiräume für Mitbestimmung (Maischatz, Hildebrandt & Campana in diesem Band). Hier ist es jedoch wichtig zu reflektieren, inwiefern diese Möglichkeiten auch „echte“ Mitbestimmung im Unterricht ermöglichen. Es besteht die Gefahr, dass diese Möglichkeiten nur randständig Unterricht berühren oder zu wenig Zeit für die nötigen Erfahrungen eingeräumt wird.

Wichtig ist es dabei, die schon bekannten, leicht zugänglichen und routiniert bewältigbaren Möglichkeiten bewusst wahrzunehmen, aber auch solche Erfahrungsfelder mit in die eigenen Überlegungen und Unterrichtsplanungen aufzunehmen, die einem „Kulturbruch“ (Feichter, 2020) nahekommen, weil der reguläre und übliche Ablauf gestört wird und auch die Rollen- und Machtzuweisungen zwischen Schüler*innen und Lehrpersonen verfließen und aufweichen, manchmal sogar auf den Kopf gestellt werden. Gerade eine freie Themen- oder Hausaufgabenwahl und besonders auch die Mitbestimmung bei der Leistungsfeststellung und -bewertung eröffnen „echte“ Mitbestimmung, gelten aber als unantastbar und bleiben meist im Verantwortungs- oder gar Machtbereich der Lehrpersonen. Wenn eine Lehrperson beispielsweise Kinder sich gegenseitig „prüfen“ lässt und Ideen von den Kindern für die eigene Testerstellung

5 www.kija-sbg.at/0/0/nc/home/projekte/uebersicht/a/detail/News/kinderrechte-koffer.html; www.kinderfreundliche-kommunen.de/startseite/toolbox/methoden/kinderrechte-koffer/; www.nuernberg.de/imperia/md/kinder_und_jugendliche/dokumente/rechte/kinderrechte_entdeckerkoffer.pdf; www.der-potsdamer.de/ein-koffer-voller-kinderrechte/.

nutzt, nimmt sie bereits die Facetten des „Gehört-Werdens" auf (Maischatz et al. in diesem Band). Egal, ob die Eigenbewertung oder Mitbewertung der Kinder mit einfließt, ob die Kinder bei den Kriterien „mitreden" können oder über ihre Gewichtung mitentscheiden oder über Leistungsfeststellung sowie über Noten mit ihren Lehrpersonen diskutieren (Bendig, Münch & Staudinger, 2007), zeigen solche Maßnahmen das Gehört-Werden und die Mitgestaltungs- und Mitbestimmungsmöglichkeiten auf, die selbst in einem sensiblen Bereich wie der Notengebung ihren Ort finden können.

Wichtige Voraussetzung und auch wichtiges Element von Mitbestimmung ist, dass die Kinder zum einen ihre Meinung auch adäquat äußern können, und zum anderen, dass bei unterschiedlichen Meinungen oder Konflikten auch geeignete Strategien bekannt sind und angewendet werden können. Geeignete Kommunikationsstrategien können beispielsweise über die Giraffensprache (Kahlert & BZgA, 2002) vermittelt werden. Die Giraffe als „Landtier mit dem größten Herzen" steht für Wertschätzung, Empathie und Kooperation bzw. Kompromiss. Ziel ist unter anderem, Konflikten vorzubeugen oder sie zu lösen, indem sprachlich statt der „Wolfssprache" Bitten, Bedürfnisse und Wünsche – das Gegenüber wertschätzend – vorgetragen werden. Im „Debattierclub", in dem in einfacher und für Grundschüler*innen angepassten Form geübt wird, wie man seine Meinung formuliert, über eine Schüler*innenzeitung oder bei der Durchführung von Schreibkonferenzen können solche Kommunikationsformen Anwendung finden und auch immer wieder reflektiert werden. Nonverbale, „kleine" Möglichkeiten bestehen darin, Symbole wie grüne Ja- und rote Nein-Karten einzuführen, die einer schnellen und ritualisierten Meinungsbildung dienen können. Lob- und Beschwerdebriefkästen oder ähnliche Rituale unterstützen auch „ungefragte" Meinungsäußerungen.

3.2.2 Mitbestimmung und Unterrichtsqualität

Um Mitbestimmung im Unterricht zu ermöglichen, muss und kann man auch die drei wichtigsten Säulen der Unterrichtsqualität heranziehen: Neben den zwei Säulen der Klassenführung und der kognitiven Aktivierung verdient im Kontext von Mitbestimmung die dritte Säule, die sogenannte konstruktive Unterstützung (Sliwka, Klopsch & Dumont, 2019), besondere Aufmerksamkeit. Darunter sind positive Beziehungen zwischen Lehrpersonen und ihren Schüler*innen und ein positives Klassenklima mit einer positiven Anerkennungsbilanz einzuordnen. Wenn Lehrpersonen eine solche Beziehung aufbauen und als persönliche, empathische Ansprechpartner*innen wahrgenommen werden, kann auch ein gegenseitiges „reziprokes" Feedback zwischen Kindern und Lehrpersonen „auf Augenhöhe" funktionieren (Lundy & Hanna in diesem Band). Dieser „Raum" für das Gehört-Werden ist von einem respekt- und vertrauensvollen sowie „symmetrischen“ Dialog getragen und kann über die „Giraffensprache“ (siehe 3.2.1) vorbereitet werden.

Ein gegenseitiges Feedback bietet die Gelegenheit, dass Unterrichtsbewertungen durch die Schüler*innen vorgenommen werden. Das eröffnet Lehrpersonen die Möglichkeit, „aus erster Hand“ zu erfahren, wie ihr Unterricht „angekommen“ ist, was sich Kinder wünschen, was ihnen gefällt, was sie schwierig finden usw. Schüler*innen können erfahren, dass ihre Meinung von Bedeutung ist und es lohnt, Dinge, die sie als negativ wahrnehmen, anzusprechen. Dieses Gehört-Werden kann genutzt werden, um auch Schüler*innen zu informieren und zu begründen, was man warum macht oder gemacht hat, um somit Verständnis für unliebsame Maßnahmen zu schaffen. Durch Feedback der Kinder, das Lehrkräfte zu Veränderungen des Unterrichts anregt, können Kinder zu Mitgestalter*innen von Unterricht werden. Über eine solche Feedbackkultur kann Mitbestimmung zum Unterrichtsprinzip werden, das den gesamten Unterricht (und das Schulleben sowie institutionalisierte Formen der Mitbestimmung) durchdringt.

4. Stellschraube Hochschule

Bereits im Studium sollten Lehrpersonen dazu motiviert und befähigt werden, Mitbestimmung von Schüler*innen zuzulassen und aktiv zu fördern. Daher stellt auch die Hochschule bzw. die dort stattfindende Lehrer*innenausbildung eine wichtige Stellschraube dar, wenn langfristig mehr Mitbestimmung in der Grundschule ermöglicht werden soll. Mitbestimmung sollte in der Lehrpersonenbildung sowohl als Bildungsmittel als auch als Bildungsziel (Neumann, Kuhn, Hekel, Brandenberg & Tinguely, 2019) Berücksichtigung finden. Die Studie von Grüning und Martschinke (in diesem Band) weist auf einen Zusammenhang von eigenen Erfahrungen in der Schulzeit und den Einstellungen zur Umsetzung von Mitbestimmung in der Grundschule hin. Möglicherweise bietet die Ausbildung an der Hochschule eine weitere Chance, um durch die eigene Schulzeit hervorgerufene ungünstige Einstellungen in Bezug auf die Mitbestimmung beeinflussen zu können. Jedoch machen es die meist sehr traditionellen Strukturen in der Lehrpersonenbildung schwer (Fraefel, 2012), dass Studierende wirklich mitbestimmen können. Auch wenn zumindest über institutionelle Formen wie der Studierendenvertretung, Studiengangsgremien etc. die Möglichkeit zur Mitbestimmung gegeben ist, wird dies allerdings nur von einem kleinen Teil der Studierendenschaft genutzt. Dass sonst kaum Möglichkeiten zur Mitbestimmung gegeben sind, liegt an unflexiblen Curricula (Arnold, et al., 2011) und insgesamt eher undemokratisch angelegten Strukturen (Zeichner, Payne & Brayko, 2015). Studierende möchten jedoch den Weg, Lehrkompetenzen zu erwerben und sich zur Lehrperson zu entwickeln, selbst wählen, z. B. durch die Auswahl eigener Inhalte und Methoden (Beck & Kosnik, 2002, S. 90). Damit ist Mitbestimmung an der Hochschule als Methode, aber auch als Ausbildungsinhalt, eine wichtige Stellschraube für mehr schulische Mitbestimmung

4.1 Mitbestimmung als Methode

In der Lehrpersonenbildung vermittelte didaktische Ansätze lassen sich nachhaltiger vermitteln, wenn diese bereits in der Ausbildung angewendet werden (Martinek, 2014, S. 78). Die Umsetzung kann dabei auf struktureller Ebene, z. B. durch mitbestimmungsfördernde Ausbildungsstrukturen, aber auch auf Akteur*innenebene erfolgen, was sich insbesondere auf die Interaktion zwischen Studierenden und Dozierenden auswirkt.

4.1.1 Autonomie und Selbstbestimmung als Voraussetzung für Mitbestimmung

Da das Lernen an der Hochschule häufig individuell und damit unabhängig von einer festen Lerngemeinschaft stattfindet, erleben Studierende vorrangig Selbstbestimmung und Autonomie. Autonomiefördernde Ausbildungsstrukturen und Einstellungen von Dozierenden bilden jedoch eine wichtige Grundlage, damit auch Mitbestimmung in einem kollektiven Sinne, z. B. innerhalb eines Studienganges oder eines Seminars, in der Lehrpersonenbildung möglich ist.

Autonomie und Selbstbestimmung sind zentrale menschliche Bedürfnisse. Streben Lernende danach, kann sich dies positiv auf deren Motivation zum Handeln auswirken. Werden Lernprozesse hingegen als kontrollierend wahrgenommen, kann dies negative Effekte auf die Motivation nach sich ziehen (Deci & Ryan, 1993). Mit zunehmendem Alter der Lernenden nimmt die Notwendigkeit, dass Lernende sich selbstständig Material aneignen können, zu (Landmann, et al., 2015). Dazu benötigen sie neben der Motivation auch selbstregulatorische Kompetenzen, was nur möglich ist, wenn Freiräume gegeben werden, um diese Kompetenzen entwickeln zu können (Pekrun, 2017, S. 204). Götz und Nett (2017, S. 180) erachten selbstregulatorische Kompetenzen von angehenden Lehrpersonen als notwendig, um selbstreguliertes Lernen bei ihren (zukünftigen) Schüler*innen fördern zu können. Konkret schlagen sie vor, die Förderung selbstregulatorischer Kompetenzen in den bildungswissenschaftlichen Teil des Lehramtsstudiums zu integrieren (ebd., S. 181).

Weshalb Mitbestimmung und Autonomie als korrespondierende Kompetenzen oder als zwei Seiten einer Medaille gefördert werden sollten, ergibt sich aus dem angestrebten Berufsbild: Lehrer*in zu sein bedeutet, allein ein hohes Maß an (Eigen-)Verantwortung inne zu haben (Arnold et al., 2011, S. 133). Das Erleben von Autonomie stellt außerdem eine wichtige Voraussetzung für Kooperation dar, die für den Lehrberuf vor dem Hintergrund veränderter Anprüche, z. B. einer immer heterogener werdenden Schülerschaft (Hascher & Zordo, 2015; Lütje-Klose, Miller & Ziegler, 2014), unabdingbar ist. Für eine erfolgreiche (multi-)professionelle Zusammenarbeit mit anderen schulischen Akteur*innen sollten Lehrpersonen über ein ausreichend hohes Maß an Mitbestimmung sowie Handlungs- und Entscheidungsfreiheit verfügen, damit sie sich nicht fremdbestimmt fühlen und Verantwortung für die gemeinsame Aufgabe übernehmen können (Fussangel & Gräsel, 2012; Spieß, 2004). Die Lehrpersonenbildung sollte sich daher zum Ziel setzen, stärker die Entwicklung angehender Lehrpersonen zu autonomen Persönlichkeiten zu unterstützen (Poór, 2007, S. 153). Dies ist jedoch nur möglich, wenn Lehramtsstudierende ausreichend Freiräume erhalten, eigene Entscheidungen bezüglich ihrer Ausbildung treffen zu können. Auch in den Standards für die Lehrerbildung wird als Kompetenz von Lehrpersonen formuliert, dass diese, „die Fähigkeiten von Schülerinnen und Schülern zum selbstbestimmten Lernen und Arbeiten" (KMK, 2004, S. 8) fördern sollen. Dies setzt in gewissem Maße voraus, dass die Lehrperson selbst über entsprechende Erfahrungen und Kompetenzen verfügt.

4.1.2 Mitbestimmungsfördernde Ausbildungsstrukturen

Gerade im Rahmen von Evaluations- und Akkreditierungsverfahren erfolgte Mitte der 1990er Jahre die Einführung gesetzlich verankerter Strukturen studentischer Mitbestimmung (Winter, 2005). Jedoch werden diese Chancen studentischer Mitbestimmung bislang wenig wahrgenommen. Eine Ursache hierfür kann sein, dass die teilnehmenden Studierenden meist nicht von Evaluations- und Akkreditierungsergebnissen profitieren (ebd.). Die Ergebnisse einer qualitativen Untersuchung von Ditzel und Bergt (2013) weisen auf verschiedene mangelnde Voraussetzungen für die Mitbestimmung seitens der Studierenden (z. B. Zeit und Leistungsdruck, Nicht-Wissen über Mitbestimmungsmöglichkeiten) hin, aus welchen die Autoren Interventionsstrategien ableiten. Seitens der Hochschule kann das Schaffen von Transparenz (ebd., S. 185) einen ersten Schritt darstellen: Wissen über Strukturen und Mitbestimmungsmöglichkeiten sollte zugänglich gemacht werden. Sowohl die Ergebnisse von Evaluationen als auch die daraus resultierenden Maßnahmen sollten stärker sichtbar gemacht werden. Außerdem sollten Studierende bereits zu Beginn ihres Studiums über Mitbestimmungsmöglichkeiten informiert werden, wie z. B. Studierendenvertretungen oder Studiengangsgremien. Ziel ist es, nicht nur Strukturen zu schaffen, um Mitbestimmung zu ermöglichen, sondern Studierende auch dazu zu motivieren, diese Möglichkeiten wahrzunehmen. Um dies zu unterstützen, spricht sich Lippert (2005, S. 54) dafür aus, dass aktive studentische Beteiligung beispielsweise in der Berechnung der Regelstudienzeit und/oder auch in Form von ECTS-Kreditpunkten Berücksichtigung finden sollte.

Zudem sollte hinterfragt werden, inwiefern curriculare Vorgaben zur Gestaltung der Lehrpersonenbildung (z. B. Lehramtsprüfungsordnung, Verordnungen zu Rahmenbedingungen des Lehramtsstudiums) Spielräume zulassen, damit Studierende mehr Möglichkeiten erhalten, an der Hochschule mitzubestimmen. Beispiele hierfür sind die Wahl der Prüfungsformate, stärkere individuelle Schwerpunktbildungen oder auch die Auflösung der Anwesenheitspflicht. Eine Studierendenbefragung von Paseka (2002) zeigt, dass Studierende Wahlmöglichkeiten im Studium meist als eine Scheinform von Mitbestimmung wahrnehmen, die vorhandene Anwesenheitspflicht wird als eine Art „Zwangsbeunglückung“ (ebd., S. 97) angesehen.

4.1.3 Herstellen von Kongruenz in Lehr- und Lernprozessen

Auf der Ebene der Akteur*innen liefert die Interaktion zwischen Studierenden und hochschulischen Dozierenden verschiedene Ansatzpunkte, um die Mitbestimmung von Studierenden weiter zu fördern. Gerade in der Lehrpersonenbildung stehen die vermittelten Inhalte oftmals im Widerspruch zu den eingesetzten Methoden. Korthagen, Loughran und Russel (2006) formulieren sieben fundamentale Prinzipien der Lehrpersonenbildung. Gerade im siebten Prinzip kritisieren sie die mangelnde Kongruenz zwischen vermittelten und eingesetzten Lernmethoden bzw. didaktischen Ansätzen in der Ausbildung angehender Lehrpersonen:

> „So long as teacher educators advocate innovative practices that they do not model, illustrate, and read as text in their own teacher education classrooms, teacher education reform will continue to elude us“ (ebd., S. 1036).

Um eben diese geforderte Kongruenz in den Lernprozessen Lehramtsstudierender herzustellen, bietet der „didaktische Doppeldecker“ eine Möglichkeit. Indem Lehrerbildner*innen zu vermittelnde Prinzipien oder Methoden vorleben, kann es ihnen gelingen, ein Stück weit dem Theorie-Praxis-Dilemma entgegenzuwirken (Wahl, 2006, S. 67). Zusätzlich sollten sie über eine offene Haltung in Bezug auf die Mitbestimmung ihrer Lernenden verfügen. Es geht nicht nur darum, die Studierenden zu instruieren, wie sie später als Lehrperson Mitbestimmung in schulischen Lernprozessen vermitteln sollen, sondern dies sollte konkret in der Hochschullehre umgesetzt werden. Möglichkeiten sind hier Auswahlmöglichkeiten von Sozialformen oder den Inhalten bzw. der Organisation eines Seminars.

In Bezug auf die Interaktionen unter Studierenden bzw. zwischen Studierenden und Dozierenden lassen sich weitere Ansatzpunkte finden, um die Mitbestimmung Studierender zu fördern. Reeve und Jang (2006, S. 211) entwickelten in einer Beobachtungsstudie Verhaltensmerkmale in der Interaktion von Lehrpersonen, welche eher autonomiekontrollierend oder -fördernd sein können. Als kontrollierende Verhaltensweise nennen sie z. B. eine zu lange Gesprächszeit der Lehrenden, die Formulierung von Anweisungen mit „sollte/müsste“, das Verursachen von Zeitdruck oder direkte Kritik („Sie hätten das nicht so tun sollen“). Die von den Autor*innen definierten Merkmale autonomiefördernden Verhaltens können handlungsleitend sein für hochschulische Dozierende, um Mitbestimmung zu fördern: Sie sollten in ausreichendem Maße den Lernenden zuhören, ihre Bedürfnisse erfragen und auf ihre Fragestellungen eingehen. Wenn Dozierende Entscheidungen fällen, z. B. in Bezug auf Lerninhalte, sollten diese den Studierenden transparent gemacht werden.

4.2 Mitbestimmung als Ausbildungsinhalt

Auch konnte im Beitrag von Grüning und Martschinke (in diesem Band) aufgezeigt werden, dass sich Lehramtsstudierende insbesondere bezüglich der Umsetzung von Mitbestimmung im Unterricht eher zurückhaltend zeigen. Trotz einer Vielzahl und Vielfalt von genannten Chancen für die Umsetzung von Mitbestimmung sehen sie unter anderem als Herausforderung, dass dies zusätzliche Fähigkeiten seitens der Lehrperson erfordert. Daraus ergibt sich die Frage danach, wie können angehende Lehrpersonen die für die Umsetzung von Mitbestimmung notwendigen Fähigkeiten erwerben?

4.2.1 Herstellen von Querbezügen

Der Aspekt der Mitbestimmung findet sich in einer Vielzahl vorhandener grundschulpädagogischer bzw. -didaktischer Ansätze. Beispiele hierfür sind der Konstruktivismus, der offene Unterricht, die Demokratiebildung, das projektorientierte Lernen, die Wahl alternativer Prüfungsformen (z. B. Portfolio), die bereits auf Formen der Selbst- und Mitbestimmung aufbauen. Das Herstellen von Querbezügen zu bereits bestehenden Ansätzen könnte ein erster Schritt sein, um bewusst zu machen, dass es sich bei der Umsetzung von Mitbestimmung um keine neue Anforderung handelt, die noch zusätzlich bewältigt werden muss. Ideen könnte das Projekt „Demos Leben“ (Achour, Lücke & Pech, 2020, www.demosleben.hypotheses.org/) geben, welches zum Ziel hat, die Demokratiebildung in der ersten Phase der Lehrpersonenbildung an der Freien Universität Berlin und der Humboldt Universität zu (re-)implementieren. Mit dem Querschnittangebot sollen alle Lehramtsstudierenden erreicht werden, hierzu erfolgen Kooperationen unter anderem mit den Fachdidaktiken der verschiedenen Fächer, den Fachseminarleitungen der zweiten Phase der Lehrer*innenbildung sowie Träger*innen der außerschulischen Bildungsarbeit. Die

Kooperation mit der studentischen Initiative „Kreidestaub“[6] kommt der im vorhergehenden Abschnitt genannten Forderung nach studentischer Mitbestimmung nach, da hier auch Angebote durch Studierende konzipiert und durchgeführt werden (ebd., S. 184).

4.2.2 Vermittlung von Einstellungen

Professionelle Kompetenz von Lehrpersonen umfasst wesentliche Voraussetzungen zur Bewältigung berufsspezifischer Anforderungen (Baumert & Kunter, 2011). Sie setzt sich zusammen aus Professionswissen, Überzeugungen, motivationalen Orientierungen und der Selbstregulation (Baumert & Kunter, 2006). Es ist keine Frage, dass eine moderne Lehrpersonenbildung eben beispielsweise Fachwissen über Kinderrechte, pädagogisch-psychologisches Wissen über Zusammenhänge zwischen Motivation, *basic needs* und Mitbestimmung sowie fachdidaktisches Wissen über Möglichkeiten, wie man Mitbestimmung stärken kann, vermitteln sollte.

Der Forschungsstand zeigt, dass allein das Wissen nicht reicht, sondern auch pädagogische Orientierungen, Werthaltungen und Überzeugungen (zusammenfassend: Einstellungen) das Handeln im Unterricht leiten (im Überblick Gamsjäger, 2019). Man begegnet gerade in der Grundschule häufig Vorbehalten, dass Grundschulkinder aufgrund ihres Alters noch nicht in der Lage sind, mitzubestimmen, und damit demokratische Bildung erst später beginnen sollte. Wer aber Chancen in der Mitbestimmung der Grundschüler*innen sieht und die erwarteten Herausforderungen, wie z. B. Kontrollverlust, für bewältigbar hält (Grüning & Martschinke in diesem Band), wird sich mit großer Wahrscheinlichkeit der Aufgabe eher stellen, Mitbestimmungsmöglichkeiten langfristig in seinem Unterricht zu eröffnen. Dazu braucht es Anregungen zur theoretischen Reflexion, aber auch Impulse zum Überdenken eigener Einstellungen und auch des eigenen Rollenverständnisses, beispielsweise nach eigenen Erfahrungen und Beobachtungen in Schulpraktika.

4.2.3 Begleitete Praxisphasen als vertiefende Lerngelegenheit

Auch wenn gerade in Bezug auf den Kompetenzerwerb die Wirksamkeit von Praktika in der Lehrpersonenbildung ungeklärt ist (Rothland, 2018), erfreuen sich diese bei den Studierenden großer Beliebtheit, weshalb die Praktika oftmals auch als das „Herzstück“ (Hascher, 2011) der Lehrpersonenbildung gesehen werden. Weitgehend unumstritten ist jedoch, dass Praktika Lerngelegenheiten bieten, durch Reflexion eine Theorie-Praxis-Relation ermöglichen und damit einen wichtigen Beitrag zur Professionalisierung von Lehrpersonen leisten

6 www.kreidestaub.net.

(Beckmann & Ehmke, 2020, S. 192). Damit in den Praktika gemachte Erfahrungen und Beobachtungen zu einer nutzbaren Lerngelegenheit werden, bedarf es einer gezielten schulischen und hochschulischen Lernbegleitung (Schnebel, 2016). Um den Fokus stärker auf den Aspekt der Mitbestimmung zu legen, könnten gezielte Beobachtungsaufträge bei Unterrichtshospitationen oder auch ein geeigneter Kriterienkatalog bei der Vor- und Nachbesprechung von Unterrichtsversuchen hier unterstützen.

Gerade weil „Mitbestimmung“ als Begriff normativ aufgeladen ist, bietet eine kritisch-reflexive Auseinandersetzung für Studierende die Gelegenheit, ein eigenes Rollenverständnis diesbezüglich zu entwickeln. Zur Reflexion können die Stufenleitermodelle (Hart, 1992; Schröder, 1995) oder auch die von Ertl et al. in diesem Band dargestellten Facetten der Mitbestimmung Orientierung geben. Zum einen zeigen die Modelle auf, inwiefern sich „echte“ Mitbestimmung von „Pseudoformen“ unterscheidet. Zum anderen zeigen sie auch, dass Mitbestimmung in ganz unterschiedlichen Graden (bei den Stufenleitermodellen von Hart und Schröder) oder Facetten (bei Ertl et al. in diesem Band) umgesetzt bzw. ermöglicht werden kann. Bereits eine wertschätzende Kommunikation, in der Lehrkräfte die Interessen der Schüler*innen ernst nehmen oder Schüler*innen altersgemäß über sie betreffende Angelegenheiten informieren, stellen Formen der Mitbestimmung dar.

5. Digitale Mitbestimmung

Wie eingangs bereits erwähnt, ist im Rahmen der Mitbestimmung auch an digitale Formen zu denken. Insbesondere da seit einigen Jahren auch Schule und Unterricht unter dem Einfluss der Digitalisierung und Medienbildung stehen – vor allem durch die Corona-Pandemie hat die Nutzung digitaler Anwendungen gezwungenermaßen deutlich zugenommen. So verfügen nun die meisten Schulen sowohl über die infrastrukturelle Ausstattung als auch das notwendige technische Equipment und Lehrpersonen und Schüler*innen über die benötigten Kompetenzen zur Nutzung derselben. Nicht nur in Zeiten des Distanzlernens oder des Wechselunterrichts spielt die digitale Mitbestimmung eine Rolle. Auch im Rahmen der Medienbildung und Digitalisierung kommt sie zum Tragen. Wir wollen im Folgenden noch einige Möglichkeiten aufzeigen, wie sich digitale Mitbestimmung in Schule, Unterricht und Hochschule gestalten lässt – orientiert an den verschiedenen Facetten von Mitbestimmung.

So bieten sich verschiedene digitale Möglichkeiten des Informiert- und Gehört-Werdens in Schule, Unterricht und Hochschule an. Lernende können beispielsweise über Newsletters, Videobotschaften, virtuelle Whiteboards etc. informiert werden und über Foren oder virtuelle Whiteboards, in denen Fragen oder Anliegen gestellt und beantwortet werden, gehört werden. Virtuelle

Whiteboards können aber auch dazu genutzt werden, dass die Lernenden Schule, Unterricht und Hochschule mitplanen und mitgestalten, auch wenn gerade aufgrund von Distanzlernen kein Unterricht vor Ort möglich ist oder aufgrund von Wechselunterricht nur ein Teil der Lernenden vor Ort sein kann. Auf virtuelle Whiteboards haben alle Beteiligten Zugriff und können sich und ihre Ideen einbringen. Zudem handelt es sich hierbei um ein einfach handhabbares Tool (wie z. B. ein Padlet), das bereits Kinder im Grundschulalter bedienen können und das Einzug in den Distanz- und Wechselunterricht erhalten hat. Aber auch Entscheidungsprozesse können über digitale Abstimmungstools (z. B. Mentimeter) virtuell herbeigeführt werden. Die digitalen Anwendungen machen eine Mitbestimmung vom Ort des Geschehens unabhängig.

Bezogen auf ein Schulprojekt, um mehr Mitbestimmung für die Lernenden zu gewährleisten, sei beispielhaft an dieser Stelle das digitale Projekt „aula – Schule gemeinsam gestalten“[7] erwähnt (Bundeszentrale für politische Bildung). Neben der Online-Plattform, über die sich die Lernenden einbringen, mitgestalten und Abstimmungsprozesse stattfinden, findet in jeder Klasse wöchentlich eine Unterrichtsstunde zur Diskussion und Reflexion des „aula“-Prozesses statt. Zudem wurde vertraglich festgehalten, dass die „aula“-Beschlüsse von der Schulgemeinschaft mitgetragen und umgesetzt werden sollen. Auch wenn es sich hierbei um ein exemplarisches Projekt an einer weiterführenden Schule handelt, so lässt sich dies auch auf den Grund- sowie den Hochschulbereich übertragen. Für den Grundschulbereich könnte sich die Nutzung der Online-Plattform vielleicht als schwierig gestalten und der Einsatz eines virtuellen Whiteboards o. Ä. wäre zu bevorzugen, je nachdem, mit welchen digitalen Anwendungen die Kinder der jeweiligen Schule vertraut sind.

Digitale Mitbestimmung kann aber auch im Unterricht selbst im Rahmen der Medienbildung umgesetzt werden. Hüpping und Kamin (2020) ließen die Lernenden in Kleingruppen im Rahmen des Projektes „Partizipation von Grundschulkindern im Umgang mit digitalen Medien in der Grundschule“ einen Trickfilm am Tablet erstellen. Bezüglich der digitalen Gestaltung, dem Inhalt und den Requisiten des Trickfilms sind die Kinder frei. Die Autorinnen zeigen auf, dass sich den Kindern durch dieses Lernangebot verschiedene Möglichkeiten der Mitbestimmung bieten (ebd., S. 135). So werden sie über die Thematik Film informiert, ihre Meinung wird von Peers (und Lernbegleiter*innen) ernstgenommen und sie können Ideen und Vorschläge zur Gestaltung und Umsetzung des Trickfilms sowie zur Verteilung der Aufgaben einbringen. „Durch Entscheidungen in Bezug auf den Gestaltungs- und Produktionsprozess Film nehmen sie dabei sowohl Einfluss (influence) auf den zu erstellenden Trickfilm als auch auf das Lernangebot, mit den Möglichkeiten Lernzugänge

7 www.aula-blog.website/.

kooperativ auszuhandeln und verschiedene Partizipationspraktiken anzuwenden“ (ebd., S. 135.). Durch dieses Lernangebot werden damit sowohl partizipative als auch medienbezogene Kompetenzen weiterentwickelt (ebd.).

6. Fazit

Mehr Mitbestimmung von Kindern! Diese Forderung wird in allen Beiträgen dieses Bandes aus den unterschiedlichsten Perspektiven formuliert und sie ist auch wichtiger titelgebender Bestandteil dieses Beitrags. Übereinstimmend kommen alle Autor*innen zu dem Schluss, dass der Mitbestimmung von Kindern im Sinne der UN-Kinderrechtskonvention noch nicht in ausreichendem Maße nachgegangen wird. Die Frage, ob mehr Mitbestimmung in der Grundschule nötig und möglich ist, wird demnach von allen bejaht. Unklar bleibt aber die Frage nach dem „Wie?“. Die Sammlung von Zugängen und Ideen in diesem Beitrag soll einen ersten Blick auf die verschiedenen Stellschrauben – in Schule, Unterricht und Hochschule – werfen. Das Sammeln sowie das Strukturieren unter zentralen „Stellschrauben“ lässt aber wichtige Fragen noch offen. Zum einen ist ungeklärt, ob es sinnvoll ist, gleichzeitig an allen Stellschrauben anzusetzen bzw. ob und wie eine Verzahnung über die verschiedenen Bereiche gelingen kann. Zum anderen fehlen gebündelte Erfahrungen und auch evaluierte Vorgehensweisen, Instrumente, Programme und Materialien, die Verantwortlichen aus allen Bereichen und hier besonders zukünftigen oder tätigen Lehrkräften an die Hand gegeben werden können. Ein weiterer Band soll diesen Anspruch ein Stück weit einlösen und praktische und empirische Erfahrungen von verschiedenen Akteur*innen in konkretisierter Form anbieten.

Literatur

Achour, S., Lücke, M. & Pech, D. (2020). Die Rückkehr der Demokratie in die (Lehrkräfte)Bildung. In M. P. Haarmann, S. Kenner & D. Lange (Hrsg.), *Demokratie, Demokratisierung und das Demokratische: Aufgaben und Zugänge der Politischen Bildung* (S. 177–187). Wiesbaden: Springer. www.doi.org/10.1007/978-3-658-29556-1_12

Andresen, S. & Möller, R. (2019). *Children's Worlds+. Eine Studie zu Bedarfen von Kindern und Jugendlichen in Deutschland.* Gütersloh: Bertelsmann. www.doi.org/10.11586/2019030

Arnold, K.-H., Hascher, T., Messner, R., Niggli, A., Patry, J.-L. & Rahm, S. (2011). *Empowerment durch Schulpraktika. Perspektiven wechseln in der Lehrerbildung.* Bad Heilbrunn: Julius Klinkhardt.

Baumert, J. & Kunter, M. (2006). Stichwort: Professionelle Kompetenz von Lehrkräften. *Zeitschrift für Erziehungswissenschaft*, 9(4), 469–520.

Baumert, J. & Kunter, M. (2011). Das Kompetenzmodell von COACTIV. In M. Kunter, J. Baumert & W. Blum (Hrsg.), *Professionelle Kompetenz von Lehrkräften. Ergebnisse des Forschungsprogramms COACTIV* (S. 29–57). Münster: Waxmann.

BayEUG: *Bayerisches Gesetz über das Erziehungs- und Unterrichtswesen in der Fassung der Bekanntmachung vom 31. Mai 2000* (GVBl. S. 414, 632, BayRS 2230-1-1-K), das zuletzt durch Gesetz vom 23. Juli 2021 (GVBl. S. 432) geändert worden ist.

Beck, C. & Kosnik, C. (2002). Components of a Good Practicum Placement: Student Teacher Perceptions. *Teacher Education Quarterly.*

Beckmann, T. & Ehmke, T. (2020). Unterrichtsbesprechungen im Praktikum – Konstruktivistische und transmissive Lernbegleitung durch Lehrkräftebildner/innen unterschiedlicher Institutionen. *Zeitschrift für Bildungsforschung,* 10(2), 191–209. www.doi.org/10.1007/s35834-020-00275-2

Bendig, R., Münch, J. & Staudinger, A. (2007). *Demokratie macht Schule. Praxistipps und Beispiele für die Mitbestimmung von Schülerinnen und Schülern.* Berlin: Stiftung SPI – Drehscheibe Kinder- und Jugendpolitik.

Boer, H. d. (2008). Der Klassenrat im Spannungsfeld von schulischer Autorität und Handlungsautonomie. In G. Breidenstein & F. Schütze (Hrsg.), *Paradoxien in der Reform der Schule* (S. 127–140). Wiesbaden: VS Verlag für Sozialwissenschaften. www.doi.org/10.1007/978-3-531-91053-6_7.

Büker, P. & Hüpping, B. (2022). Als Sozialforscher*innen die eigene Schule evaluieren und mitgestalten: Kindersichten auf partizipatives Setting in der Grundschule. In M. Grüning, S. Martschinke, J. Häbig & S. Ertl (Hrsg.), *Mitbestimmung von Kindern – Grundlage für Unterricht, Schule und Hochschule* (S. 172–192). Weinheim, Basel: Beltz Juventa.

Casas, F., González-Carrasco, M. & Luna, X. (2018). Children's rights and their subjective well-being from a multinational perspective. *European Journal of Education,* 53(3), 336–350. www.doi.org/10.1111/ejed.12294

Deci, E. L. & Ryan, R. M. (1993). Die Selbstbestimmungstheorie der Motivation und ihre Bedeutung für die Pädagogik. *Zeitschrift für Pädagogik,* 39(2), 223–238.

Diemer, T. (2007). Das Schülerparlament – ein Modell der Erweiterung innerschulischer Partizipation. In A. Eikel & G. d. Haan (Hrsg.), *Demokratische Partizipation in der Schule. Ermöglichen, fördern, umsetzen* (Wochenschau Politik, S. 93–108). Schwalbach am Taunus: Wochenschau.

Ditzel, B. & Bergt, T. (2013). Studentische Partizipation als organisationale Herausforderung – Ergebnisse einer explorativen Studie. In S. M. Weber, M. Göhlich, A. Schröer, C. Fahrenwald & H. Macha (Hrsg.), *Organisation und Partizipation. Beiträge der Kommission Organisationspädagogik* (S. 177–186). Wiesbaden: VS Verlag für Sozialwissenschaften. www.doi.org/10.1007/978-3-658-00450-7_15

Ertl, S., Martschinke, S. & Grüning, M. (2022). Lasst uns mitbestimmen! Grundschulkinder und ihr Recht auf Mitbestimmung. In M. Grüning, S. Martschinke, J. Häbig & S. Ertl (Hrsg.), *Mitbestimmung von Kindern – Grundlage für Unterricht, Schule und Hochschule* (S. 74–91). Weinheim, Basel: Beltz Juventa.

Feichter, H. J. (2020). Die Grammatik der Schule als Partizipationshindernis. Organisationstheoretische und schulkulturelle Überlegungen. In S. Gerhartz-Reiter & C. Reisenauer (Hrsg.), *Partizipation und Schule: Perspektiven auf Teilhabe und Mitbestimmung von Kindern und Jugendlichen* (S. 25–40). Wiesbaden: Springer.

Feige, J. (2022). Kinderrechte und Partizipation mit dem besonderen Fokus auf Bildung. In M. Grüning, S. Martschinke, J. Häbig & S. Ertl (Hrsg.), *Mitbestimmung von Kindern – Grundlage für Unterricht, Schule und Hochschule* (S. 40–55). Weinheim, Basel: Beltz Juventa.

Fend, Helmut (1986). „Gute Schulen – schlechte Schulen". Die einzelne Schule als pädagogische Handlungseinheit. *DDS – Die Deutsche Schule*, 78(3), 275–293.

Fraefel, U. (2012). Berufspraktische Studien und Schulpraktika: Der Stand der Dinge und zwei Neuorientierungen. *Beiträge zur Lehrerinnen und Lehrerbildung*, 30(2), 127–152.

Fussangel, K. & Gräsel, C. (2012). Lehrerkooperation aus der Sicht der Bildungsforschung. In E. Baum, T.-S. Idel & H. Ullrich (Hrsg.), *Kollegialität und Kooperation in der Schule. Theoretische Konzepte und empirische Befunde* (Schule und Gesellschaft, Band 51, Neue Ausgabe, S. 29–40). Wiesbaden: Springer VS.

Gamsjäger, M. (2019). Schülerpartizipation als Thema der Sekundarstufenausbildung. Eine Analyse von fünf Leitbildern zu Bedingungen und Umsetzbarkeit mit Lehramtsstudierenden. *Online Journal for Research and Education*, 11.

Gehrig, H. (2018). *Individualisierende Gemeinschaftsschule. Demokratie und Menschenrechte leben und lernen. Zwölf Impulse* (Impulse zur Unterrichtsentwicklung). Bern: Schulverlag Plus.

Göhlich, M. (2008). Schulentwicklung als Machbarkeitsvision. Eine Re-Vision im Horizont professioneller Ungewissheit. In *Pädagogische Professionalität in Organisationen* (S. 263–75). VS Verlag für Sozialwissenschaften. www.doi.org/10.1007/978-3-531-90777-214.

Gollob, R., Krapf, P. & Weidinger, W. (2010). *Kinderrechte erkunden, Unterrichtsprojekte für die Klassen 1–9.* Zürich: Kantonaler Lehrmittelverlag.

Götz, T. & Nett, U. E. (2017). Selbstreguliertes Lernen. In T. Götz (Hrsg.), *Emotion, Motivation und selbstreguliertes Lernen* (StandardWissen Lehramt, Band 3481. 2., aktualisierte Auflage, S. 144–184). Paderborn: Ferdinand Schöningh.

Grüning, M. & Martschinke, S. (2022). „Mitspracherecht der Schüler*innen", aber auch „Kontrollverlust für die Lehrkraft". Gewinne und Herausforderungen bei der Umsetzung von Mitbestimmung aus der Perspektive von Grundschullehramtsstudierenden. In M. Grüning, S. Martschinke, J. Häbig & S. Ertl (Hrsg.), *Mitbestimmung von Kindern – Grundlage für Unterricht, Schule und Hochschule* (S. 213–230). Weinheim, Basel: Beltz Juventa.

GSDU (Hrsg.). (2013). *Perspektivrahmen Sachunterricht.* Bad Heilbrunn: Julius Klinkhardt.

Häbig, J., Zala-Mezö, E. & Egli, J. (2022). (Re-)Produktion sozialer Ordnung in der Schule: Welche Mitbestimmungsmöglichkeiten eröffnen sich für Primarschüler*innen?. In M. Grüning, S. Martschinke, J. Häbig & S. Ertl (Hrsg.), *Mitbestimmung von Kindern – Grundlage für Unterricht, Schule und Hochschule* (S. 110–129). Weinheim, Basel: Beltz Juventa.

Haldimann, N. & Nell-Tuor, N. (2019). „Du mueschs mit de Klass" – wie durch Anzeigen von Nicht-Verfügbarkeit die Partizipation im Klassenrat gesteuert wird. In S. Hauser & N. Nell-Tuor (Hrsg.), *Sprache und Partizipation im Schulfeld* (S. 58–86). Bern: hep. www.hep-verlag.ch/sprache-und-partizipation-im-schulfeld

Hart, R. A. (1992). *Children's Partizipation. From tokenism to citizenship.* Florenz: UNICEF International Child Development Centre.

Hascher, T. & Zordo, L. de (2015). Praktika und Inklusion. In T. Häcker & M. Walm (Hrsg.), *Inklusion als Entwicklung. Konsequenzen für Schule und Lehrerbildung* (S. 165–184). Bad Heilbrunn: Julius Klinkhardt.

Hascher, T. (2011). Vom „Mythos Praktikum“ … und der Gefahr verpasster Lerngelegenheiten. *Journal für LehrerInnenbildung*, 11(3), 8–16.

Hildebrandt, E. & Campana, S. (2016). Partizipation im alltäglichen Unterricht durch Kooperation und Individualisierung in heterogenen Klassen – ein Beitrag zur Demokratiebildung? *International Dialogues on Education*, 3(3), 140–149.

Hüpping, B. & Kamin, A.-M. (2020). „Partizipation durch Medienbildung – Medienbildung durch Partizipation. Partizipative Medienbildung in der Grundschule“. *MedienPädagogik*, 39 (Orientierungen), 121–141. www.doi.org/10.21240/mpaed/39/2020.12.08.X

Kahlert, J. & Bundeszentrale für Gesundheitliche Aufklärung (2002). *Achtsamkeit und Anerkennung: Materialien zur Förderung des Sozialverhaltens in der Grundschule.* BZgA.

KMK (2004). *Beschluss der Kultusministerkonferenz: Standards für die Lehrerbildung: Bildungswissenschaften.* www.kmk.org/fileadmin/Dateien/veroeffentlichungen_beschluesse/2004/2004_12_16-Standards-Lehrerbildung-Bildungswissenschaften.pdf

Korthagen, F., Loughran, J. & Russell, T. (2006). Developing fundamental principles for teacher education programs and practices. *Teaching and Teacher Education*, 22(8), 1020–1041. www.doi.org/10.1016/j.tate.2006.04.022

Kramer, R.-T. (2016). Der Ansatz „Schulkultur“. In M. S. Maier (Hrsg.), *Organisation und Bildung: Theoretische und empirische Zugänge* (S. 33–49). Studien zur Schul- und Bildungsforschung. Wiesbaden: Springer. www.doi.org/10.1007/978-3-658-10888-5_3

Landmann, M., Perels, F., Otto, B., Schnick-Vollmer, K. & Schmitz, B. (2015). Selbstregulation und selbstreguliertes Lernen. In E. Wild & J. Möller (Hrsg.), *Pädagogische Psychologie* (2., vollständig überarbeitete und aktualisierte Auflage, S. 45–65). Berlin, Heidelberg: Springer. www.doi.org/10.1007/978-3-642-41291-2_3

Lehnerer, E., Ott, M., Renna, A. & Quenzel, G. (2022). Der Klassenrat als Chance für Partizipation. In M. Grüning, S. Martschinke, J. Häbig & S. Ertl (Hrsg.), *Mitbestimmung von Kindern – Grundlage für Unterricht, Schule und Hochschule* (S. 193–212). Weinheim, Basel: Beltz Juventa.

Leitzgen, A. M. (2017). Das sind deine Rechte!: Das Kinderrechte-Buch. Weinheim, Basel: Beltz.

Lippert, I. (2005). Mitbestimmung von Studierenden bei der Qualitätssicherung und Hochschulentwicklung. In HRK (Hrsg.), *Hochschule entwickeln, Qualität managen: Studierende als (Mittel)punkt. Die Rolle der Studierenden im Prozess der Qualitätssicherung und -entwicklung* (Beiträge zur Hochschulpolitik, S. 47–55).

Lundy, L. & Hanna, A. (2022). Delivering children's right to be heard in education: The importance of feedback. In M. Grüning, S. Martschinke, J. Häbig & S. Ertl (Hrsg.), *Mitbestimmung von Kindern – Grundlage für Unterricht, Schule und Hochschule* (S. 92–107). Weinheim, Basel: Beltz Juventa.

Lütje-Klose, B., Miller, S. & Ziegler, H. (2014). Professionalisierung für die inklusive Schule als Herausforderung für die LehrerInnenbildung. *Soziale Passagen*, 6(1), 69–84. www.doi.org/10.1007/s12592-014-0165-7

Maischatz, K., Hildebrandt, E. & Campana, S. (2022). Sichtweisen von Lehrpersonen und Schüler*innen auf Partizipation im Unterricht. In M. Grüning, S. Martschinke, J. Häbig & S. Ertl (Hrsg.), *Mitbestimmung von Kindern – Grundlage für Unterricht, Schule und Hochschule* (S. 152–171). Weinheim, Basel: Beltz Juventa.

Martinek, D. (2014). *Selbstbestimmt lehren und lernen. Lehrer/innen zwischen Autonomie und beruflichem Druck* (Schriftenreihe Schriften zur pädagogischen Psychologie, Band 61). Zugl.: Salzburg, Univ., Habil.-Schr., 2014. Hamburg: Kovač.

Müller-Kuhn, D. & Häbig, J. (2022). Partizipation, Mitbestimmung, Beteiligung …? Eine begriffliche Differenzierung und damit verbundene Problematiken. In M. Grüning, S. Martschinke, J. Häbig & S. Ertl (Hrsg.), *Mitbestimmung von Kindern - Grundlage für Unterricht, Schule und Hochschule* (S. 56–73). Weinheim, Basel: Beltz Juventa.

Müthing, K., Razakowski, J. & Gottschling, M. (2018). *LBS-Kinderbarometer Deutschland 2018. Stimmungen, Trends und Meinungen von Kindern aus Deutschland.* Münster: LBS.

Neumann, S., Kuhn, M., Hekel, N., Brandenberg, K. & Tinguely, L. (2019). Der institutionelle Sinn der Partizipation. Befunde einer ethnografischen Studie in schweizerischen Kindertageseinrichtungen. In A. Sieber Egger, G. Unterweger, M. Jäger, M. Kuhn & J. Hangartner (Hrsg.), *Kindheit(en) in formalen, nonformalen und informellen Bildungskontexten: Ethnografische Beiträge aus der Schweiz* (S. 321–342). Wiesbaden: Springer. www.doi.org/10.1007/978-3-658-23238-2_16

Paseka, A. (2002). Viel heiße Luft und nichts Konkretes. Die Pflichtschullehrer/innenausbildung aus der Sicht der Absolvent/innen. In M. Sertl & B. Falkinger (Hrsg.), *LehrerInnenbildung in Bewegung? Zur Reform der Pädagogischen Akademien* (S. 91–113). Wien: Verein der Förderer der Schulhefte.

Pekrun, R. (2017). Emotion, Motivation, Selbstregulation: Gemeinsame Prinzipien und offene Fragen. In T. Götz (Hrsg.), *Emotion, Motivation und selbstreguliertes Lernen* (Standard-Wissen Lehramt, Band 3481, 2., aktualisierte Auflage, S. 186–205). Paderborn: Ferdinand Schöningh.

Poór, Z. (2007). Lehrerbildung im Spiegel des Rollenwandels der Pädagogen. In A. Óhidy, E. Terhart & J. Zsolnai (Hrsg.), *Lehrerbild und Lehrerbildung. Praxis und Perspektiven der Lehrerausbildung in Deutschland und Ungarn; [Tagung „Lehrerbild und Lehrer(aus)bildung - Praxis und Perspektiven in Deutschland und in Ungarn" am 31. März 2006 an der Universität Bielefeld* (S. 153–158). Wiesbaden: VS Verlag für Sozialwissenschaften. www.doi.org/10.1007/978-3-531-90516-79

Reckwitz, A. (2003). Grundelemente einer Theorie sozialer Praktiken/Basic Elements of a Theory of Social Practices: Eine sozialtheoretische Perspektive/A Perspective in Social Theory. *Zeitschrift für Soziologie*, 32(4), 282–301. www.doi.org/10.1515/zfsoz-2003-0401

Reeve, J. & Jang, H. (2006). What teachers say and do to support students' autonomy during a learning activity. *Journal of Educational Psychology*, 98(1), 209–218. www.doi.org/10.1037/0022-0663.98.1.209

Rothland, M. (2018). Yes, we can! Anmerkungen zur trügerischen „Kompetenzentwicklung" von Lehramtsstudierenden im Praxissemester. *Beiträge zur Lehrerinnen- und Lehrerbildung*, 36(3), 482–495.

Schnebel, S. (2016). Begleitung und Beratung im Praxissemester. In E. Jürgens, I. Biederbeck, M. Droll, M. Kricke, J. Leisen, K. Reich et al. (Hrsg.), *Erfolgreich durch das Praxissemester. Gestaltung, Durchführung, Reflexion* (S. 100–121). Berlin: Cornelsen.

Schröder, R. (1995). *Kinder reden mit! Beteiligung an Politik, Stadtplanung und Stadtgestaltung.* Weinheim, Basel: Beltz.

Sliwka, A., Klopsch, B. & Dumont, H. (2019). *Konstruktive Unterstützung.* (Wirksamer Unterricht, Band 3). Stuttgart: Institut für Bildungsanalysen Baden-Württemberg. www.ls-bw.de/,Lde/Startseite/Service/Wirksamer+Unterricht

Spieß, E. (2004). Kooperation und Konflikt. In H. Schuler (Hrsg.), *Organisationspsychologie – Gruppe und Organisation* (Enzyklopädie der Psychologie. Themenbereich D, Praxisgebiete, Band 4, S. 193–250). Göttingen: Hogrefe.

Student, S. & Portmann, R. (2007). Der Klassenrat – Beteiligung und Mitverantwortung von Anfang an. In A. Eikel & G. d. Haan (Hrsg.), *Demokratische Partizipation in der Schule. Ermöglichen, fördern, umsetzen* (Wochenschau Politik, S. 77–92). Schwalbach am Taunus: Wochenschau.

Wahl, D. (2006). *Lernumgebungen erfolgreich gestalten. Vom trägen Wissen zum kompetenten Handeln* (2. Auflage mit Methodensammlung). Bad Heilbrunn: Julius Klinkhardt.

Welk, A. & Schnabel, D. (2021). *Wie du die Welt verändern kannst: Ob Familie, Schule oder das ganze Land – so funktioniert Demokratie.* München: Ars Edition.

Winter, M. (2005). Mitwirkungschancen bei Qualitätssicherung und Studienstrukturreform. *Beiträge zur Hochschulforschung*, 37, 112–130.

Zala-Mezö, E., Häbig, J., Egli, J., Müller-Kuhn, D. & Strauss, N.-C. (2021). Schulinterne Aushandlung der Anforderung Lernende partizipieren zu lassen – Welche Schulentwicklungschancen entstehen? In E. Zala-Mezö, J. Häbig & N. Bremm (Hrsg.), *Dokumentarische Methode in der Schulentwicklungsforschung.* Münster: Waxmann.

Zeichner, K., Payne, K. A. & Brayko, K. (2015). Democratizing Teacher Education. *Journal of Teacher Education*, 66(2), 122–135. www.doi.org/10.1177/0022487114560908

Autor*innenangaben

Tina Brosi, Friedrich-Alexander-Universität Erlangen-Nürnberg, Fachbereich Rechtswissenschaft. Forschungsinteressen: Menschenrechtsschutz, Verfassungs- und Völkerrecht.

Petra Büker, Prof. Dr., Universität Paderborn, Institut für Erziehungswissenschaft, Arbeitsbereich Grundschulpädagogik und Frühe Bildung. Forschungsinteressen: Partizipation und partizipatives Forschen mit Kindern, Heterogenität/Inklusion und Übergänge in der Früh- und Grundschulpädagogik.

Sabine Campana, Dr., Pädagogische Hochschule der Fachhochschule Nordwestschweiz. Forschungsinteressen: Eingangsstufe, Entwicklungspsychologie, soziale Prozesse unter Kindern.

Johanna Egli, M. A., Pädagogische Hochschule Zürich, Zentrum für Schulentwicklung. Forschungsinteressen: (Gesprächs-)Praxen in Schulteams, Schulentwicklungsprozesse, Kooperation zwischen Schule und Forschung.

Sonja Ertl, Prof. Dr., Juniorprofessorin für inklusiven Umgang mit Heterogenität am Institut für Grundschulforschung der Friedrich-Alexander Universität Erlangen-Nürnberg. Forschungsinteressen: Lernentwicklungsgespräche zur Unterstützung individueller Lernprozesse, Kinderrechte und Mitbestimmung, Umgang mit Heterogenität, Emotionen und Emotionsregulation.

Judith Feige, wissenschaftliche Mitarbeiterin in der Monitoring-Stelle UN-Kinderrechtskonvention des Deutschen Instituts für Menschenrechte, Berlin. Arbeitsschwerpunkte: Menschenrechtsbildung.

Susanne Gerleigner, Dr., wissenschaftliche Referentin in der Fachgruppe „Pädagogische Konzepte für die Kindheit" am Deutschen Jugendinstitut München (DJI). Forschungsinteressen: empirische Bildungsforschung, Ungleichheitsforschung und Kindheitsforschung.

Miriam Grüning, Dr., Friedrich-Alexander-Universität Erlangen-Nürnberg, Institut für Grundschulforschung. Forschungsinteressen: Praktika in der Lehrer*innenbildung, Kooperation im Lehrberuf, Kinderrechte, Mitbestimmung von Schüler*innen.

Amy Hanna, Dr., Queen's University Belfast, Centre for Children's Rights. Research Interests: Student voice, silence, rights.

Julia Häbig, Dr., Pädagogische Hochschule Zürich, Zentrum für Schulentwicklung. Forschungsinteressen: Partizipation von Schüler*innen, Schulentwicklungsprozesse, Kooperation von (Schul-)Praxis und Forschung.

Elke Hildebrandt, Prof. Dr., Pädagogische Hochschule der Fachhochschule Nordwestschweiz. Forschungsinteressen: Partizipation im Unterricht, Bedeutung des Spielens und spielpädagogischen Handelns für Bildungsprozesse, Teamteaching als lernorientierte Zusammenarbeit.

Birgit Hüpping, Prof. Dr., Pädagogische Hochschule Ludwigsburg, Arbeitsbereich Pädagogik und Didaktik der Primarstufe, Institut für Erziehungswissenschaft. Forschungsinteressen: Partizipation, Heterogenität in Bezug auf Migration und Inklusion.

Claudia Kittel, Dipl. Päd., Leiterin der Monitoring-Stelle UN-Kinderrechtskonvention des Deutschen Instituts für Menschenrechte, Berlin. Arbeitsschwerpunkte: unabhängige Begleitung und Bewertung der Umsetzung der UN-Kinderrechtskonvention in Deutschland.

Markus Krajewski, Prof. Dr., Friedrich-Alexander-Universität Erlangen-Nürnberg, Fachbereich Rechtswissenschaft. Forschungsinteressen: Menschenrechtsschutz, Völkerrecht, Verfassungsrecht.

Alexandra Langmeyer, Dr., Leiterin der Fachgruppe „Lebenslagen und Lebenswelten von Kindern" am Deutschen Jugendinstitut München (DJI). Forschungsinteressen: Kindheitsforschung, Well-Being von Kindern, Familienforschung.

Elisa Lehnerer, M. A., Pädagogische Hochschule Vorarlberg. Forschungsinteressen: Jugend- und Partizipationsforschung, Demokratiebildung.

Laura Lundy, Prof. Dr., Queen's University Belfast, Centre for Children's Rights. Research Interests: Rights, Education, Participation.

Katja Maischatz, Dr., Pädagogische Hochschule der Fachhochschule Nordwestschweiz. Forschungsinteressen: Bildung und Ungleichheit, pädagogische Beziehungen, Kinderrechts-/Menschenrechtsbildung, insbesondere Partizipation.

Sabine Martschinke, Prof. Dr., Friedrich-Alexander Universität Erlangen-Nürnberg, Institut für Grundschulforschung. Forschungsinteressen: Kinderrechte, Mitbestimmung, Umgang mit Heterogenität.

Daniela Müller-Kuhn, M. A., Pädagogische Hochschule Zürich, Zentrum für Schulentwicklung. Forschungsinteressen: Partizipation von Schüler*innen, Schulentwicklungsprozesse, Draußenunterricht.

Martina Ott, Mag. M. A., Pädagogische Hochschule Vorarlberg. Forschungsinteressen: Jugend-, Schul- und Partizipationsforschung.

Gudrun Quenzel, Dr. habil., Pädagogische Hochschule Vorarlberg. Forschungsinteressen: Jugend-, Bildungs- und Partizipationsforschung.

Alessandro Renna, M. A., Pädagogische Hochschule St. Gallen. Forschungsinteressen: Sachunterricht, Demokratiebildung, historisches und philosophisches Lernen.

Ursula Winklhofer, M. A., Dipl.-Soz.päd., wissenschaftliche Referentin in der Fachgruppe „Lebenslagen und Lebenswelten von Kindern" am Deutschen Jugendinstitut München (DJI). Forschungsinteressen: Kindheitsforschung, Kinderrechte, Partizipation von Kindern und Jugendlichen.

Enikö Zala-Mezö, Prof. Dr., Pädagogische Hochschule Zürich, Leiterin Zentrum für Schulentwicklung. Forschungsinteressen: Schulentwicklungsforschung, datenbasierte Schulentwicklung und Zusammenarbeit von Praxis und Forschung.